祖川武夫論文集

国際法と戦争違法化

——その論理構造と歴史性——

編集委員代表
小 田 滋
石本泰雄

信山社

はしがき

ようやく祖川武夫論文集を世に送り出すこととなった。おそらくこのことを他の誰よりも喜んでいるのは、われわれ編集委員にほかならないであろう。不世出の国際法学者として、半ば伝説化している祖川先生でありながら、こんにちその著作に接することは、それほど容易ではない。とりわけ、その初期の労作については掲載誌を捜索することさえほとんど不可能に近いものがある。われわれは、われわれ自身のためにも、現在および未来の国際法学者のためにも、これらの貴重な「文化財」を収集して残さなければならないと考えた。幸い、編集委員とくに比較的に若い委員の諸君の献身的な努力と、本書の出版の学術的意義に賛同し、協力を惜しまなかった信山社の好意によって、このような形で祖川先生の論文集の完成をみることができた。

先生は、一般に「寡作の人」といわれている。この論文集を編集してみると、それでも先生の労作は、量的にもかなり多いことを改めて認識させられた。しかし、もちろんこれより「多作」の人は、世の中にごまんといるであろう。先生が「寡作」であったのは、それなりの理由があったにちがいない。多くの人は、先生が「完全主義者」あるいは「完璧主義者」だったためだと口をそろえている。先生の労作を読む人は、まずもってその徹底した思考の過程に驚嘆するであろう。およそその思考は、停止することはない。得られた結論は、次なる思考の出発点となる。積み重ねられた周到な論理。その間にみせる大胆、果敢な断定。それらがあやなすみごとなコンビネーションは読者を魅了し、時として生理的な快感にさえ導くのである。その過程にどれだけの時間と精力が費やされたことか。先生の思考の通過したあとには、それこそ一草も生えぬ。すべての問題点が考察され、しかも「簡潔に」表現しつくされているのである。そのような極度の集中を多くの分野に期待することには無理がある。あえていえば、先生は、磨きぬかれた作品に全生命を凝縮してみせる「短編作家」なのであり、「完璧な」思考の表現者であった。それこそがいわゆる「寡作」となった主因だと思われる。かつて先生は、(国際法の)「諸研究を概観するにあたって、課題の範囲の広狭を論ずることは重要ではない。問題は、分析の深さにあり、さらには、それぞれのよって立つ科学的立場の正しさにある。」と書かれた。それこそ先生自身が自負し、自戒した基本的視点だったと思われる。その手法は、初期の「国際調停の性格について」から、晩年の「人権の国際的保障と国際法の構造転換」にいたるまで、変ることはなかった。わけても「カール・シュミットにおける『戦争観念の転換について』」と「集団的自衛権――いわゆるUS Formulaの論理的構造と現実的機能――」は、その頂点を示す力作である。

先生は、かならずしも国際法のすべての分野にわたって労作を残されたわけではない。しかし、ここに収録された遺作だけをみても、国際法に対する先生の該博な知識と鮮明な態度決定をみることができる。たとえば先生の書評や学界紹介のいくつかを見るだけでも、このことは肯定されることができよう。古生物学者は、一片の化石から巨大な恐竜の復原図を描いてみせる。先生のこれだけの遺作があれば、先生の壮大な国際法体系を復原することは不可能とはいえない。これを下敷きにして、遠い将来には祖川国際法学の全体系の「復原」を見る日が来るかもしれない。本書が、その礎石を提供することになれば幸いこの上ないことである。先生の鋭い感性と、彫琢と技巧の限りをつくしたその表現は、もちろん先生独自のものではあるが、同時にわれわれにとっては、自らを磨く研磨剤でもあった。先生の労作を読むとき、自分の思考がいかに不徹底であり、自分の表現がいかに冗漫であるかを思い知らされ、書き直しを迫られる思いにかられたのも一再ではなかった。

先生は、「寡作」であったこととは裏腹に討論や座談を楽しみ、つねに惜しみなくその蘊蓄を傾けられた。国際法についてはもちろん、社会、経済、国際政治などの隣接科学に対する先生の造詣は、余人の追随を許さないものであった。先生が、通り一遍の学会報告や質疑応答に関心を示されなかったことはよく知られている。私は、学会の役員をしていた頃、先生に出席を要請し、先生も二三度出席されたこともあったが、やがてそれも出てこられなくなった。それに反して、名古屋などで開催された国際法の研究会には、三日ばかりも逗留して討議に参加するのを至上の楽しみにしておられた。そこは、主題を徹底的に掘り下げ、討議の対象とすることが可能な場であった。先生は、毎回、示唆に富む発言をして、参加者を指導された。あたかもそれは祖川ゼミのシニア版ともいうべき状景であった。そのことは、多人数の討議の場でも、二人だけの対話の場でも、かわることはなかった。本書の第六部に、書かれているように、若い頃に、先生は夏休みには京都を訪れては田畑茂二郎先生と議論し、また小田滋先生とは一日、二日、時として深夜まで議論を続けられたという。小田先生は、「もし私の海洋法に対する考えにおいていくらかでも見るべきものがあるとすれば、その多くを祖川武夫先生の貴重な示唆におっている」とさえ書かれている（『海洋の国際法構造』一九五六年）。私も先生に接して、先生の博学と的確な批評に圧倒され、自分の無知を幾度恥じ入ったことか。思いだすだに冷汗三斗の思いがする。先生に親しく接した者は、先生が文章の形で残されたものは、先生の全体像からすれば、氷山の一角にすぎず、その下に広がる巨大な氷塊のあることを常に感じたことであろう。

先生は、東京大学の立作太郎先生の最後の弟子、そして横田喜三郎先生の最初の弟子であった。先生は、上京のたびに横田先生を私宅に訪ねて師弟の礼をつくしておられた。わが身にかえりみて、私は、「明治生まれ」の先生をゆかしく思い、そこに折り目正しい貴公子の風格さえ感じたものである。他方で、先生は、いわゆる「指導教授」として弟子を育成することはなかった。しかし、先生を慕い、先生に私淑し、先生を崇拝する後進に、事欠くことはなかった。先生のうしろには、常に数十人にも及ぶ

「追っかけ組」が静かに従っていた。先生は、その文章においても、その議論においても、終始折り目正しい貴公子のスタイルを崩すことはなかったが、日常にあっては親しみやすい好紳士であり、晩年は好々爺でもあった。本書の第六部には、先生と親しかった人々に、どれほど先生が気配りされていたか、多くのことが書かれている。

先生が召されて七年あまり、もはや先生に親しく教えを乞うことはできない。しかし、本書に遺された先生の学問的遺伝子は、永く後進に受け継がれることであろう。まことに祖川国際法学は「永遠に不滅」である。今は脱帽して学恩に感謝するほかはない。

二〇〇三年晩秋

編集委員を代表して

石本 泰雄

目　次

目　次

目　次

[凡　例]

1　書名、「部」「章」の配列、および「部」の名称は、編者の責任で決定した。「章」の名称は、それぞれに対応する初出論文の名称に従っている。「章」の中に複数の初出論文を含めた例外的場合（第Ⅰ部第一章、第Ⅲ部第一、二、三章、第Ⅳ部第一章）については、編者が「章」の標題をつけた。それに該当する箇所では、「節」が初出論文の題に対応する。

2　明らかに校正漏れと考えられるものを除き、かなづかいを含めてすべて原文通りとした。但し、漢字は現在の慣用に従っている。

3　読者の便宜を考慮して編者（松井、富岡）の責任で補足した箇所は【　】で明示した。

第Ⅰ部　国際法の基礎理論

第一章　国際法の発展

第一節　国際法の性質と構造

＊「国際社会の法・一〜三」中川善之助・木村亀二編『法学概論・増訂版』角川書店、一九六一年

一　国際法の歴史的性格

近代国際社会の法、すなわちいわゆる国際法の歴史の記述は、ふつうに十七世紀なかばのウェストファリア講和条約の成立のときから始められるが、それにはもっともな理由がある。ヨーロッパの社会では、すでに十三世紀以来、封建的土地所有の変質―解体の過程がすすみ、それに対応して十四世紀以降、権力の国家的統一の過程も進行した。もちろん、そのような発展はヨーロッパの諸国を通じて決して均等なものではなかつたが、十六世紀のうちには、絶対制はヨーロッパの諸国において充分に成長し、宗教改革をも経て、仕上りの段階にはいつていた。ところで、十七世紀前半の三十年戦争は、ドイツを舞台とするヨーロッパの最後の宗教戦争であったが、この戦争の講和会議は、中世のヨーロッパ・クリスト教的世界におけるローマ法王と神聖ローマ皇帝の普遍的権威を、残された最後の地域についても否認するとともに、ヨーロッパ社会のあたらしい政治的秩

序、いいかえればヨーロッパの地域における多数の主権的領土国家の並存体制の成立をいわば国際的に確認することとなつた。そうして、近代国際社会とその法の原形が、すでにここに与えられたのであつた。すなわち、絶対制諸国はその後、十七世紀のイギリスにはじまつて、十八・九世紀にはそれぞれに市民革命を経て近代市民国家へと変り、ついで産業革命を経過して資本主義国家として成熟してきたが、このような発展を通じて、主権的領土国家の性格とその並存体制とはずつと維持されてきた。また、ヨーロッパ世界（もちろんその外に非ヨーロッパ世界を自由な植民地域として従属させていた）も、十九世紀なかばの世界市場の完成につれて、普遍的な全地球的な世界へとしだいに変つたが、しかし、この変化もヨーロッパ世界のいわば外延的拡大であつて、その国際的秩序が全世界におし拡げられた。このようにして、近代国際社会とその法の原形は十九世紀をすぎるまで維持されてきたが、しかし、最近にはようやくその動揺・変貌をいわれるようになつた。それは、第一次世界大戦をきつかけとしてのことであつて、そうして、一般には国際社会、したがつて国際法の組織化の進展として観念されている事柄である。

主権的領土国家の並存体制を基幹とするヨーロッパの国際社会には、それに適合的な法的思惟の形態が十七世紀の自然法学説によつて与えられた。はじめ絶対君主の人格において、ついで国家の法人格の観念を介して、個々の国家の主権的独立（＝自由）と平等とが認められ、そうして、この個別国家の基本的権利の基礎のうえにあたらしい国際社会の法が組みあげられることになつた。

ところで、国際法の機能は主権的領土国家の間の交渉関係の規律にあるが、これら諸国家の対外交渉・活動の主要な関心は国際通商・植民活動と戦争とにあつたから、国際法の規律もおもにそのような関心の立場から発展させられた。まず、基本的な空間秩序としては、国際法上、領土を基体として領海・領空にまでわたる各国家の排他的支配権の行使が承認された。残された非ヨーロッパ地域は諸国家の自由な植民活動の対象であり、無主地（決して無人地ばかりでない）として先占（多くは実は征服）によつて領土となることが予定された。事実、この地域はヨーロッパ諸国の植民地領土となつたか、保護国としてその支配のもとにおかれたかどちらかであり、独立国としての存立が認められた少数の例外の場合にも、治外法権の負担を免れることはできなかつた。海は、まさに国際通商・植民活動とこれをめぐる海上戦争の自由な遂行のために、領土のまわりのわずかな部分をのぞいて、すべて公海としてどの国家の排他的支配からも自由であり、諸国家・諸国民によつて自由に使用されるものと定まつた。戦争については、戦争を国家的に秩序づけ、人道化し、あわせてできるだけ囲込むという目的で、しだいに交戦・中立法規が形成され、ついに非差別的戦争・中立制度が確立された。国際流通関係の保障としては、なによりも国際的交通路の自由・安全と拡張がはかられた。公海自由の制度の確立はそのもつとも大きな成果であるが、領海についても、国家の排他的支配を制限する国際法の諸規則がはやくから慣習法的に成立した（最近には領空についておなじ趣旨の条約が設けられた）。さらに、条約をとおして国際河川や国際運河の制度もひきだされ、また、通信や鉄道運輸の国際的連絡もはかられた。在留外国人の消費生活上の地位のミニマムの保障が慣習法的に成立している以上に、国民の国外生産・流通活動を保障するための通商条約の網の目がますます密になつてきた。そうして、このような実質的諸規則の形成・実現のためには、条約締結の手続・効力、外交使節・領事、国家責任、国際紛争の処理についての法規・慣行がそれぞれに成立してきていることはいうまでもない。なお以上で、尨大雑多な国際法規の規律内容にひとわたり触れつくしているわけではないが、ともかく十九世紀末ちかくまでの国際法の規律の展開を右のようにまとめてみることもできるであろう。

二　国際法の法的性質　ところで、国際法がはたして法とよばれるにふさわしいものであるかどうかは、今日でも世間一般になお大きな疑問とされているようである。そこで、国際法の教科書はみな、はじめに「国際法の法的性質」という題目をかかげて、この疑問に答えている。そうして、国際法も法のメルクマール（あるいは、法の本質的な規範論理的構造）をもつことが一様に肯認されるのであるが、その場合に、物理的強制力に裏づけられた規則の複合体という近代的法概念が基準にされることはいうまでもない。国際法については、法に特徴的な強制行為として、復仇、干渉、戦争などが国際社会におこなわれてきていることが指摘される。復仇、干渉、戦争もいわゆる自助（自力救済）行為と考えられるからである。しかし、法といわれうるにしても、国際法は、近代国家の国内法の場合のように、統一的な権力によって定立、適用、執行（強制）されない。国際法規の明示的な定立は諸国家の合意の形式（国際条約）によるほかはない。国際法の適用は、当事国間の直接交渉によるか第三国の周旋・仲介を加えるか、いずれにしても外交交渉の成立（合意の成立）をまつこととなる（国際裁判がおこなわれえないわけでなく、事実おこなわれてもきているが、それにはいわゆる裁判付託についてまず当事国の合意がえられなければならない）。国際法の執行（強制）は、すでにみたとおり、自助の形式によっておこなわれる。このような国際法の定立、適用、執行の形態が、法技術のうえからみて、きわめて不完全な、欠陥の多いものであることはいちいち説明するまでもない。国際法の特殊性が強調・弁明されなければならないわけである。

国際法のこのような特殊性を理由づけるものは、いうまでもなく、多数の主権国家の並存という国際社会の特殊構造であるが、これには同時に国際社会の未組織化、すなわち国際組織の未発達という歴史的評価が加えられている。ところが、国際社会、したがって国際法も、十九世紀の末ちかくから、組織化の点で大きな発達を示してきた。このことが充分考慮にいれられなければならないとされる。では、国際社会は現在までにどれだけ法的に組織化されてきたであろうか。また、それはどうしてであろうか。この考察は、国際組織の発達の問題として別に改めて試みることにしよう。

三　国際法の法的構造

国際法は国家間の法であるといわれてきた。主権的領土国家の並存体制を基幹とする国際法の構造がそこに簡潔にいい表わされていた。まず、国際法規は諸国家の間の合意をとおして成立する。国際条約は明示的合意の形式であり、それによって条約法規が成立するが、国際慣習法規も、諸国家の法的必要信念の一致が諸国家の実行の反覆のうちに示されるという意味では、黙示的合意において成立するとさえいわれる。こうして成立した国際法規は、諸国家の間の関係を規律する。すなわち、諸国家をその相互関係において義務づけ権利づけながら、終局的には諸国家の国内法上の諸手続の展開を介して実施・実現される（その不実現にたいしては、国際法上、団体責任の立場から国家間の交渉と強制が用意されている）。そこで、国際法上の権利・義務の主体としては、国家や国家に準じる団体だけが考えられてきた。しかし、そう考えられるのは、国際法規の右のような間接的（あるいは被媒介的）実現という原則的な事態にもとづいてのことであるから、たとえば国際裁判制度の発達するにつれて、国際裁判所における個人の独立な当事者能力や個人にたいする訴追・処罰権というものが条約上認められるようになると、この限度では個人の国際法上の主体性が肯認されてくるわけである。事実、そのような条約がわずかながらこれまでにもあらわれた。なお、国際法規のうちには単に諸国家の一定の行為を要求するだけでなく、個人の権利・義務の規律を直接内含しているようなものもすくなくないが（ふつうあげられる例をいうと、海賊行為の禁止・処罰や外交使節の個人的特権を定める国際慣習法規、国民個人の居住・営業権を保障する通商条約の規定など）、しかし、この場合にも、法規の法文的構成はそうであるにしても、法規の実現過程のうえでやはり右の原則的事態がみとめられるということには変りがないのである。

国際法規の国内的実施にあたつては、諸国家の憲法の規定や国内裁判慣行のうえで、ほぼつぎのような取扱いがおこなわれている。条約については、憲法上その批准または実施に立法府の同意が必要とされることにもとづいて、ふつう法律と同一の効力が認められる。また、国際慣習法規についても、国内裁判慣行上はつきりと法律と同一の効力が認められることが多い。最近には、憲法の規定でもつて一般国際慣習法規やあるいは条約に、法律以上の効力を認めようとする例もあらわれている。いずれにしても、これらすべての場合を通じて、国内法の立場から国際法規の国内的実施の容認と、あわせてその保障とが与えられているわけであつて、国際法規がそのままつねに国内的効力をもつことも、また国内法のすべてに優先することもみとめられてはいない。これが国際法と国内法との関係の実情である。なお、この実情の素直な理解も国際法理論のうえでは、もともと妥当根拠の問題から出発したいわゆる国際法・国内法二元論と国際法上位一元論との理論的対立のあおりをうけて、ことさら面倒なものにされている。

第二節　国際組織の発展

＊「国際平和の組織」高柳真三・柳瀬良幹編『法学概論』角川書店、一九六二年

一　十九世紀の戦争観念と安全政策

近世初期の国際法学者のあいだに支配的であった正戦論は、十八世紀の後半以来国際法学説のうえからも姿を消していった。正戦論とは、ひと口にいえば、戦争を戦争原因からみて正戦と不正な戦争とにわけ、正戦だけを許し認めようという考えである。ところで、正戦論にはまず適用の技術過程に問題があると考えられた。たしかに、現実の戦争について常に一義的な正・不正の区別がつけられるものか、また独立・対等な諸国の中ではたして誰が統一的な判定をすることができるのかということは困難な問題であった。さらに、いっそう重大なのは正戦論の実際的適用の帰結であった。正戦・不正戦の区別とは、実は同じひとつの戦争において交戦国双方のあいだに正しい者と不正な者とを差別することなのであるが、これは交戦国にとっては加害行為ひいては武器の許容上の差別を、第三国にとっては交戦国に対する援助・不援助の通商上の差別を、全体としてはとめどない戦争の相乗的残虐化と波及的拡大化（裏ではすばらしい戦時中立商業利得の機会の否定）を帰結することになる。それは当時の諸国にとってとうてい受けいれられないことであった。反面、絶対主義諸国のあいだでも発展の不均等はまぬがれないことであったから、戦争はたえず闘われなければならなかったし、また当時の権力支配の体制と軍事技術ないし戦争様式のもとでは、戦争は闘われて差し障りないものであった。正戦学説はやがて戦争原因に基づいて戦争の正当性を追求することをやめ、戦争権の主体や開戦手続きだけを、すなわち戦争の形

式的合法性だけを論じるものに変ってしまった。結局、国際間で戦争はその原因がどうであるかをとわず常に合法的であり、交戦国は互いに対等な仕方で闘い、第三国は交戦国双方を差別なく取り扱う中立の立場を堅持しなければならないという「非差別戦争の観念」(決闘的戦争観、戦争自由論)が支配的なものとなった。十九世紀を通じて国際法は、このような戦争の基本的観念にみちびかれながら、もっぱら戦争を国家的に秩序づけ(戦闘員と非戦闘員との地位の区別、軍使・間諜・背信行為・戦時占領・戦時復仇や開戦・停戦・休戦・講和などの交戦ルールの確立)、人道化し(害敵手段や攻撃対象の制限、傷病者や捕虜の待遇の改善)、あわせてできるだけ囲い込む(中立制度の確立)ために、しだいに交戦・中立法規を充実させていった。そうして、一八九九年と一九〇七年の二回のハーグ平和会議ではそれら諸規則の成文化と集大成がいちおうなしとげられた。

戦争がこのように国際法上自由であったかぎり、国家の安全を確保するためには、「勢力均衡」と「武装平和」の原理によるほかはなかった。まず、国力と軍備の増強(富国強兵)の諸施策がおのおの懸命に進められた。ところで、国家的安全を確保する国際的方策としては、「緩衝国」を設けたり、「同盟・保障条約」をとり結んだりすることが考えられた。

緩衝国のいわば事実上の地位・役割は、緩衝国とこれをとりまく諸強国とのあいだの条約でもって、「永世中立国」という国際法上の制度にまで固められた。すなわち緩衝国には不戦・中立の常時の義務が、それと引き換えに諸強国には中立国の領土の不可侵と軍事的保障の義務が負わされた。永世中立とは本来このように戦争の自由を前提しながら、諸強国間の均衡に基づいて接触点に形成せられるところの強国の消極的安全政策であった。

ところで、同盟条約は(防禦同盟として厳格に規定されていてもいなくても)本来、戦争の自由を前提しつつ戦力の国際的結集をはかるという強国の積極的安全政策であった。そうして、それは同盟の外に第三国を敵として排斥する排他的敵対的結合であるから、当然に反対同盟をひきだし、ついに戦争を連鎖的に世界戦争にまで拡大する危険をはらむことになる。この危険は十九世紀九十年代以降の国際政治の発展のうちに実証された。

軍備は国際法上国家の主権的自由の範囲に属する事項である。しかし、諸強国の軍備の競争的増大は国家財政への負担の重圧を堪えがたいものにするばかりでなく、諸国を戦争にかりたてる有力な原因であると考えられ、そこで戦争手段の保有の縮限はてっとり早い平和の方策であると考えられた。十九世紀のすえヨーロッパの諸強国間で軍備競争が激化しはじめたときに、ロシア皇帝の提唱によって第一回ハーグ平和会議がひらかれた。会議の議題として軍備の制限、紛争の平和的処理、戦時法の法典化がとりあげられた。しかしそれは十数年来ヨーロッパの諸強国を通じてすでに十分に成熟した資本主義がその発展に内在する矛盾から逃れるために、あらたな独占をうみだしつつ、植民地の分割・再分割に懸命にならなければならなくなっていたときである。会議は軍備制限問題では全然失敗におわった。一九〇七年には第二回ハーグ平和会議がひらかれたが、結果はやはり同じであった。しかも二十世紀はじめの経済恐慌はすでにイギリス資本をさえ活路を軍需工業生産に求めるようにならせていた。前後二回のハーグ平和会議の業績は、国際紛争平和的処理の分野ではじめて一般条約が成立し、また戦時交戦・中立法規の法典化をめざして十数の条約・宣言が成立したということであった。戦争過程の法的規制の強化をこえて、戦争そのものの禁止・違法化にまですすむことは当時としては思いもつかぬことであった。

二　第一次大戦後の国際安全保障　国際平和のための政治組織は、第一次大戦すなわち世界的規模での帝国主義戦争の結果、「国際連盟」という形ではじめて国際社会に成立した。大戦は交戦諸国の当初の予想を裏切り、長期の生産・消耗戦となったが、それは空前の巨大な人的物的損害を世界にもたらしただけでなかった。戦争は戦勝国イギリス、フランスに対してもその国際地位をかえって低下させる始末におわった。また戦争はひろく後進従属諸国や植民地において経済的には工業化を促進し、政治的には解放・独立への力強い運動をひきだすことになった。さらに戦争はヨーロッパの社会不安を激化させてきたが、ついにロシアでは社会主義革命の成功となり、その結果、世界の土地の六分の一が資本主義世界からきり離されたうえ、戦後の世界政治・経済にあらたな基本的対立がもちこまれることになった。要するに戦争はもはや個々の資本主義国家に戦後の発展を約束するものでなくなったばかりか、資本主義世界そのものの構造的危機を促進する危険なものとなった。とすれば、戦後の国際政治の主要な課題として、ヨーロッパの経済復興（戦後資本主義世界の経済的安定の核心問題）の推進とともに、戦後世界の政治的安定のための国際政治・平和組織の創設が第一にとりあげられたのはきわめて当然のことであった。大戦の諸講和条約の第一篇には「国際連盟規約」がかかげられた。大戦の惨禍に刺戟されて戦時中はやくから連合諸国民の中で一つの運動にまでなっていた戦後国際平和組織の思想は、大戦を契機とする国際社会の右のような基礎過程の発展にまさに適合的な観念として、はじめて現実の国際政治の中に実を結ぶことができた。

連盟規約によると、連盟は世界のすべての国を包括する普遍的な組織であることを建て前としていたが、現実にはその発足の当初からけっしてそのようなものではなかった。ソヴィエトが連盟の枠外にしめだされていたほかに、アメリカがはじめから加わらなくなったことは、連盟にとって決定的なことであった。大戦の旧敵国は、それに特殊な国際的案件の解決がつきしだい、加入を許されたが、ドイツは最も遅れて一九二六年に加入した。さらに日本とドイツがその前年に脱退を通告し、国際政治の危機の深まる中で新しい国際的陣営の編成が急がれていた一九三四年には、ソヴィエトの加入がおこなわれた。してみると、連盟は普遍的な国際平和組織の体制形式を表示しながらも、現実政治のうえでは多分に常任理事国の出入りに応じてそのつどその政治的性格を変えた同盟のようなものであった。

国際平和と安全の維持は連盟の存在理由であったから、まず連盟規約は国際紛争の「連盟機関による平和的処理」手続きをあらたに設け、およそ連盟国間の国交断絶にいたるおそれのある紛争は理事会または総会の審査に付託されなければならないと定めた。その審査は必ずしも法的観点にとらわれず、その解決案は勧告の性質をもつものであった。そこでそれは一般に「国際調停」（個人的資格の委員からなる中立的な国際委員会の調停）の一種として評価されがちであったが、正確には「仲介」（居中調停——第三国の介入・斡旋）の組織化されたものにほかならない。連盟がその活動の前半期に中小国間の紛争について有効な働きを示すことができたのもそのためであった。

ところで、安全保障について連盟規約は全く新しい構想をうちだした。第一次大戦の高価な経験を経て設立された連盟としては、まず、大戦前の対立する同盟群の双方とも当然のこととして疑わなかった前提、すなわち戦争の自由を国際法上で否定することが必要であった。連盟規約はこの戦争の自由の否定（戦争の違法化）を基礎にして、同盟とは原理的に異なった新しい「集団安全保障」形態をうちたてようとした。全連盟国のあいだに戦争は禁止され、禁止違反の戦争に訴えたいずれかの国家に対しては経済的・兵力的共同措置がとられることとされた。ところが規約による戦争の禁止はいっさいの戦争の場合に及んでいなかった。また規約の禁止に違反して戦争に訴えた国家に対する共同措置は、規約の明文上少なくとも経済的措置（経済断交・封鎖）に関するかぎり明らかに自働的全面的なものであったが、これも連盟発足の翌年にはたちまちカナダの発議のもとに総会の解釈決議という形式で、連盟各国による多分に自発的選択的な措置へと緩和されてしまった。そうして、一九三五年の対伊制裁はこの解釈決議の線にそって軽微なかたちで実施され、効き目なしにおわった。

このように、連盟規約による安全保障制度はまだ多くの不備・欠陥を残してはいたが、しかしそれはただの不戦・中立の約束や戦争権の制限ではなく、また同盟・援助の約束でもなくて、実に戦争そのものの違法化（ひいては犯罪化）と共同制裁実施の端緒を国際社会に導入したものであった。少なくとも、連盟規約によって大戦前の国際法における戦争の非差別的形態が差別的中立という側面から崩されはじめ、それとともに差別的戦争の観念（新しいかたちの正戦論）が戦後の国際社会にひろまりはじめたことはたしかである。なお、連盟の発足後おもにフランスや小協商諸国の安全政策に推進されて、連盟の一般的集団安全保障を完全なものにする努力もくりかえし試みられはしたが、成功しなかった。そうして、その代策としては、地域的集団安全保障条約（たとえば一九二六年のロカルノ相互保障条約）のほか、不戦・不侵略条約や、さらには連盟の集団安全保障とは原理的に相容れない同盟・援助条約や中立条約までが幾重にも錯綜して張りめぐらされ、「国際法におけるインフレーション」という言葉さえ語られるありさまであった。

ところで、一九二八年にたまたまフランスの安全政策に端を発して、フランス・アメリカ共同提唱のもとに連盟の外で「戦争抛棄のための一般条約」(不戦条約)が締結された。この一般条約はたしかにはじめて世界的な規模で戦争の全面的な禁止を宣言することができたが、しかし戦争抛棄の法的効果、すなわち条約違反の戦争行為に対する反応措置については何ごとも規定していなかった。ところが、条約締結の翌年に始まる未曾有の世界経済恐慌によって資本主義の全般的危機が一段と深まるにつれ、一方ではその後進性のゆえに資本主義的国民経済構造の脆弱な強国があいついで軍事的打開策(観念的には広域秩序や共栄圏の提唱)を推進しはじめたのに対応して、他方ではしだいにアメリカ経済例外主義(政治的には孤立主義)に安住しえなくなったアメリカは、不戦条約を法的拠りどころとしながら国際政治に発言・行動して、不戦条約による戦争の違法化の法的効果(差別的戦争観念の論理的帰結)を次次に現実にひきだすということをした(まずはやく満洲事変のさいの不承認主義の宣言、さらに一九四〇年以降の差別的中立政策の実施、つづいて共同戦争、最後に開戦責任者の処罰)。その意味では不戦条約は第一次大戦後の安全保障制度の展開のうえで特別に重要な意義をもっている。

三　第二次大戦後の国際安全保障　第二次世界大戦は民主主義陣営の勝利におわったが、この戦勝も国際社会の諸矛盾を解決することにはならなかった。第一次大戦の決算表の全項目は、それぞれいっそう拡大されたかたちで第二次大戦の決算表のうちにそっくり見いだされるのである。ことに戦争は資本主義世界の経済的不均衡を加速度的におしすすめると同時に、アメリカ経済例外主義のいよいよ望みないことを実証した。戦後の国際政治組織を主導することはアメリカにとって可能であるばかりか、いまはぜひ必要でもあった。こうした事情のもとに、連合諸国は戦争の終結にさきだって戦後国際政治・平和組織の再建に着手した。一九四五年六月にはサン・フランシスコの連合国会議で「国際連合憲章」ができあがり、一九四六年はじめから「国際連合」は活動を開始した。国際連合はその構造や機能においてさきの国際連盟と形式的には似通っているが、しかしそのおかれた国際政治状況の基本的諸条件の相違に基づいて実質上相当な差異を示している。

国際連合は現実に普遍的な国際政治組織として発足し、その後ますますその普遍性を充実させてきた。国連の原加盟国は大戦の連合諸国（五十一国）にかぎられたが、そのうちにはアメリカもソヴィエトも中軸的メンバーとして含まれた。なお原加盟国以外の国は安保理事会の推薦を得て総会で承認されれば、加入することができる。実際にドイツ、朝鮮、ヴェトナムの未統一諸国（および永世中立国スイス）は別として、*社会主義圏諸国も旧敵国もひとしく加入することができ、またアジア、アフリカの数多い新独立国もすべて加入することができた（もっともアメリカの世界戦略によって中国については代表権問題の適正な処理が拒まれ、中国は国連の外にしめだされている）。**こうして国際連合は世界のほとんどすべての国を包括し、その加盟国数を倍加したが、それと同時に国連政治のパターンも大きく変ることとなった。国連はもはや単に一方的なアメリカの投票機械でもなく、またいわゆる東西両陣営の宣伝の舞台につきるものでもなくて、大きな第三の勢力グループを加え国際世論を反映して会議する国際政治の場としての機能性格を確保しうることになった。

【*　東西ドイツは一九七三年に（東ドイツは一九九〇年に西ドイツに編入）、南北朝鮮は一九九一年に、ベトナムは統一後一九七七年に、スイスは二〇〇二年に、それぞれ国連加盟を果たした。】

【**　中国代表権問題は一九七一年に解決した。】

国連の主要機関のうち「安全保障理事会」は、国際平和と安全の維持について主要な責任と権限をもつ中枢機関であるから、さきの連盟理事会のように、常任理事国（五国）と非常任理事国（六国、任期二年、総会で選出）*とでもって構成されている。ところで、国連憲章では国連のすべての機関を通じて多数決の原則がみとめられ、組織体が機能するうえでの技術的要請に十分に応じる構えがとられた。しかし、安保理事会では常任理事国に関するかぎり（手続き事項は別として）全員一致の原則がやはり維持されている。この常任理事国の全員一致の建て前は多数決の一般的立場から大国の拒否権とよばれ、その頻繁な行使が安保理事会の活動（ひいては国連全体の運営と活動）を大きく阻害しているとして、たえず批判されてきた。しかし、大国の全員一致の建て前は国連をとりわけ平和と安全の維持のうえで一方の道具とならせないための保証なのであるから、問題はいわゆる拒否権の廃止ではなくその制限に、いいかえれば大国の全員一致の建て前がどの事項についてなお維持されなければならないかを検討することにある。

国連憲章ではさきの連盟のときの経験に基づいて、安保理事会や総会による「紛争の平和的処理方法」が、他の平和的諸方法との組み合せをはじめから考えながら細かに規定された。しかし、基本的には連盟のそれと変るところはない。ところが「集団安全保障」については、憲章の構想は連盟の場合にくらべて著しく進展を示している。まず、戦争にかぎらず武力による威嚇・武力の行使はいっさい禁止された。そうして、平和に対する脅威のある場合、また侵略や平和の破壊がおこなわれた場合には、安保理事会がそうした事態を認定（侵略のさいには侵略者を判定）し、平和の維持・回復に必要な応急措置（動員停止・停戦・撤退・中立地帯設定などの要請）や共同的強制措置（経済・交通・外交関係の断絶から軍事的措置の採用にまで適宜及ぶ）を決定する主要な責任と権限をもつこととされた。安保理事会の決定は加盟国の全部を拘束する。さらに憲章は軍事的措置の効果的な実施を保障するための周到な準備についても規定した（軍事参謀委員会の設置、兵力や軍事的便益の供出を義務づける特別協定の締結——まだひとつもない——など）。ところが、安保理事会のそれらの決定が成立するのにはやはり常任理事国の全員一致が必要なので、そのため国連による安全保障は事件の重大な場合ほどかえって麻痺する危険があるといわれた。この危険はいわゆる米・ソの対立、すなわち戦時の共同作戦の遂行過程ですでにあらわれ、占領管理や戦後世界の処理のうえで激化してきたところの国際政治の基本的対立に基づいて、いよいよ現実のものと思われるようになった。

【＊　非常任理事国数は、憲章改正により一九六六年より一〇国となった。】

そこで、一方には国連の内部で、国際平和・安全の維持に関する「総会」の権限強化の方策がすすめられた（一九四七年の総会「中間委員会」の設置、一九五〇年の「平和のための結集」決議の成立）。また他方では国連の外部に、憲章第五十一条の集団自衛権を好便な根拠として援用しながら、世界的戦略ラインにそって多数の同盟条約が平和と安全の名のもとに結ばれ、戦後の国際社会にふたたび巨大な軍事ブロックの対立がみられることとなった。

いったい、国連憲章による一般的な武力禁止のもとでも、いわゆる「自衛」行為まで禁止することは考えられないことであった。ところで、自衛行為（正当防衛）は各国私有の軍事力でもっておこなわれるから、それは容易に自衛を名とする戦争に転化する危険をもっている。相手方から不法な侵害が加えられたか、また防衛行為が必要な限度をふみこえていないかは、さしあたりは当事国自身の判断によるほかはないとしても、つづいて効果的ないわば公的統制がそれに加えられなければ、十分でない。しかしそのためなら、すでに一般的に平和破壊や侵略に対する安保理事会の責任と権限が用意されている。してみると、憲章の中でなにもわざわざ加盟国の自衛権と自衛行為に対する安保理事会のコントロールとをうたいあげる必要はないはずであった。ところが、実際には大国の拒否権行使による安保理事会の機能の麻痺がすでに憲章制定の過程でさき走って叫ばれるありさまであった。

他方で、憲章はすでにその原案の中でも「地域的取極」や「地域的機関」による紛争の処理と安全の保障とをみとめていた。世界の一地域かぎりの処理ですむような紛争や事件についてはむしろすすんで地域的協定や地域的組織を利用することとし、安保理事会の許可・統制のもとに処理をそれらのものに委せようという考えである。しかし、地域かぎりの安全組織であるにしても、むしろそれであるからこそ、それが組織形態や現実的機能のうえで軍事同盟であることは許されない。それはどこまでも、地域内の諸国をすべて包摂し、体制の内部の諸国のあいだで相互に侵略を防止するという、言葉の正しい意味での「地域的集団安全保障」、すなわち国連安全保障制度の地方的縮刷版でなければならないはずであった。ところが、いかにももっともらしい言い分であるが、この地域的安全保障活動についても、それに必要な安保理事会の許可が大国の拒否権行使によって得られないようでは、実際には無意味なことになるといわれ、安保理事会の許可なしにも地域的安全活動がいつでもおこなわれるよう保証されなくてはならないと主張された。サン・フランシスコ制憲会議のときのことである。主唱者のラテン・アメリカ諸国は全米相互援助条約を予約するチャプルテペック協定をすでに結んでいた。

「ラテン・アメリカの危機」などと大げさによばれるこの会議の紛糾はとりわけ大国アメリカによってたくみに利用され、憲章第五十一条「個別的集団的自衛権」が挿入されることになった。すなわち、加盟国に対して武力攻撃が発生した場合、安保理事会が必要な措置をとるまでのあいだ、加盟国は個別的または集団的自衛の固有の権利をもつことが明規された。もちろん加盟国は自衛行動についてただちに安保理事会に報告しなければならず、また安保理事会自身のつづいてとる措置・決定には従わなければならないとされた。ところで、奇妙なことであるが、まず、集団自衛は安保理事会の機能の麻痺を有力な理由としながら、同時に安保理事会の機能を法的保障にして導入された（自衛から現実には集団自衛を名分とする戦争の機会の公認がうまれた）。つぎに、いっそう重大な点であるが、集団自衛権は（導入のときの事情も手伝って）もはや厳格な意味での共同正当防衛の権利などではなく、直接攻撃をうける国となにか密接な関係にあるとする（率直にいえば介入・援助・同盟することに利益をもつ）他国が共同防衛する権利であると解釈され、しかも戦後の軍事技術の水準のもとでは平時からそのための軍事的組織を設けることも当然に認められてよいと主張された（急場の権利から平時の敵対同盟の権利が生まれ、不定の未必な敵は常時の既定の敵にかわり、侵略にたいして防衛する権利から、武力攻撃に対して無差別に共同戦争する義務がひきだされた）。さらに、この軍事的組織は現実には、戦後の国際政治における基本的対立の線にそって大きく形成され、しかも戦後の諸国間の軍事力の著しい不均等に基づいて指導的大国の海外前線基地・駐留軍をひろく展開させ、また統合軍隊を準備することになる（自衛権をもとにして海外基地・駐留軍が認められるかが問題であったのに、いまはそれらの存在が自衛の根拠にされる）。実際に、一九四九年以降アメリカの冷戦政策に基づいてその主導のもとに北大西洋条約機構・東南アジア条約機構・バグダッド条約機構（現在は中央条約機構）*などの反共軍事同盟ブロックやこれと同じ性質の日米安全保障条約その他無数の二国間同盟条約・基地協定・軍事援助条約の網が地域的集団安全保障のラベルを冒用しながら張りめぐらされ、またこれに対抗するワルシャワ条約機構や同盟条約もひきだされることとなった。こうして、いわゆる両体制のあいだに、その目的と意義にちがいがあるにしても軍事的には二つの大きなブロックの対立が形成せられ、しかも双方ともに全人類を絶滅させるほどの巨大な戦力をかかえて対峙しているというのが現実の状況である。ところでその反面、このような状況を打開するための方策として二つの努力が続けられてきている。いわゆる非同盟・中立主義の政策の推進と軍備の縮小・廃止のための事業とがそれである。

【＊　東南アジア条約機構は一九七七年に、中央条約機構は一九七九年に、それぞれ解散した。】

かつての永世中立制度は、当の中立国自身の立場からいえば政治的には、諸強国間の勢力の均衡に依存しつつみずからは国際政治の舞台から身をひき、経済的には特殊な産業力に基づいて国際通商関係の安定した路線におさまり、こうして戦争のさいにもあくまで厳正な非差別中立の態度をつらぬくことによって自国の安全を確保しようという全く孤立・消極政策であった。この非差別中立はもはや国際連盟以来の集団安全保障制度とは原理的に相容れない。ところが、現在とりわけアジア、アフリカ諸国のあいだで唱導されている「非同盟・中立主義」の政策は、国連本来の集団安全保障の建て前に矛盾してこれをまさに麻痺させているところの軍事同盟・ブロックには加わらず、またこれから離脱することによって、対立・緊張の拡大・激化を防ぎ、ひいてはそれらの解消にまで導いて、国連本来の集団安全保障機能の回復をはかろうという積極的な平和政策である。したがって、それはいわば横に同じ中立主義の国々をひろげ、ひろく中立地域を形成する運動となってあらわれるとともに、いわば縦には非同盟の立場の堅持だけでなく、大国間の紛争の平和的調整のための役割をグループとして有効に果たそうという行動ともなってあらわれる。現在の国連総会やその委員会はそのための好適な場を提供することができるものとなった。なお、非同盟・中立主義は、これをとる国家自身の立場に即してみても、軍事同盟のもたらす国内政治・経済上の従属と軍事化を避け、国内支配関係の歪曲を防いで、真に自由なみずからの成長・発展の機会を大きく保障するという意義をもっている。

四　軍備縮小事業　第一次大戦のヴェルサイユ講和条約は敗戦国ドイツの軍備を徹底的に制限した。それはやがて諸国間の一般的軍縮を実現させるための踏み台であると弁明されていた。事実、連盟規約は国際連盟の課題の第一に軍縮事業をかかげており、そうして連盟は一九二〇年の発足のときからそのための二つの委員会を設けて問題にとりくんでいった。しかしその仕事は軍縮・安全保障・裁判の相互的つながりの論理にひきまわされ、一九二五年末にようやく設けられた軍縮会議準備委員会ですら肝心の軍縮そのものの準備には容易にとりかかることができなかった。それでも一九三二年には一般的軍縮のための国際軍縮会議がひらかれた。会議ははじめから難行したが、結局ドイツの軍備平等の強い要求につきあたって行き詰り、ドイツの脱退によってついに挫折してしまった。なお、海軍力については連盟の外で主要海軍国のあいだに一九二一年ワシントン会議がひらかれ、主力艦に関する保有制限条約が結ばれた。また一九三〇年のロンドン会議では補助艦艇に関する条約も結ばれた。ところで、これらの海軍条約は主要海軍国間の無制限な建艦競争を一時おさえることになりはしたが、しかしその本質はそれら諸国のあいだで当面最も決定的な軍事力をどちらかの側に有利な優越的均衡において固定化しようとするものであった。とすれば、そのような均衡はこれをもたらした諸条約のつづくかぎりのものでしかない。一九三五年、国際的危機の一段と深まる中でロンドン会議がひらかれ、さきの二つの海軍条約の期限の延長がはかられたが、会議は日本の対等要求によって失敗におわり、一九三七年からはふたたび無条約・軍備無制限の状態にかえった。なお一九三五年、ナチス・ドイツはヴェルサイユ講和条約の軍備制限条項の廃棄を宣言し、本格的な再軍備を開始した。

第二次大戦後、国際連合の軍縮事業は一九四六年一月ほかならぬアメリカの先導のもとに「原子力委員会」の設置をもって始まった。大戦のおわり対日戦において姿をあらわした原子爆弾は、たしかに戦後の武器体系と将来の戦争様式との一変を予測させるものであった。ところが、原子兵器の戦場への最初の登場すなわちアメリカによる対日投下作戦が多分に対ソ政略の意味をもっておこなわれたように、原子兵器管理問題の国連へのいちはやい最初の登場もまた多分に対ソ政略の意味をもっておこなわれた。委員会の劈頭アメリカによってもちだされた原子力の国際管理に関する提案（バルーク案）は、原子力の産業的応用を名分としながら、もっぱら多数決による国際原子力開発機関の管理をとおして、実はアメリカの原爆独占をできるだけ長いものにしようというねらいをもっていた。当然にソヴィエトは原子兵器の製造・使用の即時の禁止、原子兵器の早期の廃棄、国連安保理事会のもとでの国際管理をもって応酬し譲らなかった。またこれに並行して、通常兵力については、一九四七年一月から安保理事会のもとに「通常軍備委員会」が設けられた。ここではソヴィエトの兵力三分の一削減案に対抗して、通常兵力の分野では劣位をつたえられるアメリカ側が、まず現有軍備の状況を調査・検証する国際管理機関の設置を主張した。どちらの委員会もいくらかの歩みより・逆もどり・行き詰りをくりかえした。一九四八年六月アメリカ上院で「ヴァンデンバーグ決議」が成立して軍事同盟・ブロックの本格的形成への軌道がしかれ、つづいて一九四九年九月にはソヴィエトの原爆実験が確認されてアメリカの原爆独占がやぶれた。一九五〇年十月朝鮮戦争の激戦のさなかに、動乱にいちはやく軍事介入したアメリカの大統領は国連デーの総会演説で、これまでの二つの委員会を併せ受けつぐところの軍縮委員会の新設を提案した。一九五二年一月になって国連総会で「原子力ならびに一般軍縮委員会」が設けられた。しかし、この軍縮委員会でも軍備の公開と検証、地上兵力に始まる部分的段階的軍縮の実施、厳重な査察制度を求めるアメリカ側の主張と、原子兵器の禁止、全兵力の削減、乱用のおそれのない管理を求めるソヴィエトの主張とが対立して、討議は行き詰りをくりかえした。それにつれて討議の場が五か国の軍縮小委員会に移されたり、また委員会の構成が十二国から二十五国、全加盟国へと拡大されたりしてみたが、討議そのものはソヴィエトの大幅な歩みよりにもかかわらず国際管理機構の問題をめぐって対立しつづけた。さらに一九五四年の水爆の出現はミサイル開発の進展とともに、軍縮討議の中に核実験停止と奇襲防止の問題をうかびださせ、これらをめぐって交渉・討議はますます具体的なものとなりながらかえって複雑化していった。一九六〇年三月からはジュネーブで東西十か国軍縮委員会がひらかれ、軍縮交渉の主舞台は国連の外に移された。会議には東西両側からそれぞれの三段階軍縮案が提出され討議されたが、双方の原則的対立はいっこうに緩和されず、非難の投げあいのすえ休会に入り、六月には打ち切られてしまった。問題はこうしてふたたび国連に戻ったが、九月総会で軍備全廃案がソヴィエトから提唱されるかたわら、東西双方とも軍事費の増額や兵力の増強を公表するというありさまであった。なお、核停問題については一九五八年十月以来主要三国間に「核実験停止会議」がひらかれ、忍耐強い討議のうちに条約草案の大半を採択するまでにこぎつけたが、ここでも査察と管理をめぐって基本的対立が解けないまま、一九六一年八月核実験の再開（自発的核停の解消）に当面することになった。

第二次大戦後の軍縮事業の経過は以上のようなものである。それは国際政局の動揺をも反映して不断の起伏をみせてきたが、それにもかかわらず、仕事はたえず続けられ、けっして放棄されていない。なぜなら軍縮問題は今日では全く新しい意義と実現可能性をもつものとなっているからである。軍縮はもはや軍事力の優越的均衡を確保するためのものでなく、また単に諸「国民のために圧倒的軍備負担を軽減」（大西洋憲章）するためのものでもない。それは破滅的な全面戦争の脅威に直面して世界の平和を確保するためのものである。平和の確保は今日では単に戦争を一時遠ざけることではなく、諸国民が真に自由な建設と発展をとげるための必須条件を獲得することである。このような認識は現在、世界諸国の広汎な国民層によってはっきりとつかまれるようになった。このような国民層の成長こそ、戦後の国際政治状況を規定する他の基本的条件（社会主義の世界体制の成立、帝国主義的植民地体制の崩壊）とともに、平和の実現への基本的条件となっている。

〔参考文献〕

この項の説明をもとにして読みすすんでいくのには――

石本泰雄「条約と国民」（岩波新書）昭和三十五年。
田畑茂二郎「国際法」上・下、昭和三十年。
前芝確三「国際政治学大綱」昭和三十四年。
田岡良一「国際法Ⅲ」（法律学全集）昭和三十四年。
高野雄一「国際組織法」（法律学全集）昭和三十六年。

特に中立主義については――
　日本国際問題研究所編「中立主義の研究」上・下、昭和三十六年。
また国際連合については――
　横田喜三郎「国際連合」昭和二十五年。
Nicholas, The United Nations as a Political Institution, 1959.
　Everyman's United Nations, 6th ed., 1959.
なお紙数の制約があり、この項では国際紛争の平和的処理、ことに国際裁判が省かれてしまったが、それについては右の二つの国際法教科書を読んでほしい。

第二章　国際法と国家主権

＊「国際法と国家主権」法律学一五〇講国際法8『法学セミナー』二四号、一九五八年

一

(1)　第一次大戦いらい、とりわけ第二次大戦後の国際政治思潮のなかでかなりな非難、攻撃を受けているにもかかわらず、国家主権の観念は現在でも国際法上の重要な諸文書のなかで確認されている。なによりまず国連憲章は第一条（国連の目的）につづく第二条（その目的達成のための行動諸原則）の①として、国連機構がすべての加盟国の主権的平等の原則に立脚していること、国連自体も加盟国もこの原則にしたがって行動しなければならないことを規定しており、また、国連総会はたとえば一九四九年に旧イタリア植民地の処理を託されたさい、リビアについてそれが独立かつ主権的な国家として創設され、その独立のあかつきには国連への加盟を認められるべきであると決議している（総会決議二八九、Ⅳ、A）。さらに、国連の斡旋のもとにようやく成立したオランダ・インドネシア間の主権引渡協約（一九四九年）やアメリカ大統領のフィリピン独立承認の布告（一九四六年）など、新生国をいずれも独立ないし主権的な国家として規定することには変りなく、そうしてそれら新生国はやがて国連への加入を認められた。ただしかし、こ

の種の文書のそれだけの規定では、国家主権の観念もあるいは政治的な合言葉として役立てられているのかも知れず、また国連憲章についていうならば、右のような原則の宣言が憲章自体のほかの諸条項の具体的な規定とどれだけ符合しているかということの吟味をおろそかにすることはできない（このような解釈操作の一例として田岡良一「国際法講義」上、二三二頁参照）。

(2)　ところが国家主権の観念はさらに第一次大戦後の国際紛争の処理、ことに国際裁判判決においてもくりかえし確認されてきている。この国際裁判の実行が国際法上の国家主権の観念にたいしてもつ意義は、三とおりに考えられる。

第一に、国際裁判所は紛争が国家主権につながるものとみとめると、国家の主権ないし独立の原則をまさに判決の基礎において決定し、そうすることによって国家主権の観念の法的な通用性を保証した。第二に、判決のなかで国際法上の国家主権を定義し、あるいはその意味を明らかにした。もっともこの点では、個々の国際判決はそれ自身いずれかの学説に拠っており、また同じ一つの事件において裁判官の間で見解のきわどい対立を示した例もある（常設国際司法裁判所、一九三一年、独墺関税同盟〔諮問〕事件）。すなわち、

①〔多数意見〕――オーストリアの独立とは、オーストリアがその現国境内で別個の一国家として経済、政治、財政その他いっさいの事項における独占的な決定権をもって存続することを意味する。したがって経済・政治その他いずれの分野における独占的決定権の侵害も、オーストリアの独立を侵害する結果となる。

②〔Anzilotti の separate concurring opinion〕――オーストリアの独立とは、オーストリアが既定の国境内で別個の国家として、他のいずれの国家の authority にも服することなく存立するということにほかならない……独立とは主権あるいは対外主権といってもよく、国家が、国際法のそれのほか他のいかなる authority もそのうえにいただかないことを意味する……独立の観念と対比的な従属の観念は、自己の意思を他国に法的に強課しうる国と、このような他国の意思に服することを法的に強制される国との間の関係である……したがって独立という法的概念は、国家の国際法にたいする服従とは関係のないものであり、また諸国間の不断に

増大する事実上の従属状態とも関係のないものである……なおまた、一般国際法や約定にもとづくところの国家の自由にたいする諸制限は、それだけではいささかも国家の独立に影響しない、すなわちそれらの諸制限が、国家を他国の法的権威のもとにおくことにならないかぎり、国家はその〔負担する〕義務がどれだけ広くまた重いものであっても依然として独立である。

――〔七名の反対意見〕（独立の概念の理解では Anzilotti と同趣旨）

しかし第三に、国家主権の定義がどのようになされるにせよ、国際裁判所は国家主権の観念を現行国際法体系の隅の首石として位置づけ、国家主権の原則を「たいていの国際問題の解決の出発点とすることができるまでに確定された」（常設仲裁裁判所、Palmas島事件判決、一九二八年）ものと考えて、そこからいくつかの基本的な国際法解釈原則というものをひきだした。――(イ)「国家の独立権にたいする制限は推定されてはならない」（常設国際司法裁判所、一九二七年、Lotus号事件判決）したがって、他国家の主権にたいする制限から利益をえようとする国家は、そのような制限（これは国際法規からだけひきだされうる）を立証しなければならない（常設仲裁裁判所、一九一〇年、北大西洋沿岸漁業事件判決の趣旨）。(ロ)「国家の主権にたいする制限をもたらすような条約の条項は、疑わしい場合には、制限的に解釈されなければならない」（常設国際司法裁判所、一九二三年、Wimbledon号事件判決）、あるいは、「条約の規定が明白でなく、いくつかの妥当な解釈可能性をのこす場合には、当事国に最低の義務を負わせるような解釈が選ばれなければならない」（常設国際司法裁判所、一九二五年、トルコ・イラク国境事件諮問意見）。

(3)　以上のように国家主権の観念は、最近においても国際法上の政治的文書や裁判判例において維持されているにもかかわらず、国際法学者、国際政治の実際家やイデオローグたちの間からはげしい批判をうけるようになっている。それら批判の立場はもとよりさまざまであるが(イ)いわゆる立法論の立場――国際平和と協力の確保、そのための国際組織の発展にとって国家主権が障碍となるから、それの大幅な制限ないし廃棄を要求する――と、(ロ)現行法把握の立場、この後者のなかで、①国家主権の概念を原理的に否定する立場――そうすることによって実は(イ)の役割をはたしていた（後述二(1)(2)参照）――と、②それの現在の法的妥当性を疑う立場）、それらすべての議論はすでに第一次大戦後に、はやくも出揃っていた。そうして第二次大戦後には一段とその勢力を増し、ついには国際裁判の少数意見にまで反映するというほどの勢いである。

しかし同時にその反面では、それに対抗的に国家主権の尊重と確保とが強調されているという事実を見逃してはならない。すでに第一次大戦後の時期に国家主権の原則は中南米諸国によって数次の国際会議の条約・文書のなかでくりかえし確認されたが（そのうちでも、ことに一九三三年 Montevideo 会議での「諸国家の権利義務にかんする条約」、なお第二次大戦後の一九四八年 Bogota 憲章――つねにアメリカ諸国の連帯と協力の原則の強調をともないながら）、それは明かにアメリカ合衆国の干渉政策の否認・排撃を意味していた。ところで今日では、国際法上の主権の尊重ないし主権観念の強調は、とりわけ社会主義諸国やいわゆる平和地域諸国によってなされていて、抗議的概念としての主権概念本来の性格は、やはりここでも実証されている。

二

ところで、国際法上の国家主権にかんする国際法学者の見解はさまざまである。

(1)　国家主権を絶対的自由、法的全能あるいは最高権威を意味するように理解して、それが国際法の妥当性とは両立しないと考え、国家主権の観念を国際法上で原理的に否定する見解――この見解のもとでは、①国家主権の観念は国際法の体系的叙述のなかから姿を消し、領域ないし人に即して規定された国家の管轄権、条約締結、紛争処理の諸権限などのうちに溶解されてしまう。そうして、②国家主権観念自体の政策的性格がもっぱら指摘されるのであるが、しかし、このような見解自身が国家主権観念を右のような仕方で国際法の立場から原理的に否定することによって、実は国際社会の組織化への理論的地均しをやっていた。

(2)　おなじく主権を最高権威と解して、主権はむしろ国際法にあるとしながら、なおいわゆる「国家主権」を国家権力ないし国家法秩序の「国際法直接性」として把握する見解――これによれば、国家すなわち国家法秩序（この見解特有の法・国家同一論にはいまふれないとして）が国際法秩序に法的に服するとなると、もはやそれは主権的ではありえないが、しかし、それが国際法秩序にのみ服して他の国家法秩序に服しないということは、まさにそれの国家法秩序としての本質的な特徴なのであって、このことは、ある community が国際法上の意味で国家であるためには他の国家から独立していなければならないことを意味している、と説明される。要するに、国家権力の他国家権力にたいする独立が独自の規範主義的立場から捉えられているかのように見えるわけであるが、その立場の一面性に制約されて、(i)「主権」は legal authority として国際法の側にうつされ、(ii)「独立」は国際法直接性として、もはや国家の権利というようなものでなく、ただ国家法秩序の属性、いいかえればある community が国際法上の国家であり、国家の諸権利をもつというための要件にすぎないとされる。結果は、①国際法による制約はどれだけ大きくなっても問題ではないように、②また、他国家にたいするせっかくの独立も抗議的には主張しえないかのように構成されているということである。その政策的性格は指摘するまでもない。

(3)　国家主権を国際法にもとづく諸制限、ことに国連憲章による制限がないかぎりでの最高絶対の権力、国際法上の制限内で対内的にも対外的にも自由に行動しうる権利と説く見解――すこぶる微妙な概念規定であるから、誤らないために、まずこの同じ見解が国家の基本権（かつては主権の論理的帰結とされた、いまではそのリストの第一に主権があげられる）について説くところからみてゆくと、国家の基本的諸権利もすべて国際法上の権利であって、国際法わけても条約によって制限・廃止され得ることには変りなく、ただほかの権利よりも比較的に重要な権利であるというにすぎないと考えられている。するとまず、①本来、主権も国際法上制限されうるものであり、それは主権概念に矛盾しない。ところが、②主権はこれまで最高な（＝他から命令、強制されない）、絶対的な（＝自由、無制限な）権力とされていた。③しかし国家権力はもともと国際法の諸制限に従わなければならないから絶対でなく、また現在では国連安保理事会の決定に拘束される場合もあるからもはや最高でもない。以上の帰結として、④さきのような国家主権概念の規定。結局のところ、これも、一種の相対的主権論であり、そうして国際法上の国家主権問題の基本論理の提示にはなっている。

(4)　国家主権をふくめて国家の基本権というものが、ともかく過去数世紀間の諸国家の実践をとおして慣習法的に国際法のなかにとり入れられ、国際法上の国家の基本的地位をあらわすものとみなされるにいたっていたことを認めるとともに、そのような歴史的意味をもった国家主権の観念が国際法の現状に適合的かどうかを吟味するという立場からの見解——これをもっとも組織的に展開したものが後記の参考文献（1）、（2）であるが、それによれば——

①　主権の観念は十八世紀の半ばすぎ啓蒙期自然法思潮のもとでVattelによってもっとも明確に、体系的に説かれた——その意味ではかれによって国際法理論のなかに持込まれたといわれたりする——が、かれのいう国家の主権＝自由・独立は、よく誤解されるように絶対主権の観念としてではなく、ただ国家が他の権力の拘束・干渉をうけず、これに従属しないという（したがって内心の法としての自然法はもとより、合意にもとづく実定国際法の拘束を否定しないところの）相対的な観念としてもちだされている。その問題性は、人民主権にもとづく国民国家の立場から絶対主義諸国家権力の干渉を排除することにあった。

②　ところが十九世紀に入ってから、ことに市民社会の発展、国民国家の統一形成にたちおくれたドイツの特殊事情にもとづいて、ヘーゲル国家哲学の影響のもとに、——国内的には国家法人説を媒介とするいわゆる国内憲法上の「国家主権説」があらわれるかたわら——国際的には国際法の妥当性を否定するような国家絶対主権の観念が学説のうえで主張され、実際政治のうえにも反映したが、しかし、そのような観念が一般に受けいれられたわけではない。

③　それにしても、本来の国家主権の観念を基礎にして成立した近代国際法は、個別国家の立場に即したindividualisticな体系であることは争えないから、最近における国際組織の発達は本来の国家主権の観念とすら矛盾するような現象（国際機関における多数決原理の採用、国際裁判の制度化——常設裁判所の設置と裁判義務の設定——、戦

争の違法化といわゆる制裁措置の適用など）を呈しているが、これらの現象が国家主権の侵害とみられるべきものかどうか――〔この点については、まず判断の基準そのものについて学説はさまざまであり、また、同じ基準のもとでの具体的な帰結さえ人により時期により変るというありさまであるが、一般には漠然と国家主権の喪失を認めてかかる気分も濃いなかで、克明な分析の結果、それとは、むしろ反対の結論に達している前述の参考文献のいちおう標準的な見解といえるものを示すなら〕――問題は、(i)国際機関の決定が法的に拘束力をもつか、(ii)決定の内容がどの程度に決定主体の意思にかかるようになっているか、が確かめられたうえになお、(iii)決定の主体が権力としての性格をもつかどうか、さらに(iv)決定が国家にとって基本的に重要な事項にかかわるかどうか、という二つの基準に照らして判断されなくてはならない〔ただし(ii)の採否ははっきりしていない〕。具体的にみてゆくなら――

(イ)　国際機関における多数決原則の採用――多数の行政的・技術的国際機関はもとより、今日では政治的国際組織としての国際連合においてさえ（いわゆる大国の拒否権のことは別として）多数決の方式が認められるにいたっているが、(i)にてらして、その決定に勧告的な効力しか認められないものと、法的拘束力はあっても国際機関の内部運営に関係するだけのものとを除くと、さしあたり問題になるのは、多数決によって国際組織の基本条約の改正がおこなわれうる場合であるが、行政的国際機関の場合は(iii)と(iv)に該当しないから、また国際連合の場合でもなお脱退の自由は残されているから、国家主権の否定とはならない。

(ロ)　国際裁判――(ii)よりも(iv)に該当しないから、国家主権の否定とはならない。

(ハ)　国連憲章第七章にもとづいて安保理事会が平和の維持・回復のためにおこなう拘束的な諸決定――(i)から(iv)のすべてに該当して国家主権はいちおう否定されたとみられる。ただし、その場合にも拒否権を認められている常任理事国については事情は全然別である（なお、その他の国についても五大国の全員一致の実現やなお残された脱退権を考えあわせると、右の事態は現実性のうすいものと考えられている。）

三

近代国際法は国家主権の観念を基礎にして体系的に組みあげられていたから（その基盤にはヨーロッパ社会における主権的領域国家の並存という権力構造がある）、国際法上の国家主権の問題は国際法の全体系の諸問題につながり、具体的にはそれらの諸問題として現れるわけであり（たとえば国内法との関係＝国際法の国内的実施過程の問題、承認問題における実効性の原則、領域の impenetrability の問題、不干渉義務、国内事項の留保……など）、簡単には論じつくせない。しかし、国家主権の今日の問題性は、一⑶にも指摘したとおりであるから、以下にはそれに関連した補足的な考察をつけ加えておこう。

⑴　国際法上では主権への関心は、なによりも、国家権力が内政および対外関係の処理において他の権力に従属しないという対外的な消極的な規定にむかうので、主権のこの側面をとくに強調する「独立」ないし「独立権」の観念が生れている。しかしその国家権力は、主権的領域国家といわれるように、権力の特殊な空間秩序をもつことをその歴史的な特質としていたから、これに注目していま一つの主権概念の規定もまた生じている。「領域主権」Territorial Supremacy の観念がそれであり、国家がその領域内で排他的支配をおこないうることと定義され、国家主権の対内的な積極的な側面をいいあらわしたものと考えられている。

(イ)　そこで、この「領域内独占支配」を「国家権力の国民にたいする支配の原則的独占」というように一般化し、ことに国際法の妥当性の国内的実現の独占に注目して、この独占の破綻（たとえば少数者の国際機関への請願権や国民個人の国際機関への出訴権などの成立）にこそ国家主権の原則の否定への過渡的現象がみられるとする見解もある（Verdross）。国際機関の対国民関係への直接介入という問題のポイントを指摘した点で注目されるが、それならばあわせてその国内的執行力の問題も考えられなければならず、またさきの、二学説⑷③での(iii)(iv)の問題もやはり検討されなくてはならないであろう。

(ロ) またふつう国家主権の要素としては独立と領域内独占とが考えられているわけであるが、Vattel が国家主権概念のメルクマールとしてあげているのは自主的統治と独立とであった（「どのような形態をとるにしても自分自身で統治し、外部のものに従属することのない国民は主権国家である」）。ところが、ふつうこの二つのものも国家主権の対内対外二側面と考えられてしまうので、両者の論理的関係についてはそれ以上考えられない。しかし、ただある権力の領域内独占支配の事実（実効性）をいうのとは違って、そこには国民の自主的統治が独立を要請するという制約関係が含まれているとおもわれる。いわゆる国家の独立は国家権力について国民主権の立場が自覚されることによってはじめて充分な理念的基礎を獲得するわけであり（その意味では国際法上の国家権力の観念が啓蒙期自然法思想の国民主権のイデオロギーのもとでスイスの政治的環境のなかからはじめて明確に体系的に唱導されたのも偶然でない）、また事実上も国家権力がその国民的基礎を獲得するにつれて次第に確立されてくるわけである（その意味で絶対主義王権の支配下で国王私領の分散・錯綜や王位相続の国際的紛争などの諸現象がなお残存することに注意されなくてはならない）。いずれにしても国際法上の国家主権概念にも正当性の問題が含まれていて、そこから、国家主権に対抗して民族主権や民族自決権が主張されるとか、あるいは単なる条約上の義務の負担にとどまるという場合についてさえ、独立の侵害や従属がいわれるというような問題が生じていると考えられる。

(2) 個別国家の主権ないし独立は、諸国家権力の秩序概念としては、矛盾を含んでいた。すなわち、①独立は、自己の決定（承諾）なしにはいかなる制約も負わないことを意味するから、国内支配におけるいわゆる主権的保留領域へのあらたな国際法的制約の拡張や対外的な既得権の改廃には、現実には拒否権として守旧的にはたらく傾向をもっていた。また、②それは、既存の国際法の実施過程においても、何が権利であり義務であるかは自ら判断することを意味するが、国家権力はその相互関係においては同等に独立であるので、合意の成立しないかぎりその判断（主張）を貫くために最後には自らの暴力に訴えることを許すことになり、戦争（当事者を対等にみるところからその主張の是非を問わなくなるような戦争）の自由が法的にも認められた。そればかりでなく、③主権は、主権行為としての条約締結の自由を介して、独立の認否をもたらすような条約をも法的に認めた（保護条約、干渉条約、従属軍事同盟条約など）。ところが②は①への対策としても機能しうるから、以上①―③の帰結として、独立は法論理的にも独立の侵害の自由に通じていた。それにもかかわらず、諸主権国家の並存を基礎とするヨーロッパ国際法の体系が維持され発展さえしてきたことの国際政治的条件としては、諸国家権力の国民的基礎の確立、国際的なバランス・オヴ・パワーズの維持のほかに、いま一つ、その地域の諸民族には主権を認めないことによって成立したところの自由な非ヨーロッパ地域の広大な存在（主権的諸国民の植民活動を通じてヨーロッパ諸国民間の矛盾が絶えずそちらへ持出されえた）があったとおもわれる（とすれば、この条件の失われる時期にあらわれる絶対主観観念の歴史的意義は指摘するまでもないであろう）。

(3)　第一次大戦いらい現在におよぶ国際組織の発達によって、(2)に述べた国家主権観念のもつ矛盾のうち②にたいして国際裁判所や国連機関の機能がそれぞれ多少とも確立されるまでになった。そのかぎり、古典的な意味では主権的国家権力の機能とされていたものが、ある程度国際機関の手に移っているという事実は争えない。この機関機能をさらに国家権力にたいする権力的拘束とみるかどうかはもはや権力性の政治学的規定にかかっている（その意味では「脱退権」の問題もむしろ脱退の現実的可能性として考察されなければならない）。なお、それとは別に、われわれ国民おのおのの立場から、それら機関機能（国際行政組織のそれまで含めて）の現実の効果を正確に測定し、それをどう評価するか、という問題があることを忘れてはならないであろう。

［参考文献］

（1）　田畑茂二郎「国家主権と国際法」（日本評論新社、法学理論篇）
（2）　田畑茂二郎「国際法」（岩波全書）

（3）　中村　哲「主権」（日本評論新社、法学理論篇）
――（3）は国内憲法上の概念としての主権の考察であるが、これなしには理解は片手落となるとおもわれるので、あえて付け加えておく――

第三章　人権の国際的保障と国際法の構造転換

＊「人権の国際的保障と国際法の構造転換」昭和六一年度科学研究費補助金（総合研究A）研究成果報告書『国際法の構造転換』（研究代表者・松井芳郎）、一九八七年

国際法による人権の保障は、第二次大戦後に国際連合の組織を介して、はじめて「全面的に」提起され、実定法化されるに至った。

もともとヨーロッパの絶対制諸国家は、すでに、十七・八世紀以降それぞれ市民革命を経過し、ついで十八・九世紀の間に産業革命を達成して近代国家として成熟してきていたが、人権の国際的保障は長らく問題にさえされなかった。この状況に即して、国際法学の上でも、およそ自国民に対する国家の規制は、国家の主権的自由の範囲に属することであり、国際法は国家の自国民に対する権利保障について原則としてかかわるところはないと説かれて来ていた。ところが、第二次大戦後の人権の国際的保障の法制化は、この国家の主権的自由を大きく制約し、国家の伝統的な主権的自由の範囲に国際法的規制を浸透させるものであるが、それだけでなく、「万人の人権」という法的範疇を国家の国内憲法構造の基礎に据えることを要請するものとして、国際法秩序の構造的性格の変換につながるという展望さえ持たれるほどになっている。しかし、主題の考察は、やはり、第一次大戦前のいわゆる古典的

国際法の時期にもみられたとされるところの、「人間としての権利」の断片的な保障事例の検討から始めることが適切であろう。

一

宗教革命後十七世紀までに新教徒に対して宗教的寛容を保障した国際的な諸取極には触れないとしても、いわゆる古典的国際法の時期に「人間としての権利」を断片的ながら保障した国際法上の約定ないし慣行としては、ふつう、①一八一五年ウイン会議における諸国の「奴隷取引廃止」宣言やその後の同趣旨の諸協定、②トルコの迫害に対抗してバルカン諸民族のためにヨーロッパ諸国が敢行したいわゆる人道的干渉、③一八七八年ベルリン条約による列強のバルカン諸国に対するその国内での宗教的自由保障の義務づけその他、④一般国際慣習法上の制度としてのいわゆる「外国人法」(Fremdenrecht) などが挙げられる。しかしながら、右の②および③の場合は、人権の理念的核心としての「信仰ないし礼拝の自由」につながるものがあるとはいえ、それらは問題の地域において異教徒ないし多数者クリスト教派に対抗して、クリスト教徒ないし特定の少数者教派を保護することを意図したものであり、また、①の場合は、人権思想を背景としているものの、それとしては国内的には賃労働範疇の貫徹を、国際的にはアフリカ植民地住民の保護を意図するものであって、結局、以上いずれの場合も人権の法的範疇の適用とは程遠いものであると思われる。ただし、④の場合については、若干立ち入った検討をしておく必要がある。

「外国人法」は、いわゆる古典的国際法の時期をとおして成立してきた一般国際慣習法上の制度であるが、この時期の国際法のもとでは国家は、自国民に対してはその裁量による自由な取扱いをなし得るのにたいし、自国に滞在（ないし居住）する外国国民に対しては一定の取扱いをなし、一定の保護を与えることを義務づけられている、と考えられてきた。一定の法的保護とは、一連の権利・権能の許与を通じてのことであるが、そうしたものとしては、外国人の「国内法上」の法人格の付与と法の「前」における平等の承認、日常生活にとって必要不可欠な私法的諸権利の取得と国内司法手続による救済の容認、生命と身体的自由の保護および公正な刑事裁判の保護といったものが数えられているのである。しかし、職業的活動（商業、生産業、金融・投資活動など）の権利は通商条約の締結（または領土国の国内立法）に俟つべきものとされ、そうして財産取得についても、条約によってさえなお、土地、鉱山、船舶、航空機等にかんして一般に制限ないし除外がおこなわれている。また、参政権その他の政治的諸権利は、原則として認められることがない。なお、以上のような一連の諸権利・権能によって外国人に与えられるべき法的保護の「範囲」（Ausmass）を総括して、「文明諸国に期待される国際的ミニマム」が要求されている、と言われる反面、それら一連の権利・権能の根底には「人間（個人人格）の尊厳と価値」に対する尊重の原則があるとされ、第二次大戦後の人権の国際的保障につなげる見解もみられるのである（なお、権利・権能の「範囲」を総括して「国際的ミニマム」が言われるほかに、権利・権能に対する侵害の事前の防止と事後の救済において要求されるところの注意義務の「程度」にかんして、「国際標準」［ないし国内標準」が主張される。これとの区別は、しかし、人々によって明確に意識されていないように思われる）。

ところで、まず、「外国人法」にかんする伝統的な「学説」が、領土国の自国民に対する権利保障の問題を全く国際法的規制の関心の外におき、もっぱら滞在外国人の側についてだけ一定の地位ないし権利保護の法的必要を説く点には、あまり拘るべきではないであろう。なぜなら、「外国人法」形成の「古典的」国際法の時期には、ヨーロッパ諸国はそれぞれ早期にあるいは遅れ走せに市民革命を経過しあるいはその影響を多かれ少なかれ受けていたのであり、従って、国際法は、そのような各国の国内的発展を絶えず「前提」とし受けとりながら、その法的規制を形成していくことで事足りたと考えられるからである。上に挙げたところの「文明諸国に期待される国際的ミニマム」という原則も、まさにそのような事態の上に成り立ちうるものであろう。次に、では、「外国人法」に含められる法の「上」の権利の乏しさは、どう考えられるべきものなのであろうか。「外国人法」においては、外国人の法的人格や法の「前」における平等の承認が挙げられ、生命および身体的自由の保障が数えられるにしても、財産的諸権利の制限や職業活動の権利の脱落がみられ、要するに、私人としての日常生活の維持に不可欠な権利・権能だけが保障される、とされている。しかし、この場合、外国人は、単に当該国家を訪れ、そこに滞在・居住するというだけの者ではなく、すでに「外国人法」制度の形成が言われる以上、外国人とは、ヨーロッパ諸国間の商品の国際的流通に伴なって相互に入国・居住する多勢の人たちを中心に成り立っている外国人群のことであると考えられる。但し、その入国と職業的活動の容認は、ヨーロッパ諸国の間でも免れ得ないところの不均等発展の下では、各受入国の経済政策上の選択によるほかはなく、従って、二国間通商条約の締結をまつものとされるわけである。このようにみてくるなら、一般国際慣習法上の「外国人法」の制度は、ヨーロッパ諸国にほぼ共通な市民的権利の国内法状況を「前提」として、商品の国際的流通を保障する権利・権能を国外からの流通当事者にも約束しようとするものである、と考えられよう。いいかえれば、「外国人法」は、ヨーロッパ諸国内の市民的権利状況をいわば「ネガ」として、国際的商品流通の外来トレーガーに必要なミニマムをプリントしたものとでも言うことができるであろう。

二

[Ⅰ]　(第二次大戦後の全面的な人権の国際的保障の展開に先立って) 第一次大戦後には、少数者保護制度が設けられ、国際連盟の保障の下に置かれたが、この制度も限定的ながら人権の国際的保障を試みたものとして理解され、その重要な歴史的事例の一つに数えられている。制度の主な仕組みをまとめてみるなら、次の通りである——

(一)　この制度の適用される国々 (「対象国」) は、(フィンランドは別として) いずれも「東欧および中欧」の一三ケ国であり、大戦の結果独立を獲得または回復した国々および (ドイツを除いた) 敗戦諸国である。(二)　制度の法的基礎は大戦の諸講和条約、対象国毎の特別条約または国際連盟加入にさいしての宣言などであるが、どの場合にも、相手締結国は「主たる同盟および連合国」であるか、これを含む諸国である。(三) 少数者に対する保護の内容は、すべての場合にほぼ共通しているが、一九一九年のポーランドに関する条約を例にしていえば、(i) その国内の住民一般に対して「生命および自由」を保護し、「信仰と礼拝の自由」を保障すること、(ii) その国民一般に対して「法の前における平等」を保障し、また「同一の公権および私権の享有」ならびに「いかなる言語をも使用する自由」を認めること、(iii) 特に少数者（「人種、言語または宗教上少数に属する……国民」）に対しては、「他の(多数者)国民と法律上および事実上同一の待遇と保障」を与えること、なお加えて「自らの負担で宗教・教育・社会的施設を開設・経営する権利」、とりわけ少数者が住民中相当の割合を占める地域では、「小学教育をその固有の言語でも受けうる権利や国または地方の予算上の文化的資金から衡平な配分を受けうる権利」を保障すること(僅かな文化的自治の保障) が国家に義務づけられている。なお、(四) 対象国それぞれによる少数者保護に対しては、「国際的保障」が国際連盟を通じて行なわれる。すなわち、(i) まず、少数者保護の条約上の規定は、対象国の根本法を構成し一切の国内法令に優先するものとされ（条約義務の憲法化)、その変更には連盟理事会の同意が必要とされるほか、(ii) 対象国による保護規定の侵犯やそのおそれのある場合、利害関係者からの請願の提出がみとめられはしたがそれは情報の提供として扱われるにすぎず、もっぱら理事会構成国の請求を俟って、連盟理事会が審査をおこない有効な措置をとるものとされている。もっとも、この審査も調停的な性格のものであり、また、理事会は、それ以上に、保護規定実施の常時一般的な監視の任務をもつものとされていない。なお、少数者保護規定をめぐる理事会構成国と対象国との間の意見の対立については、常設国際司法裁判所の義務的管轄が認められている。

ところで、第一次大戦後の少数者保護制度の内容が以上のようなものであるとすれば、その性格と現実的機能については、次のような批判がなされなくてはならないであろう。(イ) まず、少数者保護制度における民族的観点の欠落が指摘されうる。本来、少数民族の存在形態については、大別して三つのものが考えられよう。すなわち、(i)　分離された少数民族＝いいかえれば、民族母集団が外に一国を形成している場合（例えばズデーデン・ドイッチェ）、(ii)　包括された少数民族＝一つの民族全体が一つの国家内に少数民族として包含されている場合（例えばチェコスロヴァキア内のスロヴァーク人）、(iii)　まき散らされた少数民族＝少数・分散して世界の諸国民の気孔内に棲むといわれるユダヤ人のような場合、である。ところが、これら三つの存在形態の基本的相違にも拘らず、一つの一様な少数者保護制度が設定されるとすれば、それは、少数民族が民族として把えられず、偶々人種、宗教言語上のまさに「少数者」に属する「個人」として把握されているからである。そこでは、もっぱら同化が指向され、（復帰ないし独立はおろか）政治的自治すら考慮されることにはならないのである。（ロ）つぎに、少数者保護制度の現実的機能の特殊性が指摘されうる。ふつう、この制度については自国民中の少数者に対する領土国の差別的取扱が、とりわけ少数者母集団国からの介入を招き、ヨーロッパの平和（正確には諸講和条約によってもたらされたヨーロッパの政治地図［領土変更や国境劃定］の安定）が危うくされるのを防ぐという政治的効果が説かれている。しかし、(i)　この制度は、その対象国が東・中欧にだけ限られていて、USA内の黒人や日本支配下の朝鮮民族など、さらにひろく植民地体制下の植民地諸民族には無縁の制度であること、反面、(ii)　少数者保護は、単なる国民多数者・少数者間の平等・不差別をいうのではなく、少数者保護を手がかりに、住民一般や国民全体についてまで基本的な人権保障を対象国に義務づけるものであること、この両者を合せ考えるなら、第一次大戦後の少数者保護制度の基本的機能は、ソヴィエト革命の結果広大なロシア市場を喪失した資本主義諸国が、その代償を、市民的権利状況において立ち遅れている東・中欧諸国の開発強化にもとめ、それに適合的な安定した投資環境の政治的条件整備を、少数者をいわば質駒とした人権保障の義務づけをつうじて果たそうとする点にこそあると解すべきであろう。いずれにしても、少数者保護において、その政策化の政治的動機が何であったにしても、人権の国際的保障が制度として維持されていったことの根底には、上に述べたような基礎的な「政治経済的」過程の展開が規定的条件として存在することを見落としてはならないと思われる。

［Ⅱ］　なお、第一次大戦後には、国際連盟に附設された形で、国際労働機関（ＩＬＯ）が設立された。ところで、伝統的な国際法の下では、自国民労働者の保護について国家は排他的な権限をもち、全く自由であると説かれ、ただ条約によるその制限の例として、一九〇六年のマッチ製造における黄燐使用の禁止および婦人の夜間労働の禁止に関するベルン協定などが挙げられてきた。しかし、ベルン協定は、それとしては、いわば防疫ないし母体保護という保健レヴェルのものであり、人権の国際的保障の先駆とはいい難いものであろう。それはともかく、ＩＬＯは、①その主要機関（総会および理事会）について特異な「三者構成」をはじめて採用し、②労働条件の改善その他労働者保護のため、その総会において立法「勧告」または「条約案」を採択することをみとめられ、そうして、③この勧告の国内立法化や条約案批准を促進する仕組まで工夫されているうえ、さらに、④労働条件（批准・発効を経た条約案）の実施確保のシステムとして、加盟国による労働条件の不遵守に対しては、使用者ないし労働者の団体にＩＬＯへの（苦情）申立権を与えるほか、各加盟国には異議提起権を認めて係争問題の審査・勧告にまで及ぶという手続きを用意しているのである。ところで、⑤このようなＩＬＯ設立も、やはり、第一次大戦による交戦諸国内の社会不安の激化とソヴェト革命の成功とに対処するため必要とされる諸国の労働政策が、国際的商品流通の市場法則に作用されてのこと（「規約」前文第三文節・「一国ニ於テ人道的労働条件ヲ採用セザルトキハ他ノ諸国ノ之ガ改善ヲ企図セルモノニ対シ障礙ト為ルベキニ因リ」）である。また、⑥さらにＩＬＯについて特徴的とおもわれる事態は、「規約」第二款の一般原則（労働［力］を単なる商品とみることの否認、団結権の承認、妥当な賃金の支払、週四八時間労働制の実施と週一回の休日の保障、児童労働の禁止と年少者労働の規制、その他）は人権の保障またはこれを基礎とするパブリック・ポリシィの採用を内容とするものであるが、これらはすべて「一切ノ産業国ガ各自ノ特殊事情ノ許ス限リ之ガ適用ヲ力ムベキ……緊急ノ必要アルモノ」であって、それらの実定法化は、事項別に、前述の「条約案」や立法「勧告」の採択を積み重ねることにより実現されてきている、という点である。この事態は、

第二次大戦後の国際人権規約A規約の分析・評価にさいして、特に示唆するところが大きいと思われる。

三

第二次大戦後の全面的な人権の国際的保障制度の成立・展開を考察するに当っては、以上の歴史的先行事例、とりわけ「外国人法」と少数者保護制度の分析の結果から、問題分析の基本的視点といくつかの作業仮説というべきものとを取り出して検討を進めることが適当であろう。

(一)「制度」の基礎的な条件

ふつう、第二次大戦後における人権の国際的保障についての問題関心は、ファシズム諸国との戦争を通じて戦後世界の平和と人権の相互依存性の自覚に、言いかえれば平和と人権の不可分性の思想に基づいて生まれたものとされ、そうして、戦後世界の一般的機構(国際連合)憲章前文の第一・第二文節および第一条1・2・3項は、指導的な連合国による右の思想の先駆的表明(政治規範化)であるというように説かれている。しかし、人権イデオロギーが必ずしも平和・軍縮政策につながらず、市民的権利保障の上で先進的といわれる国が、かえって戦後も干渉戦争や侵略行動をくりかえしていることを考えるなら、第二次大戦後の人権の国際的保障の展開を規定した基礎的条件については、別の視点を採ることが必要であろう。その場合、注目されるデータは、むしろ、国連憲章の前文第四文節にも指摘され、詳しくは憲章第五五条に掲げられているところの、(全世界にわたる)「完全雇用」の促進と「生活水準の向上」という経済目標の設定である。同条の趣旨を当面必要な限り明確に示すなら、同条は次のようにまとめることができるであろう——〈人民の同権と自決の原則を基礎にした諸国間の平和・友好関係(の実現)に必要な社会的安定および福祉の条件を創出するために、国際連合(加盟諸国)は、(a)「一層高い生活水準と「完全雇用」(の達成)」を、また、(b)「すべての者のための人権および基本的自由」の普遍的な尊重および遵守を、促進しなければならない。〉なお、これでも、人民の同権と自決は目的規定のうちに包括され、平和は自己目的のように措定されており、そうして、(a)と(b)とは併記されて両者の論理的関係は明示されないままではあるが、このようなテーゼを手掛りに「制度」の成立・展開を規定する基礎的条件を、次のように掘り出すことができるであろう――

まず、全世界的規模での「生活水準の向上」と「完全雇用」の達成という経済目標の設定であるが、これはまさに、戦後の「一般的国際機構」の設立とその「憲章」の作成を主導したアメリカ（合衆国）の戦後世界経済戦略の中心的項目であった。すなわち、アメリカは、周知のとおり、三〇年代後半第二次ニュー・ディール政策の破綻をみた後、ヨーロッパ戦争開始とともに自国中立法を改正して非交戦状態（差別的中立）の地位に立ち、ついで全面的に交戦国として第二次大戦を経過してきたが、その戦時経済体制のもとで他ならぬ「完全雇用」を達成し、その生産力を倍加したといわれている。とすれば、このような戦時下の幸運を戦後世界の平和の展望の中に「目標」として設定し、そのための諸方策を推進しようとすることは、すでに第一次大戦後のアメリカ経済例外主義の挫折を経験したアメリカとしては極めて自然なこととおもわれる（なお、完全雇用の達成と生活水準の向上という経済目標は、いち早く一九四五年五月の「ＩＬＯの目的に関するフィラデルフィア宣言」に明示され、また同年のＩＭＦ協定やさらに四七年の（ＩＴＯ憲章に代わる）ＧＡＴＴにもそれぞれの機構設立の目的として掲げられている）。ところで、その諸方策とは、一口にいうなら、全世界にわたる海外市場の自由経済的復興・開発であり、実際にＩＭＦ、ＩＴＯ／ＧＡＴＴのほかに、一九四四年ＩＢＲＤ（なお続いては一九五五年ＩＦＣ、一九五九年ＩＤＡ、また地域的には一九五九年ＩＡＤＢ、一九六四年ＡＦＤＢ、一九六五年ＡＤＢ）を設立して、強力に海外投資を推進することが図られてきている。とするならば、そのためには、植民地・従属地域をも含めて投資環境整備の基本的条件として、市民的権利の法的拡延が何よりも求められるわけである。

（二）人権の国際的保障の地域的展開

ところで、全世界にわたる海外市場は、不均等発展どころか、政治的または経済的植民地支配の下で久しく発展を阻止されていた広大な地域を抱えているとすれば、人権の国際的保障は、一様には展開することはないであろう。また事実、その発展の上での地域的分化というものがみられてきてもいるのである。

(i)　その意味ではマーシャル・プラン開始のあとを追うようにして、一九五〇年一一月ヨーロッパ人権条約が、「欧州会議」(Council of Europe、欧州審議会、あるいはヨーロッパ理事会)の足場の上にとはいえ、いち早く先進地域・西欧の一〇数国(現在は二一国)*の間に締結され、一九四八年の世界人権宣言の地域的条約化をみたことは、極めて象徴的であると言えよう。なお、当然のことながら、その人権目録は「世界人権宣言中に述べる諸権利の若干のもの」(市民的・政治的権利と自由)に限られる反面、条約は、それら諸権利の「集団的保障を確保するに適切な最初の手段をとることを決意して」、ヨーロッパ人権委員会を設け、締約国による条約違反について他の締約国による申立や個人またはその団体からの請願を受理・審査・解決させることとし、さらにヨーロッパ人権裁判所を設置して前記委員会および締約国による出訴を処理させることとしているのである。**

【＊　二〇〇三年二月現在で四四国。なお、Council of Europe の公定訳は「欧州評議会」である。】

【＊＊　一九九八年に発効した第一一議定書により、実施機関はヨーロッパ人権裁判所に一本化された。】

(ii)　ＮＩＣＳ(Newly Industrialized Countries)のうち米州諸国については、「アメリカ諸国機構」を基盤として一九六九年一一月「米州人権条約」が調印され、七八年七月発効した。その人権目録には市民的・政治的権利と自由のほか、いわゆる社会的権利(経済的、社会的、文化的権利)も含められているが、後者の権利についてはただ一ケ条の規定(二六条)が設けられ、この種の権利の充分な実現を漸進的に達成するため国内的・国際的措置の採用に力めることが約束されるにとどまっている。従って、前者の権利については、ほぼヨーロッパ人権条約と同じ実施保障の仕組(米州人権委員会と米州人権裁判所)が用意されているが、その人権委員会が、いずれかの締約国の条約違反に対する個人からの請願や締約国からの通報(申立)の処理だけに限られず、後者の権利の漸進的達成のために研究・報告・締約国への助言をおこなう任務をも与えられている(四一条)。この点は、財産権保障規定のなかで、ともかくも、人間の人間による搾取の禁止に言及されていること（二一条3項）とともに、注目される。

(iii) アフリカ諸国によっても、アフリカ統一機構の枠の中で、一九一八年には「人間と人民の権利に関するBanjul憲章」が締結された。ところで、この憲章の規定にも、また当然のことながら、いくつもの特異な点が見出されるのである。すなわち、「憲章」は、①市民的・政治的権利について詳細に規定しているが、経済的・社会的・文化的権利については、それらの充足が前者の権利の享有の保障であるとの確信に立って（前文第七文節）、具体的には教育を受ける権利、文化的生活に参加する権利、家族に対する国家の保護・援助の義務、婦人・児童・老年者・身障者に対する保護付与を列記するほか、労働権としては僅かに、「妥当な労働条件と同等な賃銀のもとで働く権利」についての明文を置くだけである。その反面、「憲章」は、②「人民の諸権利」は人権の保障となるとの評価（前文第七文節）、およびアフリカ人民全体の独立・解放の達成ならびに植民地主義・外国軍事基地・人種的差別の廃絶についての「人民の義務」の自覚（前文第八文節）に基づいて、第一九条以下に、すべての人民（Peoples）の同権、一つの人民の他の人民による支配の否認、人民としての生存権・自決と発展の権利・天然の富と資源にたいする永久的主権・平和と安全の権利などを、それに伴なう国家の政策化義務の数々とともに、列挙している。さらに「憲章」は、③個人の（基本的）義務に関する一章を設け、個人の家族・社会・国家・統一アフリカなどに対するさまざまな成員義務までも細かに列記しているのである。

(三) 若干の問題点とその考察の方向づけ

ところで、Banjul憲章の以上の特異性とも関連させながら、人権の国際的保障についてのいくつかの問題点をとり出し、その考察の方向づけを示しておくならば、以下のとおりである――

(1) 市民的・政治的権利と自由の範疇について　本来、「天賦人権の楽園」は単純な商品流通の領域、いいかえれば「同等な人間的労働すなわち抽象的・人間的労働」という「価値」の実態規定が妥当する領域であり、そうして、すべての（あるいはとにかく多数の）生産物の商品化は資本制的な生産様式の基礎の上でのみ起りうるのである（『資本論』、一巻二篇四章三節および一巻一篇一章一節参照）。もっとも、Banjul 憲章の場合、アフリカ諸国における賃労働範疇の貫徹はどれほどであれ、すくなくとも人権イデオロギーの利用は、外資導入を渇望するそれら諸国の指導者たちによって充分なされ得ることであろう。なお、「憲章」の規定から労働者の団結権・団体交渉権・争議権の国際的保障が落ちていることは、それなりに肯きうることである。

(2)　いわゆる社会権の範疇について　　この種の権利は、すでに一九四八年の世界人権宣言の中に、国連の普遍性を反映して、併記され、一九六六年には国際人権規約A規約にまとめられ、B規約と別個に、条約化されている。ところで、この種の権利については（A規約においても）締約国はその実施を漸進的に達成するよう義務づけられ、実質条項のいわば政治規範化がおこなわれており、また、実施保障の上でも僅かに実施状況報告の提出義務が設けられているにすぎないのであるが、これはこの種の権利の給付請求的性格からして、締約国の財政・経済力への依存性が考慮されてのことであろう。もっとも、団結・団交・争議権や形式的条件規定に関しては、事情は別な筈である。なお、社会権の分野では、前述ＩＬＯの労働条約案や立法勧告による累積方式の現実的効果が注目されなくてはならないであろう。なお、上(1)と(2)の二種の権利範疇の条約上の併存を一種の妥協として把え、いわゆる「体制的対立」に直接結びつけるのは短絡的というべきであろう。周知のとおり、西側先進諸国では支配層による労働大衆の組合ぐるみの体制内包摂（体制化）が行なわれてきており、(2)の諸権利はそのための主要な制度的武器として機能させられているからである。事実、国際人権規約は、（ミニ国家は別として）ギリシア、アイルランド、スイス、アメリカ合衆国を除く西側一九国によっても、B・Aともに批准されている。*

【＊　その後これらの諸国は両規約を批准しまたはこれらに加入した（ただし、アメリカはB規約のみ）。】

(3)　人権実施の国際的保障システムについて　　いくつもの人権条約がそれぞれにそれなりの保障システムを用意していることは、前述したとおりである。なお、アフリカ諸国の場合は、その歴史のなかで封建制社会の段階を経過していないため、その国内的な人権保障の上で「合理的支配」類型に必要な中間的管理者層育成の人的基盤の欠落が考えられ、従って、この欠落の補填が、各国の国民的統合の不足＝渇望（want）と相俟って、人権条約としては他に例のない諸義務の強調（Banjul 憲章前文、第二七、二九条、なお第二六条）となって現れているとおもわれる。

(4)　人民の諸権利、とくに自決と発展の権利について　人民の自決権の権利性については、すでに肯定的見解が一般化している。しかし、人権全般の中における人民の自決権の位置づけは、必ずしも明らかにされていない。Banjul 憲章は、人民の諸権利の実在こそ基本的人権の保障となる旨述べているが、「保障となる」ことの意味は明らかではない。ふつう、個人の基本的人権とりわけ政治的権利の論理的展開の帰結として、自決権が出てくるように言われているが、権利範疇の発生的順序はともかく、論理的連関は逆であろう。第一に、政治的植民支配からの植民地人民の政治的解放が、植民地人民による権力の掌握によって実現されるのであり、自決権はその独立への権利根拠となるものである。第二に、独立後の国家建設の過程において、なお残存する経済的植民支配からの解放が行なわれなければならず、天然の富と資源に対する人民の永久的主権はその自立化への権利根拠となるほか、基本的人権と自由はその経済建設過程における権利規定（法的装備）となるものであろう。そうして第三には、植民地人民の社会的解放が、続いてあるいは同時的に、進められることであろう（なお「発展の権利」については、新国際経済秩序に関する研究の成果をまつほかはない）。

［後　記］　以上は主題に関する総論的考察の報告である。続いては、人権条約の各々についての実証的研究、とくに条約実施の実績にかんする分析・評価がなされなければならない。

第Ⅱ部　国際調停の性格

国際調停の性格について

＊　一〜四までは、「国際調停の性格について（一）」京城帝国大学法学会論集第15冊1号、一九四四年
＊　五〜六は、「国際調停の性格について（二）完」京城帝国大学法学会論集第15冊3・4号、一九四四年

一　問題の提出

「国際調停」（conciliation internationale）、厳密にいへば、国際調停委員会による国際紛争処理の手続（一）については、我々はつぎのやうな二つの事実の奇妙な対照を認めなければならないであらう。その一つは、それが第一次世界大戦後に新しく国際紛争処理方法の分野にあらはれ、広く普及しておびただしい数の調停条約および裁判調停条約の締結をみるにいたつたといふことであるが、いま一つは、それにも拘らず、この大戦後の国際的な緊張と紛争とにみたされた時期に、それが実際にはほとんど働かされてゐないといふことである（二）。とすれば、ここに我々は、大戦後の「国際法の膨張」現象のうち殊に「条約および手続の累積」といはれる傾向を（三）、とりわけすぐれて認めなければならないであらう。

ところで、これに関してただ国際調停の制度と理論との先走りを説き、あるひは逆に諸国家の立遅れた意識を言ふだけでは、まだ問題の所在にさへ触れてゐないのである。なぜなら、それではいづれにしても制度と事実状態との事実上のひらきが指摘されてゐるにすぎず、問題は結局のところ、立遅れた事実状態のうちに押しやられることになるからである。しかしまた、単に国際調停の手続技術上の欠陥を数へるといふだけでも、まだ問題の核心には触れてゐない。その欠陥が既存の国際調停制度の手続技術上の単なる不備をいふのであれば、かへつて大戦後十数年にわたる条約および手続の累積がすくなくともそのやうな不備を除く効果はもちえたはずであり、なほ残された不備があるとしても、そのために条約および手続の空しい累積が生じたとはとうてい考へられないであらう。また、その欠陥が国際調停そのものの手続技術上の本質的な特徴から出る短所を意味するのであれば、それははじめから承知のことでなければならない。(四)問題は、ただ事実状態のうちにあるのでもなく、また単に手続技術上の欠陥といふもののうちにあるのでもない。それは、国際法的現実の特定の状況に応じて形成し出された国際調停の特殊な性格にかかつてゐると考へられなければならないであらう。ところで、国際調停の「性質」については、すでに多く論ぜられてゐることはいふまでもない。ことに国際調停を一方で仲介（居中調停、médiation）や国際審査委員会（事実審査委員会、Commission internationale d'enquête）の審査から区別し、他方で国際裁判から区別するといふ観点のもとに、その「性質」の特徴を数へるにいたつては、考察はいよいよ綿密さを加へてゐるのである。(五)しかし、このやうに定義的立場から国際調停の手続技術上の諸特徴を取出すといふだけでは、我々の問題の考察にとつて不充分であることは、もはや明かであらう。もつとも、定義的立場からの考察も国際調停の性格にまで触れることはあるであらう。まして、仲介から国際調停への発展が考へられ、また国際調停のうちで国際連盟理事会の審査から国際調停委員会の調停への発展が論ぜられる場合には、それは国際調停の性格に関するなんらかの理解なしには行はれえないはずである。さらに、国際調停の将来の発展についてもしばしば論議されるのであるが、(六)しかし、この場合においてさへ、はたして問題の自覚的な提出と究明とがなされてゐるかは疑問である。

要するに、我々にとつて問題は国際調停の性格の究明にあるといはなければならない。ところが、我々の前にはさしあたり国際調停の条約および手続の累積があるのみである。従つて、我々はまづ手始めに、この小論においては、国際調停の規範形態の考察を中心としつつその性格の一端をうかがふことを試みたいとおもふ。

（一）Conciliation の語義の広狭については、田岡良一教授「国際調停の意義」国際法外交雑誌三八巻二号九―一〇頁参照。なほ、ここにいふ国際調停は、広く一般の国際紛争解決のための国際調停手続である、特殊事項に関する特殊国際調停手続、例へば交通通過問題に関する交通通過委員会の調停等の場合はここに含まれない。

また、ここにいふ国際調停委員会は、多くは二国間条約によつて設置される二国間の委員会であり、若干の多辺的条約による場合にもやはり原則として二国間毎の委員会である。さうして、いづれの場合にも常設委員会であることを原則とする。詳しくは、田岡教授・前掲論文一一―一二頁および註一一、「国際法学大綱」下巻八五頁参照。

（二）シントラーによれば、僅かに三件の処理が行はれたにすぎない。しかも、その一つのドイツ・リスアニア間の事件の調停は、手続形式の上でも実質的処理の上でも裁判的であつた (Schindler, Die Schiedsgerichtsbarkeit seit 1914 (1938), 25)。

（三）Walz, Inflation im Völkerrecht der Nachkriegszeit (1939), 54 sq.

（四）以上の諸論議については、例へば、Vulcan, La conciliation dans le droit international actuel (1932), 180 sq.; Ruegger, Le fonctionnement pratique des commissions de conciliation, RDILC (1929), 91 sq. 参照。

（五）Cf. Vulcan, op. cit., 7-13.

（六）Cf. Vulcan, op. cit., 177 sq.; Efremoff, Eine wünschenswerte Entwicklung des Vergleichsverfahrens, ZVR (1930), 368 sq.

二　国際調停と国際裁判との結合

「国際調停」、すなはち国際調停委員会による国際紛争処理の手続は、それとして孤立してあるものではない。それは国際裁判と「有機的結合」関係にあるといはれ（一）、従つて、そこからそれに特殊な位置づけをうけてゐると考へられるのである。

いふまでもなく、国際調停が、ひとしく国際紛争の平和的処理方法に属するものとして、国際裁判と相補的関係に立つことは認められなければならないであらう。あるひはさらに、国際裁判に、国際紛争の法にもとづく第三者の拘束的決定の手続として、第一次的地位を認め、これに対して、それらの徴標のいくつかを欠く国際調停には、第二次的地位を与へるといふこともなされうるであらう。(二) しかし、国際調停と国際裁判との有機的結合関係がいはれるのは、もとよりそのいづれの意味においてでもない。厳密にいへば、それは、それぞれの手続への国際紛争の付託義務の上におけるポジティーフな関係としてなのである。ところで、この意味における結合関係は、いはゆる裁判調停条約(三)をまつまでもなく、調停条約においてもすでに認められるものである。実際に、国際調停の構成・手続ならびに付託義務などについて規定するだけの調停条約(四)も、その付託義務範囲の限定といふ問題において、国際裁判との関係について規定してゐるのであり、さうして、これに、他方で裁判付託義務を設定する裁判条約が関連してくることになるのである。しかし、いづれにしても、そのやうな仕方で国際調停と国際裁判との「結合」ないし「関係」が規定されてゐるといふことは、我々の考察にとつて重要な意味をもつ事柄である。それは、国内法上みられるやうに、調停が裁判事項の一部について認められ、従つてその範囲内では調停と裁判との二つの強制的管轄の手続がともどもに選ばれうる結果、かへつてただ調停の裁判に対する先行性とその先行の義務性との問題だけが問題視されるといふやうな関係ではない。右の調停条約は国際裁判（付託）義務の認められない紛争に限つて国際調停（付託）義務を認めようとするのであるが、これは付託義務の上で国際紛争を国際裁判と国際調停とに分配することにほかならない。さうして、そのかぎり、付託義務にもとづく強制的管轄の上では、国際調停の国際裁判に対する先行は問題となる余地がない。ところで、国際調停と国際裁判とのこのやうな結合関係は調停条約にかぎらず、裁判調停条約の全体を通じて圧倒的に認められる傾向である。(五) もつとも、やや後には、まづ国際調停に分配された紛争についても、続いて異種の国際裁判手続への付託義務を規定する様式が次第に支配的となるのであるが、しかしこの場合にも、国際裁判と国際調停とへの国際紛争の分配が両者の関係を限定する決定的な契機をなしてゐるといふ点では、なんら変るところはない(六)。さらに、一切の国際紛争について国際調停義務を先行させ、続いて一定種類の国際紛争に限つて国際裁判義務を設けるといふ様式においても、事情はやはり同じである(七)。ただ僅かに、一切の国際紛争について国際調停義務と国際裁判義務とをともに認める様式においては、国際紛争の分配の問題は全く脱落してしまひ、かへつて、単純に国際調停の国際裁判に対する先行関係のみが問題となるにすぎない(八)。

ところで、この国際裁判と国際調停とへの国際紛争の分配といふものも、事実上は国際裁判の観点から行はれてゐるのである。そのことは、一応否定することができないであらう。実際に国際裁判義務が一定種類の国際紛争に限つてしか設けられないために、そこに取残される国際紛争があり、とくにこの種類の国際紛争について国際調停義務が設けられるにいたつたのである。そのかぎり、国際調停は国際裁判を補充する地位にあると考へることも差支へないであらう。また、それと照応して、条約規定の上にも法的紛争は国際裁判に、その他の紛争は国際調停に、といふ式述様式がみられるのである(九)。しかし、このやうな制度の発生上の外的関係や条約規定の式述様式は、それだけではまだ国際調停と国際裁判との結合関係の実質を決定するに足るものではない。では、その法的紛争とその他の（非法的）紛争との種別とは、いかなることであらうか。

(一)　横田喜三郎教授「国際裁判と調停との有機的結合」国際法外交雑誌二八巻四、五号。

(二)　例へば田岡教授は国際調停を国際紛争平和的処理の補助的手段とされる。もつとも、直接にはこれは、国際裁判がそれとして「紛争を直接に解決する効力」をもち、紛争処理の実効的手段と考へられるのに対して、国際調停は紛争当事者間の協定による紛争解決を補助する手段たるに止まるとみられるからである（「国際調停の意義」一―四頁、「国際法学大綱」下巻一―二、七三頁）。横田教授の場合には、国際裁判が厳格の意義の国際司法であるのに対して、国際調停は広義の国際司法と名づけられる（「国際法」下巻（改訂版）一、九〇―九三頁）。

(三)　一九二一年のドイツ・スイス間の条約に始まる。これによれば、いはゆる法的紛争については裁判付託義務が（一条）、その他の紛争については調停付託義務が設けられた（一三条）。もつとも、その裁判付託義務にはさらにいはゆる政治条項による留保がつけられてをり（四条）、従つてこれに触れる紛争もまた調停付託義務を担つたものとなる。

(四)　一九二〇年のチリー・スウェーデン間の条約に始まる。

（五）それはなによりも一九二八年の一般議定書を根拠としていはれることである。一般議定書は大戦後の諸々の裁判条約の成果を一つの一般条約に標準的に集成したものであり、従つてまたその後の裁判条約の基準ともなつたものである。なほ、一般議定書およびそれまでの裁判・調停条約の規定をここで我々の問題とする観点から網羅的に考察したものとして、横田教授「国際裁判と調停との有機的結合」を、なほまた Habicht, Post-War Treaties for the Pacific Settlement of International Disputes (1931), 976 sq. 参照。

（六）代表的なものとして、一般議定書一、一七、二一条。

（七）例へば一九二四年のハンガリー・スイス間の条約一、一〇条。

（八）この種の条約はきはめて僅かであるが、そのうちにもなほ、他の条約では裁判と調停とへの国際紛争の分配の基準となつてゐる国際紛争の種別をやはり含むものが多い。もつとも、この場合には、国際紛争の種別は単に異種の裁判手続への紛争の分配の基準となるか（一九二七年のコロンビア・スイス間の条約一、一三条）、同一裁判手続における異種の裁判準則の適用の基準となるかである（例へば一九二四年のイタリー・スイス間の条約一、一五条）。詳しくは、Habicht, Post-War Treaties, 982-985参照。

なほ、調停の裁判に対する先行関係もそれとしては確かに問題とされなければならないが、いま国際調停の特殊性格に関する考察の展開にあたつてこれに適切な手がかりを提供するやうなものではない。

（九）条約規定の式述様式は具体的にはさまざまである（後述参照）。

なほさきにも言及したとほり、このやうな場合に条約規定の厳密な解釈としては、調停に付託されるべき紛争は直ちに非法的紛争のみを指すのではない。いはゆる政治的条項による留保をはじめその他の留保は必ずしもそれに触れる紛争を調停義務からも除外しようとするものではない。かへつて、このやうな紛争のためにも調停義務は設けられてゐるのである。ところで、政治的条項による留保は大戦後の裁判条約ではほとんど廃れてしまつた。その他の留保は多少とも事項的に限定された種類のものであるが、政治的条項の意味における政治性が全くないともいへないものである。しかし、いづれにしても、実はこれらの事項に我々の考察の展開のいま一つの別な手がかりをつけるといふ必要はないと考へられる（後述参照）。

三　国際裁判と安全保障との連関

法的紛争と非法的紛争との種別は、本来、国際裁判条約において、国際裁判義務の範囲を限定するために立てられてゐるものである。このことは、問題の考察にとつてきはめて重要な意味をもつ事柄なのであるが、今日ではすでに多くの人々によつて自覚されるにいたつてゐる。その結果、問題はもともと政策的性質のものであり、従つて、たとひそこに確められた国際紛争の種別がそれとしては充分な合理性をもたないものであるとしても、そのためにこの種別を否定し去つてはならないことが注意され、あるひはまた、条約規定の相違に応じて、むしろいくつかの異なる種別が認められなければならないことが説かれてゐるのである。しかし、いま我々にとつて重要なことは、単にそのやうな、問題の政策的性質から生ずる法規解釈の方法上の反省といつた事柄ではない。真に重要なのは、問題の政策的意味そのものであり、これを限定するところの国際法的状況である。

いつたい国際裁判義務が問題にされてゐるといふことは、すでに普通のことでない。それは、国際裁判そのものがその存在理由をつねに問はれる状態にあることを意味する。そこで、これについては、つぎのやうに考へることができるであらう。(一) いま、国際法の体系的叙述において通例みうけられるやうに、国際紛争の平和的処理の諸方法を、外交交渉（直接交渉）にはじまり、周旋、仲介（居中調停）、国際審査委員会の審査、国際連盟の審査、国際調停委員会の調停を経て、国際仲裁裁判、国際司法裁判にいたる順序に並べてみる。するとそこには、自助から裁判への国際紛争処理方法の発展の一系列がみいだされるであらう。さうして、それは原理的には「主観的検証手続」から「客観的検証手続」への発展として考へられうるであらう。すなはち、およそいかなる法秩序も、法成員の間の紛争を処理して、その機能の正常的な実現を確保するための手続をもたなければならないのであるが、この手続はまづ第一に、法成員の行動の法規範への適合性の「検証」(constatation) として行はれるのである。ところで、いま諸国家が単に張りあふ始源的な国際関係の状態を考へてみれば、そこでは検証は紛争当事者ないし利害関係者としての個々の国家の手によつて行はれるほかはない（主観的検証手続）。従つて、検証が検証として確立するためには、紛争当事者の主観的検証の一致（合意）をみなければならず、このための交渉が行はれなければならない（外交交渉）。しかし、もともとそのやうな合意成立の客観的な保証はなく、合意の成立しないかぎり、紛争当事者はそれぞれ自己の主観的検証を自力をもつて貫くほかはないのである（自力執行）。さうして、このやうに主観的検証も自力執行も、紛争当事者自身によつて、その利益とつねに相即して行はれるといふ意味では、権利として考へられるであらう。ところが、この主観的検証と自力執行との結合、すなはち、言葉の充分な意味における「自助」によつては、法秩序の機能の正常的な実現が確保されないことはいふまでもない。そこで、まず主観的検証を排して客観的検証を確立すること、いひかへれば、検証が検証として確立するための客観的な保証を設定することが求められるわけであるが、それは紛争の処理にともかく第三者が介入することに始まるのである（周旋、仲介）。しかし、周旋者としてはもとより、仲介者として介在する場合にも、それではまだ第三者は単に双方の紛争当事者の間に立つ第三者であるにすぎない。仲介はいはば当事者ならざる当事者の交渉であり、根本において外交交渉を抜けでてゐないと考へられる。とすれば、検証形態の客観化は、適当には紛争の処理に介入する第三者が紛争当事者の上に立ち、独立な第三者として審査し判断する権限を多少とももつことに始まると考へられるであらう。かうして、ここに第三者として独立な委員会が立てられ、紛争当事者はその前に出て争ふこととなるのであるが、第三者の権限は、まづ紛争の事実問題だけの審査から（国際事実審査委員会）、ついで紛争の法律問題の審査におよび（ブライアン国際審査委員会）、さらに紛争の解決案の作成までも含むにいたるのである（国際連盟の審査、国際調停委員会の調停）。しかし、この最後の場合にも、第三者の紛争解決のための判断は紛争当事者を拘束する力を認められてゐない。いひかへれば、これらの場合には、まだ紛争当事者は自己抛棄の可能性を承認してゐないのであり、主観的検証を底になほ維持しつづけてゐるのである。ところで、紛争当事者に対する拘束力をもつて紛争を独立な第三者が決定する手続は、まさに裁判にほかならない（国際裁判）。裁判はその本質上、紛争当事者の自己抛棄の可能性の承認を含むものである。ところが、さらに裁判そのもののうちにも、客観化の度合が区別される。すなはち、国際裁判はまづ「個別仲裁裁判所」による「任意的裁判」として考へられる。それは、ある紛争の発生をみて、紛争当事者が任意にその紛争の裁判付託を合意し、同時にまた裁判官を自ら選任することによつてはじめて行はれるところのその紛争かぎりの裁判手続である。ここでは、もともと紛争を裁判に付託すべき義務はなく、紛争当事者はその都度、利害を較量して自助手段または裁判手続の利用を選択することができるのであり、その意味では、なほ任意的裁判はいはば主観的検証の制約を超えてゐないともいへるであらう。そこで、それに対しては、なによりも紛争の裁判付託義務をあらかじめ一般的に合意し、この義務にもとづいて個々の紛争を義務的に裁判に付託することが求められるのであるが、これと関連して他方では、紛争当事者の選任にかからぬ裁判官をもつて構成された常設的・一般的な裁判所を設置し、さらに紛争の一方的付託や欠席判決の手続を確立することが試みられるのである。その結果は、ここに「常設国際司法裁判所」による「義務的裁判」が成立するわけであり、さうして、これによつて国際法上の「客観的検証手続」の型態は完成されると考へられるのである。

　ところで、以上の考察がはたして国際紛争平和的処理の諸方法の正しい体系的把握を意味するかどうかは、充分に疑はれうるであらう（二）。しかし、それはいまは問題でない。ここでは我々としては、ただ国際裁判の政策的意味を限定する国際法的状況を明かにするために、自助と国際裁判とを対置し、さうしてその間に国際紛争処理の他の諸方法を排列することによつて、その間の原理的連関をよりよく展開してみたにすぎない。かうして、ここに自助から国際裁判への、すなはち主観的検証手続から客観的検証手続への一連の発展が証示されたのであるが、このやうな発展が紛争当事者の主観的検証の権利の制限を意味することは、もはや説明を要しないであらう。しかも、国際法上の検証形態の客観化は国際裁判において、とりわけ国際裁判付託義務の設定において決定的となるのであつた。とすれば、国際裁判義務の設定は紛争当事者の主観的検証の権利の決定的な制限を意味するものとして理解されなければならないであらう。

　ところが、以上の考察も実はどこまでも裁判の本質的状況の考察を出ないものであることを、我々はとくに注意しなければならない。それは、およそ裁判の存するかぎり、いつどこででも認められるべき事柄に関する考察ではあつても、国際裁判の政策的意味を限定する国際法的状況の歴史的形態の認識を含むものではない。さうして、我々にとつて真に重要なのは、この後のものである。それにしても、そのやうな国際法的状況の歴史的形態がはたして認められるであらうか。

近代国際法における国際裁判は一七九四年のイギリス、アメリカ合衆国間のジェイ条約に始まるといはれる。しかし、それが任意的個別仲裁裁判の個々の事例の集積といふ状態を超え、裁判付託義務の設定や常設裁判所の設立をめざすところのいはゆる「裁判条約」によつて制度化されはじめるのは、一九世紀の末、ことに第一ハーグ平和会議以来のことである。さうして、それから第一次世界大戦までの十数年間には、実際におびただしい数の裁判条約が締結されるにいたつたのである（三）。ところで、それらの裁判条約の締結にあたつては、勿論それぞれ諸国家を動機づける政策的考慮といふものはあつたであらう。しかし、そこに国際裁判政策の国際的体系を見出だすことはできないのである。また、当時の同盟および協商の体制には、もともと国際裁判との内面的連関は存しない。すなはち、諸国家間の、戦争を未必的に含む敵対関係をそのままに前提するところの同盟関係にあつては、国際裁判は全く無用ではないとしても、決してそれとの内面的連関をもつことはないのである（四）。ところが、大戦後、事情はまつたく一変した。国際連盟を中心とする国際平和機構は、周知のとほり「安全保障、紛争の平和的解決（特に国際裁判）、軍備縮少を三つの基本原則とする」（五）のである。ところで、いま、これら三者の連関を国際連盟の内外（六）における安全保障制度の発展の上に実証してみることも、またそれをいちいち原理的に展開してみることも必要でないであらう。問題は安全保障と国際裁判との内面的連関である。これについては、普通にはつぎのやうに理解されてゐるのであるが（七）、しかし、我々にとつてこの連関が決定的な意義をもつと考へられるのは、そのいづれの意味においてでもない。すなはち、それは、国際紛争の解決手段としての戦争を排除しようとするならば、同じく国際紛争を解決するための他の手段、いひかへれば国際紛争の平和的処理方法が設けられなければならず、しかも、この種の方法のうちで最も確実有効なものは国際裁判であるからではない。それではまだ国際裁判は安全保障制度にとつてその戦争の禁止のいはば穴埋めとして捉へられてゐるにすぎず、そこに両者の内面的連関が充分に突きとめられてゐるわけではない。また、それは、安全保障によつて援助が与へられる場合、この援助がこれを受ける被侵略国によつて濫用されることのないやうに、援助を与へる条件として、その国家に関するかぎり「何時でも紛争を平和的解決手続（特に国際裁判）に付託する義務を負はせなければならぬ」からでもない。それでは国際裁判は安全保障制度にとつてその機能の正常的な成果を保証するための付随的条件として捉へられてゐるにすぎず、事情はさきの場合と異ならない。まして、それは国際裁判判決の履行を確保するために判決不履行の国家に対する制裁として、安全保障制度上の援助が必要になるからではない。これでは、連関はさきの二つの場合とは全く逆につけられてをり、さしあたり我々の問題の考察には意味をもつてゐない。

いつたい国際的安全保障制度の目標は戦争の排除にあり、戦争の排除の「最も直接的の方法は第一に戦争そのものを禁止することである」といはれるのであるが、（八）しかし、現実にはこの戦争の禁止は決して一切の戦争を禁止し、戦争そのものを追放することを意味するものではない。（九）ここに禁止される「戦争が侵略的の戦争であることは言うまでもない」のである。するとそこには当然に、違法な戦争と適法な戦争との区別が認められてくるわけであるが、これは普通には、禁止された戦争の場合（例へば連盟規約一六条一項）と許容された戦争の場合（同一五条七項）との対照の問題として考へられがちである。しかし、そのやうな問題にこの戦争の区別の決定的な意義があるわけではない。また、この戦争の区別はいはゆる「正しい戦争」・「不正な戦争」の区別とも相違するものであるが、これについては普通には、実定法上の区別と自然法的な区別とのひらきが考へられがちである。しかしまた、その相違の真に重要な意義は単にこのやうな点にかかつてゐるのではない。（一〇）大戦後の安全保障制度における戦争の区別は違法な侵略戦争と適法な制裁（執行）戦争との区別として立てられてゐるのであり、従つて、これによつては、一つの戦争において双方の交戦者の間に法的に決定的な区別がつけられることになるのである。とすれば、もはやここには、いはば法的にみて中立的な、決闘観念に従つたところの戦争といふ統一的な事実はなく、原理的には実は戦争概念そのものが否定されるほかはない。(一一)さうして、平時と戦時、平和と戦争の原理的な区別は取除かれ（戦争の法化）(一二)、非差別的な中立の観念が失はれる（非交戦状態の主張）とともに、(一三)戦争手段の一方的な激化が弁護され、(一四)また制裁戦争の国際化（Internationalisierung）に並行して戦争の非国家化（Entnationalisierung）が行はれるといふやうな大戦後の諸傾向は、(一五)いづれもその原理的根拠を右の点にもつのである、しかし、いまこれらの問題の発展にこれ以上立入る必要はないであらう。(一六)我々の考察にとつて直接に問題なのは、この場合における侵略戦争と制裁戦争との区別の基準であり、いひかへれば、その侵略概念そのものの標準である。ところで、国際連盟を中心とする安全保障制度においては、それは根本において形式的手続的なものであることを我々は認めなければならないであらう。(一七)すなはち、国際紛争の平和的処理のための手続に違背して行はれる戦争が、侵略と考へられる。実際に、国際連盟規約一六条をはじめとして、その後の安全保障関係の条約または条約案における侵略戦争の規定や、あるひは国際連盟の委員会の報告または覚書の類における侵略の定義は、(一八)それとしては個々の場合における侵略の判定のための方式を定述することを目的とするものであるが、その根底には一貫して右の侵略概念の横はつてゐることが認められるのである。ところで、国際紛争の平和的処理のための手続に対する違背には、紛争そのものの平和的処理手続に違背すること（平和的処理手続への付託拒絶、その判定に対する不服従や違反）のほかに、いはゆる「戦争の防止」手続に違背すること（応急措置の受諾拒絶、その措置に対する違反）も確かに含められるであらう。しかし、またこの後の手続が前の手続のための応急手続であるといふ関係も同様に確かなことである。なほまた、侵略の定義としては、このやうな侵略の「規範的定義」のほかに、侵略の「軍事的定義」ないし「事実的定義」が試みられてゐる。(一九)しかし、ここでは、この侵略の事実的定義はもともと侵略の規範的定義と択一的な関係にたつやうな標準としての意味を含んではゐない。それは「戦争の法化」現象の結果、固有な統一的事実としての戦争は破壊され、戦争がすでに個々の軍事的敵対行動において捉へられなければならなくなつたために、侵略的であれおよそ「戦争する」こと、いひかへれば侵略的に「攻撃する」ことの定義として必要とされるものである。さうしてまた、その関係は、ときには実際に条約上の侵略の定義としてもつぱら事実的定義のみが用ひられるといふ事実によつても、なんらの変更を受けるものではない(二〇)。

さて、このやうに侵略概念の決定は根本において形式的手続的な標準にもとづいて行はれるとして、この決定が一義的に徹底的になされうるためには、その国際紛争の平和的処理手続が一切の国際紛争を包括し、なほそれとして紛争を終結させうるやうなものでなければならないであらう。ところで、このことはともかくも包括的な国際裁判義務の確立をまつてはじめてはたされる事柄である。すなはち、大戦後において戦争を法化し、法的安全をめざすところの国際的安全保障制度の上で、その侵略概念の決定を確立するために、なによりもまづ国際裁判義務を設定し包括的なものとすることが求められるのである。さうして実際にも、大戦後の裁判・調停条約においては、戦前のいはゆる政治的条項による留保（紛争当事国の主権、独立、名誉、重大利益、第三国の利益等に関する紛争の裁判義務からの除外）は廃れて、多少とも事項的に限定された留保がそれに代るとともに、非法的紛争についても単に調停的手続への付託義務にとどまらず、異種の（仲裁）裁判手続への付託義務が設けられ、さらに法的紛争とともどもに同一の（司法）裁判手続に付託すべき義務さへ認められるにいたつたのである(二一)。ところで、このやうな発展は、普通には現象的に、一九二四年のジュネーブ議定書による一般的安全保障制度の不成立を国際紛争の平和的処理方法の拡充といふ面から補ひ、国際紛争をすべて平和的に処理し得ることによつて侵略の危険を事実上なくしようとするものであると解されてゐるのであるが、しかし、我々としては右に述べたような安全保障制度の内在的な論理の必然的な連関の展開をそこにみとらなければならない。では、このやうな国際法的状況の発展のうちにあつて、さきの裁判・調停条約上の国際紛争の種別はいかに理解されうるであらうか。

（一）　この点において、論述の方向づけおよび主観的検証・客観的検証の概念については、Kaasik, Le contrôle en droit international (1933) の示唆に負ふところがすくなくない。また、個々の国際紛争平和的処理手続の分析および位置づけについては、横田喜三郎教授「国際法」改訂版・下巻によるところが多い。

（二）　根本的には、国際紛争平和的処理の諸方法をすべて検証の問題と考へ、国際裁判への発展の方向においてのみ捉へることに対して、さらには国際紛争をすべて検証の観点から一様に眺めることに対して疑問が抱かれるであらう。詳しくは後述参照。

（三）　近代的国際裁判の発達の歴史については、Kamarowsky, Le tribunal international (1887), 134 sq.; 横田喜三郎教授「国際裁判の歴史的発達」国家学会雑誌三七巻三号一三三頁以下、Politis, La justice internationale (1924), 30 sq.; Ralston, International Arbitration from Athens to Locarno (1929), 190 sq. 等参照。

（四）　同盟と安全保障との規範論理的構造上の差異については、横田喜三郎教授「安全保障問題」国際法外交雑誌三三巻一号四九―五二頁参照。しかし、同時に安全保障条約（不侵略の約束と侵略に対する相互援助の約束）の現実的意味について、Carl Schmitt, Über die innere Logik der Allgemeinpakte auf gegenseitigen Beistand, VBuVR (1935/36), 92-98をみておく必要がある。なほ、Mandelsloh, Politische Pakte und völkerrechtliche Ordnung (1937) 参照。

（五）　これ以下四つの引用文はそれぞれ横田教授・前掲論文五三、五八、七〇、同じく七〇頁からのものである。

（六）　これらの点については、Arbitrage et Sécurité, Publications de la SdN (1927); Barandon, Das Kriegsverhütungsrecht des Völkerbundes (1933); 横田教授・前掲論文、Barandon, Das System der politischen Staatsverträge seit 1918 (1937) 等参照。

（七）　まとめては、横田教授・前掲論文五六―六〇頁に述べられてゐる。

（八）　国際連盟を中心とする安全保障制度の三つの要素は、不侵略の約束（戦争の禁止）、侵略の場合の応急措置（戦争の予防または防止）、侵略に対する制裁（相互援助）であるが、このうち制度の中核をなすものは相互援助である。しかし、これには戦争の禁止が先立たなければならない。

（九）　Cf. Carl Schmitt, Der Begriff des Politischen (1933), 33-35.

（一〇）　Cf. Carl Schmitt, Die Wendung zum diskriminierenden Kriegsbegriff (1938), 39-40; Walz, Inflation, 24, 44.

（一一）　Cf. Carl Schmitt, Die Wendung, 40-45; Walz, Inflation, 9-10, 23, 28, 46.

（一二）　Cf. Carl Schmitt, Über das Verhältnis der Begriffe Krieg und Feinde, Positionen und Begriffe (1940), 244 sq.

（一三）　Cf. Carl Schmitt, Das neue Vae Neutris! VBuVR (1937/38), 633-638; Völkerrechtliche Neutralität und völkische Totalität, Positionen und Begriffe, 255 sq.; Neutralität und Neutralisierungen, Positionen und Befriffe, 281 sq.; Walz, Inflation, 11, 49-50.

（一四）　Cf. Walz, Inflation, 23-24, 27-28.

（一五） Cf. Carl Schmitt, Die Wendung. 45-47.

（一六） 現行の安全保障制度が以上のやうな発展傾向においてつねに中間的妥協的な性格を示してゐたことはいふまでもない。さうした事実の指摘およびその事実の政治的意味の分析は勿論シュミットやヴァルツたちによつてつねに同時に行はれてゐる。

なほ、このやうな戦争ならびに中立の概念の構造変化に関するシュミットの批判がかれの国際法的広域秩序の思想にいかに関連してゆくかについては、E. R. Huber, ≫Positionen und Begriffe≪Eine Auseinandersetzung mit Carl Schmitt, Zeitschrift für die gesamte Staatswissenschaft (1940), 32-34, 35-36. 参照。

（一七） Cf. Walz, Inflation, 24-27.

なほこれと関連してみるとき、一九一九年の平和会議において、ウイルソン案第三条は別としても、セシル・ミラー案第三条〔若し現在の平和条約が時勢の要求に適合せざるに至る時は、国際連盟は、必要と認むる修正を当事国に向つて勧告すべし。若し此の勧告が当事国によつて採用せられざりし時は、連盟諸国は、右勧告の問題となりたる事項につき、何等の責任をも負はざるに至る〕（田岡良一教授「国際法学大綱」上巻改訂増補版一七九頁）が採用されるにいたらず、しかもその後かへつて国際連盟規約一五条七項の穴を埋めることにもつぱら努力が注がれたといふことはとくに意味深く感ぜられる。

（一八） 詳しくは、横田教授「安全保障問題」二三一―三四頁参照。

（一九） 横田教授・前掲論文一八頁以下参照。なほ、諸条約における侵略の定義の個々の場合について、いちいち論議をつくさなければならないが、いまはそれに立入らない。いづれにしても、ここに指摘する原理的連関には変るところがないからである。

（二〇） 一九三三年のソヴィエット・ロシアとその近隣諸国との間の侵略の定義に関する条約がそれである。これによれば、次の行為のいづれかを最初になした国家が侵略国と認められる――戦争の宣言、兵力による他国家領域への侵入、陸・海・空軍による他国家の領域・船舶・航空機の攻撃、他国家の沿岸や港の海上封鎖、自国領域内で編成され他国家領域に侵入しようとする武装隊への支援、被侵入国の要求にも拘らず右の武装隊から一切の援助や保護を剥奪するために自国領域において一切の措置をとりまたは権能を行使することの拒絶（二条）。

ところで、いはゆるソヴィエット平和機構の特質は、ソヴィエット・ロシアの独自の国際的地位にもとづいて、もつぱら不侵略条項と中立条項とが採用されるという点にある。相互援助はそこに入る余地がない。国際調停が採用され、国際裁判は排斥される、とすれば、その平和機構は大戦前の同盟関係ではないとしても、また国際連盟を中心とする安全保障制度とも異なるものである。

なほまた、右の侵略の定義においては、軍事的強力行為におけるイニシアティーヴが徹底的に禁止され、その限りでは国際連盟を中心とする現状維持的な安全保障制度の上をゆくものがある。ソヴィエット平和機構の特質については、安井郁教授「労農露西亜の平和機構」立教授還暦祝賀国際法論文集三二三頁以下参照。

（二一）　これらの諸点についてはそれぞれ後述するところを参照。

四　国際紛争の種別（一）——諸説の展開——

法的紛争と非法的紛争との種別を考察するにあたつては、まづ、この紛争の種別そのものの標準に関する問題とその種別の式述（あるひは方式化、Formulierungen）に関する問題とをはつきり区別しておかなければならない。すなはち、いかなる標準にもとづいて法的紛争と非法的紛争との種別が成立してゐるかといふことと、そのやうに種別されたところがいかに式述されてゐるかといふこととは、相互に関連しながらも全く別な二つの問題である。あるひは、それは、右の紛争の種別そのものを定立することと、その種別に応じて個々の紛争の所属を決定することのちがひから生ずる区別として考へられるであらう。紛争の種別の式述とは、単に種別を言表することではなくて、この後の事柄のために有用な方式を定述するといふ意味を含んでゐるのである。とすれば、総じて裁判・調停条約における国際紛争の種別に関する規定は、直接には紛争の種別の式述の問題として受取られなければならない。ところで、一般にはほとんど注意されてゐないこの二つの問題をこのやうに最初から区別してかからうとするのは、単にそれによつて、雑多な不分明な条約の規定を離れて、比較的たやすく紛争の種別を確定しようがためではない。それは、一つには、この原理的な区別を無視する場合おのづから論点の紛れることが恐れられるからであり、またいま一つには、問題がすでに式述の問題である以上は、紛争の種別に関する条約規定は当然に式述上の実際的な関心によつて制約されるといふことが予想されるからである。

さて、法的紛争と非法的紛争との種別の標準については、これまでにきはめて多くの綿密な研究がなされてゐるのであるが（一）、そこに示された見解はまづ、種別の標準を紛争の法的性質に求めるものと紛争の政治的重要性に求めるものとの二つに大別することができる。ところで、この後の見解、すなはち政治的重要性の大きな紛争（その意味での政治的紛争）を非法的紛争と認め、政治的重要性の小さな紛争（その意味での非政治的紛争）を法的紛争と考へるところの見解は（二）、我々のまさに問題とする紛争の種別に関するものとしては、それをもはや支持する者はなく、かへつて一般にその否定的な効果をめざして論証の過程にとり入れるといふありさまである。しかし、それは勿論、政治的重要性の大きな紛争も原理的には裁判に義務的に付託し得るからではなく、また、政治的重要性の標準がそれとしてきはめて主観的な不規定的なものである（三）からでもない。この種の見解が簡単に斥けられるのは、それが裁判条約の規定の仕方に明白に合致しないと考へられるからである。しかしまた、これは、この見解に従へば非政治的紛争が条約規定の上には「法的性質の紛争」などと明瞭に式述されてゐることになるといふ点を指すのではない。このやうな不合致もそれだけではまだ決定的なものでなく、かへつて式述のはなはだしい不適当さが咎められるかもしれない。決定的なことは、裁判・調停条約の規定の仕来りの上では、紛争の政治的重要性の問題はいはゆる政治的条項（紛争当事国の主権、独立、名誉、重大利益、第三国の利益等に関する紛争を裁判義務から除外する条項）による留保の形式をもつて処理されてをり、しかも、この留保が「法的性質の紛争」の上に加へられてゐるといふことである（四）。ところがまた、この大戦前に支配的であつた政治的条項の留保は大戦後の裁判・調停条約においてはほとんど廃れてしまひ、一般にはそれに代つて多少とも事項的に限定された留保が用ひられるにいたつてゐるのである（五）。とすれば、このやうな事態そのものがさらになにを意味するかはしばらく問はないとして、いづれにしても、この政治的条項に即して「政治的紛争」の意味を追究することは我々の場合にも省略されてよいであらう（六）。

このやうにして、法的紛争と非法的紛争との種別は紛争の政治的重要性からは離れて考察されなければならないと考へられるわけであり、そこで当然に、言葉の意味どほりに、その種別の標準は紛争の法的性質に求められてくるのである。このことは一般に争はれてはゐない。争ひはさらにその法的性質をいかなるものとして理解するかに始まるのである。さうして一般には、そこからさらに二つの種類の見解の明白な対立が説かれるのであるが、しかし、その間の事情は普通に考へられてゐるほど簡単なものではない。まづ、最初からの条約作成者たちの伝統的な見解とみられるものは、紛争の法的性質を紛争の法による決定可能性と解し、この法的決定の可能性が「法の欠缺」のために欠如する紛争のあることを認めて、これを国際裁判義務から除外しなければならないとするのである。すなはち、それによれば、国際法はその未発達性や合意法としての特殊性の故にとくに不完全な、欠缺の多い法であり、従つて、一切の国際紛争について裁判判決の準則となるべき明確な具体的な実定国際法規を設けてはゐない。とすれば、それについてこのやうな実定国際法規の存在する紛争のみが法的紛争として国際裁判に義務的に付託され得るのであり、その他の紛争は国際裁判義務から除外されなければならない、と考へられるのである。(七) さうして、実際に、裁判条約の上に法的紛争の種別の伝統を創始したといはれるところの一八九九年の国際紛争平和的処理条約の規定（法的性質の問題、とくに国際条約の解釈または適用に関する問題——一六条）は、原案提出者の説明書、委員会における討議、報告者の報告によれば、右の見解にもとづくものと認められるのである。(八) しかも、それ以来この見解は裁判・調停条約の作成者たちによつてはその伝統的見解としてつねに保持されてきたと解されうる。すなはち、一八九九年の条約の規定は一九〇三年のイギリス・フランス仲裁裁判条約にほぼ言葉どほりに継承され、続いてこれを原型とする多数のいはゆるイギリス・フランス型条約が締結されたのであるが、それとともに、紛争のこのやうな種別は国際裁判条約における一つの伝統として、当然に前提され、ただそれを充分に、一そう明確に規定するためにさまざまな式述が試みられることとなるのである。まづそれは、すでに大戦前にも一九一一年のイギリス、アメリカ間のいはゆるノックス条約によつて新しい規定（当事国の一方が他方に対し条約その他にもとづき権利を主張する紛争にして、法と衡平の原則の適用による決定を受けうるものとしてその性質上裁判に適せる紛争——一条）を与へられ、(九) さらに大戦後には一九一九年の国際連盟規約および一九二〇年(一〇)の常設国際司法裁判所規程において四つの項目（条約の解釈、国際法上の問題、国際義務の違反となるべき事実の存否、国際義務の違反に対する賠償の性質および範囲——規約一三条二項、規程三六条二項）に列挙され、ついで一九二五年のロカルノ条約によつてはさきのノックス条約の規定の前半がふたたび採用されてゐる（一一）（当事国が互に権利を争ふ一切の紛争――例へばドイツ、ベルギー間の条約一条）。さうして、一般に大戦後の裁判・調停条約はこれらの式述様式のいづれか一つを採用し、あるひはその二つ（一般的限定と列挙）を併用するありさまである。（一二）

ところで、この条約作成者たちの伝統的見解とみられるものに従へば、紛争の法的性質とは、紛争の法による決定可能性のことであつた。それは形式的にいへば、紛争と法との関係づけの可能性であるが、一そう厳密にはそれについて争はれてゐるところのこと、すなはち紛争の対象と法との関係づけの客観的な可能性と考へられなければならない。ところが、これに対して、紛争当事者の主張の根拠づけまたは主張の仕方に法的紛争と非法的紛争との種別の標準を求めなければならないとする別な見解が有力に唱へられてゐるのである。この見解に従へば、紛争の法的性質は紛争当事者がその主張を法的に構成し、法的に根拠づけてゐるか否かによつて定まると考へられる。それはまづ、紛争当事者による紛争の対象と法との関係づけの事実をいふことにほかならないとみられるであらう。しかし、そのいづれであるかは紛争当事者自身がいづれにするかによるのであり、その意味では紛争の種別はこの場合、紛争当事者自身の意思決定（選択）といふ主観的要素をその根本に含むわけである。ところで裁判・調停条約における法的紛争と非法的紛争との種別に関して、この後の見解が最近に有力に支持されてきてゐるのは（一三）、一つにはさきのいはば客観的標準説が種々の重大な欠陥を示すと考へられるからであり、いま一つにはいはばこの主観説が一そう合理的な根拠をもつと信ぜられるからであるが、いまそれらの点に関する論議の是非をいちいち検討する余裕はここにない。我々としてここでまづ注意すべきことは、むしろそれらの論議の性質である。いひかへれば、それらの論議とその帰結とが紛争の種別の式述に関する問題の範囲内にとどまるものであるか、それともその種別そのものの標準に関する問題の範囲に入るものであるかが注意されなければならない。さうして、事柄が後者の場合であるとき、それははじめて我々に対して重要性をもつのである。我々にとつて重要なことは法的紛争と非法的紛争との種別の意味であり、またそのおのおのの紛争の意味であるが、これは直接には紛争の種別そのものの標準に関する問題の考察から決定されるものである。例へば、単純に紛争の法による決定の客観的な可能性の有無にもとづいて紛争の種別を説くことは適当でないといはれる。なぜならそのやうな可能性は紛争の本案を審理した上で確定されることであるが、紛争の種別は裁判管轄にかかはる先決問題として本案の審理に先立つて決定されなければならないと考へられるからである。しかし、この欠陥は決定的なものでない。先決問題としては右の可能性をまづ抽象的に決定するといふことも考へられるはずである。しかもいづれにしても、論議は個々の紛争の所属決定の問題にかかはるものであり、結局のところ紛争の種別の式述に関する問題ではあつても、種別そのものの標準に関する問題ではない。また、裁判調停条約の規定様式、ことにロカルノ条約の規定様式（当事国が互に権利を争ふ一切の紛争）にもとづいて、適否の論議がなされる場合にも、事情は全く同様である。そこで例へば、モルゲンタウは、紛争当事者の主張の根拠づけのうちに、右の紛争の法的決定の客観的な可能性を個々の場合にあらかじめたやすく見出すための「目標し」を求めるのであるが、決してそこから紛争の種別の別個の（正しい）標準を取出さうとは考へてゐない。(一四)勿論、かれがこの観点から問題の充分な解決に達してゐるか否かは、さらに吟味されなければならないであらう。しかし、すでに問題が紛争の種別の式述に関するものであるかぎり、それに立入る必要は我々にはないであらう。では、紛争当事者の主張の根拠づけの仕方に法的紛争と非法的紛争との種別の別個の（正しい）標準が見出されるとする見解は、いかなる論拠を用意してゐるであらうか。

条約作成者たちの伝統的見解とみられるものによれば、法的紛争と非法的紛争との種別そのものの標準は、紛争の法による決定可能性のことであるが、これが種別の標準として成立する基礎は「国際法の欠缺」におかれてゐる。すなはち、国際法の欠缺にもとづいて法的決定の可能性のない国際紛争が認められるのであり、この種の国際紛争はそれ故に法的決定の手続としての国際裁判への付託義務からは除外されなければならないとされるのである。(一五)ところが、この種別の標準のよつて立つ基礎が批判されなければならない。まづ純粋に裁判手続的な意味では法的決定の可能性のない紛争はなく、裁判不能の紛争といふものはない。実定国際法によつてはなんら規制されてゐない事項について生じた紛争の場合にも、裁判機関としては、まさに紛争当事者の主張（請求）を支持する法的根拠が実定国際法のうちに全く存在しないことを認め、請求棄却の判決を下すことによつて、やはり紛争に法的決定を与へうるのである。いはゆる法秩序の形式的完結性または法論理的意味における自己充足性などと抽象的にいはれるものの実質は、実はこのやうなものにほかならない。ともかく、このかぎりでは、もはや「国際法の欠缺」といふものはなく、そのために法的決定の可能性の欠如する国際紛争はない。一切の国際紛争は法による決定可能性をもつのであり、この意味では一切の国際紛争が法的紛争でなければならない（一六）。すなはち、法による決定可能性を標準として国際紛争を種別することは不可能である。それにしても、現に裁判・調停条約の上にその特異な伝統として国際紛争の種別が規定されてゐることを簡単に無視してしまふことは許されない。かうして、多くの場合そこから直ちに国際紛争の種別の別個の標準が求められ、その新たな基礎づけが試みられることとなるのであるが、この点における議論の進め方になほ吟味の余地がないかどうかはしばらく問はない。いづれにしても、ここに紛争当事者の主張の根拠づけの仕方に、正確には紛争当事者の法への志向に紛争の種別の標準を求める見解が有力に説かれてくるのである。

すなはち、紛争の法による決定可能性にもとづくかぎり、紛争の種別は成立たないと考へられる。しかし、現実の国際紛争はすべて、紛争当事者がその主張を法的に根拠づけ、法による決定を求めて争ふ紛争とはかぎらない。してみれば、一切の国際紛争の法による決定可能性といふものも、一切の国際紛争において法による決定が求められるならばその法的決定はつねに可能であるといふことにすぎず、それはいはば一切の国際紛争の一つの決定可能性であるにすぎない。ところが現実には、紛争当事者がその主張を法には根拠づけず、法によらない決定を求めて争ふ国際紛争も存在するのであり、しかも、これについてなほ法による決定可能性をいふことはもはや無意味であらう。この種の国際紛争は、法によらない決定の効果としてそこに新たな法状態が創設され、既存の法状態が変更されるといふ意味では、法の変更を求める紛争、すなはち動的紛争であり、適当に「非法的紛争」と認められる。

これに対して、さきの種類の国際紛争は、法による決定の効果として現行の法が適用され、既存の法状態が確保されるといふ意味で静的紛争であり、まさに「法的紛争」にほかならない。ここにすなはち紛争当事者の主張の根拠づけの仕方、正確にいへば紛争当事者の法への志向を標準として、法的紛争と非法的紛争との種別が立てられるわけである。

(一)　田畑茂二郎助教授「国際裁判に於ける政治的紛争の除外について」法学論叢三三巻五号、田岡良一教授「法律紛争と非法律紛争との区別」法学七巻六、七号、横田喜三郎教授「法的紛争の概念」国際法外交雑誌三八巻一—六号。外国の文献については横田教授の論文が網羅的である。

(二)　広く紛争の政治的重要性を標準としてその種別を試みるもののうちにも、立場はさらにいくつかに分れる。例へば一応形式的に紛争の政治的重要性を紛争の対象とその歴史的社会的環境との結付きの度合とか国家活動の対象と国家の権力意志との関係の強度などとして規定するもののほかに、それを紛争の対象に固有な性質として理解しようとするものがあり、さらに国際法にその未発達の故に現実には政治的に重要な国際関係を規制してゐず従つて政治的に重要な紛争は非法的紛争であるといふやうに説くものさへある。採りあげるに値するものは説明するまでもなく最初のものだけである。Cf. Morgenthau, La notion du "politique" et la théorie des différends internationaux (1933), 25-37.

(三)　この点に関しては、国際裁判に付託されるべき紛争をリストによつて規定しようとした試みがはなはだ示唆に富んでゐる。これはむしろ紛争の政治的重要性の有無を紛争の対象に即して決定し得るとする考への具体的な適用の場合に属するものであるが、それだけに一そう意味深いものがある。それはまづ一八八九年の第一汎米会議の一般的仲裁裁判条約案に採用され、さらに一八九九年の第一ハーグ平和会議においてロシア案として提出・審議され（Proceedings of the Hague Peace Conference 1899, 700 sq., 797）、その後二国間の裁判条約にも採用されたが、さらに一九〇七年の第二ハーグ平和会議においてアメリカ・イギリス案として提出・審議された（Proceedings of the Hague Peace Conference 1907, Ⅱ, 416 sq.）。ところで、これらを通じてそこに掲げられた事項はきはめてまちまちであるが、その理由は二つのハーグ平和会議においてリストについてなされた審議の経過のうちにはつきりと認められる（Proceedings 1899, 705, 767; Proceedings 1907, Ⅱ, 286, 465; ibid., Ⅰ, 536）。すなはち、ロシア案やアメリカ・イギリス案に掲げられたいはゆる国際行政的技術的性質の事項さへもある国家にとつては政治的性質をもつと主張され、またその紛争相手国の如何によつて政治的性質を帯びると考へられ、さらにまた同一国家間においてもその都度の四囲の事情の如何によつては政治的性質をもつにいたると主張されたのである。

(四)　法的紛争の種別の規定をはじめて設けたといはれる一八九九年の国際紛争平和的処理条約一六条も、その原案であるロシア案において、法的紛争の種別と、種別された法的紛争に対する政治的条項の留保との二段の規定を与へられてゐた（Proceedings 1899, 797）。また、この条約に先立つて、国際紛争やそのやうな種別のための qualification を設けたと考へられる一八九七年のイギリス・アメリカ条約について、アメリカ合衆国上院はさらに政治的留保を要求した（Cory, Compulsory Arbitration of International Disputes (1932), 32-35）。さうして、このやうな関係は、一九〇三年のイギリス・フランス仲裁裁判条約にはじまる同型の諸条約の規定によつて、確立されたわけである。

（五）大戦後の新たな留保については、Habicht, Post-War Treaties, 992-1000参照。

（六）政治的条項に即して政治的紛争の意味を考察したものとしては、Morgenthau, Die Internationale Rechtspflege, ihre Wesen und ihre Grenzen (1929), 98-130; Schindler, Die Schiedsgerichtsbarkeit, 85-94.

（七）この種の見解を支持する学説については、横田教授「法的紛争の概念」国際法外交雑誌三八巻二号二九―四一頁参照。

（八）原案としてのロシア案第一〇条に関する説明書については Proceedings 1899, 808-812、この案を審議した第三委員会およびその小委員会における討議の経過については ibid., 647-658, 669 sq., 700-707、報告者 Descamps による第三委員会の総会への報告については ibid., 106 sq. 参照。Descamps の報告によれば「仲裁裁判官は裁判官であり、法に従つて決定するとすれば、仲裁裁判はすべての紛争に適用されえない。……当事者の主張が法的に構成されえない紛争はその性質上、法を宣言する機関の権限の外にある」（ibid., 119 sq.）。なぜ法的に構成されえないか。ロシア案第一〇条の説明書の言ふやうに「国際法には多くの欠缺があり、個々の具体的な紛争について適用されうべき一般に承認された規則がない」（ibid., 808）ことがあると考へられたからであらう。

（九）この条約の規定は一九〇八年のアメリカ合衆国の諸裁判条約（いはゆるイギリス・フランス型）の法的紛争の規定を分析し、その定義づけを試みたものと解されてゐる。例へば、Fenwick, The Elimination of Loopholes in Arbitration Treaties, AJIL (1927), 500; Cory, op. cit., 84参照。もつとも、この規定の後半はなほ別に考察されなければならない問題を含んでゐる。アメリカ合衆国は一九二八年にいたつてふたたび同様な規定の仲裁裁判条約をヨーロッパ諸国との間に締結した。

（一〇）規定の用語は両者において多少相違してゐるが、実質には全くかかはりのないものである。

この四項目の列挙は、一九一九年のパリ平和会議に先立つて発表された連盟規約試案のうち、イギリス案、スマッツ案において採用された（Miller, Drafting of the Covenant (1928), Ⅱ, 3, 23）。連盟委員会の基礎案となつたハースト・ミラー案には採用されてゐなかつたが、三月二四日の同委員会第一二会合で、セシル修正案として提出され、採択された。その場合にこの四項目の列挙は伝統的な法的紛争の種別をその主要な種目の例示により一そう明確に規定したものと了解されてゐる（ibid., Ⅱ, 791; Ⅰ, 505 sq.）。

裁判所規程では、四項目の列挙にさらに「法的性質の紛争」の qualification が加へられてをり、そこでこの両者の関係について規定の解釈上争はれてゐる。しかし、裁判所規程の起草の経過にかんがみるならば、右の qualification はいはば単なる修飾語にすぎないと認められる。すなはち、裁判所規程の原案を作成した一九二〇年の公法家委員会においても、連盟規約一三条二項の四項目の列挙は法的紛争を定義したものと認られ、その原案に採択された (P. C. I. J. Advisory Committee of Jurists. Procès verbaux of the Proceedings of the Committee, 253)。ところで、この四項目の列挙にさらに「法的性質の紛争」の qualification を挿入すべきことを要望したのは、ほかならぬ Descamps である。かれが結局のところ「法的性質の紛争」といふ言葉の伝統の尊重から、一つの修飾語としてそれの挿入を提議したとみられること、さうして委員会もその意味において問題を取扱つたと解されることについては、ibid. 254, 283, 547、なほ Lauterpacht, The Function of Law in the International Community (1933), 34-36; 横田教授「法的紛争の概念」国際法外交雑誌三八巻五号三〇―三二頁参照。

（一一）なほ続いて、前述の紛争は特に国際連盟規約第一三条所定の紛争を含むものと了解する、と規定されてゐる。ところで、この四項目の列挙に対してそのやうな一般的な qualification が先立てられてゐるのは、例へばロカルノ会議においてベルギー代表の主張したやうに、四項目の列挙が「法的紛争」の主要な種目の例示にすぎず、従つてそれのみでは法的紛争のすべてが尽されてゐないと考へられたからであらう。Cf. Habicht, The Power of the International Judge to Give a Decision ex aequo et bono (1935), 38 sq.

（一二）諸々の裁判条約の規定様式の分類・整理は横田教授「法的紛争の概念」国際法外交雑誌三八巻三号五九―九五頁に網羅的になされてゐる。なほ勿論、これら諸条約の規定は以上のやうな見解にとつて充分に整合的なものではない。しかし、事情は、他の種の見解にとつても同様である。その点については、例へば横田教授・同論文・国際法外交雑誌三八巻五号一頁以下、六号一一頁以下参照。

（一三）この種の見解を支持する学説については、横田教授「法的紛争の概念」国際法外交雑誌三八巻二号四一―六〇頁、それがロカルノ条約およびこれと同型の条約の規定に関連して説かれてゐることについては、同論文・国際法外交雑誌三八巻四号六九―八五頁参照。

なほこの種の見解の現実的基礎の展開にまで触れたものとして、田畑助教授・前掲論文、特に八二一、八二三―八二四、八二六頁参照。

（一四）Morgenthau, Die internationale Rechtspflege, 43-56; La notion du "politique", 10-22. だから、ここでかれは、紛争当事者の主観的な主張の仕方によつて紛争が容易に非法的なものにされ、その結果裁判義務が破壊されることになるといふやうな問題を考へることさへしてゐない。反対に、かれが関心を注いでゐる事柄は、紛争当事者の術策によつて、法的根拠の全くない政治的要求も法的紛争の外形を与えられ、それについて裁判判決が強要されるといふ惧れであり、またそれにいかに対処するかの方策である。しかし、これは全く裁判技術上の問題である。なほまた、かれはここで、法の変更を求める紛争などといふ問題を考察することもしない。この問題にかれが後に触れてくるのは、法的紛争・非法的紛争の種別の問題とは別個な政治的紛争の概念の分析としてである。

（一五） Morgenthau, Die internationale Rechtspflege, 37-38. 勿論、この手続的立場は単なる論理的可能性としてではなく、ポジティーフな意味において成立つものであるが、それにはその根底に強力の法的認証といふ問題のあることが考へられる。しかし、問題はどこまでも手続的なものである。

（一六） この種の見解を支持する学説については、横田教授「法的紛争の概念」国際法外交雑誌三八巻一号三三―五四頁参照。

五　国際紛争の種別（二）――諸説の批判――

法的紛争と非法的紛争との種別を静的紛争と動的紛争との種別として理解することによつて、ここに我々は国際紛争の合理的な、きはめて重要な種別に達したことをひとまず認めなければならないであらう。しかし、それは単に、紛争の論理的構造の上からみて、紛争当事者の主張の仕方が当然に考慮されなければならないからではない。また、単に、国際法が法的にはとりわけ守旧的な性格の秩序であるだけに、実際上はかへつて動的な国際紛争が重視されるからでもない。すなはち、紛争とはもともとなにものかに関するなにごとかの主張の対立であるが、このやうな紛争の論理的構造の上からは、紛争当事者の主張の仕方によつて紛争の全体が決定されるとみられるであらう。しかも、紛争当事者の主張の仕方には、静的と動的との原理的に全く異なる二様の仕方があると考へられる。しかし、紛争も具体的にはその社会的な形態づけにおいて捉へられなければならない。さうして、この観点からみるならば、紛争当事者の主張の仕方とは、さしあたり紛争における当事者の私的志念と考へられるものにすぎない。これがさらに紛争の全体を決定しうるためには、この当事者の志念を超えて紛争の社会的な形態づけのうちに、そのやうな事情が存在するのでなければならない。例へば現に、国内法上で民事訴訟は、紛争当事者の私的志念にかかはりなく、もつぱら権利または法律関係の存否に関する主張の争ひとして形態づけられる。ところで、このやうな法的形態づけの根拠には、まさに当事者間の個人的な紛争（Parteienstreit）としては静的紛争のみを認め、動的紛争は公共的な政治的運動として展開されることを要求するやうな社会構造が存在するのである。さうして、この事態は、個人的紛争が調停的に妥協的・修正的に処理される場合もあり、また政治的運動が個人や政党の間の私的利益の争奪に堕する場合もあるといふ事実によつて、なんら変更されるものではない。ところが、国際社会にあつては、事情は明らかに異なるのである。ここでは、社会構造の上に右のやうな公私の分化は認められない。とすれば、法の創設・変更を求める動的紛争もひとしく個々の国家間の交渉において現れるほかはない。すなはち、それもまた当然に当事者間の個人的な紛争の形態をとるのである。さうして、そのかぎり国際法としては、一般に紛争の平和的処理のための手続からそれを除外することはできないであらう。

しかし、このやうにみてきただけでは、まだ、およそ国際紛争の種別として静的紛争と動的紛争との種別が現実に存在することの原理的な保証が与へられたといふにすぎない。さらにこの種別が裁判・調停条約における国際紛争の種別として認められるか否かは、なほ別に吟味を重ねられなければならない問題である。ところで、すでに裁判・調停条約における国際紛争の種別に関する規定の解釈論としては、この静的紛争と動的紛争との種別をとる見解に対して異議が持出されてゐるのである。最も普通には、紛争の種別の標準（ないしいはゆる紛争の性質決定の基準）を紛争当事者の主観的志向に置くならば、裁判義務範囲の客観的確立はとうてい望まれえないと非難される。さうして、この非難に対してはまた、問題はもともと政策的性質のものであり、かつての政治的条項による政治的紛争の留保の要求が新しい法理論的形式のもとに維持しつづけられてゐるのにほかならないと弁明される。しかし、いまここでは、このやうな非難と弁明との正否をさらに論じつめる必要はないであらう。なぜなら、そのやうな問題形式と批判の方向づけとをもつてしては、まだ問題の核心を衝いてはゐないからである。

およそ紛争は、双方の紛争当事者間の交渉として成立つ。いま双方の当事者がともにその主張を法に根拠づけ、法による決定を求めて争ふならば、その紛争は法的（静的）紛争にほかならない。また、双方の当事者がともにその主張を法に根拠づけず、法によらない決定を求めて争ふならば、その紛争は非法的（動的）紛争にほかならない。しかし、もし一方の当事者が自己の主張を法に根拠づけ、法による決定を求めるのに対して、他方の当事者は自己の主張を法以外の原則に根拠づけ、法によらない決定を求めるとすれば、この紛争はいづれの種類に属すべき紛争であらうか。紛争当事者の主張の根拠づけの仕方、正確にいへば紛争当事者の法への志向を標準として国際紛争の種別を説く見解は、真実のところこのやうな難問につき当らなければならない。しかも、この難問はその問題形式の外見からさうみられやすいやうな、単なる紛争種別の式述の問題に決して尽きるものではないのである。ところが、これまで多く、右の場合にも紛争はやはりそれぞれに法的紛争（四）または非法的紛争（五）のいづれかとして主張され、あるひは、裁判所が紛争の性質決定をなすべきものと説かれてゐる（六）。しかし、これらのいづれの主張もそれとして充分な論証を示しえてはゐないのであり、またともに紛争種別の標準を紛争当事者の志向に求めるといふ自己の本来の立場を最後には離れてゐるのである。我々としては、この問題について、単に条約規定のなんらかの終結的な解釈を見つけ出さうといふ観点を超えて、紛争の論理的構造の分析から出発する一そう原理的な考察を試みなければならない。

さて、右のやうな紛争の場合において、一方の当事者の法的主張を争ひ、それを否定しうるためには、実は他方の当事者も法的主張をもつてしなければならない。しかしまた、他方の当事者の政治的主張を争ひ、これを否定しうるためには、一方の当事者はやはりみづからも政治的主張をもつてしなければならない。もともと法的主張と政治的主張とがそのままに直接に結付き、相互に否定し合ふことはありえない。法的形式的妥当性と政治的実質的妥当性との間にはいはば位層の相違があるからである。とすれば、一方の当事者が法的主張をもつて法的解決を求め、他方の当事者が政治的主張をもつて政治的解決を求めるといふ場合には、そこにはいはゆる静的紛争と動的紛争との二重の紛争が生じ得ると考へられなければならない。いひかへれば、一方の当事者がその主張を法に根拠づけ法による決定を求めるならば、つねにそこに静的紛争が生じ得ると同様に、他方の当事者がその主張を法以外の原則に根拠づけ、法によらない決定を求めるならば、つねにそこに動的紛争が生じ得る。これらの二種の紛争は同一の事項について二重に生じうる紛争であり、同一の事項についての可能的な二重の紛争にほかならない（七）。ところで、静的紛争と動的紛争との種別のこのやうな構造関係が明かになると、この紛争の種別がはたして裁判調停条約における国際紛争の種別として成立ちうるかどうかは疑はしいものとなるであらう。たしかに、このやうな重層的な紛争の種別に基いては、裁判義務範囲の一義的な限定は行はれえず、またさしあたり裁判と調停とへの国際紛争の一義的な分配も不可能となるであらう。いひかへれば、右の同一事項に関する静的紛争と動的紛争との原理的な二重の可能性は、裁判調停条約の上では、異種の処理手続間の管轄競合の可能性として現れる。さうして、この競合する管轄は、どこまでも純粋に紛争当事者（双方）の志向に定位するかぎりは、決していづれか一方に決定されてはならないものであり、また、それが同一事項に関しての二つの相反する解決原理の対立の問題であるだけに、双方ともに行はれてもならないものである。ところが、ポジティーフな制度としては、このやうな原理的なディレンマをなんらかの仕方で処理すること（または処理してゐると解釈すること）はできるであらう。例へば、双方の「紛争当事者が互に権利を争ひ」、法の適用をめぐつて争ふことに一致してゐる場合が法的紛争であり、従つていづれか一方の紛争当事者の政治的解決への要求さへ示されれば直ちに紛争を非法的紛争として取扱ふことも、また反対に、双方の紛争当事者が互に法によらない決定を求めて争ふことに一致してゐる場合が非法的紛争であり、従つていづれか「一方の紛争当事者の権利の主張」さへあればすべて紛争を法的紛争として取扱ふこともできるであらう。あるひはまた、双方の紛争当事者の法への志向が相反する場合を認めつつ、その場合には裁判所がいはゆる紛争の性質決定をなすべきものとすることもできるであらう（八）。さらに、双方の紛争当事者の紛争解決への志向が相反する場合、それぞれの志向に応ずる二様の処理手続を一定の順序でともに行はせるといふ仕方も考へられるであらう（九）。ただ、これらの問題処理の仕方はすべて、もつぱら紛争当事者（双方）の志向にのみ定位するといふ立場からは決して出てこないものであり、いづれにしても、最後には紛争当事者の法への志向を超えたところから問題の終結がつけられなければならないわけである。しかし、これはもはや問題ではない。問題は、ともかくそれらを通じて、非法的紛争のいかなる取扱ひが行はれるかである。ところで、右の場合、紛争当事者の法への志向を標準とする紛争種別の出発点が全く棄てられてしまふのでないかぎり、非法的紛争の取扱ひについては、結局において、つぎの二つの仕方があるばかりであらう。すなはち、それは、紛争当事者の一方の非法的解決の要求にもとづいてすべての紛争を非法的紛争として処理するか、それとも、紛争当事者双方の非法的解決への一致のもとにのみ紛争の非法的処理を行ふか、いづれかである。しかし、この後の場合には、それではかへつて紛争の動的解決への特別の連関も、またもともと紛争種別の意味もないものとなり、ただ一切の紛争にわたつて法的（静的）解決の原理の原則的な支配がみられるにすぎないであらう。ところが、これに対して、前の場合には単に、紛争当事者のおのおのに裁判義務に対する一方的な拒否権の行使を許す結果になるばかりでない。大戦後には非法的紛争についても裁判義務を設ける裁判・調停条約が増加してきてゐるのであるが、このやうな条約のもとでは、さらに、紛争当事者のおのおのに既存の法状態の変更の一方的な決定的な要求権をひろく認めることとなり、またこれにもとづいて拘束的に法状態の変更をもたらしうる一般的権限を裁判所に与へるといふ結果になるであらう。しかし、この結果ははたしてそのままに承認されてよいものであらうか。以上の諸点に関連しては、とくに非法的紛争の処理方法に関して比較的に明確な規定を設けてゐるところの一九二八年の一般議定書について考察してみる必要がある。この一般議定書の規定はまた、大戦後のもろもろの裁判・調停条約の成果を国際連盟の手によつて一つの一般条約に標準的に集成したといはれるものであるが、これによれば、非法的紛争（「当事者が互に権利を争ふ紛争」以外の紛争）も調停の失敗した後には仲裁裁判に付託されなければならない（一七条）。ところで、この仲裁裁判は、紛争当事者の特別の合意のないかぎり、常設国際司法裁判所規程第三八条に列挙された実質的規則（国際条約・国際慣習法・法の一般原則の規定）を適用して行はれなければならないのであり、さうして、紛争に適用しうべきそのやうな規則の存しない場合にのみはじめて衡平と善に基いて裁判が行はれることとなるのである（二八条）。これは疑ひもなく法の欠缺論に基く規定である。とすれば、この場合、動的紛争についての動的解決をまともに期待する多くの人々が、この一般議定書の規定を全く不可解な矛盾した規定と考へるのも無理なことではないであらう。[一〇] しかも、この規定は決して、しばしば安易に断定されるやうに、なにかの間違ひや言葉の上だけの妥協から出来上つたといふやうなものではない。国際連盟の委員会におけるその審議の経過の上に充分に明かなやうに、非法的紛争の動的解決のための一般的権限は裁判官には意識的に拒まれたのである。なぜなら、裁判官にそのやうな権限を認めることは、「国際関係の基礎そのものを動かす権限を与へるといふことになる」からである（第九総会第一委員会におけるPolitisの報告（Report of the Liaison Sub-Committee）（L.N. Official Journal, Special Supplement〔No.63〕,62））。勿論、それでは、法を適用して仲裁裁判決が下されたとしても、紛争はやはり「利益の面で残りつづけるであらう」（同上 ibid., 62）。しかし、これについては、「唯一の途が開かれてゐる、それは国際連盟理事会に訴へることである……」（同上 ibid., 62-63）。それならば、一般議定書においても、動的紛争の動的解決は紛争当事者の明示的な特別の合意をまつてはじめて行はれるとする解釈もでてくるわけである。[一一] いひかへれば、動的紛争の動的解決のための裁判義務は設けられてはゐない。とすれば、むしろ「一般議定書はおよそ考へられうる一切の種類の紛争を包括してはゐないと言つてよいであらう」（右のPolitisの報告につづく討議の際のVon Simsonの発言（ibid., 73））。しかし、「これは疵といふべきものではない。なぜなら、もつぱら司法ならびに仲裁裁判手続について規定する文書において、いま述べたやうな紛争（ある疑ひもない法的状態の存在そのものにまさに因由する紛争）に関して詳しい規定を設けるといふことは困難だからである」（同上 ibid., 77-78）。さて、このやうにみてくれば、ここでいま一度法の欠缺論にたちかへり、それに対するさきの批判を再批判してみることはぜひ必要であらう。なほまた、この場合、いはゆる紛争の性質決定を裁判所に委ねるところの条約規定が考へあはせられなければならない。このやうな規定は、大戦後には裁判・調停条約を通じて圧倒的に支配的なものとなつてゐる。ところで、いま紛争当事者の法への志向を標準とする紛争の種別が立てられてゐるとして、右の規定がそれとして充分な意味をもちうるためには、紛争当事者の相反する志向のもとで裁判所は紛争の法による決定の実質的当否に関する自己の判断に基いて紛争の性質決定をなすと考へられるよりほかはないであらう。ところが、これはまた、法の欠缺論の帰結に落着くものではないであらうか。

さきに論じたやうに、純粋に裁判手続的な意味では法的決定の可能性のない紛争はなく、そのかぎりでは「国際法の欠缺」といふものはない。しかし、それでもつて法の欠缺の問題が全く片付けられたと考へることは、規範論理主義の誤つた適用でしかないであらう。これはほかならぬケルゼンのおよそかかはり知らぬところである。ケルゼンに従へば(一二)、法には右の「真正な欠缺」といふものは存在しないにも拘らず、なほある場合に欠缺があると言はれるとすれば、そのやうに言はれること自体の意味が追究されなければならない。これは、すなはち、規範論理的に可能な法的決定が「決定の任務を有する機関によつて……あまりに不当であると感じられること、そう感じられることがあまりに甚だしいために、立法者はこの場合を全く考えなかつたのであり、もし考えたならば、法律に基いて決定されるとは異るように決定したのであらうと右の機関が考えるように傾いたことを意味するにすぎない(一三)」。すなはち、いはゆる欠缺は実定法とより善くより正当なと考へられた秩序との差異にほかならないのである。とすれば、法の欠缺論は裁判における動的解決の原理を主張するものにほかならない。しかも、このいはば裁判官の欠缺論が、そのやうな現実的機能をもつにも拘らず、どこまでも立法者の意思に定位して、法の欠缺として式述されるのには、実はその根底に立法者による法的安全の要請が働いてゐると考へられる。裁判官の欠缺論は「立法者の欠缺論」にまで遡ることによつてその意味を充分に明かにされるであらう。さうして、また実際に、ケルゼンが続いて指摘してゐるやうに、立法者自身が明示的に欠缺の存在を予想してかかることもあるのである。「法律から決定を取り出すことのできない場合に対して、立法者は規定を設けることができ、実際においてこれを設けていることが決して稀でない(一四)」。「それは、裁判官に対して、かれが法律の適用を不適当と認めた場合に、法律の代りに、自分の裁量について決定する権限を与えたことを意味するものである(一五)」。しかし、それにともなつて法創設の重心が立法者から法適用者に移るといふ危険も同時にそこに生ずるであらう。この危険をできるだけ制限するために、ケルゼンによれば、「法律における欠缺」が「典型的にイデオロギー的な式述」として働くことになるのである。すなはち、「法律そのものが適用の可能性を含んでいないから、これを適用することができないとゆう場合においてのみ、法律を適用しなくてもよいと法適用者は信じなくてはならぬ」[一六]。いひかへれば、かれは、みづから立法者として行動することの許された一定の場合にのみ自由であつて、いかなる場合に立法者の代りをつとめるべきかを決定することは自由でないといふやうに信じさせられなければならない。「かれが実はこの点においても自由であるといふことは欠缺の擬制がカモフラージしている[一七]」のである。しかし、この法の欠缺論の「イデオロギー的性格」も実は裁判の本質的契機としての法的確実性の要請に基いてゐる。とすれば、法の欠缺論は裁判における動的解決の原理の主張であると同時に、それはまた裁判における動的解決の原理の主張の限界をも示すものなのである。その意味でそれは特殊に裁判的な動的解決の原理とみとめられるであろう。もつとも、この法の欠缺論は国際裁判条約の上ではまづ、裁判付託義務の制限を目ざして、いはば紛争当事者の欠缺論として現れてゐる。そのかぎり、それはさしあたり国際裁判義務に対する紛争当事者の消極的な意識を表すものにすぎないとみられるであらう。しかし、この場合にもすでに裁判義務の制限（紛争の種別）はいはば国際裁判の内において法の欠缺の論理をもつて考へられてゐたのである。従つて、第一次世界大戦後に国際安全保障制度の確立のために国際裁判義務を包括的なものとし、一切の紛争に裁判義務を拡延することがはかられるとなれば、それがまたそのままにその法の欠缺の論理をもつて（その紛争の種別を媒介として）行はれるといふことにもなる。これはいふまでもなく、法の欠缺論が国際裁判においてもまた特殊に裁判的な動的紛争解決の原理としての本来の意味を発揮することによつてであるが、ただ、その場合、この一切の紛争への裁判義務の拡延はどこまでも裁判内的な平面においてのものであることにとくに留意されなければならない。

さて以上に論じてきたところに基いて、裁判・調停条約における紛争種別の規定に関する解釈論上の混乱をいかに収拾するかといふことは、もはや我々の当面の問題ではない。我々としては、そこに明かにされた事態を確認して我々の考察をさきへと進めることができるであらう。すなはち、国際法上は、裁判・調停条約の作成者たちの思念の如何に拘らず、現実に静的紛争と動的紛争との種別が存在する。一そう正確にいへば、国際法上は裁判・調停条約の作成者がそれをいかなる紛争形態の種別として捉へるかにかかはりなく、ひとしく紛争についての静的解決の原理と動的解決の原理との対立が存在する。いはゆる法的紛争と非法的紛争との種別はこの解決原理の対立を法の欠缺論に基づいていはば裁判内的に捉へようとするものであり、いはゆる静的紛争と動的紛争との種別はそれを紛争当事者の法への志向に基づいていはば裁判外的に捉へようとするものである。ところで、この後者の種別に出発する問題処理の試みも、やはり裁判手続上のものとしては、実際に自己を充分に貫きえず、かへつて法の欠缺論の意味の理解を媒介してくるといふありさまである。しかし、これは国際裁判としても決して理由のないことではない。では、このやうな国際裁判に対して、裁判・調停条約上、非法的紛争の処理を分担するところの国際調停はいかなる性格をもつものと認められるであらうか。

（一）　Bruns, Völkerrecht als Rechtsordnung II, Zaö RVR. (1933), 466.

（二）　例へば Lauterpacht, The Function of Law, 353 sq.

（三）　横田教授「法的紛争の概念」国際法外交雑誌三八巻六号三七―四一頁参照。

（四）　Cf. Borel, L'Acte générale de Genève, Recueil des Cours, t. 27, 560 sq.

（五）　Cf. Scelle, Régle générale du droit de l'a paix, Recueil des Cours, t. 46, 573.

（六）　Cf. Schindler, Les progrès de l'arbitrage obligatoire dupuis la création de la Société des Nations, Recueil des Cours, t. 299. ただし、シントラーについては、なほ次註に掲げるところを参照。

（七）　Cf. Schindler, Schiedsgerichtsbarkeit, 73 sq.

（八）　この場合、裁判所によるいはゆる紛争の性質決定がいかにして行はれうるか（cf. Morgenthau, Die internationale Rechtspflege, 138-139）、また、それが単なる裁判所の管轄に関する先決問題の決定にとどまるかどうか（cf. Bruns, Völkerrecht als Rechtsordnung II, 476 sq.）、大いに問題である。

（九）　Schindler, Schiedsgerichtsbarkeit, 76-77. しかし、このやうな問題処理の仕方は、司法裁判と仲裁裁判との間ではいづれにしても成立しえないであらう。問題は調停の非法的解決と裁判の法的解決との間においてであるが、裁判―調停の順序は、一般的な、制度上の手続としては、やはり考へることが困難であらう。また、調停―裁判の順序では、調停は裁判に対する単なる先行手続としての意味しかないものとなり変るであらう。

（一〇）　例へば Brierly, General Act of Geneva, 1928, BYIL (1930), 124 sq.

（一一）　Cf. Habicht, The Power of the International Judge, 55 sq.

（一二）　Kelsen, Reine Rechtslehre, (1934), 100 sq.

（一三）　Ibid., 101.（訳文は、横田喜三郎教授訳・ケルゼン著「純粋法学」一五七―一五八頁による。）

（一四）　Ibid., 105.（同上・一六三頁）

（一五）　Ibid., 105.（同上・一六四頁）

（一六）　Ibid., 106.（同上・一六五頁）

（一七）　Ibid., 106.（同上・一六五頁）

六　国際調停の性格

国際調停、厳密にいへば、国際調停委員会による国際紛争処理の手続は、一般にはむしろ、法的処理手続としての国際裁判との対比において、政治的処理手続として理解されてゐる。（一）しかし、国際調停がそのやうに政治的性格をもつとは、はたしてなにに基いていはれうることであらうか。また、そのいはゆる政治的性格とはいかなるものであらうか。すでに他方では同時に、国際調停の非政治化（entpolitisieren）（二）の傾向さへ指摘されるとすれば、問題は決して簡単ではないはずである。

まづ、国際調停が国際裁判との有機的結合の関係において国際紛争の分配を受け、とくに非法的紛争の処理を分担するといふことは、それに政治的性格を与へる一つの根拠としてただちに考へられるところであらう。しかも、このことは、裁判・調停条約における紛争種別の規定に関していづれの解釈がとられるかにかかはりなしにさへ、一応認められなければならない。なぜなら、右に明かにされたやうに、法の欠缺論に基く紛争の種別も裁判における紛争の動的解決の原理なのであり、その非法的紛争も紛争の動的解決への指標としての意味をもつからである。さうしてさらに、裁判においては紛争当事者の法への志向に基くところのいはば裁判外的な紛争の種別をとる試みも結局には裁判内的な法の欠缺論を媒介してくるのとは反対に、調停においては、裁判内的な法の欠缺論に基く紛争の種別もその裁判内的な拘束を解かれ、紛争の自由な動的解決をもたらすことすら期待されるであらう。また他方では、すでに裁判そのものが法の欠缺論に基いて紛争の動的解決の原理を内含するものであり、国際裁判も最近の裁判条約の発達の上では現にそのやうな段階にまで達してゐるのである。とすれば、国際裁判に対比して国際調停の政治的な性格が認められるためには、単に非法的紛争の国際調停への分配といふこと以上に、それと関連して国際調停そのものの構造が決定的であると考へられなければならない。

　では、普通にいはれてゐるやうに、国際調停においてはおよそ法規の適用に拘束されない紛争処理の行はれることがそれに政治的な性格をもたらすのであらうか。さうして、調停委員会の判断が裁判判決の場合とは異なつて紛争当事者を拘束する力を有しないことも、それがまさに法規の適用に拘束されないことによるのであり、その意味では国際調停の政治的性格を裏から証明するわけのものであらうか。しかし、国際裁判も特別管轄においては紛争当事者の合意のもとに法規の適用を排除して判決することができ、また普通管轄においても法の欠缺といふ「典型的にイデオロギー的な式述」のもとに実は同様な自由を多少とも認められてゐるのである。とすればこのかぎりでは、かへつて国際調停は国際裁判の特殊要素を極限にまで展開したものにほかならず、両者の間にはむしろ程度的な差異しか認められなくなるであらう。また、調停委員会の判断も裁判判決の拘束力欠如態にすぎず、調停委員会の勧告と裁判所の意見との間の本質的な相違は失はれることになるであらう。してみれば、この場合すべて非法的であることがただちに政治的であるわけではない。すべて非法的であることをただちに政治的であるとすることは、実はあまりに形式的な概念的処理の仕方なのであり、我々としてはさらにそのやうな抽象性の政治的意味といふものさへ反省してみなければならないであらう。

このやうに、国際調停を単に非法的紛争の非法的解決の手続として規定するだけでは、国際調停の真に政治的な紛争処理手続としての性格はまだ証明されてゐないわけである。この証明は、さらに国際調停が非法的紛争の解決において国際裁判とは原理的に異なる紛争処理能力をその構造上有することの証示される場合にはじめて与へられるものである。しかし、それにはまた、法の欠けてゐる紛争とか法の変更の求められる紛争などといふやうに、非法的紛争を単に法的観点から形式的に規定することで満足するといふ立場がまづ棄てられなければならない。といつても、これに代へて政治的紛争の概念をもちだすだけでは、なにも加へられるところはないであらう。いづれにしてももはや紛争種別の概念規定ではなくて、非法的紛争と観念されるもの自体の特徴的な構造の分析がまづ必要とされるわけである。ところで、このやうな分析への手がかりはすでに非法的紛争ないし動的紛争の概念規定のうちに示されてゐる。すなはち、法の欠缺論に基く非法的紛争の概念は裁判内的な平面的な紛争種別の観点から（法=実践的に）動的紛争解決の原理を捉へようとするものであるが、いはゆる動的紛争の概念はさらにこれを紛争当事者の法への志向に基く裁判外的な重層的な紛争種別の観点からより自由に（原理的に）捉へようとするものである。いつたい、紛争種別の概念規定の上におけるこのやうな事情は、いかなる事態の連関を反映するものであらうか。

この点において、モルゲンタウの試みた政治的紛争の構造分析は独自な意義をもつてゐる。(三)かれによれば、政治的なるものの本来の領域は法を基底する社会的実在のうちにあるのであり、従つて、それを考察する立場も単なる法的立場を超えたものでなければならない。政治的紛争の政治的性質は、紛争の対象の実質にはかかはりなく、国家活動の対象と国家の個性的存在との結付きの特殊な強度、いひかへれば、国家の権力意志がその対象と国家との間につくりだす関係の特殊な強度にあると考へられる。ところが、紛争とは、厳密には法的な概念である。(四)すなはち、紛争とはなにものかに関するなにごとかの主張の争ひであるが、それには紛争の対象が合理的に明確に限定されうるとともに、主張の争ひが実定法の規則またはすくなくとも客観的な規範に基いて相争はれ決定されうるものでなければならない。とすれば、その本質上このやうな合理化を拒むやうな国際的対立は、本来、国際紛争の形態においては捉へられないものである。これをモルゲンタウは「緊張関係」(Spannungen, tensions)と名づけるのであるが(五)、国家の権力拡大意志の発動する国際的対立、すなはち一般的にいつて実定法上に定められてゐる諸国家の勢力範囲の変更を目的とするやうな国際的対立はまさにそれにほかならない。しかも、このやうな緊張関係は、国家ならびに国家社会の本質的な在り方をあらはすものであり(六)、従つて、国際生活のいたるところに潜勢的に存在するのである。ところで、緊張関係の解決が直接に実力をもつてはかられる場合はともかく、普通にその平和的処理が試みられるとなれば、そのためには緊張関係の合理的表現がぜひ必要である。緊張関係は国際紛争の形態において自己を表現しなければならない。ここからして、いはゆる政治的紛争の特殊な構造形態が成立することになる。すなはち、緊張関係が全く合理化され、純粋な国際紛争に転化してしまはないかぎりは、緊張関係は特定の国際紛争に結付き、この紛争の処理に自己の本来の解決をつながらせるわけである。この両者の間には多くの場合、実質的関係が存在するであらう(七)。しかし、緊張関係がその対象を充分に具体化するにいたつてゐないか、具体化してゐてもそれと実質的関連のある紛争を見出しえない場合には、それはおそらく自己の内実とはおよそ関連のない紛争を捉え、これに全く象徴的な意味をもたせることになるのである。すなはち、この場合には、両者の間に形式的関連が存在するにすぎない(八)。しかし、いづれにしても、かうして緊張関係に固有な政治的性質は上層の国際紛争に伝へられ、国際紛争は本来の合理的性格を失ふにいたるのである。政治的紛争とはこのやうな重層的構造において成立するものにほかならない。

さて、モルゲンタウの以上のやうな考察の社会学的・心理学的偏倚はいまは問はないとして、我々はかれの考察から非法的ないし動的紛争と観念される国際的対立の特徴的な構造性格の規定を取出すことができるであらう。すなはち、このやうな国際的対立は本来、紛争と緊張関係との具体的な重層的構造連関において捉へられなければならないのであるが、緊張関係は国際社会における国家の個性的存在への全体的可能性を包蔵するところのものである。そこでまづ、このやうな国際的対立においては、もともと紛争対象の明確な限定は行はれえないはずであり、事情によつてそれは限りなく国家の対外関係の全体へと拡延するであらう。その結果は、単に普通に非法的紛争について指摘されるところの、決定の無数の選択可能性（広汎な自由裁量の範囲）などといふものには決してとどまらないものである。また、このやうな国際的対立においては、単に決定の無数の選択可能性の問題としてみても、これはただ終結した事態に関する判断の事柄ではなくて、本質的に未来の発展可能性の考慮を含まなければならない。しかも根本的には、このやうな国際的対立は国家存在の全体的可能性への主体的決断にかかはるところの問題である。ところで、このやうな紛争自体の特徴的な構造の分析に基いて、さきの非法的ないし動的紛争といふ紛争種別の観念の再吟味にいまここで立入る必要はないであらう。問題は右のやうな特徴的な構造性格をもつ非法的紛争の処理にあたつて、国際調停がはたしてそれにふさはしい処理能力をその構造上有するかどうかである。この点において、国際調停は国際裁判に対していかなる構造上の相違を示すであらうか。

（一）明示的にさう規定してかからないまでも、動的紛争を調停委員会にと説くもの、ないし調停委員会に裁判とは原理的に異なる紛争処理能力を認めるもの、あるひは国際連盟理事会の審査から国際調停への発展を考へるもの、などすべて同様な見地に立つものとみとめられる。なほ、この点において明示的であるブルンス（Bruns, Völkerrecht als Rechtsordnung II, 470）がかへつて国際調停の政治的性格に対するいくらかの反省を示してゐる（ibid. 485-487）ことは興味深い。

（二）Schücking, Ordnung des Untersuchungs-und Vermittlungsverfahrens im Völkerbunde, Compte rendu da la XIXe Conférence interparlementaire de 1921, 125.

（三）Morgenthau, Die internationale Rechtspflege, 56 sq.; La notion du "politique", 24 sq. その要旨はすでに、田畑助教授「国際裁判に於ける政治的紛争の除外について」法学論叢三三巻八二八—八三〇頁に紹介されてゐる。もつとも、モルゲンタウは、法的紛争・非法的紛争の種別とは別個に、いはゆる政治的条項の留保に即して政治的紛争の概念を問題としてゐるのである。さうして、またしかに、単に形式的・消極的に非・法的紛争と規定されうるものには、以下のやうな政治的紛争の特徴的な構造を有しないものも含まれるであらう（cf. Schindler, Schiedsgerichtsbarkeit, 94 sq.）。しかし、ここでは、もとよりそれらの紛争概念の外延関係が問題なのではない。問題は、裁判とは原理的に異なる処理能力を要求するやうな非法的紛争の特徴的な構造の分析である。この観点からすれば、まさにここでは政治的紛争の概念が考察の中心に上つてくる。

（四）モルゲンタウ自身がはつきりとかう言つてゐるわけではないが、かれの趣旨はこれによつて一そう明確になると思はれる。

（五）Morgenthau, Die internationale Rechtspflege, 73, La notion du "politique", 77-78.

（六）この点については、なほ、田畑助教授・前掲論文、八二―三頁以下、また、Walz, Artgleichheit gegen Gleichartigkeit, (1938) 参照。

（七）モルゲンタウのいふ Streitigkeit mit überschieβendem Spanuungsgehalt (Die internationale Rechtspflege, 80-81), différends à tension débordante (La notion du "politique", 80-82) の場合である。

（八）モルゲンタウのいふ Streitigkeit mit Reprasentationsfunktion, virtuelle reine Streitigkeit (Die internationale Rechtspflege, 81-83), différends à fonctions représentatives, différends virtuellement purs (La notion du "politique", 83-84) の場合である。

国際調停の起源を、国際裁判とは離れて、仲介（居中調停）と国際審査委員会による審査（国際審査、事実審査）との並存ないし結合のうちに求めることは、むしろ普通に承認されてゐる事柄である（九）。さうして、このやうな見解からは、やがて、国際調停を右の両者の総合発展として捉へ、それに国際裁判とは対立した政治的な紛争処理手続としての性格を認めるといふ帰結が容易に引出されてくるのである。ところが、この一見きはめて鮮かな国際調停の性格把捉も、実はさしあたり国際調停の構造要素に着目して立てられた概念的連関を基礎としてゐるにすぎない。すなはち、仲介と国際（事実）審査とさうして国際調停との間に右のやうな連関があるといはれるにしても、それはさしあたり単に国際調停の個々の構造要素に即して我々の概念的処理の上でまとめられたやうな連関なのである。もつとも、このやうな連関をあたかも実証するやうな個々の事実といふものはあるであらう。しかし、我々にとつて重要なことは、もろもろの国際紛争平和的処理方法の現実の発展過程を忠実に跡づける場合、はたしてそのやうな連関が認められるかどうかである。

一八九九年の第一ハーグ平和会議の収穫として成立した国際紛争平和的処理条約には、国際裁判のほかに、二つの紛争平和処理方法が規定されてゐる。周旋・仲介と国際（事実）審査とがこれである。ところで一般に、国際（事実）審査の手続はこの条約においてはじめて新しく創案されたものとして会議の功績の一つに数へられるのであるが、しかし、会議における提案者ならびに報告者の説明によれば、この手続自体は国際紛争平和的処理方法における一つの改新ではなくて、従来の混合委員会の実行を改良しようとしたものにすぎなかつたのである。(一〇)たしかに国際審査委員会は中立委員の参加といふ点において単なる混合委員会を超えてゐるであらう。しかし、いづれにしても、このやうな関係ならば、それは本来、仲裁裁判と混合委員会の実行との間に認められるものである。さうして、このかぎりでは、国際（事実）審査は従来の混合委員会による事実審査の実行を仲裁裁判と同じ方向に発展させようとするものにほかならず、論理的には、もともと権利問題の判決を本質とする裁判の本質欠如態としか考へられないであらう。しかもまた、その他の点において、周旋・仲介へのなんらかの関連がそれについて見出されるわけでもない。むしろこの意味で、国際（事実）審査の手続は、まさに周旋・仲介と全く並存するものとして生れでたのである。とすればまた、この国際審査委員会によつて、実際に事実問題以上に責任の問題が審査され、(一一)あるひはその後ノックス条約(一二)やブライアン平和条約(一三)にみられるやうにひろく法律問題について審査報告することが期待されるにいたつたにしても、このやうな発展は国際審査の構造を仲裁裁判のそれへ近づけるものでしかないであらう。さうして、このことは、さらに国際審査に紛争の妥当な解決への提案をなすことが含められるとしても、(一四)やはり変るところはないはずである。してみれば、国際（事実）審査手続の発展過程のうちにも周旋・仲介への結付きの事実もまたその必要も認められない。それにも拘らず、両者の結付きがいはれるとすれば、それはいかにしてであらうか。

　仲介（居中調停）に関する国際紛争平和的処理条約の規定については、はやくから二様の非難が加へられてゐた。一方では、条約の規定が従来の仲介の実行を充分に制度化してゐず、ことに詳細な手続規則を設けてゐないことが不満とされたのであるが、(一五)他方では、もともと強国による干渉の手段と化しやすい仲介をこの程度において制度化することさへ危険と感じられたのである。(一六) ところで、この一見たがひに反発しあふやうな二つの非難も、実は仲介手続のもつ同じ一つの欠陥に因由すると考へられる。それはほかならぬ第三「国」による紛争処理の政治性の問題である。なによりも、この欠陥が除かれなければならない。かうして、ここに、第三国に代へて中立的な独立の委員会を組織し、またこの手続の客観化に応じて当然に詳細な客観的な手続規則を設けることが主張されるのであるが、このやうな努力の方向において、大戦前に主として万国議員同盟がイニシアティーヴをとり、そのための決議と研究を重ねてゐたといふことには、ことさら意味深いものがあるであらう。(一七) しかし、右のやうな仕方で、仲介の本質を全く破壊することなしにこの政治性を抜くことがはたしてできるであらうか。すでに我々としては、右のやうな問題の展開のうちに、むしろ仲介から国際審査への問題変換をみてとることができるにしても、両者の結合ないし綜合も、また仲介の組織化も認めることはできないであらう。

ところで、仲介の組織化は公私さまざまの国際連盟組織案においてはじめて現実に試みられた。(一八) それは、すなはち、第一次世界大戦後の国際政治組織の新編成の地盤の上ではじめて可能となり、またぜひ必要とされたのである。仲介の組織化は、国際紛争処理の単なる手続技術の問題ではなくて、そのやうに国際政治秩序の組織構造に直接に連なつてゐるのである。現実に成立した国際連盟規約は、周知のやうに、さまざまな試案に比べればいはばきはめて穏やかな内容の妥協に終つたのであるが、しかし、安全保障制度を確立して国際平和の維持を企図するかぎり、総会や理事会の組織とともに、国際紛争の包括的な処理権を確保しておかなければならない。かうして、規約一五条による理事会(ないし総会)の国際紛争審査手続が新たに設けられたのであるが、この手続がひろく調停的な手続であること、また適当な意味において仲介(居中調停)の組織化であることは、ここにいちいち説明するまでもないであらう。ただこの場合、重要な問題は、このやうな仲介の組織化が現実になにを根拠として行はれえたかといふことである。ところで、この問題の解答もすでに我々にとつては明かであらう。すなはち、右の仲介の組織化は決して単に国際(事実)審査の手続をそれに媒介することによつて可能となつたものではない。勿論、手続技術の個々の点に関しては、両者の間に授受の関係は認められるであらう。しかし、連盟理事会による紛争処理手続自体は、深く大戦後の国際政治秩序そのものの組織化の動向のうちから直接に、仲介の内在的発展として成立したものである。さうして、そのかぎり、またそれが仲介の政治性をそのままに保有してゐることも当然であらう。

　ところが、まさにこの連盟理事会の紛争処理手続の政治性に対抗して新しく主張されてきたものが、国際調停手続にほかならない。その主張はすでに国際連盟成立の当初からスカンヂナヴィア諸国によつて持出されてゐたのであるが（一九）、その場合問題とされるところの連盟理事会の紛争処理の政治性については、実は二つの問題要素が区別されなければならない。まづ、普通に指摘されてゐるやうに、連盟理事会は連盟国の代表者をもつて構成されてをり（いはゆる連盟理事会の政治的構成）、しかも紛争の処理にあたつてはつねに紛争当事国代表者をその構成員のうちに含まなければならない（規約四条一項、五項）しかし、さらにこれに国際連盟のいはゆる普遍主義的性格といふものが加はつてくる。連盟総会はあらゆる国家間の事件に対するあらゆる国家の関与の形式であり、さうして連盟理事会としてもそのことには変りはないのである。勿論、理事会はとくに常任理事国としての強国の普遍的な関与の形式であるが、これはかへつて国際連盟の普遍主義の実体をより直截に示してゐるにすぎない。ところで、国際調停は明かにこのいづれに対しても抗議する意味をもつものである。従つて、それははじめから二国間の組織として現れ、やがて国際連盟の外に条約上広汎な存立を示すにいたるばかりでなく（遠心的傾向）（二〇）、また純粋な委員会の形式として（標準型としては、五名の委員をもつて構成される。そのうち各二名を紛争当事者が選定し、その一名だけを各自国民をもつてあてることができる。第五の委員は、なんらか共同の仕方で、第三国の国民のうちから選定される。あるひは、各一名を紛争当事国が選定し、三名の中立委員を共同に選定する。いづれの場合にも、中立委員が委員長となる。また、委員はすべて個人的資格において就任し、本国ないし選定国を代表する意味を全くもたない。各紛争当事国代表者は委員会の外にあり、委員会の前に出て陳述し、弁護する。委員会の決定は原則として多数決による。）ますますその中立性とを高めてゆくのである（非政治化の傾向）（二一）。さうして、このいづれの意味を欠いても、すくなくとも我々の問題とする国際調停の形態は成立たない。とすれば、この二重の抗議的意味の結合、いひかへれば遠心的傾向と非政治化の傾向との結合こそ連盟理事会の審査に対して国際調停の特殊構造を限定するものにほかならず、国際調停の性格規定も評価もすべてこれを基礎として行はれるのでなければならない。ところが国際調停は、その提唱者の動機においては、国際紛争の処理における国際連盟理事会の普遍主義的な関与に対する抗議から出発したと考へられる。(二二)従つて、国際調停は、まさに「国際調停」の規範形態において現れてさへ、連盟理事会の権限を奪ふかまたはすくなくともそれに対する不信を表明するものとして、はじめに国際連盟の側からは決して歓迎されなかつたのである。(二三)ところで、もし右の抗議をそのままに法的に表現するとすれば、それは組織化されない従来の仲介の方法にたちかへるか、あるひは地方的な国際政治組織を形成してその上に組織化された仲介の形態をうちたてるかいづれかであらう。しかし、実際問題としてはそのいづれをとることも許されない。とすれば、むしろ連盟理事会のいはゆる政治的構成そのものに抗議することによつて、いはば間接的な仕方ではじめの抗議の目的をも達成するといふことが考へられる。かうして、この後の抗議の法的な表現として、純粋な委員会の形式が選ばれるわけであるが、このやうな非政治化の試みはまた単に提唱者の小国としての国際的立場に即してゐるばかりでない。それは大戦後の国際連盟を中心とする法的安全保障の意識にも適合するものであり、従つて、国際調停委員会はやがて国際連盟によつても、連盟理事会の紛争処理権の留保のもとに承認されてくるのである。(二四)しかもなほ、これが現実に国際連盟内の一般的組織としてでなく、国際連盟外の二国間の組織として確立されるのは、もともとそこに右に指摘したやうな二重の抗議的意味の結合といふ事情が介在することによるのである。しかし、またこのやうにして、ひとたび「国際調停」の規範形態が確定されれば、この国際調停の規範形態に関するかぎり、そこには仲介ないし連盟理事会の審査との連関はもはや存在しないはずである。すなはち、そこには連盟理事会の審査から国際調停委員会の調停への国際調停の発展があるわけでなく、仲介から国際審査への問題変換がふたたび繰返されてゐるにすぎない。さうして、国際審査とは本来、国際裁判（ことに仲裁裁判）の本質欠如態と考へられるものであつた。それにも拘らず、一般に、国際裁判に対比して国際調停の政治的な紛争処理手続としての特殊な性格が主張されるとすれば、それは、単に非法的であることを直ちに政治的であるとする法形式的な思惟の仕業でないかぎり、また国際調停の規範形態の成立に介在するところの右に指摘したやうな事情によるものと考へられる。それは、すなはち、国際調停の規範形態に基くところの国際調停の性格の認識であるよりは、純粋な委員会の形式をもつてその政治性を中和しつつ、連盟理事会の紛争処理機能を国際調停に引移さうとする要求なのである。さうして、また実際にこの要求は、一方で国際調停委員会の構成上ますますその中立性を高めることが主張されてゐながら[二五]、他方では調停委員会の紛争処理権能をできるだけ拡張して国際裁判とは原理的に異るものにしようとする努力となつて現れてゐる。しかし、このやうな努力自体が吟味されなければならない。

　国際調停がその調停委員会の構成において仲裁裁判所のそれと原理的に同一であることは、いまあらためて論ずるまでもないであらう。とくに、調停委員がその本国ないし選定国の政府代表者でなくて、裁判官の場合と同様に個人的資格において就任する委員であることも疑ふ余地はない。その他の点については、ここで問題とされるべきものは全くない。この調停委員会に対して、紛争当事国代表者はその外におかれ、その前に出て陳述し、自国と委員会とを連絡する[二六]。さうして、調停委員会がそれらの者を加へることなしに評議し決定することはいふまでもない。すなはち、国際調停はその調停委員会のいはゆる中立性と独立性とにおいて仲裁裁判所のそれと異なるところはないわけである。しかし、この国際調停委員会の機能においては、仲裁裁判とは原理的に異なるところの紛争処理能力が認められるであらうか。例へば、エフレモフは、国際裁判の場合とは反対に、国際調停にとつては、個々の紛争の処理にあたつて紛争の対象の明確な限定はなんら必要でないと考へる。なぜなら、国際裁判が紛争当事国に対して拘束的な解決を課すのに対して、国際調停はなにものも拘束的に課すことはなく、従つてその活動の厳格な限界を設けるといふ必要はないからである[二七]。しかし、これだけのことならば、それはまづ、例へば紛争当事国による権利の厳密な中立も調停的に自由に処理されうるといふことを意味するにすぎず、国際調停がもともと法に拘束されない自由な紛争処理の手続であることの単なる言換へでしかないであらう。その意味ではたしかに、調停の「請求には紛争の目的を略述するの外調停に達する為適当なる一切の措置を執ることを委員会に委嘱する旨を記載すべ」きものなのである（ロカルノ裁判条約六条二項、また一般議定書七条二項も同じ）。しかしまた、これと同様の趣旨は衡平と善に基く国際裁判にも認められるものであり、異るところは、特別管轄に関するものとしてそれがここではとくに疑ひなく明示されなければならないといふことだけであらう。ところが、エフレモフの本来の意図は、右の条約規定からさらに紛争処理の対象そのものを必要に応じて紛争当事国間の利害関係の全体にまでおし拡げる機能を調停委員会に認めようとするところにある。[二八] なぜなら、「衡平な、両当事国に受諾可能な解決といふものが両当事国の錯綜した利害関係全体のうちにしか見出されえない場合がある」からである。[二九] かれのこの見解が非法的紛争の特徴的な構造に触れてをり、それに応じて国際調停にとくに政治的な紛争処理能力を確保しようとするものであることは疑ひない。もつとも、問題は、モルゲンタウやシントラーの場合のやうに、さしあたり調停委員会の政治的な紛争処理能力一般の問題として考へられるべきであつて、かれの主張するやうにただちに、付託された個々の紛争の処理に関する機能の問題としてみることは行過ぎであるとも思はれるであらう。しかし、モルゲンタウ自身の明かにしたやうな政治的紛争の重層的構造にかんがみれば、エフレモフの問題形式がこの場合むしろ適切なのである。ところで、モルゲンタウによれば、調停委員会の右のやうな機能は否定されなければならない。紛争の調停的解決も衡平の根本原則といふやはり客観的規準に従つて行はれなければならず、その点においては、個々の事件に適用すべき規則の選択においてはるかに広い自由裁量の余地はあるにしても、裁判と原理的に異るところはないのである。いづれにしても、調停は衡平による裁判とは全く同一の立場にあり、従つて、その紛争処理能力ももともと、法的紛争ではないとしてもやはり純粋な利益紛争の範囲に限られる。[三〇] さうして、このことは調停の本質に由来するのである。なぜなら、「調停は裁判と同様に――判決の拘束力を欠くといふ点からはおそらく一そう高い程度において――両当事者の信頼からその効果の実現の可能性を得るもの」だからである。[三一] ところで、かれのこの調停の本質論には、かれの政治的紛争の構造に関する自覚的な考察といふものは充分に生かされてゐない。これは、かれの考察が社会学的・心理学的立場からの分析に偏して、政治的なるものにおける政治的決断の主体性の問題を捉へてゐないことによるであらう。[三二] いづれにしても、かれの右の議論の範囲では、例へばシントラーの調停の本質に関する全く反対な見解を斥けるといふことはできない。シントラーに従へば「裁判判決の内容は、その決定の根拠が非法的なものである場合にも、必ず法的なもの（当事者の権利義務の確認または創設ないし矯正に関する決定――といふ点）である。それ故に、裁判手続は判決の対象でありうるやうな諸点にのみはじめから限られてゐる。そのために、もつとも危険な緊張関係にいたるやうな対立は裁判手続によつては把握されず、判決は重要性において第二次的な諸点のみを捉へてゐるにすぎないといふことも勿論起りうるであらう。しかし、それはすでに判決といふものが求められる以上、やむをえないことである。ところが、注目に値することは、このやうな制限が調停手続にとつては存在しないといふことである。調停手続は（若干の留保は別として）「あらゆる任意の問題をとりあげて、あらゆる任意の勧告を試みることができる」[三三]。しかし、問題はまさにこの最後の点にはじまるのである。なるほど、拘束的に判決しないかぎり、拘束的な判決のための種々の制約からは解放されるであらう。調停では、具体的な権利義務関係の決定ではなくて、「勧告を与へ、推奨を試み、政策的方針を示す」[三四]といふことができる。従つてまた、調停は本来、法的な観点に拘束されることもない。しかし、それだけでは、調停が「あらゆる任意の問題をとりあげて、あらゆる任意の勧告を試みることができる」とはいへないであらう。紛争処理方法の形式的自由性からは決してただちにその実質的万能性といふものは引用されえないからである。この点に、実は、シントラーが非法的紛争の現象形態についてきはめてすぐれた実質的な考察を試みてゐながら[三五]、その特徴的な重層的構造の把握を逸してゐること、従つてまた、ここでの問題を単に調停委員会の政治的な紛争処理能力一般の形式においてしか考へてゐないことの欠陥がはしなくも露呈してゐるのである。

　このやうにみてくれば、我々はモルゲンタウとともに、国際調停の国際裁判とは原理的に異なる政治的な紛争処理能力を否定するほかはないであらう。これは、単に国際調停が紛争処理手続の上で法的な観点に拘束されず決定の形式にも拘束されない形式的自由をもつか否かの問題ではなくて、とくに委員会の構成の上で非法的紛争の特徴的な構造に処する実質的能力をもつか否かの問題である。とすれば、しばしば指摘されるところの国際調停の手続規定の上の発展（（イ）調停委員会が事実の審査の後、みづから解決条件を決定し勧告することを義務づけることから、単に権利づけるにいたること、また、（ロ）紛争当事国間の妥協に努めるをもつてその任務とすることが明示され、さらには、（ハ）この妥協への努力を事実の審査に先立つてまたはそれと並行して繰返して行ひうることの明示されるにいたること）[三六]もここでは重要性をもたないであらう。ところで、さきに我々の明かにした非法的紛争の特徴的な構造の分析によれば、非法的紛争とは本来、紛争と緊張関係との重層的な構造連関において成立するものであり、従つて、国家の個性的存在の全体的可能性の問題を含むものであるために、その解決は国家の対外的全体状況のうちから主体的な政治的決断によつて形成されなければならない。とすれば、個人的資格において就任する委員をもつて構成され、全く政治的責任の立場から遊離したところの中立的・独立的な調停委員会が右のやうな解決を試みるといふことはいかにして可能であらうか。この場合、調停委員会が単なる勧告者の立場にとどまるといふことも重要な意味をもつものでない。なぜなら、調停委員会はやはり自主的な媒介者として（まさに独立の調停者として）たえず解決への努力を繰返し、勧告すべき提案をみづから決定してゆかなければならないからである。エフレモフの問題形式に即していへば、調停委員会は紛争処理の対象を必要に応じて紛争当事国の利害関係の全体にまでおし拡げる権能をもつことはできない。本来、一つの紛争の解決を紛争当事国の利害関係の全体的処理のうちにもとめ、一つの紛争の解決を他の紛争の解決に結付けるといふことは政治的責任の立場における主体的決断の問題であつて、中立的・独立的な調停委員会の判断の問題ではない。さうして、仲介においては第三「国」が仲介者として、そのやうな決断に参与しうることも、単にそれが紛争当事国と同様な国家であるといふだけのことからではなくて、ともに国際政治関係の全体的形成に（ことになんらかの程度において世界政策を担当する強国として）主体的決断をもつて参与しうる立場にあり、従つてまた、その紛争処理の結果をみづから保障しうるやうな政治的責任の立場にあるからである。この点においてシントラーがかれ自身の主張を実証するために引出してきた事例[三七]、すなはち、いはゆるイタリア・エチオピア紛争におけるワルワル事件の仲裁裁判と国際連盟理事会における紛争処理（ことにラヴァル・ホーア案）との対比は、むしろ我々の場合に意味の大きなものである。それは、シントラーにとつては裁判と調停との原理的な差異を示すものとして考へられたのであるが、我々にとつてはむしろ国際調停（国際調停委員会の調停）と仲介（居中調停）との原理的対立をまさに暗示するものなのである。なほ、このやうに問題がすでに国際調停委員会の中立性ならびに独立性にかかはるものである以上は、国際調停の政治的な紛争処理手続としての性格が、委員に政治的経歴や識見においてすぐれた人物を選ぶといふことでもつて保証されうるものでないことは、もはや論ずるまでもないであらう。

以上のやうにみてくれば、一般には国際調停の政治的性格が認められるにも拘らず、我々は国際調停に国際裁判とは原理的に異なる政治的な紛争処理手続としての性格を認めることができない。また、一般には国際連盟理事会の審査から国際調停委員会の調停への国際調停の発展が認められるのであるが、我々としてはそこにかへつて両者の原理的対立と一方から他方への問題変換とを認めなければならない。国際調停は国際連盟理事会の紛争処理に原理上替りうるものでなく、またこれと国際裁判との間にあつて国際紛争の処理の上に第三の原理的立場と独自の領域とを主張しうるやうな自主性をもつものでもない。それは国際裁判には原理的に対立するものでなく、ことに衡平と善による仲裁裁判との関係ではその拘束的判決力の欠如態でしかないであらう。勿論、その場合にもまさにこの点に国際調停の効用は見出されるわけであるが、しかし、これは国際法上ではむしろ諸国家の仲裁裁判にさへ対する消極的な意識を地盤とするものであらう。そのかぎり、国際調停と国際裁判とのいはゆる有機的結合関係も裁判・調停条約の規定の式述様式の上から推察されるやうに、単に国際裁判の観点からつけられた裁判補充的な関係にすぎないと考へられる。

要するに、国際調停の政治的な紛争処理手続としての性格の主張は、国際調停の規範形態に基くその性格の認識であるよりは、純粋な委員会の形式をもつてその政治性を中和しつつ連盟理事会の紛争処理機能を国際調停に引移さうとする要求なのである。第一次世界大戦後における国際調停手続の空しい累積は、なによりもまづ、国際調停にかけられたこのやうな要求自体に内在するところの矛盾の現れとみられうるであらう。ところで、およそのやうな要求が一般にそのままに受取られてきたといふことは、連盟理事会の審査から国際調停への問題変換をあへて問題視しない大戦後の非政治化の一般的意識（法的安全保障の意識）の現実の地盤においてはじめて可能なことであつたのである。とすれば、国際調停の政治的な紛争処理手続としての性格の主張は、根本的には、一切の非法的紛争の非政治化の要求とみられなければならない。

（九） 例へば、Vulcan, La conciliation, 16.

（一〇） Cf. The Proceedings of the Hague Peace Conference 1899, (Publications of the Carnegie Endowment for International Peace), 730, 640, 114.

（一一） ドッガー・バンク事件。なほ、この事件の処理の経験に基づいて一九〇七年の第二ハーグ平和会議にロシア代表の提出した条約改正案九条、一七条参照（Proceedings of the Hague Peace Conference 1907, II, 854-856, I, 398-399）

（一二） 一九一一年のフランス・アメリカ合衆国間、およびイギリス・アメリカ合衆国間一般仲裁裁判条約二条、三条（AJIL (1911), Suppl. 249 sq.)。

（一三） 例へば、一九一四年のスウェーデン・アメリカ合衆国間平和促進条約一条、三条参照（AJIL (1916), Suppl. 304 sq)。ただし、ここでの問題の点については充分に明示的ではない。

（一四） ノックス条約各二条一項。

（一五） Cf. Efremoff, La conciliation internationale, Recueil des Cours, t. 18, 14.

（一六） 第一ハーグ平和会議第三委員会におけるセルビア代表の宣言参照（Proceedings of the Hague Peace Conference 1899, 650)。

（一七） Cf. Efremoff, La conciliation 13 sq.

（一八） Cf. Efremoff, La conciliation 39-58.

（一九） Draft Amendments and Addition to the Covenant of the League of Nations communicated by the Norwegian Government; Amendments to the Norwegian Draft Amendments to the Covenant, submitted by the Swedish Government (The Records of the First Assembly, Meeting of the Committees, I, 73 sq.)。

（二〇） Cf. Vulcan, La conciliation, 96.

（二一） 調停委員会の中立性と独立性とは勿論互に連関した概念であるが、いづれも単に紛争当事国に対する第三者的立場のことでなくて、中立性とはおよそ国家と政治とに対してその構成上独立的であることを意味し、独立性とは紛争当事国に対してその構成上自主的に機能しうることを意味する。

（二二） Cf. Amendments to the Norwegian Draft Amendments to the Covenant, submitted by the Swedish Government; Explanatory Statement (Records of the First Assembly C I, 82).

（二三）　Cf. Records of the First Assembly, C I, 8-10; ibid., Plenary Meetings, 247-251, 260; Records of the Second Assembly, C I, 33, 150-151, P, 697, 823, 825-826.
（二四）　Cf. Records of the Third Assembly, C I, 13-18, 31, 67-71, 85-87, P I, 195-200 ; P II, 18-19, 140-144.
（二五）　調停委員会の中立性はまさにその委員会の形式の採用（国家代表者の排除）によつて確保されたわけであるが、さらに、各紛争当事国の単独に選定しうる委員数の減少、および紛争当事国籍委員数の減少（その結果は共同の選定にかかる中立委員数の増加）がはかられる。なほ、中立委員のみをもつて調停委員会を組織することさへ提唱される（cf. Efremoff, La conciliation, 72-74, 130）。
（二六）　例へば、ロカルノ裁判条約一二条、一般議定書一一条二、三項。
（二七）　Efremoff, La conciliation, 92.
（二八）　Efremoff, La conciliation, 97-98, 131-133.
（二九）　Efremoff, La conciliation, 132.
（三〇）　Morgenthau, Die internationale Rechtspflege, 139-142.
（三一）　Morgenthau, Die internationale Rechtspflege, 140.
（三二）　とくに、かれがカール・シュミットの"Der Begriff des Politischen"を批評する部分(La notion du "politique", 44-61)を参照。
（三三）　Schindler, Schiedsgerichtsbarkeit, 114.
（三四）　Schindler, Schiedsgerichtsbarkeit, 114.
（三五）　Schindler, Schiedsgerichtsbarkeit, 94 sq.
（三六）　例へば、（イ）一九二五年のフランス・スイス裁判調停条約六条一項、ロカルノ裁判条約八条一項、一般議定書一五条一項、（ロ）同上、（ハ）一九二九年のインター・アメリカン調停一般条約四条一項参照。
（三七）　Schindler, Schiedsgerichtsbarkeit, 115.

なお以上は、国際調停の規範形態の考察を中心とするその性格の究明であるが、国際連盟理事会の紛争処理手続に関して右に論及したところもそのことにおいては同様である。国際連盟理事会の紛争処理の現実的機能がさらにいかなるものであつたかは、もとより別に考察されなければならない。

第Ⅲ部　戦争観念の転換と自衛権

第一章　戦争観念の転換

第一節　戦争の法化現象

＊「戦争の法化現象」（要旨）研究報告のための草稿、一九四八年【本節は原稿から復元した。】

第一次世界大戦までの国際政治ないし国際法の通念として、戦争は自由であると認められていた。もっとも、国際法の学説の上では、いわゆる「正戦論」が主張され、戦争は法的に正当な理由にもとづいてのみ、行われうるものと説かれることもあった。しかし、正戦論は一つの国際法学説としてみるかぎりにおいても、正しい理論的構成を提示しうるようなものでない。正戦論は、戦争を、国際法上の権利の強力による執行の行為であると考えるほかはない、とする。戦争は、「復仇行為」よりも遥かに大きな強力・破壊・侵害の行為であるにもかかわらず、戦争が国際法上で全く自由であるとすれば、いわゆる「平時国際法」の法的規制は底のぬけたものとなり、また、全国際法体系は救われえない矛盾、分裂を含むものとなる。このような帰結を避けるためには、戦争は復仇行為とおなじ法的性質をもつものとして捉えるほかはなく、したがって、「戦争の原因」は自由ではありえず、戦争は国際法上の正当な権利の実現のためにのみ行うことを許された強力執行行為として考えられるほかはないというのである。ところで、正戦論としても、実際に戦争が自由に行われその結果にもとづいて新しい法関係が創られてきた事実を否認することはできない。そこで、この事実については、主権国家がそれぞれ正当な「戦争の原因」の存在を自主的に判定し、さらにこの判定にもとづいて戦争の開始を自主的に決定しうるという権利をもつことが説かれ、また、戦争が法的な争の強力による究極的な解決手段であることが説かれるわけである。以上の正戦論の趣旨を簡単にまとめていうならば、国際法上で、本来戦争の原因は自由ではありえないにもかかわらず、戦争遂行の自由が認められていたために、実際には、戦争はまったく自由なように行われたのであり、そうして、またその戦争の結果に国際法は従うほかはなかったのであるということになる。

正戦論にたいする法理論的批判のかずかずのうちで最も決定的なものは、従来の戦争概念にとっては本質的な契機であるところの無差別中立の観念を吟味することによって与えられる。第一次世界大戦までの国際法の確立した規則によれば、交戦国は互に法的に対等な地位におかれるばかりでなく、中立国は交戦国の双方にたいして法的に差別的な取扱をなしえないものとされていた。ということは、国際法がはじめからいわゆる戦争原因の法的差別をつけていなかったということであり、これは国際法が戦争原因について法的規制を及ぼしえていなかったことを意味するのである。一八・一九世紀を通じて戦争の主要な形態が民族独立―国民国家の形成、ないしは海外市場―植民地の争奪のための戦争であったかぎりは、それはまことに当然のことであった。国際法としては、これらの戦争理由に合理的な基準を示し、これを法的規制のもとにおくことはできなかったのであり、また、その必要もなかったのである。一八七〇年の普仏戦争をもって、ヨーロッパの主要な諸国のうちの最後の国民的統一が戦いとられたが、その頃にはようやくに、ヨーロッパの主要な諸国を通じて、近代資本主義は充分な成熟をとげ、そうしてそれに内在する法則的矛盾の激化を回避するために、諸国はますますはげしく海外市場―植民地の争奪へとおしだされはじめていた。諸国のいわゆる帝国主義的争闘は、一八九〇年以後、おのおのの世界政策遂行の線にそって、国際的な勢力の対立、結集を表面化させてきた。こうして出来上った同盟・協商体制の対立は、実は、それぞれの世界政策を強行するために自由な戦争を予想し、それに備えようとしたものであった。

第一次世界大戦は、世界的規模における帝国主義戦争であった。戦争はすべての交戦国の予想に反して、比較的に短期の軍事戦をもっては終らず、総力戦の形態をもって戦われなければならないものとなった。そうして、このような戦争は、人命と富との未曽有の莫大な亡失・破壊をもたらしたばかりでなく、本来の戦勝国イギリス、フランスの国際的地位の相対的低下をさえ結果したのである。帝国主義戦争、いいかえれば世界市場―植民地の強力的再分割のための戦争は、資本主義そのものの矛盾を回避するどころか、かえってそれを促進するものであった。戦禍のさなかの平和主義的観念の高まりの中から生み出された国際連盟規約は、右のような社会経済的基盤に支えられることによってのみ、国際政治の上に働くところの国際的法組織となりえたのである。国際連盟規約ははじめて戦争の禁止を宣言し、禁止違反の戦争を強行する国にたいしていわば制裁措置を加えることを規定した。ところで、その戦争の禁止も制裁的措置もなお不十分なものであった。正戦論はその不十分さを学説的に援護しようとするものである。しかし、それでは事態の発展の真実は覆われるだけである。真実は、第一次世界大戦という帝国主義戦争の結果、国際連盟の枠内で、ここに国際法ないし国際政治の上にはじめて戦争概念の転換の緒口がつけられたということである。

これまで戦争の概念は、国際政治ないし国際法の上で、いわば決闘観念に類する構造を与えられていた。それぞれの戦争理由が法的にみてどのようなものであるかにかかわりなく、交戦国は法的に対等な地位にたって戦うものとされ、さらに中立国は交戦国双方の間に法的に差別づけして取扱ってはならないものとされていた。戦争は一つの統一的な法的タートベシュタントであり、そこで、戦時状態と平時状態とは法的に明確に区別されていた。ところで、国際連盟規約によって戦争の禁止がともかく規定されてからは、戦争はもはやこれまでのような概念的構造をもちつづけることはできない。禁止違反の戦争を強行する国は違法行為を行っているのであり、これにたいして防衛する国は違法を防圧するところの法的執行行為を行っているのである。両者を一つの法的タートベシュタントに統一し、統一的な法的概念をもって表示するということは不可能である。戦争は違法行為と法執行行為との二つに分裂し、交戦国は二つの異る法的評価と法的取扱とを、いいかえれば法的差別をうけることとなる。それどころか、究極的には、戦争概念そのものが解消するほかはない。しかし、国際連盟規約は、現実には、限られた範囲における戦争の禁止と交戦国にたいする差別的中立とを創設したにとどまった。そうして、戦争の禁止を全面的なものとし、制裁的措置を強力なものとする試みはその後ついに国際連盟の枠内では成功しなかった。国際連盟が結局のところわずかにイギリス、フランスの生産力を基礎として存続してゆかなければならなかったかぎり、それもまた当然のことであった。

戦争の全面的禁止はアメリカ合衆国によって、不戦条約のなかにはじめて宣言された。ところで、不戦条約は、世界的には戦後における資本主義の相対的安定をすでに経験した時期に、国内市場に重点をおいていたアメリカ合衆国を中心にして、つくられたものであったから、戦争の全面的禁止にもかかわらず、禁止違反にたいして加えられる制裁的措置についてはなんら規定するところがない。しかし、その当時に文書の上で、禁止違反にたいする違法効果が示されていなかったにしても、その後の国際政治の発展の過程において当の文書が社会経済的基盤によって確実に支えられ、文書の論理的帰結、すなわち違法効果を現実に次第につけ加えられてゆくということはありうることである。そうして、実際に、一九二九年にはじまる世界的な経済不況の重圧が、資本主義諸国の陣列の最も脆弱な一環、日本を独占市場―植民地の強力的再分割のために支那大陸へ軍事的におし出るにいたらせたときに、アメリカ合衆国は、まず、スティムソン・ドクトリンを採用して、不戦条約違反の行為によってえられた結果にたいする不承認を宣言した。イタリアによるエチオピアの侵略ののち、日本は中国侵略を再開し、また、ナチ・ドイツの中東欧への進出が強行されはじめると、アジアとヨーロッパとを通じて世界市場―植民地の強力的再分割の戦争の危機はますます深まってきた。事態のこのような発展に対応して、アメリカ合衆国は中立法を改正し、さらに武器貸与法を制定して、国内法制の上にもはっきりと差別的中立の立場を確立したのである。ヨーロッパ戦争に結びついて太平洋戦争がはじまり、アメリカ合衆国はついにみずから交戦国として戦うこととなった。戦争がアメリカ合衆国の生産力に支えられた連合国側の完全な勝利に終ったとき、アメリカ合衆国の指導のもとに枢軸国にたいしては、占領・賠償政策を通じて経済・政治構造の徹底的な改変が試みられるとともに、そのような政策の法的認証の起点として、戦争責任の個人的追及、すなわち、戦争犯罪の個人的責任の追及が行われた。いったい、戦争の自由から戦争の禁止への転換は、無差別的戦争の概念から差別的戦争の概念への転換であったが、ここに、この転換の論理的帰結として、ついに戦争そのもののEnt-nationalisierungが実際にひき出されたわけである。そうして、この転換の全過程が、イギリス、フランスの生産力によって支えられた国際連盟の政策としてではなしに、アメリカ合衆国の世界的に圧倒的な生産力の発展とこれにともなうその経済構造の変換という基礎過程のうえに、はじめて実現されえたものであったということは、この場合、なによりも重要なことである。

民主主義のいわば基礎条件としての市民的法的平和は、諸国における国内民主主義の発展ののちにも、国際的には決して与えられてはいなかった。資本主義の不均等な発展と資本主義の法則的矛盾の展開とは、かえって戦争の自由を維持しつづけてきたのである。この戦争の自由の否定がようやく国際的に要求されるようになったのは諸国の独占資本によってはじめて世界的規模における帝国主義戦争が戦われてのことであり、この要求が実現されえたのは、資本主義の一般的危機の段階において諸国の国家独占資本によってふたたび世界戦争が戦われてのことである。とすれば、国際的な市民的法的平和の要求の実現がまだ資本主義の論理の限界のうちにとどまるていのものであることも、また当然なことである。

国際政治の現段階において、いわゆる国際的民主主義の発達を意味するといわれる諸現象は、主権国家の自由な戦争の禁止という基礎条件の発展の右のような認識にもとづいてのみ、はじめてその歴史的意味をあやまりなく分析・把握されうることになるであろう。

【以下、つぎのような記載がある】

（＊　論文としての報告は、九州大学法学会機関雑誌「法政研究」昭和二三年度第二号――八月末刊行――に掲載の予定）

二　国際法と国内構造
条約締結、宣戦講和、外交の手続の民主化
国際法の国内的妥当の保障
国際立法の民主化

三　人権の国際的保障
いわゆる人道的保護と干渉
少数民族保護
国際人権宣言

四　国際労働問題

五　植民地とその解放

第二節　安全保障の歴史的形態

＊「安全保障の歴史的形態」東北大学新聞、一九四九年七月中旬号

「戦争の放棄」がいわゆる新憲法の一ヶ条として宣言されるようになってから、ひとびとはにわかに、「われらの安全と生存」を保障するための国際法上の諸制度に注意をむけはじめた。憲法第九条の戦争放棄の条項は、学問的立場からは解釈上もいろいろの議論の余地のあるものであろう。しかし「陸海空軍その他の戦力」の保持がつづいてはっきりと拒まれているかぎり、一国の安全の国際的保障をどのようにして確保するかはたしかに現実の問題である。ところで現在ひとびとの関心がもっぱらこのような国家的安全の保障という問題規定のもとに引出されているることはうたがいない。しかしこれが早晩いわば外人法へのひたすらな関心のようなものに転化してしまわないとはかぎらない。そうして、実はこのことの方に、一そう本質的な問題が伏在するとさえおもわれるのであるが、ここではこれ以上その点に立ち入らないこととする。

国家的安全を保障するための国際法上の諸方式としては、たんに軍事技術的な観点からの非武装中立化地域の設定にはじまり、大きく国際的政治組織の設立にいたるまで、さまざまなものが数えられる。しかし、いっさいの戦力の保持を断念したものにとって現在なんらかの意味のあるものは、さしあたり永久中立国制度、同盟ないし防衛条約、地方的ならびに一般的の国際安全保障制度などであろう。ところで、この場合、肝要なことは、これらの諸方式を漫然と並べて単にその相互間の便宜の大小や実現の難易を比較しないということである。これらの諸方式は

事実それぞれ近代国際社会の発展の一定の時期に、その発展の基礎過程と構造的に連関して形成されたものである。とすれば、それらの諸方式の形態を歴史的に把握すること、いいかえれば歴史的範疇としてそれらの諸形態を折出することが、なによりも肝要であろう。

永久中立国制度は緩衝国としての存在に国際法的保障の形式が加えられたものである。封建戦争のさなかにみられる緩衝国は問わないとして、ヨーロッパ大陸において近代諸国家の星座のなかに緩衝国が成立し、そうしてこれにさらに永久中立化の形式が附加されえたのは、十九世紀はじめ（ナポレオン戦争終了後）のことである。ところで、普通に説かれているとおり、永久中立国の地位はこれをとりまく列強の承認と保障なしには成立ちえない。しかしその制度は当の緩衝国自体の法的地位につきるのであって、列強相互の直接の関係にはふれるものではない。事実それはナポレオン戦争後のヨーロッパ協調によってはじめて生みだされたのであるが、同時にまたこの協調によってはそれ以上のものも生みだされなかったのである。当時のヨーロッパ諸国は多かれ少なかれ市民的発展にともなう国内経済・社会構造の変換を経過しつつ、国際的には均衡をえて世界市場の自由な形成にたちむかわされていた。直接にはこの列強間の均衡が永久中立国制度を支えていたのであり、そうしてこのことは永久中立国の不戦、中立の地位に対する列強の尊重と保障として法的に構成されたのである。しかし、列強間の均衡そのものはどこまでも自由な均衡として残る性質のものであり、実際にそのようなものとして残ったのである。そのかぎり、永久中立国としても、他から強制された場合のほかは、自己の兵力の保持を断念するわけにはゆかず、つねに中立をまもるための戦争にみずからも備えないではいられなかったであろう。

同盟条約は外交の技術としては国際社会の歴史とともに古い。一国の国際的制覇の強行のためにも、またこれに対抗して国際的勢力の均衡を回復するためにも、それはそのつど利用されてきた。しかし、同盟条約が諸国の国民経済的発展によってその方向と強度とを規定され、国際政治の体系にまで仕上げられたのは十九世紀の末ちかくのことである。なるほどはじめにつくられたものは普仏戦争（ドイツ帝国統一）後のいわゆるビスマルク的保障体制であったが、これは、イギリスの絶対的な工業的優位を中心とする統一的な自由な世界市場の完成ののち、それの独占—「再分割」への闘争に入る一時期に、ビスマルクの「ライヒ」保障政策にもとづいて成立したところのいわば先行的な形態にほかならない。まもなくそれは、ドイツをふくむ列強の帝国主義的闘争のための同盟、協商体制へと確実に転化してしまったのである。同盟条約は、その外に世界政策をおこなう強国が敵国として存在することを前提するのであり、それが本質的に排他的、閉鎖的な性格をもつといわれるのもこのためである。しかし法的にみて決定的なことは、同盟条約が戦争の自由を前提とし、いわばそれ自身この自由の最終的な形態をあらわすという点にある。

戦争は国際法上たしかに自由であった。本来それは、決闘観念に立つものとして国際法体系のうちに座を占めていた。ところが事情は第一次世界大戦を境として一変したのである。未曽有の大戦の影響はきわめて複雑、深刻であった。大戦は富と人命との莫大な亡失をもたらしたばかりでなく、世界市場体系そのものに大きな変動をひきおこした。本来の戦勝国イギリス、フランスの世界的地位はかえって相対的に後退した。加えて戦後資本主義は植民地民族運動の激化と社会主義勢力の昂揚とを背腹にひきうけなければならなかった。しかし、大戦がほかならぬ帝国主義戦争であったとすれば、勝利した国々はその支配のもとに世界市場体系を再編成し、資本主義の世界的安定をぜひとも実現しなければならない。そのためには国際的政治組織の媒介を必要とする。いちはやく講和条約をもって国際連盟が設立され、その第一の任務、すなわち国際平和の確保の手段としてここにはじめてあたらしく国際安全保障制度が作りだされたのである。この制度は、戦争の禁止（相互的な不可侵の約束）とその違反に対する制裁の適用（相互援助）との結合において成立つものであり、したがって本質的に開放的、包括的な性格をもつといわれる。ところで、戦後世界経済の資本主義的復興はとりわけアメリカ資本の力におうものであったが、このアメリカはともかくもみずから主導して連盟規約を書きあげたのちは、まったくこれに背をむけて国内市場に引きこもったのである。すなわち国際連盟としてはもっぱらイギリスの生産力の上にたち、その限度においてはたらくほかはない。とすれば、国際安全保障制度に関してなおはなはだ不充分であった連盟規約の諸条項が、その実際の運用において、ますます緩いものにされたとしてもなんら不思議でない。この時期における戦争概念の取扱われ方はこのような事情を集約的に表現しているのである。

すなわち、戦争はこれまで決闘観念に立つものとして、法的にみて統一的なタートベシュタントを構成していた(国家の政治行為としての戦争、交戦国に対する非差別的取扱、とりわけ非差別的中立の観念、平時状態と戦時状態との峻別)。しかしいまやそれは違法行為とこれに対する制裁行為との二つの観念に分裂し(戦争の法行為化、交戦国に対する差別的取扱、とりわけ差別的中立=非交戦状態の観念の成立、平時状態と戦時状態との区別の相対化)、結局には戦争概念そのものの否定が考えられるようになる。ところで、この戦争概念の転換の論理的帰結をのこりなく引出して実定化することは、まだ国際連盟の枠内ではなされ得ないことであった。戦争の全面的禁止がアメリカの手によって不戦条約のうちにはじめて実現されたとおなじく、わずかに非交戦状態の観念もアメリカの実行(中立法改正以後)によってはじめて確立されえたのである。

すでに第二次世界大戦における勝利がそうであったように、大戦後の世界経済の資本主義的復興も、アメリカの生産力を基礎としてのみ可能なのである。アメリカの圧倒的な生産力に支えられ、その世界政策に指導されて、分裂していた世界市場の体系的再編成が企てられており、そうしてこれを政治的に媒介するものが国際連合の組織である。国際安全保障制度はこの組織を通して一そう徹底した形を与えられるであろう。そのような事情の集中的な表現は、この場合にもやはり戦争概念の取扱われ方のうちに見いだされる。すなわち国際連合憲章はもはやそのうちに戦争の観念を保存していない。憲章の条項によれば、侵略行為やその他の平和破壊行為が阻止、抑圧されるのであり、これらの行為に対しては(応急的な)自衛行為と予防的ないし強制的措置とが執られるのである。ここに規範的には戦争概念の完全な解消がみられ、いわゆる拒否権の問題を保留すれば、国際安全保障制度の規範的な完成がある。その結果は、最近の西欧五ヶ国共同防衛条約も、伝えられるところによれば本来の防禦同盟条約としてではなく、憲章の認める集団的自衛の権利の範囲において憲章の安全保障体系にはっきりと従属させられているというほどである。

さて、国際連合憲章によって完成された国際安全保障制度のこのような形態はそれの基礎過程の発展にまことに適合的な法形態なのであるが、この点に関する考察は、アメリカによって中米諸国との間に結ばれた保障条約の形態に関する分析とともに、別の機会にゆずることとしたい。

第三節　カール・シュミットにおける「戦争観念の転換」について（一）

――Carl Schmitt, Der Nomos der Erde im Völkerrecht des Jus Publicum Europaeum, 1950――

＊「カール・シュミットにおける『戦争観念の転換』について（一）」法学第17巻第2号（東北大学）、一九五三年

一

――戦争の正当性についての決定が、法的に（諸国家を拘束するような効果をもつて）おこなわれうるようになるとすると、戦争概念の統一性というものはもはや壊されてしまつており、一方の側には国際法上正当な、許された戦争が、他方の側には国際法上不正な、許されない戦争があるということになる。そこには、本来、二つの戦争があるというべきであろう。しかし、法と不法とを結びあわせて、一つの概念にまとめあげることは、法的にはできないことであるから、これら二つの戦争はそれぞれ、まつたく異別な、対立したものを意味するわけであり、同一の法的概念でもつては、もはや捉えられないものである。あきらかに適法な事態と、おなじくあきらかに不法な事態とが、同一の法秩序のなかで、おなじ一つの法的概念をかたちづくるということは、ありえない。たとえば、一国家の内部で、警官と犯人との間の争闘が、あるいはまた、不法な襲撃と適法な正当防衛とが、適法な側面と不法

な側面とを合せもつた一つの統一的な法制度として解釈されるなどとは、とうてい考えられないであろう。また逆に、一つの法秩序が決闘のような事態を容認し、あるいは法制度としてさえ承認しているかぎりは、ある種の争闘が、決闘ではなくて、たとえば、罰せられるべき傷害行為とみなされる、ということはあつても、一つの決闘が正当な決闘と不正な決闘とに区別されるということはありえないであろう。こういうわけで、国際法秩序が実際に、諸国家を拘束するような効果をもつて、適法な戦争と不正な戦争とを（二つの国家の間で）区別するとなると、武力行為は、一方の側では、権利の実現、執行、制裁、あるいは国際的警察行為といつたものにほかならず、他方の側では、犯罪行為、叛乱、ないしは適法行為に対する反抗であつて、いずれにしても、従来の法制度としての戦争以外のものであるということになる。—— Die Wendung, 42-43.

一九三八年に、Carl Schmitt は、論文《Die Wendung zum diskriminierenden Kriegsbegriff》のなかで、このように、第一次世界大戦後の戦争禁止制度の核心を、するどく分析して、われわれに示してくれた。われわれは、かれによつて、国際連盟規約にはじまる戦争禁止制度の発展が、国際法上の戦争観念の転換（一）という観点から捉えられなければならないことを、はつきりと教えられたのであつた。従来の、いわば決闘的な観念構造をもつ非差別的な戦争観念は、すでに、差別的な戦争観念へと転換しはじめていた。それとともに、従来の非差別的な中立観念もまた、差別的な中立観念へと転換しなければならなくなつていたのである。ところで、シュミットのいうこのような転換の過程のさなかにあつて、一般には、国際法上、戦争とその禁止制度の発展とはどのように理解されていたであろうか。

（一）　差別的戦争の観念は、すでに第一次世界大戦中に、連合国側の戦時宣伝のうちにくりかえしあらわれ、また、一九一七年四月二日のアメリカ大統領ウィルソンの声明のうちにもとりいれられている。やがて、それは、ヴェルサイユ講和条約第二二七条（前ドイツ皇帝ウィルヘルム二世の訴追）および第二三一条（戦争責任→賠償）の規定の思想的根拠となつている。

戦争禁止の制度は、戦争を主として手続的に禁止ないし制限するという仕方で、まず国際連盟規約（一二—一六条）によつてはじめられた。もつとも、そのような制限の先駆としては、一九〇七年の「契約上の債権の回収のためにする兵力使用の制限に関する条約」や、いわゆるブライアン国際審査条約の規定があげられる。

Ⅰ

国際法上、戦争については——たとえば、Kelsen によると（一）——まったく対立した二つの解釈がおこなわれている。一方の見解にしたがうと、戦争は不法でもなければ、制裁でもない。国家は国際法上、特別の条約によつて、戦争に訴えることを禁止または制限されているのでないかぎり、どのような理由によつてでも、他国に対して戦争に訴えることができ、なんら国際法に違反することにならない。戦争は一般国際法上は禁止されておらず、その意味では許されており、したがつて、決して不法を構成するものでない。しかし、戦争はまた制裁でもない。戦争は一般国際法上、不法に対する制裁として定立されて（限定して許されて）いるのではないからである。ところが、他方の見解にしたがうと、戦争は、一般国際法によつて、原則として禁止されており、ただ不法に対する反撃としてだけ許されるものである。戦争は、復仇行為とおなじように、不法でないとすると、制裁でなければならない。この見解がいわゆる国際法上の正戦論である（二）(General Theory, 331)。

では、このように真反対な二つの見解は、そのどちらが正しいのであろうか。正戦論が、一般国際法にしたがうと、戦争は加えられた不法に対する反撃としてのほかは許されないと主張するのに対して、反対論は、この主張をただ斥けるという立場にある。したがつて、いわば立証の重荷は、おのずから正戦論の側に負わせられているかたちである。ところで、法的に厳密に考えると、ある行為は、それにある特殊な制裁がつけ加えられるという場合にはじめて、禁止されている。いま、戦争が一般国際法上、原則として禁止されているとして、不法な戦争に対して一般国際法の用意するただ一つ可能な反撃は、それ自身また戦争である。すなわち、戦争が不法として解釈されるためには、戦争、一そう正確には、counter war が、制裁として予想されなければならない。しかし、これでは、ただ問をもつて問に答えているだけであり、正戦論のテーゼの証明にはならない。(三) 論証の途は、別に求められなければならないわけである（ibid., 331-332）。

まず、(1)歴史上のもろもろの戦争宣言、その他の外交文書、政府の声明などをみると、正戦論のテーゼに照応するような法的確信が実際に存在しているとみとめられる。戦争に訴えようとする諸国家はつねに、自国民やひろく世界にむかつて、自己の行動を弁明し、相手国の不法を指摘して、自己の cause の正しさを宣明することに努めており、このような弁明がおよそなされなかつたという例はない。まして、戦争に訴えるのは、ただそれが自由だからであり、あるいは、ただそれが有利だからであるとだけ宣言したような国家は、どこにもない。こうした事実は、全体として、国内与論も国際与論も、戦争を正当な cause の実現の手段としてだけ例外的に許しているということをうかがわせるものである（ibid., 332）。また、――批判は後回しにして、ケルゼンの論議を追つてゆくと――(2)強力の行使やその脅威をともなう干渉が、国際法上、原則として禁止されていることは、一般に承認されているところであるが、この不干渉の原則は、正戦論のテーゼを肯認するような意味あいをもつているとおもわれる。なぜなら、強力的干渉は国際法上、国際義務の違反に対する反作用としてだけ許されているのであり、戦争は極度の強力的干渉と考えられるからである。(四) さらに、正戦論は、実定国際法上のきわめて重要な諸条約、すなわち、ヴェルサイユ講和条約、国際連盟規約、不戦条約などの基礎にもなつているのである。ヴェルサイユ講和条約第二三一条は、ドイツとその同盟国に侵略の責任があるとして、ドイツの賠償支払義務を根拠づけているが、これは侵略戦争がまさに不法と考えられていることを意味する。また、国際連盟規約第一五条第六項は、一定の場合に、連盟国が他の連盟国に対して戦争に訴えることを許しているが、しかし、それはもつぱら「権利と正義とを維持するために」戦争に訴えることなのである。ここでも、やはり正当な戦争だけが許されている。さらに、一九二八年のいわゆる不戦条約は、国家的政策の手段としての戦争を禁止しているが、国際的政策の手段としての戦争、ことに国際法違反に対する反撃としての戦争、国際法の維持・実現のための手段としての戦争というものを禁止してはいない。これは、まさに正戦論の考である。もつとも以上三つの条約は、どれも条約当事国に対してだけ有効な特殊国際法の場合であるから、この点からは、戦争の正当性（ないし不法性）にかんするそれらの規定は単に、そのような一般的な法的確信が現実に存在することの徴証とも考えられるであろう（ibid. 332-334）。ところで、(3)このような正戦論の思想は決して近代文明の成果ではない。それは、もつとも原始的な社会状態のもとでもみとめられるものである。原始部族ないし集団間の戦争は vendetta すなわち復讐であり、ある利益の侵害に対する反応であり、不法と考えられたものに対する反撃であつた。すなわち、部族間法はその本質において正戦の原理に則るものであつた。とすれば、正戦論の観念が、また古代ギリシヤの都市間法やローマ帝国の法のうちに見いだされるとしても、なにの不思議もないわけである。Cicero にいわせると、（正当な）理由なしにおこなわれる戦争は不正の戦争であり、防禦か復讐のためでなければ、正当な戦争はおこなわれえないのであつた。正戦論は中世の神学的法理論の支配的な学説であつた。それはさらに、一六―一八世紀の自然法論のうちに受けつがれてきた。ところが、一九世紀になると、この正戦論の観念は、なお与論や諸国政府の政治的観念の根柢をなしていたにもかかわらず、実定国際法理論の分野からは、ほとんどまつたく姿を消してしまつている。ふたたび、それが若干の学者によつてとりあげられはじめたのは、わずかに第一次世界大戦の終了ののちのことである（ibid. 334-336）。

他方で、(4)正戦論に反対する見解の論拠としては、――ケルゼンによると――国家主権の観念や戦争の技術的性格などがあげられている。ところで、まず、一九世紀を通じてもつともしばしば、有力に主張されたように、国家主権の観念を絶対的なものと解して、国家の戦争権に対するどのような制限も国家主権の観念と相容れないと論議するのでは、実は問題ははじめから成立しない。この論議は、正戦論に対してというよりも、むしろ国際法全体に、いいかえれば、法としての国際法の性格そのものに対してむけられているものである。しかし、国家主権をそのように絶対的なものに解しないまでも、なお、正戦論に対しては、（国家主権の立場から）つぎのような重大な異論がもちだされるのである。すなわち、かりに、一般国際法上戦争は不法であるか制裁であるかのどちらかでなければならないとして、実際に一国が他国の権利を侵害したかどうかが争われる場合、この争をいったい誰が決定するのであろうか。一般国際法上、当事国のほかにこれを決定しうるものはなく、そうして、ほかならぬ戦争の当事国は、実際上この決定（戦争の法的評価の前提となるこの問題の決定）において、おそらく対立するばかりであろう。そのかぎり、不法に対する反撃としてとりおこなわれていると主張される戦争が、実際に正当な戦争であるかどうか、この戦争がはたして制裁の性質をもつものであるか、それともそれ自身不法の性質をもつものであるかも、まつたく決定されないわけである。とすると、正戦論のテーゼは、その実際の適用においてきわめてうたがわしいものとなり、しかも、反対の見解の主張するところとなんら相違はないということになる（ibid., 336-338）。また、およそ国家間の戦争を制裁としてみることには、技術的な理由からも、異論がもちだされているのである。すなわち、戦争によつては、不法をおこなつた者が制裁されるとはかぎらない。本来、戦争においては、もつとも強力な者が勝利するのであつて、正しい者、権利のある者が成功するとはかぎらない（ibid., 337）。ところが、これらの反対論の論拠については、――ケルゼンにしたがうと――一般国際法の原始的法秩序としての性格や、これにもとづくところの技術的不完全性というものが、なお考えあわせられなければならないのである。一般国際法は、それが法規範の適用を任務とする特別の機関をまつたく欠いているという事実からしても明かなとおり、その技術的様相において、たしかに一つの原始的な法である。ところが、一般に原始社会の法のもとでは、不法をおこなつた者に対して不法を加えられた者自身が強力をもつて立ちむかい、不法を処理するということが認められていた。これは自助（self-help）とよばれる。血族復讐はこの原始的技術のもつとも代表的な形態であつた。そこでは、不法の判認も制裁の執行も、事件の当事者ないし利害関係者とは別な authority に任せられていない。殺された人間の血縁者が、復讐をおこなうべきかどうか（すなわち、不法な殺害をうけたかどうか）また誰に対して復讐するべきかを決定し、実行するのである。こうして復讐を実行するものは、もはや殺人者とはみなされない。この、不法としての殺人と復讐の実行としての homicide との区別こそ、原始社会の秩序にとつて、きわめて重要な意味をもつ事柄であつた。たとえ、実際の個々の場合に、復讐としての殺人が、はたして復讐すなわち制裁の実行であるかどうか、あるいはかえつてそれ自身不法とみられるべきものでないかどうか、疑われることは多かつたとしても、また、血族復讐が強者に対して弱者を保護するための適切な手段でないという事実は否定されなかつたとしても、血族復讐の自助としての理解こそ、原始社会（の法）を支えるもつとも重要なイデオロギーの一つであつた。すなわち、殺人行為、一般的にいつて、強力行為は、原則として禁止され、ただ不法に対する制裁としてだけ許されるのであり、したがつて、強力行為は社会の側に保留され、社会の独占（すくなくとも規範的独占）となつている。そうして、まさにこのような強力行為の社会的独占という事実こそ、原始社会の秩序を、その適用の面での分散性（自助の形式）にもかかわらず、なお一つの法秩序として認めることを可能にするものなのである。それならば、同じようなことは、また国際法についてもいわれないであろうか。もしも、――これからがケルゼンにとつて真に決定的な論点である――一般国際法上、正戦論のテーゼがみとめられず、戦争は原則として禁止され、ただ不法に対する反撃としてだけ許されるということが承認されないならば、国際法は、強力の使用を社会の独占（すくなくとも規範的独占）とするものでなく、したがつて、もはや法秩序とは考えられなくなるであろう。もしも戦争のような、他国家の利益の全面的な侵害が国際法によつて原則として禁止されていず、国家は他国家に対して自由に戦争をおこなうことができるのであるとすると、法的に保護された国家の利益というものも実際にはなく、そうして事態を法状態とみとめることもできないはずである。およそ国際法を法として理解するためには(七)、不法としての戦争と制裁としての戦争とが区別されるのでなければならない(八)。もちろん、その区別の実際の適用が個々の場合に困難であり、ある場合には不可能でさえあるとか、さらに、戦争が制裁としては技術的にきわめて不充分なものであるなどという事実はあるにしても（いいかえれば、戦争の前提要件としての不法の判認が当事者によつて恣意的におこなわれ、いわば戦争の濫用が容易におこなわれるとか、さらに、戦争の結末が当事者の私力の優劣によつて決し、制裁としての効果が無になりやすいなどという事実はあるにしても）、これらはむしろ国際法の技術的な欠陥に属する事柄であり、そうしてまた、戦争にかぎらず、国際法上の復仇についてもおなじように考えられなければならない事柄である。ところが、正戦論とは反対の見解をとる者も、一般に国際法の法的性格を疑うわけでない。そうして、復仇、すなわち、他国家の利益の限られた侵害は、まさに不法に対する制裁としてだけ許される、と主張する。それでは、一般国際法上、すべて国家は、他国家に対して限られた侵害をおこなうことは（制裁、すなわち復仇としてのほか）許されないが、全面的な侵害（戦争）はまったく自由におこなうことができるということになる。（裏からいえば、すべて国家は、一般国際法によつて、その利益の限られた侵害からは保護されているが、全面的な侵害からはなんら保護されてはいないということになる。）[九]こそ泥は罰せられなくてはならないが、武装強盗は自由であつてよい。これはまつたくひどいパラドックスである。しかし——ケルゼンは、例の社会科学的認識の対象の特殊性というものを認めて、こう主張する——このようなパラドックスを含む秩序というものも、論理的には不可能なものでない。そのかぎり、われわれは、一般国際法上、戦争について二様の解釈可能性のまえに立たせられているわけである。[一〇]そのどちらを選ぶかは、もはや科学的決定の問題ではなくて、政策的決定の問題である[一一]（ibid., 19, 338-341）。

（一）　Kelsen, General Theory of Law and State (1945), 331 et seq. かれのこの点の論議は、内容的に戦前のものとみてよいであろう。—— cf. Kelsen, Law and Peace in International Relations (1942), vii, 34-55.

（二）　このような正戦（bellum justum）の論は、正確には、規範論理主義的正戦論というべきものである。

（三）　不法な戦争に対する制裁としては、また戦争があるばかりである。すなわち、戦争を原則として禁止されたもの、不法なものと認めさせるのは、制裁としての戦争が存在するという事実である。しかし、戦争を制裁と認めることも、戦争を不法と認めることとともに、いまここで問われている事柄である。正戦論によると、戦争は不法であるか制裁であるかそのどちらかでなければならないが、また、戦争は不法であるとともに制裁でもあるのでなければならない。このようなことが、いつたいどうして可能であるのか。ケルゼンはこれを——すぐ、つづいて明かにされるとおり——原始社会の血族復讐の場合に準じて、自助の概念でもつて説明している。ところが、ここでの真の問題は、ケルゼンが考えている程度の問題——すなわち、いかにしてひとしく戦争といわれるものをあるいは不法と認め、あるいは制裁と認めることができるか、いいかえれば、いかにして不法としての戦争と制裁としての戦争とを、法的評価のうえで区別することができるか、という戦争の法的性質づけの問題――ではない。真に問題なのは――シュミットが指摘したとおり――一つの戦争において不法の側と制裁の側とを区別することができるか、そのように区別して、なお両者を合せて同じ一つの戦争という Tatbestand に構成することができるかどうか、という戦争の構造の問題である。ケルゼンにおいては、かれがたまたま使つている counter war という言葉も、このような問題の考察のいとぐちとはならなかつた。

(四)　ここでは、アメリカ合衆国のキューバやパナマに対する保障条約――シュミットはこれをいみじくも干渉条約と名づけた (Carl Schmitt, Die völkerrechtliche Formen des modernen Imperialismus 〔Positionen und Begriffe (1941)〕,170 et seq.) ――にもとづく干渉権のようなものは、ケルゼンによつてもちろん考慮されていない。【注番号が原文に欠けていたので編者が推測し本文中に補った。】

(五)　General Theory, 334. このケルゼンの不戦条約の扱い方は、問題の複雑さに比べて、あまりに無造作なものであるから、そのまま見すごすというわけにいかない。(もつとも、こういえば、ケルゼンは、正戦論の論拠として一般に主張されているものを並べているだけであつて、自分の見解をのべているのではない、と抗議されるかもしれない。たしかに、かれは、一応そう考えられてよい論述の形式をとつている。しかし、かれは、最後には戦争についての二つの解釈可能性をみとめるというかれの建前からして、そのような論述の形式をとらなければならなかつたのである。また、かれは一つ一つの論拠についても、必要とおもえば、適当に批判をまじえて説明している。) 第一に、不戦条約は、まず、国際紛争の解決のために戦争に訴えることを不法としているのであるが、ケルゼンが、この規定にまつたく触れないでいて、不戦条約は国際法の維持・実現のための手段としての戦争を禁止していない、と説くのはおかしい。また、それでは、第二に、正戦論にとつて、不戦条約は戦争の禁止にあらたになにものも加えなかつたということになる。ケルゼンの「国際的政策の手段としての戦争」という概念――すでにはやくシュミットによつて使われ、その政治的意味をするどく指摘されている (cf. Carl Schmitt, Der Begriff des Politischen (1927), §6) ――も、かれにおいては、国際法の手段としての戦争という意味くらいにしか解されていないようである。いずれにしても、ケルゼンは、不戦条約による差別的戦争観念の全面的な導入(国際法上の戦争観念の転換)という事実を、まつたく見落している。かれによつては、不戦条約の真実の歴史的意義は認識されない。

(六)　正戦 (bellum justum) の観念は、もちろんケルゼンは cause justa の観点だけからしか考えていない。また、ケルゼンは、基本的には規範論理主義的立場から正戦論の問題をみているだけであるから、正戦の観念の歴史についても、その観念の継承と復活とを考えるばかりである。

(七)　正戦論のテーゼを承認すること、いいかえれば、戦争を自助ないし法執行として法的に認めることは、いわゆる平時国際法の部門と戦時国際法の部門とを、あわせて一つの統一的な法秩序として体系的に把握するために必要であり、そうでなくては、国際法の体系的統一は壊されることになると（やはり規範論理主義的立場から）主張されることもある。（ところで、第一次世界大戦前には、平時国際法と戦時国際法とを、国際法を二つの部門として、体系的に区別することが、かえつて、国際法の一般的な取扱い方であつた。これは当時の非差別的戦争観念にまさに対応するものである。）

ケルゼンは、ここでは、法学的認識の体系的統一の要請よりも、法の基本的要請（かれのいう強力の社会的独占）を強調しているわけである。

（八）　このケルゼンの区別は、さきに指摘したとおり、法的性質づけの観点から戦争をそのように区別するというだけである。それは、戦争をその両当事者について差別することによつて、戦争の構造にまで触れてゆくものでない。したがつて、ケルゼンは第二次世界大戦の戦争責任者の処罰の法的根拠をもつぱら事後の特約に求めるのである。Cf. Kelsen, Peace through Law (1944), 86-88.

（九）　国際法によつて、平時状態において諸国家に与えられている保障は、戦時状態においては全面的に否定されていることになる、というふうに（目的論的に、しかし結局は、やはり規範論理の立場から）批判されることもある。この場合には、また、平時法と戦時法との統一的把握が考えられているわけである。（ところで、また、第一次世界大戦前には、平時状態と戦時状態、平和状態と戦争状態とを峻別することが、かえつて国際法の一般的な取扱い方であつた。これはまた、当時の非差別的戦争観念にまさに対応するものである。）

（一〇）　そうはいつても、ケルゼンは、国際法の理論としては、正戦論を選択している。なぜなら、かれのいう正戦論の立場にたつてのみ、国際法は法として認識されうるのだからである。そうして、このことは、かれにおいて、ほかならぬ規範論理の帰結なのである。

（一一）　つづいてケルゼンが付言しているところは、すこぶる興味深いものである。かれはつぎのようにいう――正戦論を選択することは、この立場にたつ場合にのみ、国際秩序がともかくも原始的な法として、すなわち国内法の経てきた法の発展の第一段階として、考えられるという事実からみて、正当なことであるとされる。現実の国際法がそのような発展のあらゆる可能性をはらんでいることは疑ない。国際法はすでにその方向へのたしかな発展の傾向を示してさえいるのである。もしも、このような国際法の発展が必然的なものとみとめられさえするなら、その場合には、正戦論を国際法のただ一つ正しい解釈として宣言することも、科学的に正当であろう。しかし――ケルゼンにとつては――そうした仮定は、科学的思考よりも、むしろ政治的希望の反映なのである（General Theory, 311）。

Ⅱ

いわゆる正戦論は――ケルゼンにおいてよく代表されているとおり――結局のところ、規範論理の立場から要請されているのであつたが、しかしたとえば、Lauterpacht（一）によると、そのような見解は、国内法の状態や比較的最近の戦争禁止条約などに影響されて、国際法の実情を無視しているものなのである（International Law, II., 172）。戦争の cause が正当であるかどうかは、法的に意味のあることでない（ibid., 183）。こうかれが主張するとき、かれは国際法上の戦争にかんする、これまでの通説の側にはつきりと立つているのである。かれにとつては、(1)これまで戦争に訴える国家が、ほとんどつねに、相手国の不法を指摘し、あるいは自己の法的権利を弁明したという事実はあつたにしても、このような弁明は適当には正戦論の論拠とみなされうるようなものではない（cf. ibid., 148, n. 1）。このかれの判断は、まつたく正しいとおもわれる。なぜなら、そのような弁明の生な事実こそ批判的解釈にかけられなくてはならないものであり、それをそのまま正戦論の論拠として使うことは、たしかに危険なことだからである。さしあたりそのような弁明の事実から抽きだせることは、およそ戦争はすくなくともなんらかの正当性の意識づけなしには遂行されえないということであり、そうして、この意識づけは、すでに意識の世俗化のおこなわれたのちには、合法性の形式のもとでもつともたやすく確実に達成せられるということである。ところで、(2)正戦論の見解がとられず、戦争が国際法上もつぱら不法に対する反撃（法の執行）として規定されるのでないとすると、いつたい戦争とは国際法上どのような地位をもつものなのであろうか。平時に諸国家は国際法上、他国家の利益の限られた侵害さえ復仇としてのほかは許されない。ところが、戦争は諸国家の自由（二）な戦争権の自由（三）な行使を通じてもたらされ、そうして、諸国家に他国の利益のいわば全面的な侵害を許すのである。このような国際法と戦争との矛盾した関係に当惑して、Westlake（四）やKohler（五）などが戦争を、国際法によつて定立された制度ではなくて、国際法によつて見いだされ、（戦時法規の形式で）規律されているところの事実ないし状態であるとみなしたのは、無理もないことであつた。しかし、これでは、戦争と国際法との関係について、いいかえれば、戦争の国際法上の地位について、まだなにごとも説明されていない。ところで、戦争が国際法上、不法の事態として不法（構成）要件の位置におかれるのではないとすると、戦争の国際法上の地位は、やはり戦争の法的（法の創設または適用の）機能によつて規定されるほかないであろう。こうみてくると、ローターパクトが戦争の体系的な叙述にあたつて、戦争の国際法上の機能を規定することを第一にしているのは、まつたくもつともなことであつた（cf. ibid., 147 et seq）。しかし、正戦論におちつくことなしに、いわば自由戦争論の立場から、戦争の法的機能はどのように規定されるのであろうか。ローターパクトによると、一般国際法上、戦争は二つの相反する機能を合せもつていた。まず、戦争は、国際法を執行するための国際機関が存在しないので、国際法上の権利を（自力でもつて）実現するという、自助手段としての機能をもつていた。この戦争の機能は、正戦論の見解に通じるものをふくんでいる。しかし、戦争は同時にまた、諸国家の既存の権利状態を現実の力関係の発展に応じて変更するという、権利変更手段としての機能をもつていた。戦争のこののちの機能は、正戦論の見解をはつきりと拒むものである。戦争は、ローターパクトによると、このように、権利実現の手段としての機能と権利変更の手段としての機能との、相反する二つの機能を合せもつところの法制度であつた（ibid., 147-148）。かれが、正戦論は戦争の一つの可能な cause を戦争の概念と混同している（ibid., 172）というとき、かれは戦争のこの二重の機能のことを考えているのである。（六）いうまでもなく、戦争のこの二つの機能は、国際法上、単一な戦争概念のうちに統一されていたのであり、決してその二つの機能に応じて、二種類の戦争があつたのではない。なぜなら、ローターパクトの指摘するように、戦争はどのような理由でおこなわれるにしても、すべて同一の戦争法が適用されるのであつた（ibid., 172）からである。しかも、またかれが適切に述べているとおり、戦争の cause がどのようなものであるにしても、同一の国際法の諸規則が、交戦国相互の間にも、交戦国と中立国との間にも適用されるのであつた（ibid., 181-182）。かれのこののちの言葉は、まさに、シュミットのいう非差別的な戦争の概念、いいかえれば、従来の戦争の非差別的な構造にまで触れてきているものである。すなわち、ロータ―パクトの戦争論にとつて真に重要なことは、あの戦争にもこの戦争にも同一の戦争法が適用されるということではなくて、どの戦争の場合にも交戦国の双方について（相手国との間に、また中立国との間に）同一の戦争法が（差別なしに）適用されるということである。ロータ―パクトのいわば自由な戦争の観念の根拠は、こののちの点にあつた。

では、(3)どうして国際法上、戦争はそのような構造をもつものとして成立していたのであろうか。この問題は、もはやロータ―パクトによつて特別に問われていない。かれはただ、戦争が権利の実現のためにもまた権利の変更のためにも国家的政策の手段として認められていたかぎり、戦争の cause の正当性ないし不法性は法的に意味のあるものではなかつたとか、また、戦争は主権国家の prerogative であつたとか、そうして、主権国家のもつ戦争の大権が、絶対公平の中立観念の確立をもたらしたとか述べているだけである（ibid., 184, 148, 530-531）。これらのことから、右の問題に対するかれの答というものをあえて推測してみるなら、それはおそらくこうであろう。まず、権利変更手段としての戦争の機能に即していえば、戦争当事者のおのおのの cause は、それがどのようなものであるにしても、まつたく対等であり、法的にはなんら差別がつけられない。とすると、その場合、戦争当事者の双方は戦争のすべての関係において（相手国からも、また第三国からも）国際法上相互にまつたく対等なものとして取扱われなければならない。こうして、国際法上、戦争は（いいかえれば、戦争法は）当然に非差別的な構造をもつものとなるのである。それでは、権利実現の手段としての戦争の機能に即していえば、どうであろうか。問題は、むしろ正戦論の立場においてこそ、当然に考慮されなければならなかつたはずのものである。なぜなら、正戦論によると、戦争は国際法上、不法に対する制裁としてだけ認められているはずであるが、戦争法は不法の側も制裁の側も差別することなく、双方をまつたく対等なものとして規律していたからである。これでは、シュミットの言葉をかりて、きわどい言い方をすると、不法と制裁とが結びあわせられて、一つの法制度がつくられているということになる。これはいつたい、どうしてであろうか。この問題は、ケルゼンによつては問われてさえいない。ケルゼンが不法としての戦争や制裁としての戦争について語るとき、かれはただ、正戦論の論理にもとづいて、戦争の法的性質づけ（qualification）をしているだけのことである。したがつて、われわれがさきにみてきたとおり、かれは不法としての戦争と制裁としての戦争との区別を、あたかもあの戦争とこの戦争との区別についてであるかのように取扱つており、また、制裁としての戦争か不法としての戦争かの決定を、あたかもある戦争があれかこれかであることの判定ででもあるかのように論じている。しかし、正確には、この場合、ケルゼンの区別や決定はすべて、シュミットが適確に分析しているとおり、一つの戦争において当事者のどちらの側に不法があり、どちらの側に制裁があるのか、また、このように双方の当事者について区別ないし決定することが、戦争概念の統一性にどう影響するか、というように論議されなくてはならないはずのものであつた。ケルゼンは――なにもかれに限つたことではないが――戦争の構造の問題をまつたく見落していたのである。ところで、権利実現の手段としての戦争の機能に即して、戦争の非差別的な構造はどう説明されるであろうか。(七)この場合、戦争当事者のおのおのの cause は、もはや法的に対等なものではありえない。一方に法の執行ないし制裁としての、戦争の cause があるかぎり、他方の戦争の cause は不法でなければならない。戦争当事者のおのおのの cause は法的に区別されなければならない。しかし、いつたい誰が一方の cause を適法と決定し、他方の cause を不法と決定するであろうか。この決定の authority が国際法上、存在しないかぎり、決定はそれぞれの主権国家によつて、とりわけ戦争当事者おのおのによつてなされるほかはない。ところが、当事者おのおのの決定は、それぞれに当事者としての決定以上であることはできず、たがいに対等であり、交互的――対抗的である。すなわち、戦争当事者の双方は、その cause そのものにおいては法的に対等でありえないが、cause の適法ないし不法の決定においては法的にまつたく対等であるために、結局、その決定（すなわち法的に拘束力のある決定）はおこなわれないこととなる。(八)したがつて、国際法上、戦争当事者双方は、それぞれの cause の正当性ないし不法性にもかかわらず(九)(!)対等なものとして非差別的に取扱われなければならない。おそらくこのようにでも説明するほかはないであろう。(一〇)

(一)　Oppenheim-Lauterpacht, International Law, vol. 2 (5th ed., 1935), 171 et seq.
(二)　Cause の点からいつての自由である。
(三)　戦争をはじめるかどうかの決定の点からいつての自由である。戦争の自由は、このように cause と決定とに関連して二重に考えられる。これに対応して、戦争の制限も二重に考えられるわけである。
(四)　Westlake, International Law, II. (2nd ed., 1913), 3.
(五)　Kohler, Grundlagen des Völkerrechts (1918), §7 (Jenseits von Recht und Unrecht. Kriegsverker.), 171.
(六)　戦争のこの二つの機能の矛盾は、実は存在しない。合法性ももともと一つの正当性である。いいかえると、権利の実現も権利の変更もともに国家的政策に属する。してみると、非差別的戦争観念のもとで戦争のこのような二重の機能をいうこと自体が、すでに正戦論の影響であるとも考えられる。
(七)　小谷鶴次「戦争の性質に関連する若干の考察」(国際法外交雑誌、昭二二、四六巻一号、一頁以下)はこの問題にいくらか触れている。その趣旨は、こうである——戦争を戦争当事国おのおのの行為としてみるならば、戦争は不法と制裁とに区別して考えることができる。ところが、この区別ないし判定は戦争当事国おのおのによつてなされるほかはなく、しかもその点では両者はたがいに対等なのであるから、状態としての戦争についてみれば、戦争の制裁としての機能はきわめて薄いものになることをまぬかれない。
(八)　決定は、戦争のまえになく、時間的にも論理的にも、戦争のあとにある。すなわち、戦争の勝敗が決定を与える。
(九)　正当性ないし不法性にはかかわりなく、といつたほうが、事柄をはつきりさせるであろう。
(一〇)　これでも、まだ、非差別的中立についてはなにの説明にもなつていない。

Ⅲ

ところで、戦争は、それが正戦論の立場から解釈されるにしても、また反対の見解にしたがつて理解されるにしても、ひとしく国際法にとつて致命的な欠陥と考えられるものであつた。正戦論によると、諸国家は、戦争の cause においてもはや自由ではなかつたが、戦争への決定(自己に正当な cause があるとみずから判断して、戦争の開始・遂行を決定すること)においてはなお自由であつたから、戦争(ないし戦争権)は諸国家によつて容易に濫用されるものであつた。しかも、濫用でない場合にも、戦争はその本質上、当事者の私力と法的権利とを同一視するものであつた。まして、正戦論とは反対の見解にしたがうと、諸国家は戦争の cause においても自由であつたから、戦争は諸国家の国際的権利状態の法的安全性を公然と否定するものであり、国際法秩序の法的連続性を容赦なく破るとも考えられるものであつた。したがつて、第一次世界大戦後に、あらたに戦争の制限ないし禁止の制度が発展してくると、それは、一般の国際法学者によつて、その制限ないし禁止の政治的、経済的、社会的理由を問うまでもなく、大きな期待をもつてむかえられなければならないことであつた。国際法は、この戦争禁止制度の発展によつてはじめて、これまで国際法に対して執拗にかけられてきたところの、その法的性格についての致命的な疑から決定的に解放されるはずであつたし、また、その法技術的な成熟のたしかな基礎を獲得するはずであつた。ところで、そのような戦争禁止制度の発展をいまここで跡づける必要はないであろう。いまここで重要なのは、戦争の禁止の意味とその結果が一般にどのように理解されていたかということである。

まず、(1)ケルゼンにとつては、(一)一九二八年の不戦条約による戦争の一般的な禁止は、なによりも正戦論のテーゼを確証するという意味をもつものであつた。不戦条約によつて、国家的政策の手段としての（いわば自由な）戦争は放棄する、と宣言されたが（一条後段）、これは正当な cause のない戦争は許されないとする正戦論のテーゼを厳粛に、条約の明文をもつて確認するものであつた。このような解釈がどれだけ正しいかの吟味にここで立入ることはしないにしても、このような解釈は、正戦論の立場から不戦条約の戦争禁止の明文を説明することの困難さを、充分にうかがわせるものであろう。それはともかく、正戦論の立場においても、不戦条約による戦争の禁止は、そのテーゼの上になおあらたな禁止を加えるものとして一般に解釈されている。すでにみてきたとおり、諸国家は戦争の cause においては自由でなかつたが、戦争への決定においてはなお自由であつたから、この自由をあらたに制限ないし禁止することは可能であり、または必要でもあつた。戦争は、たとえ国際法上正当な cause がある場合にも国際紛争の解決のためにおこなわれては（疑もなく）不法であり（一条前段）、また、さらにつきつめると、かりに国際判決の執行のためであっても、国家的政策の手段としては放棄された（一条後段）とも考えられる。[二] しかし、周知のように、不戦条約は、自衛の戦争や国際的共同措置としての戦争（たとえば国際連盟規約のもとで規約違反の国家に対して集合的におこなわれる戦争）を禁止しないはずであった。[三] ところで、不戦条約による以上のような戦争の禁止を手がかりとして、とりわけ正戦論の立場から、戦争の法的性質づけないしは類別があたらしく強調されるようになった。それによると、かつての、不法の戦争と自助（ケルゼンの用語では、制裁）の戦争という類別には、さらに、自衛の戦争と（国際的）制裁の戦争との二種類が加えられる。しかし、このような戦争の類別については、自衛の戦争という概念の当否は問わないとして、[四] なおつぎの二つの事柄が注意されなければならない。第一に、不戦条約のもとでは、いわゆる自助の戦争は、禁止されていて、不法の戦争となるばかりでなく、これに対応する範囲で、かつての不法の戦争は、どう類別されるにせよ、すくなくとも不法の戦争ではなくならなければならない。このような戦争の類別移動は、不戦条約による戦争禁止（したがって、戦争の不法性）の意味が、正戦論の場合のそれとは異なることを意味している。すなわち、不戦条約のもとでは、戦争の正当性ないし不法性は、かつての正戦論の場合とは異って、戦争の本来の（いいかえれば、実質的な）cause について区別されるのではない。しかし、一般にはこの差異はほとんど問題にされていない。[五] 第二に――一そう重要なことであるが――戦争の類別は、あの戦争とこの戦争との間の区別ではなくて、それぞれの戦争の当事者双方の間の区別でなければならない。とすると、このような区別は戦争の構造にどう影響するであろうか。しかし、多くの場合、戦争の類別はただ戦争の法的性質の問題としてしか考えられていないのである。

他方、(2)ローターパクトにとっては、不戦条約による戦争の禁止は、いうまでもなく、かれのいう戦争の二重の機能にふたつながら触れるものであった。戦争は権利変更の手段としても権利実現の手段としても放棄された（I. L. II., 153）。ところで、この禁止には触れない戦争の種々の場合を規定するためならともかく（cf. ibid., 153-154）、それ以上に戦争の類別を強調することは、かれには、ほとんど意味のないことであった。なぜなら、どの種類の戦争にも同じ国際法の諸規則が適用されるからである（ibid., 185, 181-182）。くわしくいえば、同一の国際法の諸規則が交戦国相互の間にも、交戦国と中立国との間にも（それぞれ）適用されるからである（ibid., 181-182）。すなわち、シュミットの言葉をかりて一そう適確にいうなら、どの種類の戦争にも、交戦国の双方を同じに取扱う戦争法の規則が適用されるからである。してみると、ローターパクトがそのように主張するとき、かれはすでに、いわゆる戦争の類別ないし法的性質づけの問題が実は戦争の構造の問題として考えられなければならないということ、そうして、国際法上、戦争はほかならぬ非差別的構造をもつものであつたということに、ある程度気付いていたわけである。そこでまた、かれにとつても、ただ一つ国際連盟規約第一六条第二項のもとでおこなわれる戦争（いわゆる連盟戦争、すなわち、国際的制裁の戦争）は、特別に考慮されなければならない種類の戦争であつた。この種の、国際連盟の「祝福」のもとにおこなわれる戦争も、まだかれにとつては、ほかの戦争と同じ戦争法によつて規律されていて、やはり「戦争」であることには変りないものと考えられていたが（cf. ibid., 186）、しかし、戦争に参加しない連盟国がもはや中立国としての権利を完全に主張しえなくなるという点では、特別なものであつた（cf. ibid., 186, n. 3, 4）。かれはさらに、戦時の中立について、はつきりといつている――国際連盟の設立とともに、中立の制度はあたらしい段階にはいつたとみてよい（ibid., 508）。連盟規約は、第一六条の制裁の適用の場合、中立を廃止したわけではないが、中立に重大な影響を与えることになつた（ibid., 510）。（たとえば、戦争に参加しない他の連盟国が規約違反の交戦国に対してとる経済的）制裁の措置は、中立国の義務である公平の態度の放棄となり、それとしては、中立の違反となるであろう。しかし、まさにこの点に連盟規約によつてもたらされた中立法の重要な改革が示されているわけであるが、規約違反の交戦国は、連盟規約に調印することによつて、自己に対して（そのような）差別的措置がとられることにあらかじめ同意したとみなされなければならない（ibid., 510-511; cf. ibid., 532-533）。したがつて、そのような差別も、中立国としての義務に矛盾するものとはみとめられない（ibid., 603）。ところで、このようなローターパクトの説明からみて、ここで、つぎの二つのことに注意する必要があるとおもわれる。第一には、特別の考慮に値する種類の戦争は、なにも、かれが考えたように、連盟規約第一六条第二項のもとで兵力的措置、すなわちいわゆる連盟戦争がおこなわれる場合にかぎらない、ということである。なぜなら、規約違反の戦争がはじめられたと認められて、ただ経済的制裁の措置がとられるだけの場合にも、戦争に参加しない連盟国はもはや中立国の義務を完全に履行しえなくなるからである。にもかかわらず、かれがこののちの場合を、戦争の考察にあたっていい落しているのは、ただの叙述の都合ではなくて、かれが戦争と中立との構造連関を、シュミットのようには強く考えていなかつたためではないであろうか。第二には、ロータープクトが、連盟規約のもとでの、それとしては中立違反と考えられる事態を、特約、すなわち、連盟国間のあらかじめの同意でもつて説明することですませている、ということである。たしかに、事態の形式的な合法性の説明として、それはそれでよいであろう。しかし、差別的な中立は差別的な戦争の観念の決定的な要素なのであり、このことはなによりもまず強調されなければならない。ロータープクトがこの点を軽視しているのは、やはり、かれが中立と戦争との構造連関を、シュミットほどには切実に考えていなかつたためではないであろうか。この疑は、さらに不戦条約の効果についてのかれの解釈をみるとき、一そう深まつてくるのである。

周知のように、不戦条約は、その禁止違反の戦争に対する制裁を特別に規定していない。(六)このことは、ロータープクトにとつて決定的なことであつた。かれはつぎのように考えている。不戦条約の規定を問題とするかぎり、条約は中立法規に直接に影響をおよぼすものでなかつた。不戦条約は、締約国に対して、条約違反の国家に不利なように中立義務を放棄するよう義務づけてもいなければ、また――この点が重要である――そうした方向に中立法規を修正するよう権利づけてもいない。(七)不戦条約違反の戦争も、やはり、従来の交戦法上ならびに中立法上の一切の権利を、交戦国の双方に同等に与えるような戦争だからである。したがつて、違反国も、他の締約国があえて中立の立場にとどまるなら（あえて戦争に参加しないなら）、これらの公平の大法にしたがつた取扱を期待する権利がある（ibid., 516)。ところで、――かれはこう、つけ加えていうことを忘れていない――不戦条約が、絶対公平の態度という中立の伝統的な原則の基礎、すなわち、主権国家の戦争に訴える無制限な権利というものを破壊することによつて、中立法上の重要な変更のための出発点を用意した、ということは疑ない（ibid., 516-517）。しかし――またかれは、たしかに実定法学者としての慎重さをもちつづけて、言つている――そうした変更は、諸国家自身の協同行為によつて実現されなければならず、条約から論理的帰結を抽きだすことを任務とする法学者によつてはなされてはならない。また、それは、どこか一国の一方的な行為によつてもたらされえないものである（八）（ibid., 517）。さてそうはいうものの、ロータ－パクトにとつて、差別的中立は、戦争禁止の効果としてやはり簡単にあきらめられないものであつた。そこで、かれはまた、つぎのように問題を考えなおしてもみるのである。すなわち、不戦条約の規定から条約違反の交戦国に対する差別的取扱の権利を抽きだすことはできないけれども、そうした差別を復仇の手段としておこなうということは、なお考えられることである。不戦条約のもとでは、禁止違反の戦争はもはや交戦国だけに関係する事柄ではない。禁止違反の交戦国は、条約を破ることによつて、他のすべての締約国の権利を（もまた）侵害するわけである。したがつて、他の締約国は、復仇として、違反国に差別的な措置を加えるというやり方を選ぶこともできるであろう。その場合、犯された違法の重大性を考えると、この種の復仇がどれだけはげしくても、なお、国際法上復仇の要件とされている比例性の要求に適うことは疑ない。しかし、復仇によるというが、すでにそのこと自体、不戦条約そのものは中立法を変更しなかつたという事実を示すことになるであろう（九）（ibid., 517-518）。

なおつけ加えておくならば、第二次世界大戦につながる国際法上の諸経験は、ロータ－パクトの戦争の理論にも、さまざまな影響をもたらさないではおかなかつた。まず、(i)一九四〇年以後のアメリカ中立政策の変更は（一〇）、不戦条約の戦争禁止の効果にかんするロータ－パクトの右のような解釈の動揺に対して、いわば事実をもつて解答を与えるものであつた。もはや不法な戦争においては、中立の伝統的な規則は制限なしには適用されず、侵略者は自己の不法から公平な（非差別的な）待遇の完全な権利を抽きだすことはできない。戦後に、かれは、こう一般的に立言しているのであるが、それは、かれがいまは不戦条約についてさえも、条約違反の交戦国に対する差別的取扱を、中立国の権利として認めるようになつたからである（cf. I. L.⁷, Ⅱ., 192 n. 3; 221, 638-639, 651）。また、(ii)かれは、不戦条約違反の戦争の犯罪性を、ただの違法性とははつきりと区別して、あたらしく強調している。かれのこの戦争の犯罪性の強調が、もつぱら戦後の二つの「国際軍事裁判」の経験にもとづくものであることは、いうまでもない。かれにとつては、「裁判所条例」は戦争責任者の処罰にかんしても、「判決」が確認したとおり、（現行の）国際法の原則を宣言する性質のものなのである（cf. I. L.⁷, I., 310; Ⅱ., 192, 579）。さらに、(iii)国際連合憲章（第七章）のもとでの国際的共同強制行動は、もはや適当には、戦争とよぶことができない、とかれは考えている。この国際的共同強制行動は、伝統的な意味での国際法上の戦争とは別なカテゴリーにいれられるほうが、それの威厳と目的とによく適合する。戦争の目的は、適法な戦争と不法な戦争とをとわず、また侵略戦争と防衛戦争とをとわず、すべて個別国家の利益を確保することであつた。ところが、国際的共同強制行動の目的は、国内法のもとでの法の破壊者に対する法の執行に比べられるようなものである（cf. I. L.⁷, Ⅱ., 224）。このようにかれが説く点では、かれにおいても、もう法関係の法規的分析よりは、むしろその機能的考察が前面におしだされてきている。それはそれでよいであろう。残るところはただ、かれがどれだけの問題連関の把握のもとで、そのような考察をしているかということである。

（一）　前掲Ⅰの註（五）参照。

（二）　いわゆる正戦論には反対であるが、権利実現の手段としての戦争の機能に関連して、ロータ—パクトは、そのように解釈している（cf. I. L., Ⅱ., 155 n. 1）。ケルゼンはそう解釈しない（cf. Kelsen, Théorie générale du droit international public. Problèmes choisis〔Recueils des Cours de l'Académie de la Haye, 1932- Ⅳ〕136.）。不戦条約によつてとくに国際強力執行の手続が用意されているのでないかぎり、国際判決の執行のための戦争の可能性までも否定してしまうことは、国際判決に服しない国家を庇護するという不合理な結果になる、というわけである。

（三）　このことは、不戦条約の調印にさきだつて、関係諸国政府がそれぞれノートのなかにとくに明言したところである。

（四）　みずから開始したのでも、挑発したのでもないという意味での防衛戦争という観念は成立しても、自衛行為としての戦争、いいかえれば、自衛行為に終始する戦争という意味での自衛戦争という観念は成立しないであろう。

（五）　この点で、ロータ一パクトのつぎの言葉は重要である。——どのような目的のために行使されるにしても、戦争権は国家主権の prerogative であつた。そう考えられると、すべての戦争は正当なものであつた。ところが、国際連盟規約において戦争権が制限され、また、不戦条約において国家的政策の手段としての戦争が廃止されたことによつて、いまは法的状態が変化した。以前とおなじく、国際法は戦争の原因である紛争の merits には関係しない。しかし、多くの法的目的からして、正当な戦争と不正な戦争（適法な戦争と不法な戦争——後者は連盟規約や不戦条約の義務に違反しておこなわれる戦争のことである）を区別することが、いまはふたたび可能であるとおもわれる（I. L., 184）。すなわち、ロータ一パクトは戦争のあらたな区別が、かつての正戦論による区別、すなわち戦争の cause の区別とは異る意味のものであることに、おぼろげながら、気付いている。

（六）　不戦条約において制裁らしいものは、わずかに前文のうちにこう規定されている——「これからのち、戦争に訴えることによつてその国家的利益を促進しようとする締約国は、本条約の提供する諸利益を否定される」。ところで、本条約の提供する諸利益とは、戦争の禁止（のもたらす諸利益）のことであるが、これが拒否されることは、一口にいうと、他の締約国が違反国に対して戦争の自由を回復することであろう。しかし、この戦争の自由の回復は、どこまでも戦争の禁止を前提しながらそのうえで、各自の決定にもとづいて戦争をおこなうことができる、というだけのことであつて、なにも禁止以前の自由な戦争の形式が回復されることまで意味しないであろう。すなわち、不戦条約の前文の右の規定は、こののちのことまでも意味するような制裁の規定ではなくて、条約違反の戦争行為に対抗する防衛戦争の自由をのべただけのものであろう。そうでなければ、不戦条約においては、禁止違反の戦争に対する制裁（不法効果）が、ただ禁止の解除であるということになる。これは、いつたいどういうことであろうか。

ロータ一パクトは、右の戦争の自由の回復を、のちの意味にひろく解しているようである。かれは、不戦条約については、特別な制裁の明文のないために、差別的戦争観念の論理的帰結というものを認めようとしない。不戦条約の違反に対しては、かれは、他の締約国が中立の立場にたちながら、一般国際法上の国家責任の原則にしたがつて、復仇、干渉、賠償の請求などをおこなう権利があると考えている。なお、この点については、すぐ後の註（八）参照。制裁は、むしろ不戦条約の採用した差別的戦争の観念そのものから、論理的に抽きだされてよいのではないであろうか。しかし、ロータ一パクトは、これには反対である（cf. I. L., II., 517）。

（七）　たしかに、不戦条約は、連盟規約第一六条の場合と異つて、条約違反の交戦国に対する差別的取扱を、締約国に義務づけてはいない。しかし、権利づけてもいないとは、おなじ調子でいえないであろう。

（八）　一九三四―五年といえば、まだアメリカの外交政策が、非差別的な中立というよりはむしろ孤立主義的な政策に満足していた時期である。一九三四年に、アメリカ議会は交戦国の双方に対する公平な適用を条件として、武器の輸出禁止を宣言する権限を大統領に与えることを決議した。ロータ―パクトはまだこのようなシチュエーションのなかで論議していたのである（cf. I. L., II., 517 n. 2)。

（九）　ロータ―パクトは、不戦条約と差別的中立との関係については、まつたく説明に窮しているかたちである。この復仇としての説明も、問題を未解決のまま投げだしている。問題は、非差別的な形態の戦争がおこなわれるかたわら、その一方の交戦国と中立国との間に別な事件として復仇がおこなわれる、ということではない。戦争も、いうところの復仇も、同じ一つの禁止違反の戦争の開始ということだけにかかわつている。とすると、この場合、中立の非差別の義務と復仇の差別の権利とは、原則と（なにか特別の条件が加わつての）例外というふうに並べられてはならないのであり、ともに不戦条約のもとでの原則の問題として、非差別的中立か、差別的中立かのどちらかでなければならないものである。実際生じる相違としては、差別的中立が認められるという場合、その差別の権利（不戦条約は、これこそ間違なく、差別的取扱を義務づけてはいないから）が行使されたり、されなかつたりするということがありうるだけである。また、不戦条約のもとで、一般的に復仇として、差別的中立が認められるのなら、復仇とはまつたくの迂回であり、それどころか事態の正しい理解を妨げてさえいる。すでに中立国にそのような復仇が一般的に許されるということ自体が、ほかならぬ交戦国の区別（差別的戦争観念）にもとづいてのみ、可能なことである。

（一〇）　一九四〇年九月に、中立国アメリカは交戦国イギリスに駆逐艦五〇隻を譲渡した。一九四一年三月には、いわゆる武器貸与法がアメリカで成立した。アメリカのこれらの措置については、当時、非交戦（non-belligerency）状態という消極的な規定のもとで、その適法性が論議された。

（一一）　Cf. Oppenheim-Lauterpacht, International Law, vol. 2 (7th ed. 1952), 221-222.

さて以上に、われわれは、ケルゼンとロータ―パクトとをとくに選んで、この両者の、国際法上の戦争観念の理解と第一次世界大戦後の戦争禁止制度の解釈とを、それぞれ比較対照してみたわけであるが、それによつて、シュミットの「戦争観念の転換」論をみてゆくためのいわば下地は用意できたはずである。国際法上、戦争の観念は、単に規範論理の立場において、いくらかの実証をつけ加えながら考察されたのでは、正しく把握されるものでない。また、国際法上、戦争の禁止は、単に戦争の法的性質づけ（qualification）の問題として、条約規定の明文の範囲で解釈されたのでは、正しく理解されるものでない。戦争の観念は、戦争観念の歴史的な構造において理解されなければならず、戦争の禁止は、非差別的戦争から差別的戦争への、戦争観念の構造転換の問題として捉えられなければならない。ところで、シュミットにおいては、戦争の構造は、さらに、国際社会ないし国際法秩序の構造に直接につながる問題として考えられなければならないものなのである。

（未完）

第二章　集団的自衛
――いわゆるUS Formulaの論理的構造と現実的機能――

＊「集団的自衛――いわゆるUS Formulaの論理的構造と現実的機能――」祖川武夫編『国際政治思想と対外意識』創文社、一九七七年

一　USフォーミュラの成立――問題状況と対処の仕方――

およそ、ひとつの政策を正当づけ、制度的に固定化するという働きを果したところの観念は、それの発生のときの事情、いいかえればその問題状況とこれへの対処の仕方とによって、その論理的構造と現実的機能を基本的に規定されているものである。「集団的自衛」、すなわちここにいうUS Formulaも、まさにそのような働きを示した国際政治上の観念であった。とすれば、この観念の論理的構造と現実的機能を明らかにするために、ここではまず、それの発生のときの問題状況とこれへの対処の仕方とを追求することから、考察をはじめることが適当であろう。

「国際機構にかんする連合国会議」の第三委員会（Commission III, Security Council）の第四分科委員会（Committee III/4, Regional Arrangements）は、一九四五年五月九日、その第二会合でひとつの小委員会（Subcommittee III/4/A）を設けることとした。いわゆるダンバートン・オークス提案（ＤＯ原案）の地域的取極にかんする部分（Chapter VIII, Section C）について、参加諸国代表から提示された修正意見ないし修正案を分析・分類し、可能ならば一つにまとめる（amalgamate）作業をおこなわせるためである。[1] さて、小委員会はさっそくその作業を進め、五月一五日その第四会合で、第四分科委員会にたいする「中間報告」（Document 335）を採択したが、[2] この報告には「諸修正案の分類表」（Classification of Amendments and Comments Relating Chapter VIII, Section C）が付けられていた。しかし、期待されていた諸修正案のとりまとめは（正確には、とりまとめの可能性の検討は）まだおこなわれていなかった。アメリカ合衆国代表が、集団安全保障の世界的組織の創設といわゆる全米機構（Inter-American System）の継続的機能とを両立させるための修正案を練っていて、間もなく提出するつもりであると声明しており、また、それとの関連で中南米諸国はその修正諸提案をとりあえず保留にしておく意図を示していたからである。[3] ところで、このことには後に触れるとして、いまは、なにより右の「分類表」の内容に注目しておくことが必要であろう。この分類表は、その標題が示しているとおり、さきに指摘した問題状況を充分うかがわせるものである。それゆえ、ここに、「修正案抜粋」（Document 269: Pertinent Excerpts from Comments and Draft Amendments Submitted by Delegations）[4] に拠りながら、Document 335 に載せられた分類表を当面必要なかぎり再構成して掲げておくこととしよう（第１表参照）。[5]

　ところが、他方で早くもおなじ五月一五日、アメリカ合衆国代表団は、国務長官声明という形で、ひとつの文書を公表するにいたった。この文書は、「地域的諸機関および集団的諸取極の世界的『機構』にたいする関係を『憲章』のなかで明瞭にするために」、二、三の提案を試みようとするものであったが、その第二点では、ＤＯ原案第八章に次のような新しい条項を加えることを主張していたのである[6]——

　Nothing in this Charter impairs the inherent right of self-defense, either individual or collective, in the

第 1 表　DO 原案第 8 章 C 項にかんする諸国代表の修正案ないし修正意見の分類

A　地域的取極の一般的機構との両立性をみとめる：――			
(1)　いわゆる全米機構を名指して，憲章の明文でとくに承認しておく	チリ，コロンビア，コスタリカ，エクアドル，ペルー，キューバ，グァテマラ，メキシコ，パラグァイ		
(2)　地域的取極の定義，すなわち資格限定（qualification）をする――			
i ）大陸を基盤とすること	チリ		
ii ）恒久性をもつこと	チリ，コロンビア，コスタリカ，エクアドル，ペルー	エジプト	
iii ）地理的近接性，人種的・文化的・精神的親近感を基礎とすること		エジプト	
iv ）集団全体に共通ななんらかの機関組織をもつこと		エジプト	
(3)　地域的取極を一般的機構の審査・承認に付す	チリ，コロンビア，コスタリカ，エクアドル，ペルー，キューバ		ニュージーランド
B　地域紛争の平和的処理にかんして地域システムの専権的または優先的管轄をみとめる：――	ブラジル，チリ，コロンビア，コスタリカ，エクアドル，ペルー，キューバ，ヴェネズェラ		
C　強制行動にかんして地域システムないし共同防衛条約の作動チャンスを拡大し，または自律的作動可能性をみとめる：――			
(1)　地域的強制行動にたいする安全保障理事会の許可について，いわゆる veto を制限する特別の表決ルールを設ける	ヴェネズェラ		オーストラリア，ベルギー
(2)　安全保障理事会が自ら措置をとりまたは地域的行動を許可することに失敗したとき，なんらかの取極にしたがって正当かつ必要と考える措置をとる権利をもつ			オーストラリア
(3)　a　安全保障理事会が予め一般的に許可する緊急の場合には地域的強力行動をおこないうる，ただし事後に安全保障理事会の承認（ないし修正）に付せられる	ヴェネズェラ		チェコスロバキア
b-1　すべての防衛的性質の地域的取極にしたがい自律的に緊急の行動をなしうる　＊			トルコ
b-2　安全保障理事会に届出た援助条約が規定している緊急措置は（安全保障理事会の許可なしに）おこないうる　＊ （＊措置は速やかに安全保障理事会に報告すべきものとする）			フランス

event that the Security Council does not maintain international peace and security and an armed attack against a member state occurs. Measures taken in the exercise of this right shall he immediately reported to the Security Council and shall not in any way affect the authority and responsibility of the Security Council under this Charter to take at any time such action as it may deem necessary in order to maintain or restore international peace and security.

いわゆるUS Formula の登場である。

このいわば予告[7]の文書につづいて、五月二〇日にはおなじ国務長官声明の形で、二つめの文書が公表された。こののちの文書は、さきの「声明」にもとづいて、「会議」の地域的取極委員会（Committe III/4）に翌日には正式に修正・追加の提案がなされることに決まったことを告げており、そうして問題の新条項（Ch. VIII. Sec. B, Paragraph 12）としては、修文上の改善をはかり、現在の国連憲章第五一条とほぼおなじ規範文章を掲げるようになっているのである[8]。すなわち——

12. Nothing in this Charter impairs the inherent right of individual or collective self-defense if an armed attack occurs against a member state, until the Security Council has taken the measures necessary to maintain international peace and security. Measures taken in the exercise of this right of self-defense shall he immediately reported to the Security Council and shall not in any way affect the authority and responsibility of the Security Council under this Charter to take at any time such action as it may deem necessary in order to maintain or restore international peace and security.

では、いったいこのUSフォーミュラは、さきの修正案分類表にたいして、どのような対処の仕方を示しているであろうか。いうまでもなく前掲分類表のうち問題はそのC欄にあるが、この問題とUS解答との間の論理的連関の骨格を図表化し、直接視覚に訴えて理解の精密さを期待するなら、第2表のとおりである[9]。

第2表

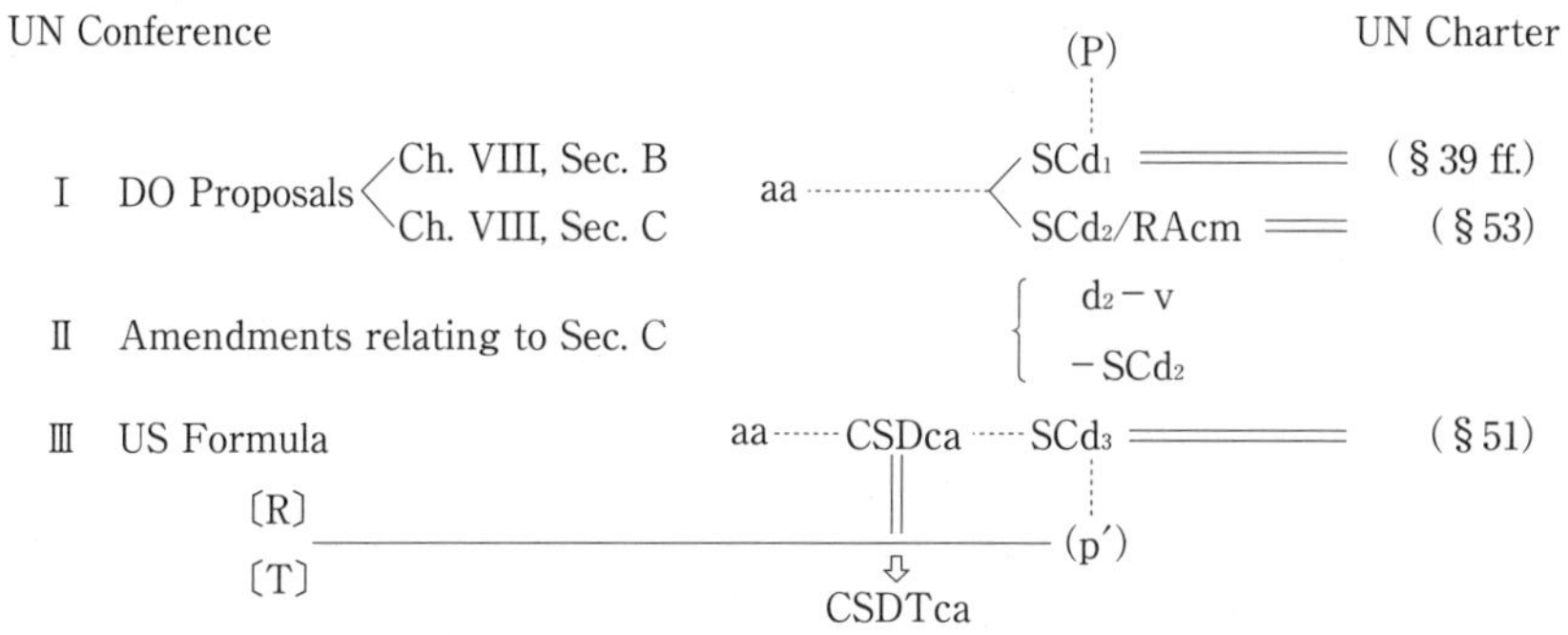

aa：武力攻撃　SC：国連安保理事会　d_1：侵略国の判定と共同強制行動の決定　d_2：RAcmにたいする許可の決定（authorisation）　d_3：CSDcaに加えられるd_1またはd_2　RA：地域的取極の当事国または地域的機関　cm：共同強制措置（敵・味方の決定と強制行動の選択）　d_2-v：SCd_2についていわゆるvetoを制限する，という主張　$-SCd_2$：d_2（事前の許可）なしに，という主張　CSD：集団的自衛権を行使する国　ca：共同反対攻撃　CSDT：集団的自衛条約の当事国　……　行動の私的性格を示す　═══ 行動のいわば公的性格を示す　〔R〕：権利のレヴェル　〔T〕：条約のレヴェル

まずⅠは、ＤＯ原案に用意されていたところの、一般的機構本来の集団安全保障の統一された選択的形式である。そのなかのd_1、わけてもd_2の現実性に不安があるとされた。いわゆる大国のvetoによる安全保障理事会の不機能という評価である。つぎにⅡは、そうした評価にもとづいて「会議」で主張され（前掲分類表C欄に掲げられ）た修正案ないし修正意見である。さてⅢは、以上の問題提起にたいする解答であり、いわゆるUSフォーミュラである。とすると――

第一に、このフォーミュラは、それが「会議」で提出されるにいたったコンテクストにもかかわらず、また、国務長官声明という形でそれを二度にわたって新聞発表した文書の標題や前書き[10]にもかかわらず、フォーミュラ自体のなかには、地域的取極はもとよりおよそ協定・条約に言及した章句をいっさい含んでいない。それはただ、一般的機構のメンバー・ステートおのおのある権利とこの権利の行使にともなう義務について規定しているだけである。その意味で、そこには問題と解答とのあいだに、いわば縦の乖離があるようにみえる。しかし、そこでの問題は地域的システムの自律的作動の《Rechtfertigungsgrund》を一般的機構の組織規程のなかに据え置くことであった、といえよう。それは、メンバー・ステートおのおのに即し

ていえば、そのように行動しうることを《berechtigen》するということである。その限りでは、USフォーミュラが条約のレヴェルにおいてでなく、権利のレヴェルにおいて問題に答えているとしても、それには不審はないであろう。

第二に、この場合やはり、問題とそれへの解答とのあいだには、いわば横の大きなズレがあることは否定できない。すなわち、$d_1d_2d_3$を貫く直線$p'p$を図表の上に引き、これを軸にして図表全体を左・右の二つの局面に分割することができるのであるが、そうすることによって、問題と解答とのあいだには、右から左へと局面の転移の生じていることが判明してくるわけである。地域的取極の作動と集団的自衛とは同じ性質のものではない。両者のあいだには行動の実質に即していうなら repression と repellence との違いがあり、法理上の形態にしたがっていうなら制裁と自衛（ないし正当防衛）との違いがあるということになる。[(11)]

第三に、一そう重要な事柄であるが、USフォーミュラがともかくも「集団的自衛」の観念を合理的に採り入れうることの「保障」として考えている装置に疑問が生じてくる。すなわち、第2表の図示するとおり、安全保障理事会の三つの「決定」$d_1d_2d_3$は、それぞれの属する行動系列の区別に応じて、決定シチュエーションのニュアンスのちがいというべきものをもつことは確かであるが、それでいて、ともに安全保障理事会の同じ機能プロセスにおなじように位置する項であり、決定の基本的メカニズムにおいて同一な《d》である。とすれば、d_1、わけてもd_2の現実性について「会議」で強調されたといわれるところの消極的評価は、おなじくd_3にも当てはまらなくてはならない。してみると、「dの消極的評価を根拠にして提起された問題にたいして、集団的自衛は、dの積極的評価をその機能の適正性の、したがってそれの制度としての合理性の保障の根拠にして、答えるということになっている」[(12)]。しかし、d_2の現実性が疑われるのであるかぎり、「保障」としてのd_3の現実性も疑われなくてはならない。したがって、USフォーミュラは、さしあたり権利のレヴェルについていえば、自衛を名目とする戦争の貫徹のチャンスを制度上公認するという現実的意義をもつことになるであろう。

さて第四に、ふつうUSフォーミュラは、ラテン・アメリカ諸国によってもたらされたいわゆる会議の危機に対処して、その紛議を収拾するために考案された解決策であるといわれているが、果たして全くそのとおりなのであろうか。すでに周知のこととなっているが、アメリカ合衆国代表団の顧問として「会議」に参加したJ. F. Dullesは、五年後の著書 "War or Peace" のなかで[13]、すこぶるエクスプレッシーヴな行文を連ねて、こう説いている――

〈われわれがサン・フランシスコに集まったとき、われわれは合衆国政府が最近におこなった二つの行動の間の矛盾、調整しがたい矛盾に直面することとなった。一つは、五大国の拒否権をみとめたヤルタ会議での決定（一九四五年二月一一日）であるが、この決定をDO原案（一九四四年九月）に合わせて読むと、地域的取極にもとづく強制措置はいっさい、五大国全部の同意をえた安全保障理事会の許可なしには、行なわれえないということになる。それがどういうことを意味するか[14]……。もう一つは、一九四五年二―三月メキシコ・シティで開催された「戦争と平和の諸問題についての全米会議」でのチャプルテペク協定の採択のことであるが、この協定は、アメリカの国のどのひとつに対する攻撃も他のアメリカ諸国に対する侵略行為とみなされるという原則を定めるとともに、アメリカ諸国の間での侵略行動には兵力の使用を含めて共同の制裁措置を適用する組織的な手続を確立するところの全米条約を締結することをリコメンドしているのである[15]。このようなダンバートン・オークス＝ヤルタ方式とチャプルテペク方式との間の衝突は、サン・フランシスコ会議の途中までは充分に気付かれなかった。それをはっきりと指摘したのは、ラテン・アメリカ諸国代表との連絡をおもに担当していたN. Rockefellerである。かれによると、それら諸国代表は、アメリカ諸国の地域的共同行動はおそらくソヴェトの拒否権に服させられることになるであろうから、チャプルテペクの希望と約束も空しいものになると考えており、そのため、かれらの間には反乱の気運が醸成されつつあるというのである。五月五日（一九四五年）の夕、ロックフェラーはこの事について合衆国代表のひとり、ヴァンデンバーグ上院議員と話し合い、そうして後者は、その夜のうちに国務長官ステチニアス宛の手紙を書きとらせ、そのなかで、アメリカ諸国の地域的アソシエーションにソヴェトの拒否権から離れて自由に作動することを許すような方途が見つけられなくてはならない旨を極力強調したのである。しかし、問題の解決は容易ではなかった〉[16]。

すなわち、まず合衆国代表団内部の意見の深い対立は、大統領に請訓し、その指令をえて克服された。ついで、ソヴェト代表の同意をかちとるために、この期におよんで取引できる材料も持たないので、最良の外交マナーからは外れた思い切った手があえて打たれることとなった。実質的な交渉の相手方ソヴェトの内諾をえないまま、五月一五日、国務長官ステチニアスは、ダレスとともに準備したひとつの新聞発表をおこない[17]、そのなかで、世間一般にたいしていわゆるUSフォーミュラにコミットしてみせたのである。「この手は成功した。ソ連代表は、最初は、われわれが公然と提唱した案を受諾することを拒否したが、結局は屈したのである[18]」。

他方、——最も肝心な——ラテン・アメリカ諸国の代表たちとの折衝には、若干の曲折があった。ダレスは、かれの生々しい記憶に残っている Hotel Fairmont のペントハウスでの「劇的な会合」のことについて、こう語っている——

〈かれらは、われわれの提案した章句にまったく満足したわけでなかった。かれらにとって、collective self-defence の二語がそんなに大きな問題を解決できるなどと信じることは困難だったのである。かれらは、憲章のなかでチャプルテペク協定にはっきりと言及すること、そのようにして安全保障理事会の拒否権にしばられたコントロールからかれらを特別に外すということのほうを強く望んでいた。しかし、ホテル・フェアモントでの会合のあとでは、かれらはわれわれのフォーミュラに同意することになった。この会合で、（ともに合衆国代表団のメンバーであった）Connally, Vandenberg 両上院議員が、チャプルテペク協定でもくろまれていた全米条約を早期に達成することを、合衆国の名誉にかけて、誓ったからである[19]〉。

なお、ダレスはすでに、一九四五年七月中旬、アメリカ合衆国第七九議会の上院外交委員会聴聞会におけるかれの長い陳述の一節で[20] "It is said that by this Charter and by the Security Council the great nations will dominate the small. Well, you Senator Connally, who have been at San Francisco, know what the attitude at San Francisco was on the part of the small nations. There was one dominating fear on the part of the small nations, and that was the fear that the Security Council would not act, rather than the fear that it would act. They fought to the last the veto power possessed in the Security Council, because they felt that there would not be action if it required the unanimous consent of the five permanent members. The small powers at San Francisco were not afraid that the Security Council would act; their only fear was that it would not act. They can speak better for themselves than some of the people here today who profess to speak on their behalf." と述べており、さらに、そのあとの質問に答えて[21]は、モンロウ・ドクトリンに絡ませながら "So it is my view — and I so expressed it to the United States Delegation — that there is nothing whatsoever in this Charter that impairs the Monroe Doctrine as a doctrine which has been proclaimed, sustained, and recognized by the world as a doctrine of self-defense. Now, you have asked me about the Monroe Doctrine. The Monroe Doctrine has to an extent been enlarged or is in process of enlargement as a result of the Mexico Conference and the declaration of Chapultepec, where the doctrine of self-defense was enlarged to include the doctrine of collective self-defense and where the view was taken that an attack upon any of the republics of this hemisphere was an attack upon them all. At San Francisco, one of the things which we stood for most stoutly, and which we achieved with the greatest difficulty, was a recognition of the fact that that doctrine of self-defense, enlarged at Chapultepec to be a doctrine of collective self-defense, could stand unimpaired and could function without the approval of the Security Council." というふうに説いているのである、なおまた、合衆国首席代表・国務長官 Stettinius は、一九四五年六月二六日付のかれの大統領宛報告書「サン・フランシスコ会議の成果に関する報告書[22]」のなかで、Document 335 の分類

表に忠実に沿って、DO原案第八章C節にたいする諸国の修正提案を三つのカテゴリーにまとめて紹介したのち、正式に採択されるにいたった「修正」にかんする解説をかなり詳しく述べているのであるが、USフォーミュラの成立については、変りなく、地域的取極、とりわけチャプルテペクでようやく完成の域に手の届いた全米システムの強制行動における自律性確保の要求というものを挙げているのである。(23)

要するに、ひとつの国際的政策の大がかりな concert decision について steering group のふたりの人物から示された理解と評価は、以上のとおりである。しかし、われわれとしては、なおここで、もういちど前掲「分類表」に眼を戻し、そこに記された中南米諸国の修正意見ないし修正提案を全部にわたって比較・点検してみる必要があるようにおもわれる。

まず「分類表」を一瞥して明らかなとおり、それら諸国のDO原案にたいする数多くの意見と提案は、(24)ほとんどもっぱらA欄とB欄とに集中していて、C欄にはただ一つヴェネズェラの選択的な試論的提言がみられるだけである。すなわち、一方で中南米諸国は、一般的機構の組織規程のなかの明文をもって全米システムを名指して承認し、一般的機構との compatibility を原則的に公認することを通じて、この地域システムの存立と自己処理能力とを維持しようと意図しているのである。(25)ところで、他方でそれら諸国はまた具体的に、全米システムが自律的ないし優先的に地域的紛争にたいして作動できるよう求めてもいるのであるが、それは紛争の平和的処理にかんしてであって、(26)いわゆる地域的強制行動にかんしてではない。例えば、チリなど五国による共同修正提案も、後者にかんして格別に示唆するところはないのである。そればかりか、かえってチリは、別に単独に提出した修正案のなかで、はっきりとDO原案にいう安全保障理事会の事前の許可の必要を再確認しており、(27)また、ボリヴィアもその修正提案において、おなじ立場を明確に主張しているのである。(28)要するに、「会議」の公式の記録についてみるかぎり、会議の表舞台でアクティーヴに発言した中南米諸国にとっては、かれらの地域システムが、多面的な協力の長い伝統とそれによって培われた連帯感とを一般的機構の設立によっても損なわれることなく、存立し発展していけることの原則的保障（いわゆるregionalismの正しい尊重）こそ貴重なのであった。したがって、具体的に平和と安全の問題にかんしても、直接には紛争の平和的処理協力の地域システムが優先的に（一般的機構の、したがって地域外諸国の関与を排して）作動しうることの制度的保障をもとめるとともに、さらには経済・社会・文化の諸分野にわたる多面的地域協力の一そうの推進が地域の平和と安全の基本的保障である所以をひろく訴えることに、むしろ関心がむいていたように見てとれるのである。(29)

しかしまた、チャプルテペク協定が、関係諸国によって、全米システムを安全保障の側面では完成にいたらしめるものとして評価されていたことは確かである。(30)さらに、中南米諸国による全米システムの明示的承認の要求が地域システムによる強制行動の自律的作動の許容にまで特定化される可能性を含んでいたことも争えないであろう。ともかく、実際に、全米システムの明示的承認要求を、「会議」の第三委員会第四分科会小委員会（Subcommittee III/4/A）において、「地域的システムに許与されるべきオートノミーの程度」の問題として具体的に規定し、それについて、既に提出されていた諸小国代表の修正諸案をアマルガメイトするようなアメリカ合衆国修正案が提示されるのを待つという処理もなされていたのであった。(31)してみると、いわゆるラテン・アメリカの危機とUSフォーミュラによる解決という経過は、むしろつぎのように理解すべきことではないであろうか。

すなわち、中南米諸国の、地域システム全体としての自律性の原則的な承認の要求から、アメリカ合衆国の「会議」外交における強大な指導性によって、結局、地域的共同防衛行動の自由という形像が、しかもそれだけがまさにdevelopされた。そうして、その場合、アメリカ合衆国のその指導性を規定していた政策モティーフは、ほかならぬ初期冷戦政策のそれ、すなわち（戦前のイギリス・フランスによるミュンヘン対独宥和政策にまで遡ることはともかくとして）、戦時中の第二戦線形成のサボタージュと外辺的実施に示され、東欧解放地域問題を経て、やがて原爆投下作戦にはっきりと露呈されてくるところの一貫した対ソ政略であった、と。事実、中南米諸国が紛争の平和的処理にかんして地域システムの優先性を確実に保障するために具体的に細かく提案したものはほとんど顧みられず、「あらゆる努力をし」、また「奨励する」[32]ということで終わらせられている。地域的取極問題にかけられた「会議」の関心は、もはや別のところにむけられていた。そうして、USフォーミュラとして現われた解決方式は、実に地域的取極とは本来無縁な、軍事技術的発想に立った諸提案のうち、構造においてもっとも単純な、それだけ効果においてもっとも破壊的なフランス（およびトルコ）の提案に拠っていたのである。[33]

ついでながら最後に、USフォーミュラにたいするソヴェトの同意を獲得するにあたってアメリカ合衆国の交渉上の立場が弱かったことを訴えているダレスの著書のくだりにも、疑問がないではない。問題は、会議の早い時期にアメリカ合衆国自身（引取って）提案したところの修正[34]の一つについてである。ステチニアス報告によれば、それは（旧）敵国による侵略政策の再現に向けられた「特殊な相互援助条約」にもとづく「地域的強制行動」を安全保障理事会の事前の許可から外そうというものであり、そのような条約としてはまず一九四二年五月二六日のイギリス・ソヴェト条約その他が挙げられるということになる。[35]ところが、ダレスによるとこうである――〈会議のごく早い時期に合衆国の同意を得てしまった修正条項の趣意は、ソヴェトが、ポーランド・ユーゴスラヴィアなど、ヨーロッパ諸国と交渉している協定網のもとでは、安全保障理事会の許可にはかかわりなく自由に行動できるということであった。……したがって、合衆国は、ソヴェトが特別の関心をもつような地域では、ソヴェトの行動にたいしてなんらの拒否権ももたないことになる。ところが、その時は充分に気が廻らなくて、われわれはそれに対応する除外例をアメリカの地域的集団安全保障システムのために求めることをしなかったのである〉[36]。いわゆる旧敵国関係修正条項は、それとしては、連合国にとって共通な（旧）敵国による国際的反社会的行動の再現に斉しく対処することを企図した規定であり、その限りでそれはいわば保安処分にはじまる一連の執行措置の規定というべきものであろう。しかし、ダレスは、すべてを冷戦コンテクストにおいて見るわけであり、単独占領や分割占領を基礎に旧敵国を組み入れた軍事ブロックが形成されることをあたかも予見しているような条項解釈を述べているのである。

（1）United Nations Conference on International Organization, Vol. XII, p. 669.（以下に Conference と略す）

（2）ibid., pp. 832 ff.

（3）ibid., pp. 834, 835, 839, 674.

（4）ibid., pp. 764-825.

（5）第1表にかんする補註――①B欄に、原表では、第二次的ないし補完的に安全保障理事会が介入しうる場合についての三種類の提案（八ヵ国）が掲げられているが、本稿のテーマにとって傍証的な意味しか持たない（本文四三九頁【本書一四八―一四九頁】参照）ので、省略した。②C欄に、原表では、（旧）敵国による侵略の再現に対抗する措置を除外する修正案（会議招請国の共同提案）が載せられているが、紛らわしいので（本文四四一頁【本書一五〇頁】参照）、除くこととした。③また、C欄に、原表では、Bolivia の修文上の修正提案が掲げられているが、これはDO原案支持の意見であり、反証データとなるものなので（本文四三九頁【本書一四八頁】参照）、別にしておくこととした。④C欄（3）a のヴェネズェラ（選択的・試論的な提言）は、原表には出ていないが、「抜粋」にもとづいて掲げておいた。

（6）Relationship of Regional Agencies. Statement of the Secretary of State (Stettinius), San Francisco, May 15, 1945 (Documents on American Foreign Relations, Vol. VII, p. 434〔以下に Documents と略す〕; The Department of State Bulletin, Vol. VII, No. 306, p. 930.（以下に Bulletin と略す）

（7）予告の新聞発表がなされた経緯については本文（四三六頁）【本書一四六頁】参照。なお、J. F. Dulles, War or Peace, 1950, pp. 89-91（以下に Dulles と略す）、藤崎万里訳「ダレス・戦争か平和か」（一九五〇年）一二〇―一二三頁参照。また、この部分については、高野雄一「集団的自衛と地域的安全保障」、国際法外交雑誌五五巻二・三・四合併号「国際連合の十年」、一九三、一九四頁に引用・紹介がある。

（8）Proposals Submitted to Regional Committee, Statement by the Secretary of State, Bulletin, VII, No. 309, pp. 949, 950.

（9）小稿「安保条約の法的構造」、法律時報四一巻九号「七〇年問題と憲法」、一一、一二頁【本書二三二―二三四頁】参照。

（10）前出註（6）、（8）参照。

（11）こうした原理的な相違の指摘は、集団安全保障のタームの濫用にたいする批判の意味もあって、多くの人々によってなされている。例えば、森脇庸太「集団的自衛の法理」（一）、国際法外交雑誌六二巻三号六九頁参照。なお、「連合国会議」の第三委員会（第二会合）において第四分科委員会の報告が採択される際、フランス代表 Paul-Boncour は、その賛成演説のなかで侵略の prévention と répression とを区別しながら、逆な用語法を示している（Conference XI, p. 73）。

（12）小稿「安保条約の法的構造」、一二頁【本書二三四頁】。

(13) Dulles, pp. 88 ff.

(14) つづいてダレスは、一九五〇年の時点で、すなわち冷戦政策がアメリカ外交において体系的に展開され、冷戦状態が語られるようになった時点で、憚るところなくこのように「例証」してみせるのである——"If the Communist Party should win control of the government of a single South American country, then that government, with Soviet Communist connivance and support, could wage a war of aggression against its neighbors, and the United States or any other signer of an American pact could not take forcible action for peace unless the Soviet Union concurred." (Dulles, p. 89)

(15) "…… any acts of aggression within the Americas ……" (ibid., p. 89). なお、チャプルテペク協定 (Documents VII, pp. 718, 719) では、ひと口にいって、"…… aggression by any state, either from within or outside of the Western Hemisphere." である（Stettinius, 後出註（23）参照）。

(16) Dulles, pp. 89, 90.

(17) 前述四三〇頁【本書一四〇頁】参照。

(18) Dulles, p. 91；藤崎訳、一二一、一二二頁。

(19) ibid. pp. 91, 92. なお、ダレスのこの部分の叙述は、前半と後半とがうまく対応していない。まず、USフォーミュラにたいして中南米諸国代表はすぐには満足を示さなかった、というのであるが、それは自然なことであろう。USフォーミュラは、諸国代表の条約レヴェルでの問題提起にたいして、フォーミュラとしてはもっぱら権利のレヴェルで答えているからである。この外見的なずれは、それだけで中南米諸国代表を躓かせるに充分であったであろう。しかし、それにしても、条約にもとづく行動の《Rechtfertigungsgrund》がそれでもって与えられているということが恐らく説明ないし理解されたあとでもなお、中南米諸国代表は、USフォーミュラでは、チャプルテペクでの予約（一九四七年になってリオ・デ・ジャネイロで全米相互援助条約として実現）をアメリカ合衆国がなおざりにするおそれが残るとでも言いつづけた、ということなのであろうか。

　なお、いまひとつ、ダレスはいわゆるラテン・アメリカの危機を強調するが、会議の危機といえるものは、むしろ、拒否権にかんするヤルタ方式の解釈をめぐるソヴェトとアメリカ合衆国との間の公然たる紛議であったのではないであろうか。ソヴェト代表グロムイコの五月二七日、わけても六月二日の言明（紛争が安全保障理事会によって審議されるに先立ち、その紛争を議題表に載せることについて総ての常任理事国の同意が必要であるという趣旨の解釈）に当面して、〈イギリス代表も中国代表も合衆国の見解のほうをはっきり支持した。他方、それまで拒否権の緩和〔＝制限〕を要求してごうごうたる非難を放っていた中小諸国の代表はびっくりしてもう声も出ないありさまであった。……数日間、「会議」は失敗の瀬戸際に立たされているようにみえた〉(Survey of International Affairs 1939-1946, America, Britain and Russia, Their Co-operation and Conflict 1941-1946, (1953) p. 601)。六月四日トルーマンは、ソヴェトの主張を変えさせるために直接スターリンにHarry Hopkinsをとおして訴えることを決定した。この決定は六月六日モスクワでうまく実行され、成功した(ibid., pp. 587-588; 高橋通敏訳、マクネイル「国際協調の成立と崩壊」、六一〇頁参照)。翌六月七日、サン・フランシスコでは「安全保障理事会における表決手続にかんする四招請国代表団による声明」、すなわちヤルタ方式の解釈にかんする四招請国(フランスも同意)の声明が、「会議」の第三委員会第一分科委員会議長によって発表された(Bulletin XII, No. 311, pp. 1043 ff.)。「声明」は、「問題全体にたいする一般的態度」の表明にとどまっていて、五月二二日のSubcommittee III/1/Bによる質問表の二十三の質問(中小諸国による修正要求の前提としての質問)にはいちいちとり合わず、結局、ヤルタ方式の確認に終わっていた。〈多くの代表がこの声明には満足しなかった。……かれらはまた、望んでいたように拒否権が修正されなかったことに抗議した。しかし、大国全部の結束を前にしては、不満の代表たちはそれ以上なにもすることができなかった〉のである(Survey, op. cit., pp. 602, 603)。

ところで、ダレスによると、さらに六月一八日、「総会」の権限にかんして、同じような紛議がソヴェトとの間に生じ、公表された会議の最終日も迫っていたので、国務長官ステチニアスは、六月一九日、ソヴェト代表団とモスクワにいるハリマン大使とに、ソヴェトの脱退を賭けた二〇日正午を期限とする最後通牒ともいうべき覚書を送り、ソヴェトの翻意を獲得した、というのである(Dulles, pp. 36-38)。もっとも、これは、すでに六月六日の経験のあとでは、一見ドラスティックな構えにもかかわらず、二番煎じの一幕というべきものであろう。

(20) Hearings before the Committee on Foreign Relations, United States Senate, Seventy-ninth Congress, First Session on the Charter of the United Nations……, July 9-13, 1945, pp. 642, 643.(以下にHearingsと略す)

(21) ibid., p. 650.

(22) Report to the President on the Results of the San Francisco Conference by the chairman of the United States delegation, the Secretary of State, June 26, 1945 (Hearings, pp. 34 ff.)(以下にReportと略す)

(23) ibid., pp. 95-101. そのなかから、レレヴァントな行文を拾っておくなら、つぎのとおりである――

"The proposals submitted at San Francisco for amending this section [Ch. VIII, Sec. C] fell largely under three categories. There were some proposals from the Latin American delegations which raised the problem of the extent of autonomy in respect of pacific settlement of disputes and enforcement action under regional arrangements, ……. Likewise Australia submitted a proposal whereby the parties to regional arrangements would be authorized to take measures for their peace and security if the Security Council failed to act and did not authorize regional enforcement action. A similar Belgian [?] proposal recognized the right of automatic action under regional arrangements in case of urgent necessity, but provided for the authority of the Security Council to suspend the execution of such action. Another series of amendments proposed to approach the regional problem through modification of the voting procedure in the Security Council. Suggestions of this nature which were presented by Australia, Belgium and Venezuela proposed to qualify the so-called 'veto' power of the permanent members in the case of regional enforcement action. A third group of amendments was concerned with the specific problem of pacts of mutual assistance like the Anglo-Soviet treaty of May 26, 1942 and similar treaties, and of their integration within the framework of the General Organization. Although these mutual assistance pacts fell within the general denomination of 'Regional Arrangements', it was recognized that they were concerned primarily with the problem of military security".

"The amendment which exempted the application of enforcement measures taken under the special mutual assistance treaties [directed against aggression by enemy states] from the control of the Security Council did not meet the issue presented by other proposed amendments designed to give greater autonomy to regional arrangements in enforcement action. This matter was one of direct concern to the United States and to the other American Republics. The problem was met by the adoption of an additional amendment of special significance to the inter-American system. This amendment, which became Article 51 of the Charter,……".

(24)　Excerpts, pp. 25, 26 (Conference XII, pp. 783, 784.)

(25)　例えば、Joint Draft Amendments…… by the Delegations of Chile, Colombia, Costa Rica, Ecuador, and Peru, "I, III, V" (Excerpts, p. 8 / Conference XII, p. 771)。

(26)　同じく"IV" (ibid., p. 771)。他にも Brazil (p. 768)、Paraguay (p. 780) の修正案や Venezuela (p. 783) の修正意見があり、またおなじ志向をもつ Guatemala (p. 778) の意見もある。

(27)　Excerpts, pp. 6, 7 (Conference XII, pp. 769, 770) ——

"2. The Security Council should, where appropriate, utilize such agreements or agencies for enforcement action under its authority, and consequently it should not take any action with respect to matters or places concerning a continent or region to which there might be applied efficaciously the respective continental or regional system but no enforcement action should be taken under regional agreements or by regional agencies, without the authorization of the Security Council.

(A clause interpolated and replacement of the word 'arrangements' by 'agreements'.)"

"4. The enforcement actions and collaborations of a military character of members of the organization shall not be compulsory for each one of them regarding cases pertaining to continents other than their own, except in the cases and with the limitations determined in paragraphs 5 to 9 of Chapter 6, Section B. (A new paragraph added.)"

（28）Excerpts, p. 4 (Conference XII, p. 767) ——

"2. The Security Council should, where appropriate, utilize the co-operation of such regional systems, arrangements, or agencies, for enforcement action under its authority. In no case should such regional systems, arrangements, or agencies be able to adopt measures of sanction, whether economic or military, without the expressed authority of the Security Council."

（29）ＤＯ原案およびヤルタ方式とチャプルテペク協定との間の関係は、すでに三月、メキシコ・シティでの全米会議の際に、一般に考慮されていたはずである。しかも、おそらくは「逆」の関係においてである。すなわち——

まず、ヤルタ会議のあとその決定（Bulletin XII, pp. 214, 215）にもとづいて、三月五日にはサン・フランシスコ会議の招請状が三九の連合国に送られ、安全保障理事会の表決規則（Ch. VI, Sec. C）も公表された。同日、アメリカ合衆国国務省はこの表決規則を解説した国務長官声明を発表している。そうして、三月七日、「戦争と平和の諸問題にかんする全米会議」は「一般的国際機構の設立についての決議第三〇」を採択した。そのなかの宣言第二項と決議第一項(*f*)とは、つぎのとおりである（Documents VII, p. 716）——

"2. That these Republics desire to make their full contribution, individually and by common action in and through the inter-American system, effectively coordinating and harmonizing that system with the General International Organization for the realization of the latter's objectives;"

"1...... the views, comments and suggestions which, in the judgment of the American Republics presenting them, should be taken into consideration in the formulation of the definitive Charter of the projected Organization, especially the following points......:

（*f*）The desirability of solving controversies and questions of an inter-American character, preferably in accordance with inter-American methods and procedures, in harmony with those of the General International Organization;"

（30）なによりチャプルテペク協定前文（Documents VII, pp. 717, 718）を参照。

（31）前出註（3）参照。

（32）国連憲章五一条二、三項。
（33）前掲「分類表」参照。なお、この点についてのこれ以上の論及は、説明の便宜上、次節のⅡ２において続けることとしたい。
（34）Proposals by the United States, May 5, 1945（Bulletin XII, p. 854）; Statement by the Secretary of State（ibid., pp. 856, 857）.
（35）前出註（23）参照。
（36）Dulles, p. 90.

二　USフォーミュラの論理的構造と現実的機能

Ⅰ　権利のレヴェルの分析——解釈の三つのパターン

USフォーミュラは、右にみてきたとおり、もっぱら軍事技術的発想に出た（あるいは軍事技術的発想を装った）[1]ところのフランスの修正提案に拠るものではあったが、軍事的支援行動の開始の自由を緊急の場合に単に認めるというだけ（法規主義）でなく、そうした行動の自由を「集団的自衛」の権利として〈rechtfertigen〉し、国際法体系のうちに位置づけることを計っているものであった。いいかえれば、それは共同防衛（collective defence）に集団的自衛（collective self-defence）という法理的な鋳型づけをし、国際連合の普遍的な集団安全保障システムのなかに、調和するものとして、組みいれようとしていたのである。ところで、この連合国「会議」[2]においても、自衛権いいかえれば自衛としての武力の行使は、武力行使や行使の脅しの一般的な禁止にもかかわらず、たといDO原案に明記されていなくても当然に認められているものと考えられていた。[3]USフォーミュラは、この自衛権をあたかも対概念に展開し、フォーミュレートしてみせたわけである。

　では、集団的自衛の観念ははたして自衛観念の展開ないし拡大なのであろうか。正確にいうならば、それはどのような論理的構造をもつものとして理解されなくてはならないのであろうか。その解明の作業は、自然なことながら、ほとんどもっぱら国際法の研究者によっておこなわれてきており、したがって論議は自覚的にであれ無自覚的にであれ解釈論の立場にたちながら解釈学説（ドクトリン）を提示ないし選択するという形式で遂行されているのである。しかし、ここではそうしたさまざまな解釈行動のなかに見出されるところのいくつかの集団自衛観念の論理的構造のパターンをとり出して分析し、それぞれの論理的構造の態様、原理的性格、国連安全保障システムとの体系的整合性、国際社会構造への適合性、さらに合わせて現実的機能（実践的効果）の諸側面を分析し解明することとしたい[4]。

　第3表は、こうしてとり出された三つ[5]の論理的構造パターンの図解である。それらすべてを通じて、X──→は武力攻撃を、Y┄┄→およびZ┄┄→は反対攻撃を示しているが、集団的自衛としては特にZ┄┄→が、しかもそれの前提としての〈Tatbestandteile〉が問題となるわけである。

第3表

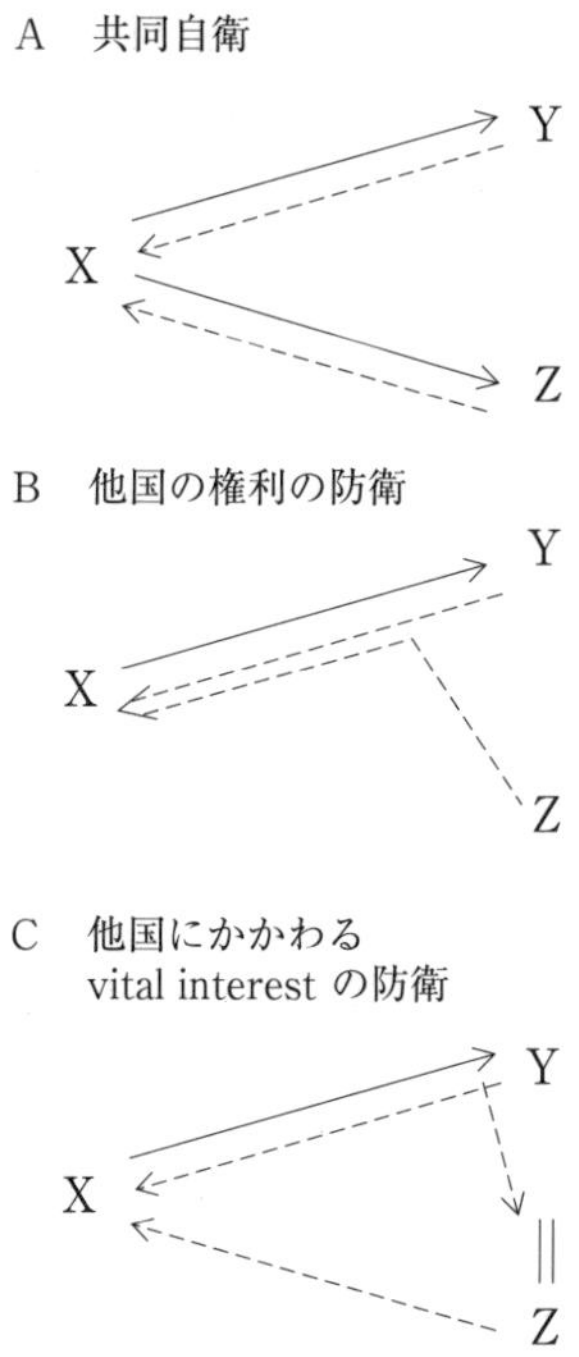

　さて、まずAパターンは、縷説するまでもなく、個別的自衛の共働という構造をもっており、〈その意味での共同防衛〉である。それは、言葉どおり self-defence の原理にきびしくもとづいて、Z┄┄→にもその前提として直接X──→Zを要求しているのである。例えば、Bowett はモノグラフィー “Self-Defence in International Law”（1958）のなかで、ま

ず集団的自衛権の法理についての三つの学説[6]を紹介したうえ、かれのいう〈自衛権にかんして考えられうる三つのfactual situations〉に照らして、第三説（個別的自衛権の共同行使）を受け容れ、つぎのように、述べている[7]——〈〔Aから侵害を受けた〕BとCとは、それぞれ〔別個に、並行して〕個別的自衛の権利を行使することができるが、またそれらを共同して行使することもできる（or may exercise those in concert）。この後者の場合が「集団的自衛」と適当に呼ばれうる場合である。その基本的要素は共同行動への参加諸国が〔すべてそれぞれに〕自国の行動を自国自身の法益侵害に基礎づけうるということにある〉。つづめていえば、——〈集団的自衛の権利の要件は二つである。第一は、〔その際に〕おのおのの参加国が自衛の個別的権利をもっているということである。第二は、それら諸国の間にその権利を共同して行使する意思の合致（an agreement）が存在することである〉。したがって——〈自衛権であるかぎりそれは自己自身の実体的権利を〔その侵害にたいして〕防護しようとする国家にだけ認められるのであって、個別的権利と集団的権利との相違はそれぞれの権利を個々に行使するかそれとも共同して行使するかにある〉。要するに、——〈集団的権利の基礎に疑いもなく個別的な権利の共同の行使を考えるところの第三の学説こそ集団的自衛権の優れて満足のいく説明を提供するものである〉。

しかし、それにしても、個別的自衛権の共同行使では、USフォーミュラが自衛権をいわば対概念に展開してフォーミュレートしたことの意義は否定され、また、いわゆる集団的自衛条約の中心的条項の意図への適合も疑われるはずである。にもかかわらず、あえて、Aパターンがまじめに主張されるのは、Bowett においてもそうであるが、実はX→Zが無形化ないし間接化され、既にCパターンへの転移が生じているからである。かれは推論の過程のあちらこちらでつぎのようにも述べているのである[8]——〈国内法からのアナロジー〔他者の権利の防衛＝第一説〕もこの見解〔個別的自衛の共働説〕に対立するよりは、むしろ支持を与えてくれることになるであろう〉。なぜなら——〈防衛の権利は〔通例〕防衛介入者ないし防護者〔である第三者〕と現実の被害者との間にある種の親近関係の存在する場合に限って認められており〉、したがって〈攻撃が被害者の安全にかかわる防護者の法益を

〔も〕侵害するような場合には、自衛権はcollectiveとなっている〉からである。要するに、――〈この分析が正しいなら、われわれはこれを国際的な場に類推して、つぎのように結論づけることができる。"......the 'collective' right will exist where the state invoking the right can show some interest of its own which is violated by the attack launched upon another state. We must similarly presuppose a 'proximate relationship', though not necessarily in terms of geographical contiguity, which makes a direct violation of the rights of one state an *indirect*, but nevertheless real, violation of the rights of another state which comes to the former's aid by virtue of the latter's right of collective self-defence.[9]"〉

なお、安全保障研究会編『安全保障体制の研究（上）』のなかにも、Bowettに似たつぎのような解釈が述べられている。――「もし自衛権の自然的発展として集団的自衛権を把握……〔す〕るならば、集団的自衛権は各国家の有する個別的自衛権の集合的行使だとみなす説明を最も妥当な見解だとしなければならない」。しかし、ここでも決して厳密なAパターンが考えられているわけではない。すなわち、――「武力攻撃が自国になく、他国にあった……場合……自国の方も……直接の危険を感ずるときに限って、集団的自衛権が発動しうる」。たとい、「間接の攻撃であっても、自国にたいする直接の攻撃と同じく、直接に危険が感じられる場合には、……自衛権の発動要件の"危険"ありと認定〔さ〕れる。間接の攻撃を直接の危険と考えるのは、事実の擬制ではなく……危険という事実の認定である」。しかも、「危険については、危険があるとの主観的信念が重視され、その信念〔に〕相当の根拠があれば、正当防衛の要件となる」のである。こうして、ここでもすでにCパターンへの転移が生じていることは明らかであるが、にもかかわらず個別的自衛権の集合的行使というパターンが固執されるとすれば、それはなぜであろうか。ここでは、解釈行動を導くところの実践的意図が率直に語られている――「集団的自衛の本質を個別的自衛権の同時行使だと概念すれば、国連憲章上も、日本国憲法上もともに疑義なく承認されることになる[10]」。

Bパターンは、国際法上での正当防衛として、他人の権利の防衛という構造をもち、緊急救助の原理にもとづくところのものである。ところが、Bowett はこの種のパターンをかれのいう第二の学説として挙げながら、その内容を殊さら Redslob の巻末の一節のほうに拠って、"Le devoir de maintenir la paix, d'une part, et l'obligation de redresser la norme violée de l'autre, convergent et s'unissent dans le précepte de soutenir la légitime défense d'autrui."[11] というふうに理解し、そうして、第一にそのような義務が実定法上成立しているとは考えられないこと、また第二にそのような義務の実現、すなわち侵犯された法の救正が諸国家それぞれの主観的判断と決定とに依存するとなれば、法の救正は混乱してしまうことを挙げて、却けているのである。[12] しかし、Bパターンはむしろ国内法上の正当行為の一つとしての「他人の権利の防衛」のアナロジーであって、事柄は義務ではなく権利であり、また法の救正ではなく権利侵害の防止である。

他方、Kunz や Kelsen においては、集団的自衛は、ひと口にいって、他者（の権利）の防衛と考えられている。Kunz の場合、こうである[13]——"The term *collective self-defense* is not a happy one. It is not self-defense, hut defense of another state; it corresponds, in municipal law, not to self-defense [Notwehr], but to the defense of others [Nothilfe]. ……It is an autonomous exercise of force, legalized by the Charter only under the conditions and within the limits of Art. 51." "If a state or states are bound by regional or mutual assistance treaties they are under a duty to act, ……. But for any state or states not having such particular obligations the exercise of collective defense is……under Art. 51 merely a right……." "The right to defend others in municipal law is often restricted to persons having a special family relation with the person defended and always made dependent on whether the person defended has himself a legal right of self-defense. Here, too, the legality of the exercise of the right of collective self-defense depends on whether the state in whose favor it is being exercised has a right of individual self-defense. In consequence all further legal problems concerning collective self-defense depend on the problem of individual self-defense."

すなわち、以上Kunsにおいては、第一に、かれの規範論理主義的法実証主義の立場から、端的に憲章第五一条にもとづいて「他者の防衛」の権利という理解がおこなわれており、国内法の類推というアプローチは採られていない。かれもやはり国内法に言及してはいるが、言及の趣意は、きわめて当然のことながら、いうところの他者の防衛が防衛される他者の側での自衛行動を前提し、これに依存している、という論理的つながりのあることを指摘しておくためである。したがって、第二に、国内法上でしばしば他人の防衛の権利がその人と特別な親近関係にある者に限って認められたという事実も、Kunzにあっては格別の注意に値することではない。かれにとって、集団的自衛の権利は、条約の種類にもまた有無にもかかわりなしに「結局すべてのどの〔国連〕加盟国によっても」行使されうるものなのである。(14) 察するところ、かれには、「特別な親近関係」という限定も、他人にかかわる防衛行動者の法益を引き出してくるようなものでなく、防衛者の範囲をとり扱う法政策の上の一つの基準としか考えられないのであろう。

なお、Kelsenにおいてもおなじアプローチの仕方でやはり「他者の防衛」という理解が示されている。すなわち(15)——"……on the other hand it [Art. 51] extends this right……. This means that any member of the United Nations is authorized by the Charter to assist with its armed force the attacked state against an aggressor. This is implied in the provision recognizing……also the right of collective self-defense. This terminology is rather problematical. The term self-defense is correctly applied only to the state which is the victim of the armed attack. The other members of the United Nations which assit the attacked state, act in the defense of the latter, but not in self-defense. Such a collective defense may be organized by treaties previously concluded for this purpose ……."(16)

ところで、Bパターンに対しては、森脇庸太「集団的自衛の法理」(17)によるきわめて丹念な法理的分析がある。それによれば、緊急救助としての正当防衛には、まず、国際連合の本来の集団安全保障システムとの体系的整合性について疑問が提起されることになる。[18] しかし、第一に、いまここで必要なのは、体系的整合性または不整合性を明確にしておくことであって、体系的に整合的な解釈を追求することではない。第二に、さきの第2表にみられるとおり、USフォーミュラの系列Ⅲにおいては論点の転換が生じていて、システムの scheme の上では、集団的自衛CSDca は、もはや RAcm/SCd_2 から SCd_2 を除くことではなく、また、オーストラリア修正案のように SCd_2 を step over することでもないのである。[19] とすれば問題は、むしろ、正当防衛としての集団的自衛が現実の国際社会構造にどれほど適合的であるか、にかかっていると考えられよう。この点について、森脇論文はつぎのように述べている[20]——「国内社会にあっては、正・不正が比較的明白に識別される具体的条件の下で、格別の利害や打算に囚われることなく、正当利益の保護といった純粋に防衛の目的を以て、援助がなされるのが普通であろう。それに圧倒的な実力を擁した公権力の救正の活動を迅速に期待しうるし、事後の客観的な統制に確実に服することになっている。ところで、国際社会の場合は……侵略者の判定は、法的にも、また、事実上も困難とされる場合が多い。……それに、……第三国の戦略上および政策上の配慮が不可分に絡んでくる。かくて……救援は、かえって、戦闘を無統制に拡大する危険を伴う。……これを防止し抑止すべき〔国連の〕集団保障の適用もいよいよ困難になる」。すなわち、選択された行動様式と状況とのあいだの甚だしい不適合が予測され、要するに技術的な合理性の欠如が大いに懸念されるというわけである。

ところが、Kuns と Kelsen がともにそれぞれ強調しているのは、さらにシステムの構造的破綻ともいうべき事態[21]についてである。Kunz はこう述べている[22]——"As in municipal law, self-defense under Art. 51 is not a procedure to enforce law,……but serves primarily to repel an illegal armed attack. But, contrary to municipal law, it may not stop here: it seems to give the state or states exercising the right of individual or collective self-defense the right to resort to a justified war, to carry this war to victory, to impose a peace treaty upon the vanquished aggressor, always presupposing that the Security Council has failed and continues to fail of taking the measures nesessary…….”このような場合、自衛権は戦争に訴える権利となり、したがって、集団的自衛権は同盟戦争または干渉戦争のチャンスの公認を意味することとなるわけである。また、Kelsenもおなじく、こう指摘している[23]——“……self-defense…… is an exceptional and provisional interlude between an act of illegal use of force……and the collective enforcement action……. Totally different is the case when……self-defense takes place because, for some reason or another, the collective security provided for does not work. Then self-defense is…… the replacement of this system, which is temporarily or definitely blocked, by the opposite principle of self-help.”“However, one should be aware of what that means. It means a war in which both parties will claim …… to exercise their right of self-defense, just as under general international law, both belligerents may claim to wage a just war…….”要するに、自衛は、もともと当事国双方の側からの経過的な打ち合いとなり、集団的自衛としては、二つの異なる地域的組織や条約グループの間での打ち合いとなる可能性を含んでいるものであるから[24]、右のような場合、それは対立する同盟間の戦争に転化するeventualityを免れないこととなるわけである。

なお、とりわけこうした干渉戦争のチャンスの排除を期待して、あえてB_2パターンを考えてみることもできるであろう。Bパターンとの構造上のちがいを取り立てていってみるなら、それは、Zがその軍事的支援行動において終始Yの意思ないし判断に服さなくてはならないことを強調するという点である[25]。しかし、Yの要請ないし同意は、強要または擬制せられるおそれがあるばかりでなく、現実にはCSDTの周知のフォーミュラ（「一国にたいする攻撃を全締約国にたいする攻撃とみなすことに同意する」、その他）によって先取りされてしまっているという事情もある。また支援行動のYによるコントロールの貫徹も疑わしい。とすれば、B_2パターンも現実にはBに区別されがたく近づくことであろう。いずれにしても、BないしB_2パターンは、集団的自衛諸条約の共同防衛条項フォーミュラによく照応しており、したがって、それら諸条約の軍事同盟的機能を暴露するという働きをもつことになっている。

さて、Cパターンは、自己防衛の原理にもとづきながら、集団的自衛の独自的な存立を主張しうるような論理的構造を画こうとするものである。第3表C図において、X┈┈▸Zは、もっぱらYに対するところの武力攻撃がそれだけで同時にZに対する侵害ないし侵害の急迫した脅威となるという関係（構成）を、そうして、＝Zは、YにかかわるZの vital interest の存在を表わす。ところで、ここでもまた前掲・森脇論文がもっとも克明な分析を試みているのであるが、そのなかで、集団的自衛権の自己防衛的性格は、単に法的擬制を通じて成り立っているようなものではなく、独自の実体的基礎のうえに確立しているものであること、いいかえればYにかかわるZの死活的利益の存在がおよそ集団的自衛権の法的要件となるものであることが強調されている。それは、そうすることによって、Bパターンの場合とは異なり、①自己防衛権であるところから、国連集団安全保障システムとの整合性が問題なく保証されると考えられるからであり、また、②集団的自衛に与りうるものの範囲が限定されるところから、現実の国際社会構造への適合性も救い取られると考えられるからである。この後の点については、現につぎのように、あらためて主張されるということになる。——一般に集団的自衛条約に関連してであるが、「かような実体的関係に基底を持たない『条約区域』を設定することは、単なる法的擬制に過ぎない(26)」。また特に日米安保条約に関連してであるが、まず、第六条のフォーミュレーションについて、「〔『極東』というふうに〕漠然として広いのは、集団自衛権の建前から問題になる。……六条でも自衛権に基づく共同関係を考える以上は、……もっと特定し限定されなくてはならない(27)」。つぎに、第六条の適用の問題として、「日米の条約上の行動〔に〕は……法律上最小限の要件として……『極東において生じた武力攻撃〔X⟶Y〕で、アメリカ〔Z_1〕ならびに日本〔Z_2〕の安全と独立に死活的』であるものが前提に……なくてはならない(28)」。

では、自己防衛としての集団的自衛権のいうところの独自性の実体的基礎、すなわち他国にかかわる自国の vital interest とはいかなるものであり、またそれはどのようにして「自衛法益」にまで高められるものなのであろうか。かりに、そのような実体的利益を考えるとすれば、それは他国に対するだけの攻撃でもってすでに侵害され

〈または差し迫って脅かされ〉るようなものであるから、どこまでも他国にかかわった利益でなくてはならない反面、自衛法益として法的形態化がなされうるためには、単に一国の外交関係の諸局面における利益一般にとどまるものではありえない。この論理的要請を自覚しながら、問題の分析を試みているのは、前掲・森脇論文である。その論旨をできるだけ忠実にまとめるならば、こうである(29)——

〈まず、「武力攻撃の発生を『現在性』と『急迫性』の二つのカテゴリに分別して把握し、パラレルに〈Yの〉個別的自衛権と〈Zの〉集団的自衛権の発動要件とする」見解(30)は、批判されなくてはならない。なぜなら、「特定国〈Z〉の判断において〈Yに対する武力攻撃から自国に対する〉武力攻撃の差し迫った危険が現出していると認定されるのであれば、それはただちに『個別的』自衛権の発動要件を充足することになるであろう」し、また「自国の安全と独立を現実に脅威するというのでなく、やがては自国にも攻撃が及ぼされるという程度の危険の蓋然性が認定されるというのであれば……自衛権の発動要件が具備していないことになるであろう」からである。ところが、「急迫のカテゴリには把えられず単に将来予見されるにとどまるといった武力攻撃を排除する〈いまの機会に予防する〉行為は、個別的自衛とされず、また……緊急救助の適法性も容認され難い(31)とあらば、ここにおいて、特定国に対する武力攻撃の発生を契機にして、比較的強度の相当に急迫せる危害の存在を認定する諸国の『自己を防衛する活動』の適法範囲が問題になってくる」。これがまさに集団的自衛の課題である(32)〉。では、そのような「認定」を支える実体的基礎はどう説明されるのであろうか——〈「ここにいう『実体関係』は、自己の国防上の要請から相互の安全を連帯して保障すべき諸国の特殊な『依存関係』であ」り、いいかえれば、「安全を一つにする」「密接な関係」であって、「現代の国際社会にあっては正に実在する実体関係であるとされよう」。具体的にいえば、「他国が独立を維持し安全を保障することによって生じてくる自己の利益」であって、「自己の基本的法益の保全には不可欠な重要性を占めている特定の利益なのである」〉[33]。ではさらに、このような利益の法的保護の対象化（法益化）は、どのようにしておこなわれるのであろうか――〈それは、「〔一般的国際機構の〕『集権的』な法秩序の基本的支配に服すべき『自衛権』の地位および内容が確定され」るとともに、「この権利を以てしては防衛しきれない『重大な国家利益』の存在が確認され」、そうしてこの種の利益の防衛まで「『権利』として確保すべき切実な要請」が諸国家の「規範意識」において容認された場合である。すなわち、「諸国の安全を一つにする『密接な関係』の存在が前提される以上、特定国の基本的法益の擁護……は、自国の『基本的法益の保全』に直結してくる」。いいかえれば、「特定国の基本的法益の侵害と喪失は、事実上、自国の領土保全を、政治的独立を危殆たらしめることになるかもしれない」。さて、「こうした考慮が、自国と『密接な関係にある他国〔Y〕の基本的法益の〔第三国Xからの武力攻撃に対する〕保全を『自己』〔Z〕の重大関心事項となし、その保全にかかわる『自己』の利益を『法益』の地位に高め」るとともに、「これを防衛するための『法的手段』として『集団的自衛』を考案した〔むしろ、集団的自衛権のカテゴリーの成立を可能ならしめた〕」、とみることは、それ相当の理論的根拠を有するといえるであろう」〉[34]。

さて、以上のように説かれてみても、所詮、〈抽象的な軍事的危険〉が採り出されえたとしかおもわれず、これにいくらかでも現実性のイメージ（「比較的強度の相当の急迫性」）を帯びさせる要素があるとすれば、関税同盟にはじまる主権統合の場合は別として、「安全」観念を〈fundieren〉するところの、他国にかかわる軍事的ないし戦略的利益・経済的ないし市場利益・政治的ないし階級的利益などの利益一般のある程度の存在である。しかし、独自の集団的自衛法益カテゴリーの成立契機が的確に示されえているわけでもない。とすると、Cパターンの論理的構造と現実的機能とについては、つぎのような特質がみとめられることになるであろう[35]。（イ）まず、自衛法益の仮象と言わないまでも、すくなくともそのきわどい弛緩が生じている。（ロ）そのことを通じて、集団的自衛行動は、政策的選択のレヴェルから、「重要な法益」防衛の至上命令のレヴェルへと高められる。（ハ）また、集団的自衛には、国連憲章上は体系的整合性のほうが認められ、日本国憲法上は政府の自衛権解釈の線に沿いながら、個別的自衛として合憲性を認知する途がひらかれることになる。（ニ）そうして、集団的自衛条約の条項テキストやその適用にたいする「忠告」を通じて、それら諸条約の軍事同盟的性格の矯正が図られる。しかし、自衛法益のきわどい弛緩がある以上、それも諸条約の現実的機能を隠蔽する働きをもつことになる。わが国の外交実務家や解釈論上の通説がCパターンを採用する所以である。そうして、このCパターンこそが、一九六九年一一月二一日の日米共同声明第四項（第二文後段）によって文書上公然化された「韓国条項」*の先と後とを固めたということも、またたしかなことである。

【＊　「総理大臣は、……韓国の安全は日本自身の安全にとって緊要であると述べた。」】

Ⅱ　条約のレヴェルの分析

1　partial agreement から supplementary agreement へ

地域的取極の問題、いいかえれば、一部の国々による防衛条約とこれを包摂するような一般的ないし全体的システムとの間の両立性をめぐる問題は、すでに国際連盟においても、その発足後間もなく提起されるにいたっている。しかし、問題状況もまた対処の仕方も、のちのそれとは異なっていた。

一九二一年第二総会のいわゆる第一六条適用に関する指針＝解釈決議(36)によって、規約による安全の保障期待を決定的に薄められた(37)フランスは、一九二二年の第三総会においていわば巻き返しの努力を開始し、そうしてその政策の端緒をつけることに成功した。第三総会のいわゆる決議第一四の成立がそれである。決議の趣旨は、つぎのとおりであった[38]——

The Assembly, having considered the report of the Temporary Mixed Commission on the question of a general Treaty of Mutual Guarantee, being of opinion…… that this report contains valuable suggestions as to the method by which a Treaty of Mutual Guarantee could be made effective, agrees to the following resolutions:

1. No scheme for the reduction of armaments, within the meaning of Article 8 of the Covenant, can be fully successful unless it is general.

2. In the present state of the world, many Governments would be unable to accept the responsibility for a serious reduction of armaments unless they received in exchange a satisfactory guarantee of the safety of their countries.

3. Such a guarantee can be found in a defensive agreement which should be open to all countries, binding them to provide immediate and effective assistance in accordance with a pre-arranged plan in the event of one of them being attacked, provided that the obligation to render assistance to a country attacked shall be limited in principle to those countries situated in the same part of the globe. ……

4. As a general reduction of armaments is the *object* of the preceding resolutions, and the Treaty of Mutual Guarantee the *means* of achieving that object, previous consent to this reduction is, therefore, the first condition for the Treaty.

This reduction could be carried out either by means of a *general treaty*, which is the most desirable plan, or by means of *partial treaties* designed to be extended and open to all countries.

In the former case, the treaty will carry with it a general reduction of armaments. In the latter case, the reduction should be proportionate to the guarantees afforded by the Treaty.

……………………………………………………………

すなわち、フランスは連盟の内部で、その諸機関を通じて、規約のそれとは別に、実効的な安全保障のシステムをあらたに積み重ねることを企図しているわけであり、そのために連盟の当面もっとも重要な課題＝一般的軍備縮小計画の促進は、かっこうの名分として利用された。そうして、この名分のあるかぎり、Lord R. Cecilをはじめとして代弁者ないし推進者にフランスは事欠かないありさまであった。実効的な安全保障のシステムとしては、一般条約とpartial treatiesとの併用が考えられているが、比重は、第二総会のさきの解釈決議のあとでもあり、むしろ後者のほうにかけられていた。いいかえれば、地域的防衛協定の保障に依りかかった段階的軍縮の方式のほうが現実的であると力説されていたのである。

一九二三年八月には、臨時混合委員会（T. M. C.）によってともかくもひとつの相互保障条約草案が作成された。(39)条約草案は連盟理事会を経て、同年九月第四総会に提出されたが、問題の部分的協定に関係した三つの条項の原案は、つぎのとおりである——

Article 6. —— In order to allow the High Contracting Parties to render the general assistance mentioned in Articles 2, 3 and 5 immediately effective, they may conclude, either as between two of them or as between a larger number, agreements complementary to the present Treaty exclusively for the purpose of mutual defence and intended solely to facilitate the carrying-out of the measures prescribed in this Treaty, determining in advance the assistance which they would give to each other in the event of any act of aggression which they may consider possible against any one of them.

Such agreements may, if the High Contracting Parties interested so desire, be negotiated and concluded under the auspices of the League of Nations.

Article 7. —— Defensive agreements within the meaning of Article 6 shall be communicated to the League of Nations, in order that they may be examined by the Council and recognised as being in accordance with this Treaty and the Covenant.

In particular, the Council shall consider if the said agreements are of a nature to justify its decision, should the case arise, subject to the conditions of Articles 4 and 5 of this Treaty, to demand the assistance of the other High Contracting Parties.

When recognised, these agreements shall be registered in conformity with Article 18 of the Covenant and regarded as supplementary to the present Treaty. They shall in no way limit the general obligations of the signatory States nor the sanctions contemplated against the aggressor State under the terms of this Treaty. They shall, in all cases, be open to any other High Contracting Parties which may wish to become party to them, subject to the consent of the signatory States.

Article 8. —— In all cases of aggression contemplated by defensive agreements within the meaning of Articles 6 and 7, the States parties to such agreements may undertake to put into immediate execution the plan of assistance which they have agreed upon.

Subject to the preceding paragraph, the provision of Articles 4 and 5 above shall come into force both in such cases and in other cases of aggression not contemplated by the special defensive agreements, and the High Contracting Parties to such agreements shall inform the Council, without delay, concerning the defen-

sive measures which they think it necessary to take.
……………………………………………………

ところで、以上のような形での部分的協定の原案への採り入れに関して、それまでのT・M・Cや特別専門委での論議を追う必要はないであろう。一九二三年第四総会第三委員会の条項審議の冒頭にイタリア代表Count Tosti di Valminutaによっておこなわれた総括的な批判的意見の陳述が、そうした論議の輪郭を的確に画き出していると思われるからである。議事録からその要領をまとめてみるなら、こうである。[40] ——〈問題は一般的保障条約のシステムが部分的協定のそれ〔バイ・システム〕を果たしてどこまで受け容れることができ、また、後者によってどれだけ補完されるのか、ということである。多くのひとたちはつぎの三つの理由を挙げて、部分的協定を肯認しようとする。①一般的保障システムは作動するのにひまがかかり、緊急の場合間に合わないおそれが多い。②さらに、一般的保障システムの援助計画となれば、予めこれを組み上げておくこと自体不可能にちかく、可能だとしても不可避的に年月を要することであろう。反面、二、三の国の間で協定を結び、相互的な軍事的援助のあらゆる措置を予め組織しておくことは容易である。③部分的協定の反対者さえ現に結ばれているもの[41]の廃止を強要できないことは承知しているし、また部分的協定に内在する不利な諸点は、部分的協定を国際連盟のコントロールの下におくことで減少させることができる〉。〈以上、たしかに部分的協定で結ばれたグループは、軍事力によって戦争を制圧できることであろう。しかし、部分的協定は両刃の剣である。それは外部の好戦的な政府に抑止的に作用するよりも、これを対抗グループの結成に追いやることのほうが多いであろう。その結果、紛争の局地化が一そう困難となり、戦争しかも世界的規模の戦争の危険が増大する。それとともに、部分的協定が段階的軍縮に導くということも全く疑わしいものとなるであろう〉。〈しかし、イタリア代表はT・M・Cの多数意見への妥協として部分的協定に若干の条件を付けることを提案した。すなわち、部分的協定は、①その成立から適用にまでわたって連盟理事会の審査、承認あるいは監督の権限に終始服すべきものとすること、また、②すべての国にたいして開放を義務づけられたものとすること、を要求したのである。ところが、この修正提案も、原案にみられるとおり、僅かしか容れられず、結局イタリア代表は原案全体にたいする同意を拒むことを余儀なくされた次第である〉。

一般討論の三番手に日本・松田代表によっておこなわれた批判的意見の開陳は、まさに記録に値するとおもわれるので、明晰な英文のままつぎに掲げておくことにしよう[42]――

The first objection to the idea of a partial agreement, which might possibly be directed against one of the High Contracting Parties or against a Member of the League of Nations, lay in the fact that it appeared to be contrary to the spirit of friendly understanding and confident co-operation which should inspire the great family groups of the League.

Any partial agreement almost invariably contained within itself a latent threat and tended to increase distrust and uneasiness among the nations which were not parties to it, and this would lead rather to an increase than a reduction of armaments.

The existence of partial agreements would imply the possibility of an outbreak of war, outside the impartial and previous control of the Council. By devious ways, a system of rival groupings would he established; the political theory of the balance of power would be renewed and the fundamental ideal of the League of Nations —trustful co-operation between its Members—would no longer be upheld.

A general agreement presupposed a general guarantee which would apply to all Members. Partial agreements, on the other hand, were destructive of unity and introduced elements which would result in discord. History taught that military agreements always entailed, in one way or another, an increase of armaments.

……

For all these weighty reasons, the Japanese Delegation was, in principle, opposed to partial agreements. Nevertheless, the Japanese Government was prepared to give the strongest evidence of its spirit of conciliation and the Delegation would consent to the existence of partial agreements on condition that the control of the League of Nations should be complete, that the Council should be the first to authorise the entry into effect of the partial agreements and that, in all cases of aggression, the Council should have the right of preliminary examination.

Only on these conditions could the Japanese Delegation consent to partial agreements. It was, in effect, entirely opposed to the automatic and immediate coming into force of an alliance without previous consideration and approval by the Council.

なお、第三委員会では、そのほかスペイン、オランダ、ノルウェーなどの代表[43]も部分的協定に対する反対ないし批判的意見を力説しているのであるが、全体としてみればこれらは紛れもなく少数意見に終わっており、結局第四総会で採択された中間的条約ドラフト＝「相互援助条約案」[44]は、部分的協定に関する三箇条において、前掲T・M・C原案といくらも変わるところのないものであった。すなわち「条約案」によれば、第一に、一般的保障システムのもとで、もっぱらこの保障措置の即時・有効な実施を目的として、一部の国々によるpartial agreementsの締結が認められた（第六条）。このかぎりでは、部分的協定は一般的保障条約の実施を技術的に補う特別協定にほかならず、正当にcomplementary agreementsと呼ばれうるものである。しかしなお、この形態においてさえ部分的協定の存在は発足後間もない国際連盟のunityまたはcohesionを損なうおそれのあることが繰り返し審議の過程で指摘されてもいたのである。第二に、部分的協定は緊急の場合いわば自動的に、すなわち一般的組織機関の侵略者判定をまたず個別国家の判断によって即時に発動されうることが許容された（第八条）。部分的協定には二重の機能が認められたわけである。そうして、当然のことながら、部分的協定に対する第三委員会での批判・反対もこの後者の機能について一そう激しいものとなっている。ことに日本とイタリアの代表は、九月一九日第三委員会の第九会合で、第八条の修正を提案し、連盟理事会の事前の決定をつねに必要とするよう改めることまで主張したが、否決された[45]。なお、二重の機能が認められていたかぎり、この「条約案」の段階では、問題の協定をただpartial agreementsと呼んでおくことが適当であろう。また、協定に附加された第二の機能が〈緊急の場合における即時の援助の実行〉というふうにもっぱら即物的に観念され、決して自然権的自衛観念に接合した価値ラベルを貼られるようなことがなかったという事実は、この時期におけるこの種の問題へのアプローチの仕方の特徴として、注目されなければならない。第三に、部分的協定はその内容について一般的保障システムの機関、すなわち連盟理事会の審査を受け、必要があればその変更を求められるものとされた（第七条一項）。しかし、実際には、協定の審査・選別の基準は捕捉しがたいものであろう。また、協定が緊急時に自動的に作動する場合には事柄はいわば戦略のレヴェルに属するので、問題は協定の内容、いいかえればその規範的建前よりも、適用の現実の仕様にこそかかっているはずである。とすれば、前述イタリア修正提案が要求していたような、協定の個々の適用に対する連盟理事会の不断のチェックと矯正の権限が明確に採り入れられなかったことはシステム全体にとってなお大きな危険を残しているといえるであろう。第四に、部分的協定はすべての「条約案」当事国にたいして開放され、加入可能なものであることがいちおう定められはしたが、なお加入には既存の「協定当事国」の同意が必要とされた。まず、部分的協定にたいする開放性の要求は、補助協定を通じての段階的軍縮の推進という観点からは、あたりまえのことであろう。ところが部分的協定に現に認められている二重機能のことを考えるならば、それは部分的協定の同盟への転化に対抗するきわめて現実的な保障なのである。にもかかわらず、この開放性の要求が、「一切ノ他ノ〔本条約〕締約国ニ対シ〔部分的協定〕署名国ノ承認ヲ経テ加入ヲ得シムルモノタルベ」きこととして、骨抜きにされたことは、部分的協定の提唱者たちが部分的協定による相互保障の拡散の結果軍事的義務負担の際限のない増大の見込まれることを懸念したというよりも、むしろかれらが部分的協定による保障役務の相互提供を依然として同盟援助の観点から見ていたからである、ということができよう[46]。公開性の貫徹は、部分的協定による軍事的援助計画から同盟にみられるような戦略的方向性を抜きとるばかりでなく、一般に部分的協定に期待される援助の技術的組織度を低めるものなのである。

さて、翌一九二四年の第五総会では、開会早々、前年の中間的条約ドラフト＝「相互援助条約案」を超えてあたらしく連盟規約の基礎のうえに国際安全保障システムを一挙に完成させるような条約草案の作成が企てられることになった。ここに至る経過やまた新条約の内容やメリットは周知の事柄に属すので、ここでは触れる必要もないであろう[47]。問題は、新しい一般的安全保障条約＝「国際紛争平和的処理に関するジュネーヴ議定書」の草案や審議の過程で、前年の部分的協定構想がどのように処理されていったかである。

九月二二日、第五総会第三委員会（安全保障および軍備縮小の問題部分を担当）の第六会合に第四分科会から議定書草案が提出された。ところで、草案には問題の部分的協定にかんする条項としてなおつぎの一箇条がおかれていた[48]。——

Article 14. — [In view of the contingent military, air and naval sanctions provided for in Article 16 of the Covenant and in Article 12 of the present Protocol, the Council shall be entitled to receive undertakings on the part of States, determining in advance the military, air and naval forces which they would be able to bring into action immediately, in order to ensure the fulfilment of the obligations arising in this connection ……]

Further, *after an act of aggression has been established,* the States signatories may, in accordance with agreements previously concluded, bring *to the assistance* of a given State which is the victim of aggression the whole or such part of their military, naval and air forces as they may consider necessary.

The agreements mentioned above shall be registered and published through the instrumentality of the Council of the League of Nations. They shall be open to all States Members of the League which may desire to accede thereto.

そうして、この部分にかんする報告者Benesの説明はつぎのとおりであった[49]――

"The question of partial agreements was settled in Article 14. The second paragraph provided that "……". That was an idea which had been rejected the previous year. It was recognized now that the application of a system of arbitration implied a profound modification of the nature of partial treaties. These became, as it were, supplementary guarantees for the smaller states, ……. Such agreements must, of course, be public and be open to all countries. If the Protocol came into force ……, it might be said that the old system of alliances was a thing of the past."

右に明らかなとおり、「議定書」草案においては部分的協定は、[50]もはや補助協定としての機能だけを認められたもの、すなわち連盟理事会の侵略者判定と制裁適用決定とにもとづいてのみ作動しうるところのperipheralな特別協定という性格をもつものとなっている。部分的協定のいわゆる〈"automatic" application〉は落とされ[51]、その反面で、協定の公開性は無条件に認められた。したがって、第三委員会の最初の一般討論のさいにはまだ、部分的協定についての批判を前年どおり繰り返し力説していたイタリア（代表Schanzer）も、第六会合で第四分科会から提出された議定書草案を眼のまえにしては、部分的協定にかんするイタリアの主張が受け容れられていることに満足を示しており[52]、他方、フランス（代表Paul-Boncour）はフランスで、議定書自体による一般的保障システムの技術的完成を高く評価して、部分的協定の紛れもない補助協定化には異論のないありさまであった[53]。草案第一四条は、若干の表現上の修正をうけただけで、最終的には議定書第一三条として採択された[54]。

部分的協定をめぐる問題論議のこのような転換・収束をもたらしたものは直接には、同じ第六会合でイギリス代表Hendersonによって指摘されたところの、議定書（草案）による「全く新しいシチュエーション」の創出である[55]。勿論これは、議定書によってはじめて組み上げられた一般的安全保障システムの新しい規範的構成のことであるが、図式的に示すなら、①compulsory arbitrationの全面化（三、四条）→②これを前提としての、侵略のautomatic difinition（侵略者推定方式）の成立（一〇条）→③これに伴うところの、連盟理事会による制裁の集中的実施方式の実現（一一条―一三条一項）、ということである[56]。なお、こうした問題処理の全過程をとおして、国際連盟に参集した資本主義諸国のこの時期の指導者たちの間には、共通な平和思想、いいかえれば平和の規範的組織にたいする信仰にちかい信念が行き渡っていたことがみとめられるのである。

2　集団的自衛条約――概念内容の顛倒

第二次大戦後、サン・フランシスコの連合国会議で、地域的取極の問題がどのように提起され、またどのように処理されたかは、すでに説明したとおりである。ここでは一九二二年から二四年にかけての国際連盟での部分的協定問題処理の経験を考慮にいれながら、若干の補論的説明をつけ加えておくこととしたい。

第一に、問題設定の方向（Abstellung）が二つの場合においては逆であった。さきの部分的協定では、たとい安易にすぎるにしても、それが拡大または連結して一般的協定へと高まりまたはこれに解消していくように考えられており、そのことを裏打ちするものとして部分的・段階的軍縮方式の早期の実施の可能性が説かれていた。部分的協定は補助協定へと整理されえたわけである。ところが、のちの地域的取極の場合には、地域的紛争の自主的な平和的処理や一般的安全保障の地域的代行ばかりでなく国際関係のあらゆる分野における地域的特殊性の自主的開発を本来の目的とするはずの regionalism の主張が、フランスなどの軍事技術的発想にもとづく緊急救助論の側圧をうけながら、指導的なアメリカ合衆国の基本政策の枠の中で処理されるという仕組であった。regionalism はまさに部分的協定の〈automatic action〉の要求へと変質していったわけである。(57)

第二に、しかも連合国会議では、問題の最終的処理はいわゆるUSフォーミュラでもっておこなわれた。すなわち、特殊条約問題はいわば棚上げされ、一般的権利のレヴェルで処理がおこなわれた。エジプトの再度におよぶ地域的取極の定義づけの提案は、いずれもきわめて形式的な理由で反対され、否決された。(58)また、部分的協定の連盟機関によるコントロールといった工夫も、僅かにニュージーランドの〈一般的機構の（機関）による承認〉の提案がいちど表決に付せられて簡単に退けられたことがあるだけで、(59)それ以上立ち入って論議されてもいない。さらに、協定の公開性の要求は、もともと地域的取極には相容れないものであり、のちのUSフォーミュラにおいては条約もろとも無縁な事柄とされてしまっている。それでいて、USフォーミュラでは、権利に限ってこれを認め、この権利のいわば「条約化」（それをRechtfertigungsgrundとしての条約の締結または運用）は認めない、というのではない。しばしば引用されるところの、第三委員会第四分科会第四会合でのコロンビア代表 Camargo の声明も、集団的自衛権を定義しようとしたものではなくて、USフォーミュラとチャプルテペク協定との揺るぎのない論理的連関をその機会に宣言しておこうとしたものであるとおもわれる。(60)要するに、USフォーミュラは、さりげなく一般的な権利のレヴェルで「問題」に答えることでもって、およそ条約にかかわる一切の面倒な論議を払いのけ、その結果、獲た権利の条約レヴェルでの展開を制約されないものとすることに成功しているのである。

第三に、USフォーミュラ構想の形成についてであるが、権利のレヴェルでの処理、とりわけ集団的自衛のタームに想到するまでの詳細はあきらかでない。ただ、つぎのような経過があったことは確かなようである――はじめアメリカ合衆国政府は、チャプルテペク協定に言及した試案を示したところ、イギリスの反対に遭い[61]、〈代案として協定への言及を避け、一般的に自衛権による方式を提案した〉[62]。しかし、前掲五月一五日発表のテキストにはソヴェトの反対があり[63]、結局五月二一日再度の発表の最終的なUSフォーミュラに落ち着くこととなった。なお、これらの交渉はすべて委員会のそと、すなわち舞台裏でおこなわれた[64]。

さて、集団的自衛権を権利根拠として援用しながら、世界的戦略ラインに沿って集団的自衛条約網が展開されていくなかで、まず一九四七年の全米相互援助条約は二重の仕方で集団的自衛権を利用したといわれている。第一には諸締約国が即時に個々に（individually）おこなうべき援助行動において（三条二項第一文――あえていうなら“individual collective self-defense”[65]）、第二には協議機関が会合・協議・決定すべき共同措置（collective measures）において（三条二項第二文）である。国連安全保障理事会のvetoによる機能麻痺を考えるなら[66]、第二の場合には地域的ヘゲモニーによる敵・味方決定と共同敵対措置採用も集団的自衛の名のもとに侵略者判定ならびに制裁決定として貫徹されることが見通されているわけである。

さらに一九四九年の北大西洋条約（機構）では、第二次大戦後の軍事技術の水準と諸国間の軍事力の著しい不均等とを理由にして[67]、指導的大国の海外前線基地・駐留軍が広く展開され、統合軍隊まで組織されるというありさまである。とすると、集団的自衛条約においては、明らかにつぎのような現象がみとめられる[68]。すなわち、①急場における支援行動の権利は、平時における敵対同盟結成の権利となり、②不定・未必の敵は、特定・常時の敵にかわり、③侵略にたいして防衛援助する権利は、武力攻撃にたいして選別なく共同戦争をする義務になる。さらに、④権利のレヴェルでは、平時からの組織、とりわけその高度の構成＝海外基地・駐留軍の設定まで許されるものかどうか、なお問題であるのに、条約のレヴェルでは、もはやそれらの存在も自衛法益の実体的要素となってしまっている。

要するに、集団的自衛権は条約のレヴェルでは、いわば概念内容の顚倒を示すとともに、その同盟的機能を余すところなく露呈するに至っているわけである。

(1)　フランスの主張が、単に軍事技術的観点からの、組織保障の delay 論議に尽きるものでないことは、その伝統的な同盟政策からして明らかであろう。
(2)　D. O. Proposals, Ch. II, Paragraph 4；国連憲章二条四項。
(3)　Conference VI, p. 721.
(4)　小稿「安保条約の法的構造」、一二頁【本書二三三頁】参照。
(5)　同右、一二―一三頁【本書二三三頁】では、四つのモデルを掲げたが、ここでは三つのパターンに整理した。なお、主権統合にもとづく複合主体の問題は別な考察を要するので、入れていない。
(6)　Bowett, D. W., Self-Defence in International Law, (1958) pp. 206-207, 234, 205-206.
(7)　ibid., pp. 206, 201-202.
(8)　ibid., p. 202.（イタリックは引用者）
(9)　（上・下）、一九六〇年。
(10)　以上の引用は、同右、（上）所収、大平善梧「集団的自衛権の法理」、一九九―二〇一頁（〔　〕内および傍点は引用者）。
(11)　Redslob, R., Traité de Droit des Gens, (1950) p. 435. すなわち、最終の第三部《Les doctrines marginales》・第三章《Le droit en germe》の第三節《Le devoir d'association à la légitime défense》の冒頭三行である。これよりもごく普通に、同書のなかほど、第一部第五章第一節《A. La légitime défense》のなかの le droit d'association à la légitime défense の部分（pp. 247-248）、およびそのすぐ前の、特殊利益地域の防衛権主張の問題（モンロウ・ドクトリンとその英・日の亜種など）を取り扱っている部分（pp. 245-246）が採り上げられるべきであった。なお、つぎの数行は、イタリックにした箇所が重要なので引用しておくことにしたい ―― 《Le titre de la légitime défense ne couvre pas seulement le sujet qui subit l'attaque, mais constitue aussi *un titre justificatif* pour tout autre sujet qui vient le secourir. Bref, il est un droit d'association à la légitime défense.》《Toujours reste-t-il entendu que ce droit de s'associer à la légitime défense vaut seulement contre l'agresseur et *ne confère pas de titre à l'égard de la victime*. L'action de secours ne peut donc lui êter imposée, elle ne peut être portée sur son territoire *qu'à condition d'avoir été requise*.》
(12)　Bowett, op. cit., p. 203.

(13) Kunz, J. L., Individual and Collective Self-Defense in Article 51 of the Charter of the United Nations, A. J. I. L., Vol. 41 (1947), p. 875.（〔　〕内は同頁脚註より補入）

(14) ibid., pp. 873-874.

(15) Kelsen, H., Collective Security and Collective Self-Defence under the Charter, A. J. I. L., Vol. 42 (1948), p. 792. なお、Kelsen, The Law of the United Nations (1950), p. 792 ; Recent Trends in the Law of the United Nations (1951), p. 915 も変わりはない。

(16) A. Verdross は、簡潔・明確に述べている——〈五一条はまず Selbstverteidigung の権利を認めているが、そのうえ、被攻撃国を支援しようとする他のすべての国にも武力で攻撃国に対抗する権利を認めている。五一条は個別的自衛ばかりでなく集団的自衛をも許容し、かくして〔被攻撃国の〕Notwehr だけでなく〔他国による〕Nothilfe をも許容しているからである〉。〈五一条はUN加盟国に、二国または多数国間で防衛条約を結ぶことを得させるため、原案にあらたに採り入れられた。この条約でもって締約国は攻撃を受けたさい、互に beistehen し合う義務を設けておくことができるのである〉（Verdross, Völkerrecht, Fünfte neubearbeitete und erweiterte Aufl., 1964, S. 554.）。

なお、G. Dahm（Völkerrecht, Band II, 1961. S. 411）も集団的自衛は決して自衛ではなく、他者の防衛であり、Nothife であるが、また共同しての Hilfeleistung も端的に認められている、として、一方では（さしあたりAパターンに属する）Bowett の見解（前述四四九頁【本書一五七—一五八頁】参照）を、他方では（むしろCパターンに与する）Lauterpacht の見解（Oppenheim-Lauterpacht, International Law, 7th ed., vol. II, pp. 155-156）を、ともに退けるのである、簡単にではあるが——。

(17) （一）、国際法外交雑誌六二巻三号四二頁以下、（二）同・六二巻五号一頁以下。

(18) 同右、六二巻五号一二—一八頁。

(19) 前述アメリカ合衆国上院聴聞会で、Millikin 議員の質問に答えて、ダレスは「また、合衆国は安保理事会による措置に反対〔拒否権を行使〕し、それによって自動的に問題をアメリカ諸国による防衛に委ねる」こともできる、と述べている（Hearings, p. 651）。

(20) 前掲・（二）、国際法外交雑誌六二巻五号一九頁。

(21) 前述四三四—四三五頁【本書一四四頁】参照。

(22) Kunz, op. cit., A. J. I. L., Vol. 41, pp. 876-877.

(23) Kelsen, op. cit., A. J. I. L., Vol. 42, pp. 785, 795.

(24) ibid., pp. 794-795.
(25) 前出註（11）の Redslob の引用を参照。
(26) 森脇、前掲・(二)、三〇頁。
(27) 高野雄一「日米安全保障条約の法的諸問題」、一九四頁（日本国際問題研究所・鹿島研究所編「日本の安全保障」（一九六四年）所収、〔　〕内は補入）。
(28) 高野雄一「『極東の平和』条項について」、二八頁（前掲・安全保障体制の研究（上）所収、〔　〕内は補入）。
(29) 森脇庸太、前掲・(一)、二五頁以下。Bowett においては、この点にかんする一貫した分析はみられないが、なお、op. cit., pp. 237-238, 235-236 参照。
(30) 例えば高野雄一、前掲・「『極東の平和』条項について」、二六頁参照。
(31) 前述四五三—四五四頁【本書一六一—一六二頁】参照。
(32) 森脇庸太、前掲・(二)、二五頁、〔　〕内は補入。
(33) 同右、二六、二七頁。
(34) 同右、二八頁、〔　〕内は補入。
(35) 小稿、前掲・「安保条約の法的構造」、一四頁【本書二三七—二三八頁】参照。
(36) 規約第一六条自体の、また当の総会解釈決議の成立経過については、高橋通敏「安全保障序説」（一九六〇年）、四五—四七頁参照。
(37) この点についても、同右、四七—四九頁参照。
(38) League of Nations, Records of the Third Assembly, Minutes of the Third Committee (1922), Annex 8 の段階のテクストに拠る。
(39) League of Nations, Records of the Fourth Assembly, Minutes of the Third Committee (1923), pp. 37, 38, 42-43.
(40) ibid., pp. 28, 29.
(41) 一九二〇年のチェコ・スロヴァキア＝セルブ・クロアト・スロヴェーヌ間の条約をはじめとして小協商国間にいくつかの同盟条約がある。これらの条約は、規約についての saving clause をおくことはしていない。
(42) LN, Records of the 4th Ass., Minutes of the 3rd Com., p. 30.
(43) ibid., pp. 29, 30, 35.
(44) 松田道一監輯「国際平和関係条約集」（一九三二年）、一〇四頁以下、なお、高橋通敏、前掲書五三頁以下参照。

（45）LN, Records of the 4th Ass., Minutes of the 3rd Com., pp. 43 ff.

（46）第一次大戦前の事実上の同盟＝イギリス・ベルギー軍事協議や英仏軍事会談の内容にまで遡らないとして、今日の北大西洋条約の場合その戦略的指向性は軍事機構における統合軍隊の編成・配置に明白に露呈している。

（47）経過については、例えば外務省「国際紛争平和的処理ニ関スル議定書（平和議定書）問題」（一九二六年）参照。議定書の内容やメリットについては、高橋通敏、前掲書五七―七〇頁参照。

（48）League of Nations, Records of the Fifth Assembly, Minutes of the Third Committee (1924), pp. 64, 187. 第一パラグラフを囲む〔　〕は引用者。集中的な特別協定に関する規定であって、第二パラグラフ以下の周辺的な補助協定に関するそれとは異なるからである。

（49）ibid., p. 39.

（50）後出註（54）に掲げられたところの、第一三条として採択された条項テクストを参照。

（51）LN, Records of the 5th Ass., Minutes of the 3rd Com., p. 44 のイタリア代表 Schanzer の発言を参照。

（52）ibid., p. 44.

（53）ibid, pp. 44 ff.

（54）ibid., p. 192: ——

Article 13. —— In view of the contingent military, naval and air sanctions provided for by Article 16 of the Covenant and by Article 11 of the present Protocol, the Council shall be entitled to receive undertakings from States determining in advance the military, naval and air forces which they would be able to bring into action immediately to ensure the fulfilment of the obligations in regard to sanctions which result from the Covenant and the present Protocol.

Furthermore, as soon as the Council has called upon the signatory States to apply sanctions, as provided in the last paragraph of Article 10 above, the said States may, in accordance with any agreements which they may previously have concluded, bring to the assistance of a particular State, which is the victim of aggression, their military, naval and air forces. The agreements mentioned in the preceding paragraph shall he registered and published by the Secretariat of the League of Nations. They shall remain open to all States Members of the League which may desire to accede thereto.

（55）ibid., p. 42.

（56）ジュネーヴ議定書の批准の期待は、イギリスの政権交替によって決定的に崩れていった。一九二五年三月一二日の連盟理事会において、イギリス代表A. Chamberlainは、議定書の規定には曖昧な点が多く、実際に適用する場合には却って困難な問題を生じる、などと反対意見をのべ、〈故にむしろ、特別利害関係ある諸国間に、連盟と協力して、別に必要な協定を結び、以って規約の欠陥を補うことを適当〉として（外務省、前掲調書一四二―一四三頁、なお一四四―一四八頁参照）、はやくも地域的集団安全保障方式への転回（causa foederis の、したがってイギリスの保障負担の地域的限定）を示唆しているのである。

(57)　結果論のおそれを冒して極言すれば、アメリカ合衆国の対ソ政略が、一般的機構の枠組づくりのなかで、ラテン・アメリカ諸国の地域主義のもつなにほどかの正当性を僭称しながら、フランスなどの強力な軍事的主張を梃子にして、自らを貫徹したといえるであろう。

しかしまた、本稿の理解の仕方は、一般の解説に反して、ラテン・アメリカ諸国の要求と圧力を軽く量りすぎ、アメリカ合衆国のここ一年間の政策展開を整合的に見すぎていると批評されるかもしれない。念のため、Kunz による「経過」の叙述（The Int.-Am. System. A. J. I. L., Vol. 39, pp. 762 ff.）を抄録しておくなら、つぎのようである――〈一九四三年のモスクワ会議のあと、はやくもＰＡＵの「戦後問題委員会」（the Executive Committee on Post-War Problems of the Governing Board）がその“Observations and Suggestions”のなかで、予見される一般的世界機構と全米機構との関係の問題をとりあげ、若干の原則的要望をのべるとともに、それについてのアメリカ諸国の見解を徴しうる機会、すなわちひとつの新しい Consultative Meeting を設けるよう提案した。しかし、そうした会議は開かれないまま、ＤＯ原案は実質的には三大国によって作成され、そのあとでアメリカ国務省は、ＰＡＵではなくBlair House でのアメリカ諸国代表との数回の会合で、ＤＯ原案について協議した。そうして、メキシコ・シティ会議の開かれるまでに、アメリカ諸国から多数の批判的意見や修正提案がワシントンに届いてきたが、それらを通じて明らかになったことは、「アメリカ諸国が、〔地域的紛争の〕地域的解決の手続が進んでいる場合には、安全保障理事会はなんらの介入をおこなわず、紛争問題が一地域をこえて平和を危うくするにいたる場合にはじめて介入するよう要求している」ということであった。メキシコ・シティ会議の第二委員会では、一五国の代表たちのＤＯ原案に対する意見をまとめた報告書が出されたが、「いまは、もはや〔国際連盟のときのような両者の〕協調でなく、統合・従属が問題であった」。合衆国政府は全米機構を強化したい望みと安保理事会の universal な権限を弱めて原案を危うくはしたくない願いとのディレンマに陥った挙句、メキシコの提案にもとづいて、さしあたりひとつの外交的処理をすることができた。一九四五年三月七日の決議第三〇（前出一の註(29)の引用参照、全文は Documents VII, pp. 715-717）がそれであり、七つの修正要項を列挙して、これをサン・フランシスコ会議の招請国と参加国全部とに伝達するという内容であった。ディレンマの実質的な解決は連合国会議に持ち越されたわけである。なお三月六日にはチャプルテペク協定（決議第八・「相互援助とアメリカの連帯」）が採択されていたが、その第三部はこの地域協定と設立間近い一般的機構の目的および原則との合致を期待しているだけで、DO原案に含まれた厳しい条件、すなわち安保理事会の事前の許可の必要な点については、まだ全く触れてはいなかった。ところが、連合国会議では「協定」を安保理事会の監督から外しておきたいというラテン・アメリカ諸国の希望が会議の「危機」のひとつを生みだすこととなった〉。〈かれらは本来、安保理事会が「協定」を乗り越えはしないかと恐れていたが、間もなく「協定」にもとづく行動が、安保理事会の拒否権による活動不能のため、阻害されるかもしれないという不安に駆られるようになったのである（この部分は、Kunz, Individual and Collective Self-Defense. A. J. I. L., Vol. 41, p. 892)〉。〈いったい、そのようにアメリカ諸国間の紛争に（安保理事会を通して）ヨーロッパ諸国の妨害が加わることは望ましいことであり、またモンロウ主義と調和することであろうか。それとも安保理事会が自己の権限の無視に対してなんらかの処置に出ようとする場合には合衆国がそれに拒否権を行使しうるという理屈で、全米機構は安保理事会の許可を求めることなく独自に振舞うことができるであろうか〉。〈NYタイムズによれば、〉五月八日合衆国は、アメリカ諸国の要望を押さえ込むような提案、すなわち安保理事会がアメリカ諸国間の紛争を処理することを禁止せず、全米機構が自分たちの紛争を処理するには安保理事会の委任を必要とするという趣旨の提案をした〉。——なお、その後の処理経過は、すでにみてきたとおりである。

他方、アメリカ諸国は紛争の平和的手段による解決に力点をおき（一九三三年リオ・デ・ジャネイロでの「不侵略および調停に関する条約」一、二、三条）、かれらの間に戦争や戦争の脅威の生じた場合にも平和的協力の手段を見出すために協議すること（一九三六年ブエノス・アイレスでの「平和維持のためのアメリカ国際会議」決議）、あるいは、その一国の平和・安全・領土の保全が地域外から脅かされた場合には適切な措置を執るため協議をおこなうこと（一九三八年の「第八回アメリカ諸国会議」、リマ宣言）を基本的政策としていて、強力による反応措置にはことさら消極的な態度を示してきた。協議手続の義務づけであらゆる事態に適当に対処することができ、いわゆる制裁措置を定めておくことなどは必要でないとされたのである。ようやく一九四〇年、ハバナでの「第二回外相会議」の決議第一五は、アメリカの一国の領土の保全ないし不可侵、主権、政治的独立を犯すような非アメリカ国による企ては、宣言に署名したすべてのアメリカ国に対する侵略行為とみなされることを宣言してはいるが、いわゆる強力による反応については明示せず、防衛・援助のための補充的協定の締結を予見するだけである。こうみてくると、一九四五年三月、DO原案を背景にしてメキシコ・シティ会議で成立したチャプルテペク協定では、たしかに、アメリカ諸国はこれまでの伝統的態度から決定的に離れることになった（これを例えば二人の実務家、すなわちCanyes, M. S., The Inter-American System and the Conference of Chapultepec. A. J. I. L., Vol. 39 (1945), p. 510は“further implemented”と、そうしてRockefeller, The Inter-American System and a World Organization, Bulletin XII, No. 303, p. 676は「長足の一歩前進」という）。すなわち協定は、地域の外部からと内部からとをとわず侵略やその脅威の生じた場合、それらを連合諸国の当面の戦争努力に対する妨害を構成するものと考えて、それに対抗して執るべき適切な措置について合意するため協議することとし、その措置としては非軍事的措置から軍事力の使用に至るまで具体的に列挙しているのである。なお、戦後にこのシステムの恒常化のためあらたな条約の締結を予定していることは、周知のとおりである。

ところで、このようなチャプルテペク協定の締結がラテン・アメリカ諸国によってどれほどに評価され、USフォーミュラという形の escape clause の成立にどのように働いたかは、アメリカ地域主義のとりわけ一九四〇年ハバナ決議から一九四五年チャプルテペク協定にいたる展開過程を地域リーダーと地域メンバーそれぞれの立場（positions）に即しつつ充分なドキュメンテーションをえて分析したのちに、はじめて確定されうることであろう。しかし、これは改めての仕事である。

（58）Conference XII (Subcommittee III/4/A, 8th Meeting, June 1, 1945), pp. 857-858 ; ibid., (Committee III/4, 5th Meeting, June 8, 1945), pp. 701-702.

（59）ibid., (Committee III/4, 4th Meeting, May 23, 1945), p. 688.

（60）ibid., p. 687, 3rd & 4th paragraphs ; ibid., pp. 680-681.

（61）Kunz, J. L., The Inter-American System and the U. N. Organization, A. J. I. L., Vol. 39 (1945), p. 766.

（62）森脇庸太、前掲・（一）、六九頁、Kunz, op. cit., p. 765.

（63）Kunz, op. cit., p. 765 & n. 31. なお、森脇庸太、前掲・（一）、六九頁は、ソヴェトの反対理由として、理事会の行動不能をはじめから想定してかかるような文言を不適当としたことを記しているが、問題は、修文の心理的効果よりも、五月一五日発表のテクストではこの escape clause が自衛のカテゴリーを使用しながらなお、オーストラリア修正案の論理的効果に近づく惧れがあることにあろう。

（64）Conference XI, p. 57, Committee III, 2nd Meeting (June 13, 1945) でのエジプト代表の演説参照。なお、Vandenberg は、一九四八年六月の合衆国上院における「決議」とあわせて、国内政治と外交の両面にわたっての冷戦政策体系化の軌道敷設に貢献したポリシー・フォーミュレータであったわけである。

（65）Kunz, J. L., The Inter-American Treaty of Reciprocal Assistance, A. J. I. L., Vol. 42 (1948), pp. 111 ff., esp. p. 120.

（66）前出註（19）参照。すなわち、合衆国上院聴聞会でのダレスの veto のひとつの効果にかんする説明である（Hearings, p. 651）。

（67）これだけの理由で平時組織すなわち集団的自衛条約（相互保障、相互防衛あるいは安全保障を名乗ると地域名だけを名乗るとを問わず）が締結されるのでないことはいうまでもない。ことに基地・駐留協定は新植民地主義的支配の強力な軍事的槓杆となっている。

(68)　小稿「安保条約の法的構造」、一四頁【本書二三八―二三九頁】参照。

第Ⅳ部　現代日本の国際的地位

第一章　五一年安保体制——日米安保体制の特質——

第一節　日米安全保障条約体制の特質

＊「日米安全保障条約体制の特質」法律時報別冊、一九五七年

一

現在われわれに背負わされている日米安全保障条約体制にたいしては、これまでに、大きくわけて二つのアプローチの仕方があった。その一つは、この体制を集団安全保障の一形式ないしはその系列に属するものとして把握・主張し、評価しようとするものであって、その典型的な表現をわれわれはたとえばJ・F・ダレスのあの有名な「戸締り」演説＊のうちに見いだすことができるのである。ダレスは一九五一年一月末、対日単独（＝分離＝片面）講話促進のための特使として来日したさい、二月二日、日米協会午餐会の席で吉田内閣のメンバーその他「日本の指導者たち」を前にして、はじめてその「使節団の使命遂行の原動力となっている原則を公に説明」した。この

「原則」の「説明」のうち、日本軍事基地化の要求の模範的な外交的表出方式（アメリカの勧誘とオポテュニティー提供――日本国民の希望と選択）にかんする部分については、すでに適切な指摘がある（日本資本主義講座第二巻二九〇―二九二頁参照）。また、その後半、イデオロギー的基礎づけにかんする部分の批判は、H・J・モーゲンソーにでも任せるほうがよいであろう。いまのわれわれに直接に関係した部分はこうである。――かれは、まず「間接侵略の危険にたいしては日本がみずから用心をし、あたかも一家の主人が戸口にしっかりと錠をするのと同じように防衛措置をみずから常にとる責任があることを強調したうえで、つづいてつぎのようにいっている。「……直接侵略すなわち外部からの武力による攻撃の危険……に対処するには異った型の防護方法がなければならない。なぜならば……有力な侵略者による本格的武力攻撃に〔単独に〕対処できる国家は少ないからである。これに対抗して、各国家は、各家庭の主人と同様〔共同社会は、通常一つの中心となる法律実施機構をつくる〕、集団的安全保障の取極めを必要とするのである。国際連合はその目的で設立され……第一の目的は『平和に対する脅威を防止するために効果的な集団的措置を講ずる』ことである。安全保障理事会は、侵略を阻むために国際軍を創設する任務を与えられた。しかし、このことは、拒否権を利用することによってソ連の妨害するところとなった。最近の国際連合総会で、加盟諸国は、この危険なまひ状態に注目し、ソ連ブロック五カ国だけは反対したけれども各加盟国が国際連合部隊としての任に当る軍隊を創設すべきことを勧告した。それ故、われわれは、国際連合の指示に従う適当な国際軍の漸次実現を期待することができる……それまでは、……国際的侵略行為を制止する手段は、国際連合憲章により認められている様な地域的および集団的安全保障取決めに国家権能をゆだねることにあるのである。今日一番有力な制止力をもっているのは、米国である。しかし、われわれは、その力をわれわれだけの防衛のために維持するつもりはない。米国は相互的誓約のもとに国際連合憲章に従って、わが国の力と他の国の力とを合せ、……他国をも防衛しようとする用意がある。もし日本が間接侵略に対して自己を防衛したい気持があるならば、日本は希望する場合には直接侵略に対する集団的保護に共にあずかることができる。」（毎日新聞社刊、対日平和条約、三一二―三一三頁。傍点は執筆者――なお以下の引用文についても同じ。〔 〕内は演説の言葉で補足。）

【＊　一九五一年に署名された対日講和条約は第二次大戦における日本の敵国のすべてを締約国とする「全面講和」ではなく、米国を中心とする西側諸国だけを相手とするものだったから、「単独講和」、「片面講和」などと呼ばれた。】

ところで、この長すぎるほどの引用をここにわざわざ試みたのには、つぎのような理由がある。第一に、この演説は、「拒否権」と「まひ状態」にかんするその説明の部分に、国連憲章第七章のもとでの安全保障理事会による侵略の認定と強制措置の決定とにたいする拒否権の作用をつけ足し、さらに一切の関係条文の指示を加えるなら、あえて法律専門家の論稿にまつまでもなく、この種の見解のほとんどすべての論点とテーゼとを網羅した完全な総括を、われわれに示してくれている。第二に、それはこの種の見解に特有な、すぐれて法律的な考察の方法を、すでに実際家の言葉でもってわれわれに示してくれている。第三に、それは集団安全保障の概念のこの種の見解に特徴的な拡張・転化の仕方もあざやかに示してくれている。

日米安保条約体制にたいするいま一つのアプローチの仕方は、日本のアメリカによる占領・軍事基地化の事実から出発して、この体制をアメリカの対ソ戦略にもとづく日本の軍事的従属化として把握し、評価しようとするものであって、その帰結のもっとも簡潔な表白をわれわれは「日本資本主義講座第二巻あとがき（小椋広勝）」のうちのつぎの数行に見いだすことができる。――「……すべての世界史的な大事件は二度生じるものである。一度目は悲劇として、二度目は茶番として。日本の場合にも一度目は東亜共栄圏の盟主として、二度目はアジア反共土民軍の下士官として」。しかも皮肉なことには、日米安全保障条約は、吉田・アチソン両代表の間に、一九五一年九月八日サンフランシスコのアメリカ陸軍第六軍司令部下士官クラブにおいて調印されていた（昭和二六・九・一〇、毎日新聞）。

ところで、このののちの立場からのきわめて勝れた精緻な研究もすでに、前芝・田畑「サンフランシスコ体制の成立と展開」（日本資本主義講座第二巻、所収）によってわれわれに与えられている。この論文は、第一に、題名の示すとおり、アメリカによる占領管理からサンフランシスコ講和の成立、ついでMSA援助協定の準備にまでおよぶ日米安保条約体制の成立・展開の過程のうちから、この体制の本質を規定し、関係諸文書＝諸条約・協定の法的理解を試みるという方法をとり、第二に、この体制の本質を、アメリカの対ソ戦略的意図にもとづく日本の軍事的従属化として捉え、第三に、この体制の形態を、日本の軍事基地化―再軍備―反共軍事協力体制への発展において分析している。これらはすべて正しいし、ことに軍事基地化――それをテコとする再軍備の促進――ついで反共軍事協力体制への従属的編入という規定は、この論文が書かれて以後今日までの現実の発展によって、なおその妥当性を保証されている。ところが、すでに日ソ国交の回復、ついで国連への加入も実現した現在では、日本安全保障体制の再検討が実践的な課題としても浮びあがってきた。そのため、安全保障のもろもろの法的形式がふたたび顧みられるという事情も生じてきているわけである。とすれば、このような事情のもとでは、こののちの立場から、日米安保条約体制の法的形式の特質を、いわばスタティックな観点を主にして、改めて考察してみるということも、あながち無駄ではないであろう。この小稿はそのような考察を意図して書かれている。

二

日米安保条約体制は、その形式のうえからみて、いくつかのエレメントの特殊な複合から成立っている。ところで、この「特殊な複合」を直接もたらしたものこそ、アメリカの対ソ戦略であった。そうして、このことを本当に納得するのには、やはり、この体制の成立過程を、アメリカの世界政策（そのなかでの対日政策）の発展という視点から、簡単にでも跡付けるよりほかに途はないのである。しかし、いまはそのような考察の場所をえていないとおもわれるので、一九五〇年秋以来、サンフランシスコ講和会議の席にまでおよぶ、対日講和七原則（アメリカ国務省一一月二四日発表）第四項【本書二一七頁参照】をめぐっての、アメリカ・ソヴィエト政府間の激しい議論の応酬（一一月二〇日ソヴィエトの対米覚書、一一月二七日アメリカの回答、ついで一九五一年四月五日公表の対日講和条約アメリカ草案、五月七日のソヴィエトの対米覚書、五月一九日アメリカの回答、六月一〇日のソヴィエトの対米覚書、七月九日アメリカの回答、七月一三日対日講和条約米英草案、さらにサンフランシスコ講和会議における九月五日ソヴィエト代表の演説および修正提案、九月七日アメリカ、ソヴィエト各代表の演説）を想いおこす程度にとどめたい。ことに一九五一年九月五日講和会議の第二回総会におけるソヴィエト代表の修正提案一三項目のうち、日本の安全保障に直接関係のある部分を拾ってみると、つぎのとおりであった。──①すべての連合国の軍隊は日本から撤退し、以後諸外国による日本領土内での軍隊、軍事基地の保有はみとめない。②日本におけるファシスト・軍国主義組織の復活を許さない。③旧連合国を対象とする軍事同盟や連合に日本は加入しない義務を負う。④自己防衛の任務だけに供されるよう日本の軍備を明示された範囲内（陸軍一五万、海軍七万五〇〇〇トン、空軍三五〇機・二万など）に制限し、この範囲を超える人民の軍事訓練を禁止し、また原子力兵器などの特定の兵器の所有・製造・実験を禁じる。⑤対馬など四つの海峡を非武装化し、すべての国の商船と日本海に隣接する諸国の軍艦に開放する。しかし、このようなソヴィエト修正提案は、アメリカ代表ダレスによっては、「ほんの印ばかりの防衛力を許」すだけであり④、「国際連合憲章が各主権国の固有の権利であるという集団安全保障の取極を締結する如何なる機会も与え」ないものであり③①、日本海に「唯一の海軍力」をつくることになり⑤、また「共産党の活動に対して何等の措置をも採ることは許されないことを意味することになり」②、要するに、「国内事態」にかんしても、「対外事態」にかんしても、日本を侵略に曝された無防備状態に置くことになるとして、峻拒された（一九五一・九・七、総会での演説）。こうして、九月七日、日本の吉田全権が、「和解と信頼」の文書、「公平寛大なる平和条約を欣然受諾」する旨をのべて翌八日講和条約に調印し、つづいて同日午後、日米安保条約にも調印したことは、もうあまりにも有名な事実となっている。

さて、このように日米安保条約体制は、敵対軍事同盟禁止の提議やまたさらに内外の永久中立論に対抗し、これらを排除するものとして作りあげられたのであるが、この体制の作出者や支持者の側からは、さきのダレス「戸締り」演説がよく示しているとおり、集団安全保障の一形式ないしはその系列に属するものとして、把握ないし主張された。また、「日本国とアメリカ合衆国との間の安全保障条約」というその名称からしても、すでにそうした意図はうかがわれるであろう。ところが、そのような把握は正確でないばかりか、さらに、この体制の本質をおおいかくすという効果さえもっている。しかし、集団安全保障概念のこのような濫用については、もうすでに多くの人々が繰りかえし指摘していて、その点の弁別は、今日ではもはや常識化しているとさえいうことができる。その結果、集団安全保障と軍事同盟とはたがいにいわば範疇的に区別されなければならない二つの法的形式であり、そうして日米安保条約は厳密な意味での集団安全保障の一形式ではなくて、正確には軍事同盟条約の範疇にはいるものであることが一般にいわれるまでになった。もっとも、その場合、それらの二つの法的形式の範疇的な区別がどのような点にあるかということにかんしては、両者の諸国家包摂形式の間の形状的な相違（一方は包容的・開放的、他方は排他的・閉鎖的——視角を変えるなら、まだまだ追加できる——）とか、それに加えて、両者の政治的機能の間の性格的な相違（一方は非権力政治的・平和的、他方は勢力均衡的・敵対的）とかが指摘される程度であって、それらの根柢にある戦争の法的禁止とこれを支える国際政治体制の構造変化とは、あまり問題にされない。しかし、二つの法的形式をいちおう区別して適用するという必要だけからすれば、さきのような指摘でも充分に事足りるわけである。したがって、安全保障の範疇論を展開するようなことは別な機会にゆずることにして、ここではなお、ただ、つぎの点に触れておくだけにしたい。——日米安保条約の前文は、この条約がサンフランシスコ講和条約（第五条C）によって認められ、さかのぼっては国連憲章（第五一条）によって認められているところの権利の行使として締結されるという趣旨をのべているが、それならばこの条約は、集団安全保障の一形式とはいえないにしても、その系列に属するものとは認められないであろうか？　国連憲章第五一条にいうところの集団的自衛の権利にもとづいて締結された「地域的取極」や二国間条約は、集団安全保障の系列に属するものとは考えられないであろうか？　おそらく突きつめればこのような理解を基にして、このような意味あいから、二つの法的形式の平然とした混同が、いいかえれば集団安全保障の概念の拡張・転化が、そうしてまた日米安保条約にかぎらず諸条約の紛らわしい名称づけがなされたのかもしれない。しかし、この考えも正当でない。なぜなら、ある「取極」または「条約」がある権利にもとづくか、もとづかないかは、さしあたり締結の justificaton の問題であって、それらの「取極」や「条約」の実質には必ずしもかかわりがない。また、その集団的自衛というものも、やはり、自衛の限度内における、協力・援助という意味での共同防衛のことである。しかも、この自衛の限度内ということが、現在のところ、確実に保証もされない。そのうえ国連憲章における地域的取極の概念の弛緩も加わって（これらの点の詳細は、高野雄一「国際安全保障」日評・法学理論篇一六五、同「集団的自衛と地域的安全保障」国際法外交雑誌五五巻二・三・四号、の綿密な分析を参照）、その結果は、いうところの集団的自衛の権利も、国連体制内における敵対軍事同盟結成の公認と奨励とにもっぱら役立っており、二国間または多数国間の軍事同盟条約が、おもいおもいのラベルのもとに、世界的戦略ラインにそって簇生するという公知の実状である。

三

日米安保条約は、第一に、基地貸与＝駐留協定であるといわれている。しかし、正確にはそれ以上であり、むしろ軍事的占領条約である。基地の提供は、貯炭所や海軍基地の提供といったような周辺の限られた地点の貸与ではなく、駐留はそのような限られた基地内駐留のことではない。この点については条約自身（第一条）がすでに卒直に規定していた。すなわち、「日本はアメリカにアメリカ陸海空軍を日本国内とその附近に配備する権利を許与し、アメリカはこれを受諾」（＝獲得）するというのである。そうして、一九五二年二月六日調印の日米行政協定は「全土基地＝駐兵の原則」を具体的に展開してみせてくれた。しかも事実は、これらの諸文書＝行政協定―安保条

―さらにさかのぼっては講和条約（第六条a項但書のからくり）を通じて、講和後もアメリカ占領軍が軍事的には引続きそのまま居座ることを承認されたということであった。こうして、無数の基地は、基地権利のいわばエクステンション（協定第九条、第五条にいう自由勝手な出入・移動の権利や第三条1第二文、第七条などの特権）をともないつつ、全土に散在しつづけることができたのである（なお、協定第二条1とラスク・岡崎交換公文とによるからくりについては、前掲、講座第二巻三一一頁参照）。（一九五二年四月アメリカ軍使用施設・区域総数一、〇七八件、土地三一五、四一〇、〇〇〇坪、建物三、一四〇、〇〇〇坪、一九五六年四月では五八八件、土地三四三、二一九、〇〇〇坪、建物四、一三九、〇〇〇坪）。なお、以上の本土の軍事的占領ともいうべき事態には、さらに、講和条約第三条にもとづく琉球・小笠原の諸島の完全な占領が加わる（その信託統治制の適用の予定は、制度の建前からいって、まったくいわれがない）。それにしても、いったいなにのための日本全土基地＝駐兵なのであろうか。日本の安全・防衛のためには、日本のいっときの武装解除と地理的位置からして、アメリカによる日本の全土基地＝駐兵が必要とでもいうのであろうか。

日米安保条約は、第二に、軍事同盟条約であるといわれている。しかし、より正確には、それは foedus iniquum（不平等同盟――たんなる片務同盟のことではない）であり、（第一のエレメントと結びつく場合ことにそうであるが）一つの支配―従属形式の解消のさいに、それに代えて新しく課せられるような一つの法的形式なのである。一九三〇年六月三〇日のイギリス・イラク同盟友好条約、一九三六年八月二六日のイギリス・エジプト同盟友好条約や一九三六年九月九日のフランス・シリア、同年一一月一三日のフランス・レバノン同盟友好条約などは、その好例である。これらの植民地民族はいずれも一応の形式的な独立を購うために、イギリス、フランスとの foedus iniquum を背負わなければならなかった。最も従属度の低いエジプトの場合、イギリスの援助義務は詳しく規定されず（第七条一項）、逆にエジプトの協力義務については、その領土において（とくに港湾・飛行場・交通手段の使用をも含めて）一切の便宜と援助をイギリスに提供すべきものとされた（第七条二項）。なお、イギリス軍隊はスエズ地帯とスーダンに居残ることとされた。シリア、レバノンの場合ではフランスによる両国の軍事支配が強化されていて、それはりっぱに軍事的占領というべきものであった。ところで、いまの日本の場合、不平等とは、日米両国の間に完全に対等な相互防衛・援助の形式がとられていないことをいうのではない。不平等＝従属はつぎの諸点にある。⑴まず、一方ではアメリカの日本防衛義務はまったく明示されていない。規定の建前はどこまでも、さきに指摘したとおり、アメリカの日本全土基地＝駐兵の権利の獲得にあるのであって、この権利にもとづく駐留兵力の使用の目的がつづいて示されているだけである。すなわち、その軍隊は「外部からの武力攻撃に対する日本国の安全に寄与……するために使用することができる」（第一条）。もっとも、日本の防衛は、アメリカ軍の全土基地＝駐兵の事実から、法的義務づけを待つまでもなく、つねに当然になされるというつもりかもしれない。しかし、「ただ乗りは許さない」とか「継続的かつ実効的な自助と相互援助との基礎なしには無限に保障を与えない」などというダレスの言明のあったことは人々によって指摘されている（前掲、講座第二巻三〇三頁参照）。ところで、このダレスの言明は事実にあってはいない。第一に、日本の自衛力はすでに一九五〇年八月以来マッカーサー指令のもとに警察予備隊七万五〇〇〇人として発足していたし、さらに五一年一一月には補正予算による警察予備隊費一五〇億増額、五二年一月の池田・マーカット会談（予備隊一一万人に増員決定）、三月兵器製造許可の指令、八月保安庁・海上警備隊発足を経て、一〇月には保安隊・海上警備隊、兵力一二万名へと改組・増強された。第二に、日本側の協力・援助というものもすでにあった。アメリカ駐留軍の使用目的はただ「外部からの武力攻撃に対する日本国の安全に寄与する」ことに限られていない。条約は卒直に、この軍隊がまず「極東における国際の平和と安全の維持に寄与……するために使用することができる」旨を明示している（第一条）。このような使用が現実になされる場合（一九五三年米韓、一九五四年米台軍事同盟の存在は軽視できない）、全土に散在する基地＝駐兵（あわせて基地権利のエクステンション）の実状からして、日本はまるぐるみ直接アメリカの軍事基地として役立つことになり、交戦区域の外に立つことができない。基地・駐兵権の提供はすでにそれだけでアメリカ戦略への日本の全土をあげての（まだ全力をといわないが）協力・援助・奉仕なのであり、そうしてこの協力・奉仕は、認容義務であるため、条約規定のうちに改めて掲げておく必要もないのである。(2)つぎに、他方では日本の積極的な協力義務も事実上存在することになっている。アメリカ軍配備の条件の詳細を取極める（第三条）はずの日米行政協定（まさにそのような理由づけで、それは国会への付議をかわした）の第二四条は、さらに一歩をすすめて日本の包括的な協力給付の義務すらひき出した。すなわち、日本区域において敵対行為やその急迫した脅威が生じた場合、両国政府は日本区域の防衛に必要な共同措置などのために協議しなければならない。もっとも、さしあたりは、協議を義務づけるというだけの文面ではあるが、実はこのような協議においてこそかえって、casus foederis の認定から協力・援助給付の決定にまでわたって、アメリカの指導力は存分にその実力のほどを実証することができる（また、全土基地＝駐兵の事実は、一そう、いやおうなしの協力へと引きずりこむことになるであろう）。しかも、この協議条項が相互的な規定であることからみると、協議義務という法的方式は、この場合、日本を協力義務から遠ざけるという働きよりも、むしろ一貫してアメリカを明確な援助の義務づけに引きいれないという働きをもっている。およそ、自らを明確に拘束したり義務づけたりするような規定を避けながら、弾力的な原則の解釈・適用の決定権は自己に保留するという形式こそ、指導的強国のプリンシプルなのであって、われわれはその大がかりな好例をほかならぬアメリカ外交のモンロー主義（もとよりこのドクトリンの拡張・変質期における）の実践において見いだすのである。

日米安保条約は、第三に、りっぱに干渉条約といういま一つの法的形式をもそなえている。条約第一条は駐留アメリカ軍の使用目的の一つとして、この軍隊をまた、「一または二以上の外部の国による教唆または干渉によって引き起された大規模の内乱および騒じょうを鎮圧するため……に使用することができる」旨、明規している。ところで、このような干渉条項（あるいは治安維持条項）こそは、アメリカ外交史のなかであの悪名高いプラット条項（一九〇一年三月）に端緒をもつものである（もっとも、その時期では、それはたんに一帝国の植民地把握の問題であるに尽きたが）。すなわち、キューバの反スペイン反乱にたいする軍事的介入としてはじめられ、帝国主義戦争の序幕をあけたとされる米西戦争（一八九八年）に勝利して、アメリカはキューバの独立を形式的に認めると同時に、キューバを事実上の保護国とするプラット（修正）条項を議会で制定した。この条項はそのまま一九〇三年五月二二日のアメリカ・キューバ条約（世間ではこれをキューバ独立保障条約などという）の内容として条約化されたが、それにさきだって、すでに一九〇一年六月一二日にはキューバ共和国憲法の附帯条項として強制的に挿入され、国内法化されてもいたのである。キューバは、これによって、アメリカにたいして「キューバの独立を保全するため、また、生命・財産・個人の自由を保護するのに適当な政府を維持するため……に干渉する権利」を与えることに同意しなければならなかったのであり（条約第三条）、さらに、貯炭所や海軍基地の提供（第七条＝「キューバ政府は、キューバの独立の維持と国民の保護とをアメリカに可能ならしめるため、ならびにアメリカ自身の防衛のため……若干の特定の地点において貯炭所や海軍基地に必要な土地をアメリカに売却または貸与する」）その他の負担、制限も受けなければならなかった。そうして、干渉権はまず大統領パルマの再選をめぐる国内抗争にたいして、一九〇六年はやくも発動された（アメリカ軍の進駐、タフトの臨時政府の樹立）。もっとも、日本の場合、このような武力干渉権の発動は「日本政府の明示の要請に応じて」なされることになっている。しかし、そのような武力干渉は、たとえこういった形式的な合法化要件をみたして発動されたにしても、干渉の「実質」をいささかも失うものでない。また、この「要請」は強要され、「外部の国による教唆または干渉」も容易に擬制されうるばかりでない。全土基地＝駐兵の事態のもとでは、駐留軍自体の安全を理由にして（挑発ははるかにたやすい）、容易に軍事的介入が展開されうるのである。なお、このような「干渉条項」ないし「治安維持条項」はさすがにＮＡＴＯにはないと解されるが（当時、秘密条項の有無については騒がれた）、ＳＥＡＴＯでは明らかに例の協議条項（第四条２）のうちに、形をかえて潜ませられている。

四

さて、以上にみてきたように、日米安保条約体制は、三つのエレメントの特殊な複合である。その一つ一つはそれ自体すでに従属的な法的形式でありながら、その複合において従属性の一そうの強化をもたらしている。しかも、この複合は、もはや任意の組合せといったものではなくて、この時期におけるアメリカの対ソ戦略にもとづく日本の前進基地としての規定から必然的にみちびかれているものである（この関連を事実の面から示すなら、すでに一九四九年八月の中国白書発表によるアメリカの対中国政策失敗の自認、それにともなう日本の前進基地としての戦略的地位の確立、はやくも同年九月以来の対日単独講和準備の強力な再開）。とすれば、また、この基本的規定が失われないかぎりは、日本安全保障体制のこの法的形式の特質ないし構造もたやすくは改変されないであろう。

もっとも、日米安保条約の成立以後、この体制の内在的発展というべきものはもちろん生じている。一九五三年六月以来表面化したMSA交渉は、両国がおのおのその手の内（援助の実体と防衛力増強の計画）をかくしつつ、たがいに「援助」と「戦略的価値」とをいかに高く売りつけあうか、裏からいうと、「再軍備」（アメリカ側からの地上兵力三二万五〇〇〇ないし三五万の要求——なるほど、一五万では「ほんの印ばかり」といえたわけであった）と「援助」をそれぞれいかに大きく手に入れるかの掛引きに熱心であったため、意外に長引いたが、一九五四年三月八日にはMSA協定、すなわち日米相互防衛援助協定（ほか三協定）が調印された。それによって、これまで「期待」されていた日本の再軍備はさらに「義務づけ」られることになったが（協定第一条1、第八条）、これは実はすでに事実上アメリカの軍事的援助のもとに進展していた従属的再軍備が条約化され、一段と促進されるということであった。五月一四日日米艦艇貸与協定調印、七月一日保安庁、保安隊・海上警備隊は防衛庁、陸上（制服隊員一三万）・海上・航空自衛隊へと改組・増強された。さらに、防衛力増強は防衛分担金削減交渉をテコとして（五五年三月の防衛六カ年計画の立案や五五年度増強計画の改訂の経緯を、また、九月日米共同声明をめぐる海外派兵問題や五六年一月分担金削減一般方式確立の経過をみよ）促進され、一九五六年度防衛庁費、一〇〇二億円その他、防衛予算合計は一四〇七億円（総予算の一三・六％）にのぼり、同年度末の自衛隊の現勢は、陸上＝自衛官一六万その他、合計一万二〇二〇人、海上＝二万四〇六一人、四一九隻、九万九三〇八トン、一一二七機、航空＝一万六三〇〇人、五八二機と見込まれた（なお、三月日米技術協定調印、六月国防会議法成立、七月相互武器開発計画）。他方、一九五四年七月九日在日米軍の北海道撤退の発表（もっともすでに、前年末いわゆるニュールック・統合戦略目標計画作成――なお、一九五六年七月の伝えられるところのラドフォード構想）以来、在日アメリカ地上軍の移駐・縮少が漸次おこなわれ、一九五六年七月現在では約三万一〇〇〇名（推定）、結局、年度末には戦闘陸上部隊としては第一騎兵師団の約三分の二の残有部隊だけとなるといわれた。

こうして、すでに、一九五五年八月末の日米会談のさいには、はやくも日本側から、分担金削減の交渉過程においてではあるが、日本の長期防衛計画に関連して安保条約改訂の構想さえ提示された。会談後の日米共同声明は、「現行の安全保障条約をより相互性の強い条約に置き代えることを適当とす」ること、またこのような条約の締結を目標として協議するさいには、「日本自体の防衛力が増大するに伴い、アジアにおける関連した事態を考慮しつつ、アメリカの地上部隊を漸進的に撤退させる計画を樹立することについて考慮」することに意見が一致した旨のべている。しかし、いうところの双務性、あるいは「より強い相互性」によってもたらされるものも、日本再建陸軍によるアメリカ地上部隊の肩替りという事態にすぎないかぎり（一方では防衛六カ年計画の内容から、他方ではアメリカのこれまでの軍事援助の内容からもわかる）、これは日米安保条約体制の基本形式をいささかも変えるものではない。海・空軍基地は依然としてアメリカにより確保され、巨大瞬発報復爆撃の軍事戦略のもとでも維持しつづけられるであろう。ところで、また、このような日本の従軍的再軍備の発展にたいして、さらに自主防衛体制への志向が徐々に多方面から示されはじめていることも、注目に値する。たとえば防衛六カ年計画にたいして、はやくから与党の一部に陸軍優先増強に反対する意見があり、また、五六年度増強計画で防衛力の質的強化、装備の近代化、建艦、航空機国産化など総合的・自立的再軍備への傾向もわずかながら芽ばえている。また、軍需生産も五四年度後半いらいのアメリカ軍特需の激減のため、次第に防衛庁の発注への依存度を高めつつ、また生産の重点が武器弾薬部門から航空機・艦艇・戦車部門へと推移しはじめて、その内容の高度化を示してきた。そのかたわら過剰設備買上の問題やさらに東南アジアへの兵器売込みの問題まではやくも生じているのである。しかし、このような自主防衛体制への志向も、やはりアメリカの対ソ戦略体制と冷戦外交テクニックとのなかでの自己主張であり、日米安保条約体制の基本形式を変えるものとはおもわれない。なお、総じて、以上のような条約改訂の企図のなかでは、条約・協定内容の部分的・技術的な変更といったものは充分に考えられる。その場合、ＡＮＺＵＳやＳＥＡＴＯなどの関連条項の方式が、ある程度ひな型となるであろう（手廻しのよい準備――レファレンス、六五号、一―三四頁参照）。たとえば、「干渉条項」はＳＥＡＴＯ第四条２のような協議条項に一般化され、応援は自国憲法上の手続にしたがっておこなわれるものとされるかもしれない。しかし、日本本土の前進基地化の基本規定、いいかえればその要求と事実とがなくならないかぎり、そのような方式化の変更、さきに詳述した三つのエレメントの特殊な複合という体制の特質を改めることにはならないであろう（なお、日米安保条約のいわゆる「暫定性」の究明のためには、前掲、講座第二巻二九二―二九三頁参照。さらに、同じ発展系列内でのことであるが、いわゆるＮＥＡＴＯないしＰＡＴＯへの総括については、本来的メンバーの間のひどい不均等、韓・台政権の分離ないし地方性、それから日本国憲法第九条の存在などの抵抗条件がある＊）。

問題は理論的にも実践的にも、日米安全保障条約体制の基本規定との対決にかかっている。

【＊　一九五〇年代末の安保改定交渉の過程では、韓国や台湾などを加えた「北東アジア条約機構（ＮＥＡＴＯ）」ないしは「太平洋条約機構（ＰＡＴＯ）」の構想があると伝えられた。】

第二節　砂川事件上告審判決の論理とその批判

＊「砂川事件上告審判決の論理とその批判」判例時報二一一号付録（判例評論第24号）、一九六〇年

一

第二次砂川事件にかんする最高裁の判決理由は、事柄の重大性にもかかわらず、はなはだ捕捉しがたい論理展開をしめしていて、たしかにひとを惑わせるにたるものである。いつたい、判決理由（多数意見）は、その基本論理としては、はたして特殊裁判的ないわゆる統治行為論を採用しているのであるか、それとも実は裁量行為論にたつているのであるか、明白でない。そのどちらであるかによつて、判決の効果にかんする評価も、判決にたいする批判の論理もおのずから異つてくるはずである。もちろん、われわれが惑わされるのは、判決が行論の中心的箇所で用いた表現＝「高度の政治的ないし自由裁量的判断」にだけかかわつてのことではない。問題は、判決理由全体の論理的構成にかかわつているのである。

ところで、判決理由の基本論理の捕捉に惑わなくてはならない場合、附随の諸意見の内容から推してみるという操作も許されることであろう。ところが、まぎれのない裁量行為論にたつ島意見、河村意見があえて「補足意見」を名のつており、また、ともかくも安保条約の違憲でないという判断を明示した石坂意見も、やはり「補足意見」

を名のっている（なお田中意見のような「補足意見」もある）というありさまである。これでは、多数意見にコンカーした裁判官たちさえそれの基本論理もはたしてどのように理解していたかも疑わしくなるわけである。しかし一方には、小谷「意見」、奥野・高橋「意見」において多数意見の統治行為論がはつきりと反論されていること、他方には、藤田・入江「補足意見」において判決理由二の部分がくわしく敷衍されていることからみて、判決理由の基本論理を統治行為論（むしろ正確には「政治問題」論）においてとらえ、この基本論理にしたがつて判決理由全体を論理的に再構成してみることにしよう。

判決は理由一において、憲法前文から説きおこし、九条一項をへたうえで、九条二項（前段）の意義について判断している。この判断のくだりは、まさに判決の行文もしめすとおり、単に戦力論、すなわち憲法上禁止された戦力の意義の解釈論につきるものでない。ところで、判決は、ともかく戦力について独自の解釈（自国戦力説）をしめしているが、同時にそうすることによつて、つぎのような広汎な安保方式論をも説くことになるのである。すなわち、憲法（前文）は「わが国の平和と安全を維持する」という目的に「ふさわしい方式又は手段である限り」、ひろく「他国に安全保障を求めることを、何ら禁ずるものではない」。こうして、判決によつては、当面ふたつの判断が（抽象的に）しめされたわけである。——(a)外国の軍隊のわが国における駐留は、九条二項前段の禁止にふれない。(b)外国軍隊の駐留も、わが国の平和と安全の維持（平和主義）に適合するものであるかぎり、憲法上禁ぜられない。とすれば、残るところはただ具体的な判断の問題だけであり、すなわち、この二つの判断基準にてらして、安保条約にもとづくアメリカ合衆国軍隊駐留を法的に判断することだけである。そうして、判決理由二もたしかに、そのような趣旨のパラグラフでもつて始まつているのである。

ところが、判決理由二はまたたしかに、そのような具体的判断を展開してはいない。判決は、安保条約が平和条約と密接不可分の関係において締結されたこと、そうしてそれが、わが国の安全と防衛を確保するためのものであることをのべはするのであるが、これは実は、安保条約が内容上、主権国としてのわが国の存在の基礎にきわめて重大な関係をもつという、すじの異つた判断をあらたにもちだしてくるためなのであった。こうして、統治行為論(むしろ正確には「政治問題」論)らしいものがきわめて簡単に判決理由のうちにあらわれてくるのである。しかもそのいいまわしははなはだ微妙であるから、その趣旨を小谷意見のなかの「要約」でもつてしめすなら、こうである——《多数意見を要約すると、安保条約は、わが国の存立に重大な関係を有する高度の政治性を有するものであること、かかる条約の違憲なりや否やの判断は司法裁判所の判断には原則としてなじまないものであること、したがつてかかる条約の違憲審査権は「一見極めて明白な違憲無効」と認められるものに限られ、「それ以外」は裁判所の違憲審査権の範囲外であるということに帰着する》。

ところで、判決理由三にはいると、判決は、さきにわれわれの予測した具体的判断に再びとりかかつているようにみえる。まず、(a)アメリカ駐留軍隊はわが国自体の戦力でなく、外国軍隊であることが、「明らか」に判断されている。つづいて、(b)この軍隊の駐留はその法的根拠＝安保条約の文面から推して、「専ら」わが国およびわが国をふくめた極東の平和と安全を維持するためのものであり、平和主義をめざしているものであると「窺」われている。しかし、判決がこのように判断しまた推測したのは、判決の論理にしたがうなら、どこまでも、アメリカ軍の駐留が憲法の関係条章の「趣旨に適合こそすれ、これらの条章に反して違憲無効であることが一見極めて明白であるとは、到底認められない」ことを、判断するためであつた。こうして、最後にあの結論がひきだされることになる。原判決は——いまは、最高裁判決の独自の論理にしたがつて批判されることとなり——まず、あえて安保条約の憲法的判断をした点で司法審査権の範囲の逸脱をとがめられ、ついで、九条二項前段と前文とに異つた解釈をしたという点で解釈の誤りをとがめられるというわけである。

なるほど、こうみてくるなら、判決理由(多数意見)はそれなりに、いちおう論理的構成のまとまりをしめしているとみることができよう。しかし、それは決して、そのそれぞれの論点や論理過程について批判の余地がないということではない。なお、判決理由一は、「一見明白違憲」の検討のための予備的判断とみられるから、むしろ判決理由二のつぎにおかれたほうが適切であつたであろう。にもかかわらず、あえて理由一としてかかげられたわけは、裁量行為説（合憲説と称されるものもふくめて）とのなんらかの関連にもとめられることなのかもしれない。

二

さて、最高裁判決はわが国の判例上はじめていわゆる「統治行為」を認めたものであり、こんごの判例の動向にたいして容易ならぬ影響をおよぼすことであろう。ところでもともと、この特殊裁判的な「統治行為」ないし「政治問題」の概念をめぐつては、その根拠、内容、範囲について学説上定説というほどのものもない。とすれば、いまわが憲法の解釈上判決によつて展開されたところの独自の「統治行為」論にたいする批判（その概念の根拠と内容と範囲、さらには「一見極めて明白に違憲無効な場合」という例外の設定根拠とその基準などについての批判、加えて、それらの現実的機能と機能条件の吟味）は、当然のことながら、いわゆる統治行為論の全面的な検討にまで及ばずにはいられない。ここでは、紙数の制約もあり、また、そのほうの専門家の見解がいつせいに公にされはじめていることでもあるから、そうした批判の一切を保留して、さしあたり、判決理由の統治行為論がはたして破綻なく貫徹されているかどうかの検討をしておく程度にとどめたい。本件の判決理由は、その程度の検討さえ有意義とおもわれるほどのものなのである。

(1)　本件安保条約はなぜ高度の政治性をもつものと判断されたのであろうか。判決理由二の説示するところによると、なによりもまず、それは安保条約が平和条約と密接不可分の関係にあるとみとめられるからであるらしい。しかし、法理上は、平和条約は安保条約にたいして、ただこれの締結を国際法的に berechtigen している（正確には、その Berechtigung を制限していない）という意味で関連をもつだけであつて、決してその間に密接不可分の関係などといえるものはない。もつとも、安保条約がサンフランシスコ講和条約と抱きあわされたこと、この講和がまさに片面講和として成立した所以がほかならぬ日米安保条約にあつたことは、周知の事実である。日本はいわゆる早期講和により形式的独立を購うために、ひきつづきアメリカ軍の居座りを安保条約でみとめなければならなかつた。政治的にはたしかに二つの条約は密接不可分であつた。藤田・入江補足意見（三の後半）はほぼこれにちかい。しかし、条約締結のこの特殊な政治的事情も、本来、条約内容の高度の政治性とは関係のないものである。条約内容の高度の政治性はやはりその規定内容自体のうちにもとめられるほかないであろう。そこで、判決理由もいま一つそのような根拠を用意していた。安保条約はわが国の平和と安全、ひいてはわが国の存立の基礎にきわめて重大な関係をもつ事柄を規定内容としているという判断である。しかし、それならば九条そのものも、そのような種類の規定内容と性格とをもつとは考えないのであろうか。

(2)　判決は「統治行為」（その「高度の政治性」というクオリフィケーションが適当かどうか、はともかく）の原則にたいして、「一見極めて明白に違憲無効」の場合の例外をいわば留保している。「一見極めて明白に違憲無効」の場合とは、藤田・入江補足意見をみてもあきらかにはならない。いうところの「行為の実体上不存在」の場合は、実質的違憲の問題ではないであろう。いずれにしても、当の補足意見みずから、「かくのごときことは実際問題としては、ほとんど考えられないことであろう」といつているほどのものであり、本件安保条約については問題外のことであるらしい。それならば「以上の限度において、同条約について、右のごとき意味における違憲のない旨を判示」するにしても、なぜ、さきにもみたとおり、九条二項のもとで具体的に判断し、また憲法前文にてらして具体的に推測し、そうして原判決の破棄理由として、それらの条章の解釈の誤りを断定することまで、あえてしなければならなかつたのであろうか（判決みずからがせつかくの司法審査の限界をかえつて踰越したことにはならないかという疑問——小谷意見四を参照のこと）。もつとも、一見明白であれおよそ違憲でないという判断は、高度の政治性の判断の場合とは異つて、いわばSacheの提示でたりるものでなく、関係条章の抽象的な解釈とそのもとでの具体的な「推測」なしにはすまされないとも考えられる。とすれば、あらためて、そのような例外設定の意義と当否が、またさかのぼつては、「統治行為」そのもの（司法審査権の抑制）の容認根拠と概念内容とが検討されなければならないことになるであろう。もし、本件においての統治行為の容認根拠が、消極的に、司法権の政治的中立という安全保障にあるのなら、あえて「推測」のためとはいえ憲法上の実質的判断をのべ一方の政治的立場の代弁をひきうけなくてはならなくなるような「例外」を設定すること自体が矛盾であろう。また、もし積極的に、法的事態の変動にたいする順応をめざすことにあるのなら、それは、統治行為の原則と例外という裏道ではなくて、解釈操作の方式とその限界内で果されるのが適当であるとおもわれる。

(3)　ともかく判決理由（多数意見）は、統治行為論の基本論理にたつて、安保条約＝アメリカ軍駐留については「違憲無効であることが一見極めて明白であるとは、到底認められない」と推測しただけであり、それ以上の最終的な憲法的判断は司法審査権の範囲外にあるとして判示しなかつた（つもりである）ものと理解されよう。この点は充分にマークしておく必要があるであろう。しかし同時に判決は、本件が「例外」に当らないと判断するためには、さきにもみたとおり、憲法の関係条章を「解釈」し、安保条約（および行政協定）を判断し、「推測」することをしているのである。とすれば、むしろこの判決の解釈、判断、推測の部分こそ充分に検討されなければならない。原判決やわれわれの憲法解釈と安保条約判断とをもつてするなら、本件は——判決の論理のうえからしても——当然に一見明白違憲であるとして、その無効を判示されなければならないとおもわれるのである。しかし、以下には、なるべく判決理由のまさに全員一致のその部分の論理過程を批判することを主眼にして、検討してみることにしたい。

三

判決理由一は「憲法九条二項前段の意義につき判断する」として原判決とはいわば真反対の解釈を展開した。

(1)　まず、判決は九条二項で禁止された戦力の解釈にあたつて、指揮・管理権の有無を基準にして自国軍隊と外国軍隊とを区別し、自国軍隊禁止説を帰結しているのであるが、その論理の過程にはいくつもの疑点が潜んでいる。(イ)判決は、さしあたり九条一項を「同条にいわゆる戦争」すなわち「侵略戦争」の禁止規定として不当にせまく解釈している。しかし、(ロ)かりにそのように解釈するにしても、判決のような帰結へは普通ひとはみちびかれていない。判決の論理＝いわゆる自国戦力禁止説にたどりつくためには、判決はここで九条一項と二項とを、芦田流に逆に関係づけ、具体的にいうなら、問題の一句＝「前項の目的を達するため」をあえて読みちがえるのである。すべて軍隊は戦争メディアにすぎず、それ自体はそれを介して実現させるところの国家権力の軍事的ビヘイヴィアの選別を保証するどころか、かえつてその選別を無くならせるものであるから、九条二項はおよそ戦力を国内におくことを禁止することによつて、前項の禁止の実効性を確保しようとしたものである、というふうに、たとえば「註解日本国憲法」ですら理解している。ところが、判決はそう理解しない。九条一項の目的（ビヘイヴィアの選別）からただ九条二項の規定内容が限定されてくる（メディアが選別される）というふうに理解してしまうのである。ところで、(ハ)またかりに、ここまでの判決なりの解釈にしたがうにしても、それでは「同条項にいわゆる戦力」すなわち侵略戦力と「自衛のための戦力」とが（ただ観念的に）選別され、そうしてさしあたり九条二項は侵略戦力禁止と判断されるだけである。指揮管理権という戦力選別の論理的契機は、これまでの論理過程からはでてこない。判決の帰結＝指揮管理権の有無による戦力の選別のためには、それとして別な論拠が用意されていなければならない。事実、判決理由は一の冒頭で、あらかじめ九条設定の趣旨（すなわち憲法の平和主義）について、前文の言葉も都合よく引きながらのべるのであるが、その箇所で、判決は憲法の平和主義を、わが国の過去の軍国主義的侵略行動にたいする反省の実をしめそうとしたものという程度にしか理解せず、したがつて、そこからほかならぬ日本軍隊不信任の意味を抜かりなく読みとつているようにうかがえるのである。こうして、判決は、もともと次元の異る二つの選別原理を都合よく戦力についてあてはめながら、さしあたりは自国軍隊の禁止という九条二項解釈の帰結をたてることによって、安保条約＝アメリカ軍の駐留にたいする憲法上の障害をとり除けたと考えているのである。

(2)　しかし、これだけではまだ安保条約＝外国軍駐留・軍事基地化の積極的な根拠づけはなされていない。この根拠づけのために、判決理由一は、「九条二項前段の規定の意義につき判断する」過程で、むしろ自衛権を中心に論理を展開しているのである。

まず、(イ)判決は、憲法九条一項、二項によって「わが国が主権国として持つ固有の自衛権」が否定されたことにはならないと予断しつつ、さらに憲法前文を引いて、そのうちに、自衛権の根拠づけがみいだされると判断している。ところで、こう判断するためには、判決はあえて前文の行文を、文脈を無視した仕方で援用しなければならなかった。そのうえで、判決は「平和のうちに生存する権利」に（また、すぐあとで「平和を愛好する諸国民の公正と信義に信頼すること」に）、まったく逆な方向からの意味づけをしてしまうのである。ところが、このようにまでして判決が確認しえたものは、「平和のうちに生存する権利」という法益でしかない。この法益にたいする侵害を個別国家の実力で反撃することの正当化が、自衛権の問題であるとすれば、判決の論旨は自衛権のあることの論証となっていない。しかし、判決にとっては、「しからば、……必要な自衛のための措置をとりうることは……当然のこと」なのである。

ところで、(ロ)原判決は「自衛権を否定するものではないが」としながらも、「自衛のための戦力を用いる戦争及び自衛のための戦力の保持を〔九条は〕許さない」と判断していた。すなわち、自衛権はともかく否定されないにしても、なお自衛行動と自衛手段とについて、憲法上独自の制限が加えられていると解釈したわけである。ところが最高裁判決は、九条一・二項の禁止を侵略行動の禁止と自国戦力の禁止というふうに都合よく解釈しながら、それでいてなお、一方では周到にも「いわゆる自衛のための〔自国〕戦力の保持」についての判断の余地を残しつつ、さらに他方では、「わが国の防衛力」とその「否定」とを認め、その補塡を他国にもとめることは憲法上なんら禁じられていないと判断するのである。この判決の論理の微妙な足取りは、さきにのべた判決なりの戦力についての二つの選別原理によつて、ともかくも導かれているようである。この点はもう論じない。しかしなお、判決のこの部分の論理過程については、つぎの二つのことがらを指摘しておく必要がある。①まず、判決は、判決なりの広汎な安保方式論の条章根拠として、憲法前文から「平和を愛好する諸国民……」の章句を援用しているのであるが、この援用と意味づけの仕方の誤りについては、さきにのべたとおりである。②ところでかりに、判決のとくように防衛力の不足の補塡を他国（軍隊）にもとめうるとしても、判決のはじめの論理を貫くかぎり、それはどこまでも、自衛行動のために自衛戦力の限度でしか考えられないはずであつた。それならば、なぜ外国軍隊という指揮管理権のおよばない戦力がかえつて自衛行動のための適合的なメディアでありうるのかは問わないとしても、すくなくとも、外国駐留軍についてはなおさらそれがもつぱらわが国の自衛行動のために、自衛戦力の限度内で存在しなければならない旨の明示を判決に期待することはできるであろう。ところが、判決は周到にもいつさいを伏せ、かえつて「防衛力の不足を……補い」とか「わが国の平和と安全を維持するための安全保障であれば」などと一般的辞句をならべることに努めているのである。せつかくの自衛権もいつのまにか姿を消してしまつている。しかし、そのことにはまたそれだけの理由があるわけである。

(3)　判決は、このようにしてまで憲法の関係条章の解釈をまげながら、なお理由三において、安保条約が憲法の条章に適合すると推測し、一見きわめて明白には違憲でないと認めるために、安保条約についての判断をもつぱら条約の文字づらのうえだけでするという古い常套手段に訴えるのである。それはまさに原判決とは対蹠的な解釈方法であるが、この点の批判はすでに、渡辺洋三氏（ジュリスト・一九六〇・一月、臨時増刊号七五頁以下）によつて鋭くおこなわれている。

ところが、このように条約の文字づらだけを根拠にしてみても、なお安保条約の文面には始末のわるい箇所（「極東の平和と安全の維持」という駐留目的）が残つている。この点はもう、多数意見の立場では、（「その目的は、専らわが国およびわが国を含めた極東の平和と安全を維持し、再び戦争の惨禍が起こらないようにすることに存し」というぐあいに）ことばのあやでもつてとり繕つておくほかない。しかし、それに飽きたらない人たちは、まるで憲法の平和主義からは「力による平和」政策もとりだせるかのように、平和不可分論や自衛他衛相即論*をはばかりもなく告白するのである。

【＊　田中補足意見の考えを表現したものである。】

［附　記］本稿は、東北大学法学部研究室の宮田三郎、村上健、樋口陽一、富樫貞夫、祖川武夫の五名の共同討論にもとづいて、祖川が執筆したものである。なお、三一条・刑特法、行政協定、条約審査権などの問題は紙数の都合上省略した。

第二章　六〇年安保体制——新・安保条約の検討——

＊「新・安保条約の検討」法律時報第32巻第4号、一九六〇年

あり余るほどの論難と反対をうけながら、一年三ヶ月の交渉のあげく、去る【一九六〇年】一月二〇日、現地時間の一月一九日にワシントンで調印された新・日米安保条約は、日本のアメリカにたいする従属的軍事協力体制の強化・拡大をわれわれにもたらそうとしている。強化・拡大の条件は、現行条約そのものの実施過程のなかから形成されてきた。その意味で、まさに新条約は現行【五一年安保】条約の拡大再生産とよばれるにふさわしいものである。新条約は決して政府・与党のいうように自主性の回復や平和と安全の保障をわれわれに約束しうるものではない。かなりのひとびとが（実はただ抽象的に）技術的改善と評価する諸点にしても、条約体制全体の仕組のなかに具体的に位置づけてみるなら、実質的意味のないものであるか、あるいはかえって逆の現実的効果をもつようなものなのである（石本泰雄「新日米安保条約案の問題点」ジュリスト・一九五九・一〇・一五号、二〇—二四頁参照）。

一

まず、新安保条約のメリットの一つとしては、アメリカによる日本防衛の義務づけの明文化ということが、大き

く挙げられている。たしかに現行条約はそのような明文はもっていなかった。そうして、そのことは現行条約の欠陥として一般に非難されてきていたのであった。では、新条約はやはりこの点で一つのポジティーヴな改善をもたらしたといえるのであろうか。それにはまず、これまでどのような意味において、その「非難」がなされていたかを吟味しておく必要がある。

すくなくともわれわれは、現行条約に問題の「義務づけ」の明文のないことを、日本のアメリカにたいする従属的軍事協力体制の露骨な性格「表現」としてとらえ、その意味において評価＝非難していたのであった。決して「防衛の確実性」という視点から問題にし、非難していたのではなかった。用語の整理もないままにあえていうなら、われわれは、それを「不平等性」むしろ「従属性」の「表現」として非難していたのであって、決して「片務性」の問題として重視していたのではなかった。とすれば、事柄が軍事的従属体制のあらわな性格「表現」にかかわるものである以上、いまこの「表現」が改められたとしても、それは軍事体制の内容にも性格にもなんの変化ももたらすことにはならないであろう。

実際にも、これまで、《アメリカは在日米軍を……のため使用することができる》という現行条約第一条の問題の章句は、いわゆる「使用目的」のうちの一つ（日本にたいする外部からの武力攻撃に対抗）についてだけ、ことさら論議されてきた。それは、他の二つの使用目的との関係では、まったく論議の対象にもならなかった。同じ一つの条項にひとまとめに規定されていても、それらの間には、法的意味においておのずから相違があると一般に理解されていたからなのであろう。たしかに、内乱・騒擾にたいする米軍の出動はむしろ武力干渉権の設定の問題であり、極東への米軍出動は米軍戦略・統帥の事項の問題である。では、日本にたいする外部からの武力攻撃に対抗する米軍出動は、どのような法的意味において捉えられるものであろうか。安保条約を結ぶ以上、それはいうまでもなくアメリカによる日本防衛義務の設定としてでなければならない。おそらくこのような論理から、現行条約第一条の使用目的の一つについてだけ「片務性」の問題が提起され、また実質的には「防衛の確実性」の問題として論議が展開されてきたのであるとおもわれる。

だが、すべて条約の解釈・評価にあたっては、単純に一つの条約だけを抽きだして論じることは危険なのであって、つねに条約の「構造全体の上で位置づけてみるという操作を怠ってはならない」(石本泰雄、前掲二二頁)。現行安保条約はアメリカ極東戦略にもとづいて対ソ・中基地を日本に維持しつづけるために、講和後の日本の全土基地化を確保しようとするものであった。一九五〇年一一月二四日発表の「対日講和七原則」の第四は、卒直に「条約は……日本区域における国際の平和と安全の維持のために、日本国の施設と合衆国……の軍隊との間にひきつづき協力して責任をとることを規定すべきである」と述べていた。この「原則」第四の趣旨は、五一年一月末から七月末までの数次の折衝のうちに終始つらぬかれ、現行条約はその趣旨のきわめてコンシクェントな作品としてみごとに出来上っている。すなわち、まず第一条は、占領にひきつづいて講和後も日本全土基地化の状態が維持せられることを十二分にフォーミュレートしているのであるが、ついで第二条は、そうした基地化の独占の保証規定を念入りにもおくことをあえてしているのである。そうして第三条の予定した行政協定は、平時外国に滞在する軍隊に国際慣習法上一般に認められる(地位保障のための)特権ではなく、それとは比較を絶した広汎な(戦略機能保障のための)諸特権を駐留軍隊に与えているのである。とすれば、在日米軍にとって、日本にたいする外部からの武力攻撃に対抗して出動することは、なによりまずそのような全土駐兵＝基地の防衛のため当然に要請せられることであろう。そのかぎり、全土基地化の安保条約のもとでは「防衛の義務づけ」は、古典的な軍事同盟条約の場合とは異って、すでにその実質的意味を抜かれることになっていたわけである。アメリカによる日本防衛の実効性からみて、防衛義務の明文化が実質的な意味をもたないことは、すでに田畑茂二郎氏によって適確に指摘されている(「藤山構想を批判する」、世界五九年四月号、四七頁)。

では、なぜあえていわゆる片務的な「表現」がとられたのであろうか。現行条約の交渉過程において、アメリカ側が「ヴァンデンバーグ決議」をタテにとって、防衛義務の明文化を拒んだということは、周知の事実となっている（西村熊雄「安全保障条約論」五九年、三〇―三二頁参照）。してみると、いわゆる片務的な「表現」には、実質的にひとつの効果が期待されていたということになる。条約のいわゆる片務性にはあきらかにひとつの期待がかけられていた。その期待は、この「表現」が日本再軍備の推進と正式相互防衛条約の締結のためのテコとして働くということであった。これがいわゆる片務性の現実的意味である。そうして、われわれのさきの「非難」の実質的意味も、いわゆる片務性のこのような現実的意味にかかっていたのである。

ところで、いわゆる片務性の現実的意味がそのようなものであったとすれば、日本防衛義務の明文化がそれだけの処理におわらなかったとしても、そのこと自体にはいまさら不思議はない。事実、新条約はその中心条項の一つにおいて、日本全土基地化の体制をそのまま変りなく維持しつづけながら（六条）、いま一つの中心条項において、日米の相互防衛をあらたに正式に明文化（五条）、いわゆる片務性の是正を相互防衛義務の明文化のうちにおいて、相互性の一環として処理しているのである。これこそ片務性の是正であるよりも、むしろ片務性に期待された効果の実現、すなわち片務性の現実的意味の「実現」である。もっとも、このようにいわゆる片務性の是正＝実現として相互防衛義務が設定されること、いいかえればアメリカの日本防衛義務の明文化が相互防衛義務の明文化のうちに与えられることにたいしては、これまでにも異論がなかったわけでない。アメリカの日本防衛義務は、日本側の基地提供、基地協力の義務負担と見合って、それと引き換えに与えられるべきであるという主張がそれである。この主張は五八年秋の改訂論議のうちにしばしばあらわれていたが、またすでに、五一年一月交渉（ダレス・吉田東京交渉）のさい、日本側によって実際にもちだされていた（西村、前掲、三二一頁）。ところで、そのように負担の見合いを主張するにしても、実はその基地の性格に問題がある。もし在日米軍が、五一年一月交渉のさいの日本側先制提案の思惑どおりに、日本に張りつけられているものなら、そのための基地提供、基地協力はなんら軍事的利益の交換を意味しない。その場合、日本はアメリカにただ戦略的マイナス価値を売りつけているだけである。いうところの負担の見合い、利益の交換は、在日米軍基地が極東戦略基地として機能しうるものであってはじめて、成り立つことである。とすれば、右の主張にもとづいて、片務性の是正＝アメリカの日本防衛義務の明文化がただそれなりに果されるよう処理されたとしても、それは実はその反面に、やはり日本みずからアメリカの戦略基地に化すという軍事的な協力・援助の義務の裏付けがあってのことである。ただ、新条約第五条にしめされた処理の仕方とそれとのあいだには、日本がこの場合とくに相互防衛とよばれるような軍事行動を協力・援助の内容として明文上は義務づけられないというちがいはある（座談会「安保改定問題の究明」ジュリスト、五九・一〇・一五号五頁参照）。しかし、このようなせっかくの限定も、全土基地体制のもとでどれだけの現実的意味があるといえるであろうか。

二

さて、新条約はいわゆる片務性の是正という名目のもとに、相互防衛義務をあらたに正式に明文化している（行政協定第二四条が相互防衛のヤミ条項であることについては、西村熊雄、前掲、九三―九五頁参照）。これはさきにも指摘したとおり片務性の現実的意味の「実現」であるが、新条約（五条）はこの実現にあたって、周到にも二つの限定を加えた。まず、いわゆる条約地域は「日本国の施政の下にある領域」にかぎられている。このような地域的限定は、第五条がすでに相互防衛条項である以上、とりわけ日本自衛軍のアメリカ軍支援義務の発動条件を地域的に狭くかぎることを意図したものである。政府は、そうすることによって、形式的には日本国憲法のもとで相互防衛義務の明文化にたいして合憲性の外見を与えることができ、実質的には日本が本来かかわりのない戦争にまきこまれる危険（の半ば）を避けることができたと考えているらしい。しかし、憲法第九条についての政府（や最高裁判決）の解釈の批判はともかく、政府独自の自衛権論にそって考えてみても、日本施政下領域内であるとはいえアメリカ軍とその基地の防衛を日本自衛軍に義務づけることがどうして合憲的であると考えられるのであろうか。周知のとおり、この疑問に答えるためには、てっとり早いところ日本領域侵犯論（個別的自衛論）がいたるところで主張されている（政府の国会答弁や五九年八月の自民党宣伝文書はもちろんのこと、さらに外務事務当局者により座談会で――「ジュリスト」、五九・一〇・一五号、一一頁――、または法学者によっても――たとえば「安全保障体制の研究・上」、二〇四頁――主張されている）。この主張にたいしては、すでにまた田畑茂二郎氏による丹念な反論がある（「安保条約改定と自衛権」法律時報、五九・六月号、六九頁、「自衛権概念の魔術」、中公・六〇・一月号、九五頁以下）*。ところで、侵犯は通過にとどまらず、攻撃は選択的におこなわれえず、また、基地は専管基地にかぎられないと仮定してみよう。しかし、この場合でさえ決して、事態（第五条にいう日本自衛軍による防衛支援）は日本の個別的自衛権の行使として処理しつくされるわけではない。なぜなら、アメリカ駐留軍（とその基地）は本国から隔離され、日本自衛のために張りつけられているのでなく、現に在ハワイ太平洋軍司令部の統轄下に極東戦略にもとづいて配置され行動させられるのである以上、このようなアメリカ軍駐留（とその基地）を認容すること自体が、いいかえるなら、アメリカとのこのような結託関係を設定すること自体がすでに集団的自衛の法理を前提していなければならないからである。集団的自衛の Rechtstitel のもとに締結された戦後の諸条約と共通な第五条の明白なフォーミュラにもかかわらず、あえて第五条個別的自衛権説ないし個別的自衛競合説を説くひとたちは、いわゆる条約地域の好便な限定に乗じて、このような論理的前提を都合よく無視しながら、第五条にいう相互防衛の義務づけのその場かぎりの合憲化にもっぱらつとめているわけである。いずれにしても、いわゆる条約地域の限定は、新条約の合憲性の仮象をうみだすことに役立っている。また、このおなじ限定は、本来日本にかかわりのない戦争にまきこまれる危険の回避という点でも、戦争協力の段階づけの表象をなりたたせることによっておなじく新条約の無害性の仮象をうみだすことに役立っている。

ところで、新条約第五条は相互防衛の義務づけの明文化にあたって、いま一つの限定、すなわち、防衛行動にたいする「自国の憲法上の規定」にもとづく制約を書き加えている。この制約をおくことはさしあたり日本にとってだけ（それも政府独自の憲法解釈＝自衛権論のもとでだけ）意味のあるものであり、なかみは周知の「海外派兵の禁止」ということであるらしい（なお、このなかみの別の解釈については、石本泰雄、前掲、二三―二四頁参照）。しかし、もともと自衛と海外出動の禁止とは論理的には必然的な関連のないものであるから、この政府解釈も、さきでは事情次第でどう変るかもわからない。してみると、この「限定」もやはり、さきの「限定」とともどもに、アメリカ極東戦略基地の日本自衛軍による防衛義務明示の合憲性の仮象をうみだすことに大いに役立っているわけである。

【＊ 六〇年安保条約第五条の共同防衛を日本にとっては個別的自衛権の行使と説明する見解に対して、米軍の専管基地が選択的に攻撃される場合には、日本にとっては領域侵犯が生じるに過ぎず（個別的）自衛権行使の要件は満たされないと批判された。】

なお新条約第五条については、それが単に「いずれか一方に対する武力攻撃」に共同して「対処する」としていることにたいして、いまひとつの疑念がなげかけられている。すなわち、武力攻撃一般にたいして無差別に（攻撃の不法性の選別もなしに）、共同行動を義務づけられるのでは、個別的自衛どころか集団的自衛の保障もないというわけである。「これこそまさに、自衛の法衣をまとった同盟観念そのものである」（寺沢一「安保条約の問題性」一九六〇年、一四頁）。もっとも、このような疑念にたいしては、政府側からは、もともと修文作業の意味しかないところの、「国連憲章との適合」保障の諸条項の新設を実質的改善に数えたときの心情とは一転し、攻撃の不法性の選別は当然に前提されており、それは第四条にいう「実施協議」のなかで確実に果されるというふうに弁明されることであろう。なおついでながら、さきのいわゆる条約地域の限定は相互防衛義務の発動条件の地域的限定であるにすぎず、防衛行動そのものの地域的限定は（例の海外派兵の微妙な禁止のほか）なにもない。政府のいう自衛戦争は、こうして日米両軍の実力相応の連携のもとに、なんの支障もなくおこなわれるわけである。

三

従属的軍事協力関係の中軸＝アメリカ極東戦略のための全土基地化の体制は、新条約第六条によってそのまま維持されている。ところが、かえってここでは合憲性の偽装の試みさえなされていない。事柄はすべて外国軍の存在と行動とにかかわっており、また基地提供・基地協力の給付は海外派兵とは無縁である以上、合憲性をとくに顧慮する必要さえないと考えられるからであろう。これは実にひとりよがりの勝手な解釈である。基地協力は補給、整備作業のほか、哨戒、護送の任務までふくむといわれており、現実にも、そうならずにはいられないであろう。それはりっぱな後方勤務である。さらに、その点を別にしても、すでに基地提供、通過の許容そのことが事件にたいする局外性を日本からうばうことになっている。とすれば、第六条のもとでも、法的事態はやはり合意的権利名義の弁証を必要としているわけであり、しかも事件は日本のそと極東のどこかで起っているのであるから、もう日本領域侵犯論（↓個別的自衛権論）は通用しない。結局、集団的自衛権をもちだすほかはないわけであるが、しかし、政府の憲法解釈（自衛権論）にしたがっても、どうして集団的自衛が認められるのであろうか。また、問題はそればかりでない。日本が事件にたいする局外性を喪失しているかぎり、戦局の条件次第でいつでも攻撃は日本に（在日アメリカ軍やその基地ばかりでなく、鉄道、港湾、軍需工場など、また必要とあればひろく都市まで）およぶかもしれず、そうして、そこには第五条の相互防衛義務が手廻しよくまちうけているわけである。これこそ本来日本にかかわりのない戦争にまきこまれることであるが、これでよいものであろうか。

ところで、これらの二つの問題を一挙に処理しうるような重宝な解答というものが、すでにもちだされてもいるのである。それは集団的自衛権にかんする特殊な見解であるが、この見解は、集団的自衛権を権利名義とした諸条約のフォーミュラに即しながら、結局には集団的自衛の概念を個別的自衛のそれに解消し、実はそうすることによって個別的自衛権の拡張をはかろうとするものである。それにしたがえば、国際法学者のあいだでもきわめてまちまちな集団的自衛権の諸解釈のうち、〈他国の自衛行動にたいする援助〉という考え方が斥けられ、代って、諸条約のフォーミュラが重視される（たとえば、北大西洋条約第五条「締約国の一又は二以上に対する武力攻撃を、全締約国に対する攻撃とみなす」、より適当なものとしては、米比相互防衛条約第四条「太平洋地域におけるいずれか一方の当事国に対する武力攻撃を自国の平和及び安全を危くするものと認め……共通の危険に対処する」――地域を変えれば、そのまま新条約五条になる）。そこで、「攻撃が他国に加えられたときにもその攻撃に直接自国の危険を認める国は、その攻撃（国）にたいして自衛の行動をとりうる。これが集団的自衛権であ……る」ということになる（高野雄一、「国連憲章からみた安保条約改定」、国連評論、五九・九月号、一八頁）。この見解はあきらかに正当防衛の共働を考えており、そのかぎり集団的自衛の概念を極度に限定したようにもみえる。しかし、その場合実は、他国にたいする攻撃であるのに、そのもとでなお危険にさらされている（とみとめられる）自国法益として、いったいなにが考えられているのかが問題である。「国を守るのに基本的利害を共通にする国々は、共通の範囲に対する攻撃については各自がそのような権利を享有し」（同上、傍点附加）といわれてみても、よくわからない。また、別にこうも説明されている――〈間接の攻撃であっても、自国にたいする直接の攻撃と同じく、直接に危険が感じられる場合には、……〔他の締約国がみずからの〕自衛権の発動要件の〝危険〟ありと認定してくれる。間接の攻撃を直接の危険と考えるのは、事実の擬制ではなくして、危険という事実の認定である。危険については、危険があることの主観的信念が重視され……る〉（大平善梧「集団的自衛権の法理」、安全保障体制の研究（上）、二〇一頁、傍点附加、〔 〕間挿入）。しかし、これではむしろ疑問は振り出しにもどされた形であり、危険にさらされていると感じられるところのものがなにであるのかは、まったくわからない。ところで、疑問は、ようやくつぎのような説明に出会うことができて、はじめて解ける――〈集団的自衛権は「他国に武力攻撃が加えられた場合で、その他国の安全と独立が自国の安全と独立に死活的であると考えられる場合に、その（直接に武力攻撃を受けていない）国が攻撃国に対して防衛行動をなしうる権利」……である。〉また、〈「極東の平和」……については、法律上最小限の要件〔集団的自衛の要件〕としては、「極東において生じた武力攻撃で、アメリカならびに日本の安全と独立に死活的」であるものが前提にとらえられなくてはならない〉（高野雄一〈「極東の平和」条項について〉、安全保障体制の研究（上）、二二六、二二八頁、傍点原状、〔 〕間挿入）。すなわち、問題の法益は、個々の国家の具体的な権利ではなくて、他国にかかわった自国の安全、平和、独立であり、他の諸国につながった自国の戦略的利益、階級的利益、経済的利益などである。ところで、このような性質の利益一般が国際法上はたして自衛権によってカヴァーされうる法益であるかどうかは別として（その検討には自己保存権以来の国際法上の自衛権観念の発展のあとづけが必要であろう）、ともかくこうして最後に、当面の目的＝新条約第六条の合憲性の帰結がひきだされることになる。〈日本国憲法独自の問題としても、他国を援助する権利の如きは認められないが、……このような自衛権の存在そのものは否認されないであろう〉（高野雄一、国連評論、二〇頁）。また、——直接には第五条の相互防衛義務を考えての立論であるが——〈このような見解をとるかぎり、新条約は集団的自衛権の概念を導入したけれども、すこしも日本国憲法に違反することはないと考えられる〉（大平善梧、前掲、二〇六頁）。しかし、右のような集団的自衛権の理解は、はじめに斥けられた考え方、すなわち他国の自衛行動にたいする援助（この援助＝反撃行動の攻撃国にたいするRechtfertigungsgrundが集団的自衛権とよばれるわけであろう）という考え方と、その実際的効果において大差ないばかりでなく、かえって、利益の連帯関係を強調することによって、平時における集団的自衛の組織化（「閉鎖的、排他的、敵対的軍事同盟を形成」し、「侵略者（敵対者）をアプリオリに決して」おき、「弱小国を同盟にひきいれることによって、必然的にこれらの国の安全を危うくする場合をふく」み、このようにして「むしろ緊張関係の連鎖的激化に貢献する」ような「集団的自衛の体制化」——（石本泰雄〈「中立」の法律的基礎〉、中公、五九・七月号、五〇—五一頁））、を引きだす恰好の根拠となっているのである。また当面、それは日本国憲法上の自衛権に、いわゆる自衛・他衛の弁別論をかわしながらたくみのうちに集団的自衛権までとりこむことによって、ひろく戦争への参加とその準備とを正当化することになっている。これもまたひとつの「自衛権概念の魔術」というべきであろう。

四

以上みてきたとおり新条約は、日本の従属的軍事協力体制からのいわゆる漸進的解放どころか、かえってその軍事体制の強化をもたらすことになっているわけであるが、このような改訂の実態を蔽いかくすかのように、事前協議の約定が大きく称揚されている。これは政府の当初からの改訂構想の中心的項目（「駐留米軍の出動に日本も意思表示」——（五九・九・一一「朝日」））に該当するものである。政府としては、この法的技術でもって、本来わが国にかかわりのない戦争にまきこまれる危険を確実に阻止しうることを釈明するほかはない。いきおい、協議は日本の承諾ないし同意権をふくみ、外交慣例からいってもこれは当然そうであるというふうに力説するわけである。しかし、ここにも政府のいつもの手口＝国内向けかぎりの強弁がある。いったい事前協議とは、どこまでもプロシデュアーの設定であって、それ以上のものではない。「協議」手続の設定自体は、承諾ないし同意権などの法的効果をふくむものでない。協議のプロシデュアーは、ひとつの決定にさいして、ただ決定内容の形成過程に複数者の意思が反映しうる可能性を設定するだけのものである。決定のメカニズム自体は、それとはまったく別なことがらである。このことは、二者協議の場合でも、なんら変るところはない。にもかかわらず、二者協議についてしばしば、一方の当事者の同意権が無造作に語られるとすれば、それはただ、協議が合意解約とか共同行為定立などのためのプロシデュアーとして設定されているポピュラーな場合を考えてのことであろう。ところで、この場合、協議にさいしての承諾ないし同意権というものは実は、協議手続そのものではなく、そのうちに協議手続がおかれているところの法的関連自体のうちからすでに認められているのである。協議当事者の承諾ないし同意権の有無は、それぞれの協議手続のおかれた法的関連自体のうちに、その根拠をもとめられなければならない。ではいま問題の「事前協議」については、どうであろうか。さきにものべたとおり、現行安保条約は講和後もひきつづきアメリカに単独占領の利益を軍事部面で確保させるために必要な法的形式であったのであり、そうして、現行条約はその目的にいささかもたがわぬ規定内容をもったものとしてつくりあげられているのである。駐留アメリカ軍とその基地とは、もっぱらアメリカ極東戦略のために維持され使用されるものであって、その編成・配置・装備・管理・指揮は当然のことながらすべてアメリカの専権に属する事項なのである。ところで、新条約はこのような日本基地化の体制をまったくそのままに継続させながら、アメリカ軍の配置・装備の重要な変更と極東全域への単独出動とについて事前協議の手続を設けている。この協議は、もちろん日本軍備の拡充措置や防衛共同措置についてなされるのではない。また、平和の破壊の脅威にたいするなんらかの共同勧告についてなされるのでもない。協議は日本基地化の従属的軍事協力体制のもとで本来アメリカの専権に属する措置・行動についてなされようというのである。とすれば、事前協議手続が設定されたということだけから、当然に日本側に承諾ないし同意権があるように推論することはできない。同意権はまさにそう明示されていなければならない。ところが、日本側の同意を要することの明示は、直接には、配置・装備についての場合アメリカ軍の戦略的配置を、単独出動についての場合その戦略的行動そのものを、他国によって制約される法的可能性をひらくことになり、またひいては、事情次第で日本基地化の体制そのものを覆えす開口をつけることにもなる。してみると、いいふらされていた「議事録への書きこみ」どころか、調印後の「共同声明」でわずかに日本政府の〈wishes〉（六〇・一・二二「ジャパン・タイムズ」）にたいする敬意がしめされるにとどまったということは、それとしてまことにもっともなことであった。

しかし、事前協議手続が日本側の承諾ないし同意権（拒否しうる権利――野党側が「拒否権」と呼んで国会質疑にもちだしたために、政府側はわざわざクロウトの揚げ足とりに類したダメ押しの応答をして気勢をそぐことにつとめているが、さきに指摘したところの事前協議のおかれた法的関連を考えるなら、拒否権とよぶことにも意味がある）をふくみえないとしても、ともかく協議がおこなわれるかぎり、日本側の意思（ないし利害）がアメリカ側の最終的な行動決定に反映する可能性は与えられている。ところが、事前協議に国民がかけさせられている現実の期待は、アメリカ軍の大量撤退の政策に直面していわゆる真空状態に対処しうることなどにあるのでなく、核兵器持込みと極東全域への出動についてなんらかのチェックが加えられうるということにある。この可能性は、「共同声明」の言葉にしたがって、現実性のあるものとしよう。しかし、そうであるためには、協議にあたっての日本側の主張はそれとして合理的なものでなければならない。協議の基準、正確には日本側反論の決定的論拠として、はたしてどのようなものがあるのであろうか。アメリカ軍による核兵器の持込みについては、それが日本自衛隊の装備問題ではなく、アメリカ軍自身の戦略上の必要による核兵器の持込みである以上、政府解釈による日本国憲法上の制約とか自衛力の限度とかをいってみても、これは全然すじちがいの主張である。せいぜい核兵器にたいする国民的反情をいうほかないであろう。しかし、この唯一の論拠さえ、日本自衛隊装備のいわゆる近代化方針のすすむにつれて、もはや妥当性を失いかけているのである。とすれば、あとには相互の力関係とアメリカ軍事戦略の動向とが考えられるばかりであり、要するにアメリカ側のいわゆる「善意」にまつだけのこととなるであろう。

また、極東全域への出動についても、事情はいくらか複雑ながらやはりおなじである。それが、日本にたいする武力攻撃に対抗することでなく、アメリカ極東戦略上の必要による出動である以上、日本防衛の必要をもちだすことは無意味であり、せいぜい法律論らしいものとして、(イ)さきに指摘した集団自衛の特殊な解釈にもとづき当の出動が日本の平和と安全に直接・密接な関係がないとか、(ロ)いうところの極東地域の平和・安全の維持のためでないとか、(ハ)また総じて国連憲章のもとで許された自衛行動の要件をみたしていないとか、いってみるだけのことであろう。しかし、(イ)は、そういってみたところで（なお、そのような実体法的限定が明文化されていなければ、事前協議の手続をかぶせても意味がないという批判もでている——高野雄一、国連評論、一二三頁参照）、実は政略的・戦略的評価の問題であり、(ハ)は、本来法律的判断の問題であるとはいうものの、事柄の性質上、アメリカの判断が支配的となるばかりである。ところで、(ロ)の極東地域の限定の問題は、とりわけこの一月いらいはげしい国会質疑の的となっている。政府側は極東の範囲をできるだけ狭いように説明して新条約の無害性を国民に印象づけなければならない。そこで、アメリカ軍出動の前提としての事件の地域性という、問題の一側面だけをさりげなく政府統一解釈の内容としてとりあげ、ひとり合点で、いわゆる自由諸国地域に限るような説明をした。この説明自体も不統一地域や千島にとまどい、決してうまくはおこなわれていない。やがて、かくされていたアメリカ軍の「行動範囲」そのものがはっきり追及されるようになると、アメリカ側の当惑をよそに、「おおむねさきの地域と一致する」などと言葉のうえだけで答えるはめにおちいっている。しかし、もともとこの事項はアメリカ極東戦略の都合の問題である。また、総じて政策的当否の問題となれば、経済上の構造的従属はもとより、軍事上も自衛隊装備のいわゆる近代化（＝新条約第三条の義務づけのもとに三軍均衡・自主防衛の名目でおこなわれる軍拡）を通じてかえって従属度のつよまるという条件のもとで、現在のような性格の政府がクリティカルな局面においてどれほどの counterweight をもちうるものであろうか。

なお、事前協議事項は交換公文で（事前協議がわずかにこの文書にはいったことの評価については、たとえば寺沢一、前掲、六頁以下、四六頁以下参照）アメリカ軍隊の日本への配置とその装備とにおける重要な変更、ならびに第五条以外の場合の極東地域への戦闘作戦行動のための基地としての日本基地使用とされているが、はやくもその解釈について日米当局者のあいだのくいちがいが伝えられるなかで、日本政府は公文の文言をあきらかに無視して、移動（二段とび出動）や補給活動は協議事項にふくまれないとわざわざ認めてかかっており、また他方では、吉田・アチソン交換公文【本書二六二―二六三頁参照】を再認識してアメリカ軍に二枚鑑札をもちつづけさせるというありさまである。以上どの点からみても、事前協議はアメリカ軍の行動をチェックするために働きうるようなものでなく、かえって国民にアメリカ軍の出動を納得させ、国民の不協力・反戦運動に対抗して出動に公的義認を提供するという役割をはたすものであるようにおもわれる。

〔附　記〕新条約の検討といっても、もう今日では、国連憲章との適合保障、軍備増強の義務づけ、政治経済協力の約束、内乱条項の協議条項化（第四条）にまで、いちいち触れる必要はないであろう（必要ならば石本泰雄氏の前掲ジュリストの論文を参照のこと）。

しかし、ただ第一〇条による条約期間の設定は、現行条約第四条との関連においてぜひ論じられなくてはならない。この問題の多い項目を本項も最後にとりあげる予定であったが、時間がなくて断念することとなつた。勝手な次第をお詫びしておきたい。

第三章　七二年安保体制——安保条約の法的構造——

＊「安保条約の法的構造」法律時報第41巻第9号、一九六九年

この小稿の目的は、日米安保条約を中軸として法的に保障されているところの日米間の従属的軍事協力システムの法的構造について、とくに憲法学の立場から関心を持たれるであろうとおもわれるいくつかの問題点を、摘示しておくということにある。

一

五一年条約は日本「全土基地化条約」であり、アメリカの単独占領下に占領権力によって自由に設定されたところの対ソ中全土基地の状態を講和後そのまま維持し継続させるための法的形式であった。そうして条約は、全土基地化の状態を確保するためのあらわな「干渉条項」を用意し（一条）、また、全土基地化にともなうところの「不平等同盟」としての要素（集中的には行協二四条）やそのような性格の露骨な表現（一条）までも含んでいたのである【本書第Ⅳ部第一章第一節参照】。

六〇年条約は、一次防を経過しはじめた日本自衛隊の実勢とアメリカの軍事戦略の変化との結びつきによって、

下請的共同防衛条約としての性格を明確に加えるものとなった。そこで、アメリカによる日本防衛義務はフォーミュレートされ（五条）、また、あらわな干渉条項は協議条項化される（四条）というように改められもしたが、しかし、条約の根底には全土基地化の状態がそのまま維持されていて変わるところはなかったのである（六条、地協）。ところで、この全土基地化の状態は、アメリカにとって片務的な相互防衛（五条）のアンバランスを「補償」するものとして、アメリカ側には理解されている。[1] しかし、そうした補償の論理は、条約の標題づけや条項の配列に導かれながら条約の基本的性格を相互防衛条約として把えようとする立場での、納得の論理であって、条約事実の正確な認識にそのままつながるものではない。また、条約は全土基地に関していわゆる事前協議の方式を加えた。ところが、それは、全土基地化の状態のうえに上積みされたところの一つの運営上の手続形式であってたかだか基地の施設と利用とになにほどかのコントロールを及ぼしうることを、その意思も条件もないところで、期待させるというだけのものであった[2]【本書第Ⅳ部第二章参照】。

このように、日米安保条約は一貫して全土基地化条約という基本的性格をもっている。とすれば「全土基地」という概念規定について、いくらか立ちいって考えてみておくことが必要であろう。

まず、ふつう、全土基地のメルクマールとしては、条約において基地が特定されていない、ということが挙げられ、そうしてこれと対照させて米英基地協定や米比軍事基地協定までが引かれる。なるほど、五一年条約はもっぱら駐留フォーミュラを採っており、そうしてアメリカ軍配備の条件ということでいっさいを行政協定に譲っているのであるが、この行政協定でもやはり基地として提供される地域はなんら特定されていない。その限りでは、「日本国のどこでも基地にしうる」[3] といえるわけであろう。結局「個々の施設及び区域に関する協定」（行協二条1）は、予備作業班または合同委員会を通じて両政府間で締結されるほか、継続使用（ラスク・岡崎交換公文）という便法まで認めることとされていて、それによりアメリカは全土基地の保有の継続を、落ちるところもなく切れ目もない形で、達成することができたのである。してみると、以上一連のフォーミュラは、全土基地概念のメルクマールというよりは、まさに全土基地化に適合的な設定の手続方式なのであって、そこに含まれている問題といえば、それは、具体的な基地の提供が、条約・協定に対する承認という仕方での国会の直接的なコントロールからはずされてしまっている、ということであろう。

全土基地概念のメルクマールは、(イ)包括的な基地機能の承認のもとに多数の内陸基地が散在し、(ロ)しかも基地の戦略的機能の充全な法的保障が与えられて国土全体がこの基地の戦略的機能の実現の場となる、という点に求めるほかないと思われる。事実、日米安保条約においては基地の設定・利用の目的はきわめて包括的であり（六条）、実際上無限定であって、その結果無数の基地が内陸にまで散在し、全体としてアメリカの極東戦略上中心的な総合基地体系ができつづけているのである。しかも、それら基地の戦略的機能の法的保障は充分過ぎるほどのものであって、およそ必要と考えられるものはすべて与えられている反面、日本側の行政自主権は大きく制限され、国民の基礎的権利まで侵害されたまま放置されているようなありさまである。詳細は、青法協憲法部会・NJ安保研究会「米軍地位協定」および五十嵐敬喜・風早二葉「第六条」の精緻な分析（法時・臨増、一九六七年五月、一七七―二〇九頁、一五八―一六七頁）によるべきであるが、なお、つぎの点は、ここでとくに指摘しておく必要があるとおもわれる――

五一年安保条約の採用した駐留フォーミュラは、全土基地化（の継続）の消極的表出でしかなかったから、たとえば一九五一年一月のイギリス連邦軍日本駐留協定とはちがって、それとしての限定的意味をもともともっていない。[4] 行政協定は、どのようなアメリカ軍を、どれだけ、日本のどこに、駐留させるかについて何のワクも定めていない。行政協定はただ、アメリカ軍関係の日本入出・国内移動の自由をみとめているだけである（五条、九条）。その結果、「在日米軍」とはアメリカ軍編成上の呼称であるにすぎず、条約・協定上のアメリカ軍とは、およそ「日本国の領域にある間におけるアメリカ合衆国の陸軍、海軍又は空軍」（一条）なのであり、より適切には、さしあたりアメリカ太平洋軍統合司令部の統轄下《日本に入る限りのアメリカ軍》なのであって「アメリカ軍一般というより他はなく特別の限定がない」[5]という事態が成立しているのである。事情は六〇年地位協定のもとでも同じである（事前協議については前述のとおり）。

（1）「上院本会議・議事録」、世界週報一九六〇、二八号二三頁以下参照。
（2）法律時報、一九六九年五月号臨時増刊、一七三頁以下参照。
（3）法時・臨増、一六五頁。
（4）なお、これに関連しては、法時・臨増、一六三頁の所説を参照。
（5）法時・臨増、一八四頁。

二

日米安保条約は、一九四八年西欧ブラッセル条約、一九四九年北大西洋条約以下一連の条約と同じように、その国際法上の Rechtsgrund を国連憲章五一条の「個別的又は集団的自衛の固有の権利」に求めており、その趣旨を条約文章のなかにフォーミュレートしている（前文、新・五条二項）。ところが、そのようなフォーミュレーションには、いま一つわが国にとって「特殊な意味がある」のであり「わが……憲法上の……問題としては、個別的自衛権についても、集団的自衛への参加……についても、大いに疑問」があるにもかかわらず、「このような形で両国の自衛権を確認することには、わが憲法上……自衛権肯定解釈のための突破口を設定したものという評価を与えることができ」[1]ると批判されているのである。「このような形で」とは、条約を通じて集団的自衛権を含めてまで、という意味であろうから、そのことには自衛権のレヴェル・アップをめざした外線陣地の設定をみてとることもできるであろう。とすれば、集団的自衛概念の論理構造と現実的機能とを明らかにしておくことは、何にもまして重要なことともおもわれる。

〔Ⅰ〕　第一図は、一九四五年サンフランシスコ連合国会議で憲章五一条の規範文章が成立するにいたった事情と

第一図

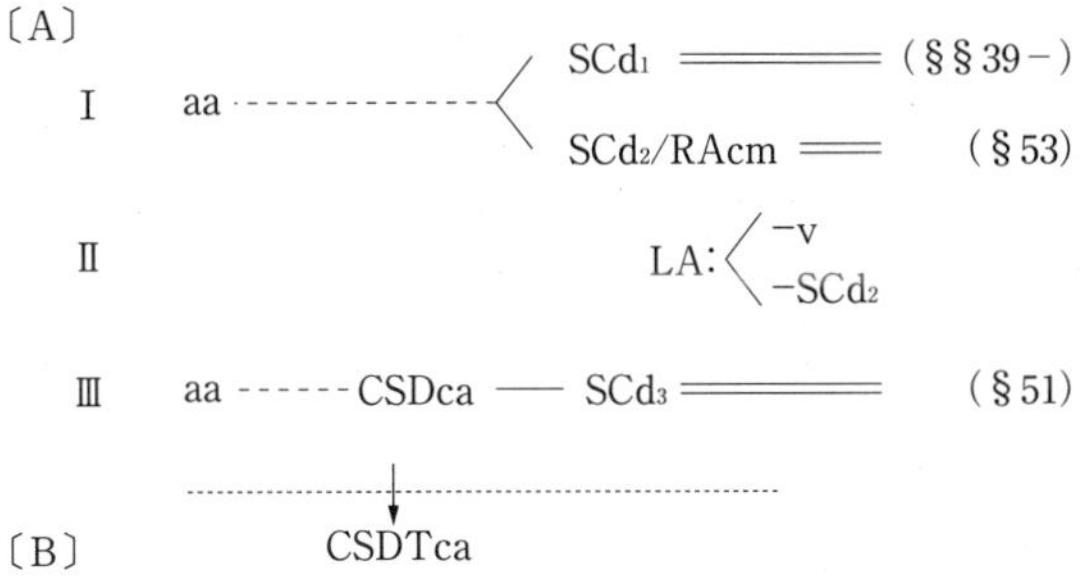

aa	武力攻撃
SC	国連安保理
d_1	侵略国の判定と共同強制行動の決定
d_2	RAcmのauthorisation
d_3	CSDcaに加えられるd_1またはd_2
RA	地域的取極の当事国または地域的機関
cm	敵・味方の決定と共同措置の選択
LA	いわゆる「ラテン・アメリカの危機」における修正要求諸国
−v	SCd_2についてvetoを除くという要求
$-SCd_2$	d_2を除くという要求
CSD	集団的自衛権の行使国
ca	共同反撃
CSDT	集団的自衛条約
- - - -	ふつう反対攻撃のあることを示す
═══	行動の公的性格を示す
········	行動の私的性格を示す

第二図

A　共同自衛

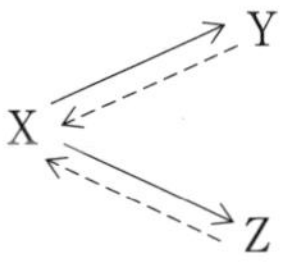

B　他国の権利の防衛

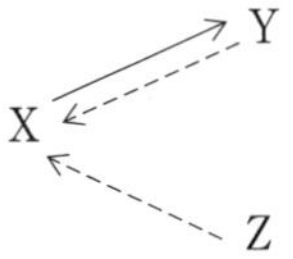

C　他国にかかわる自国のvital interest の防衛

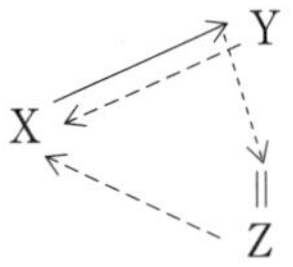

D　他国の自衛の支援

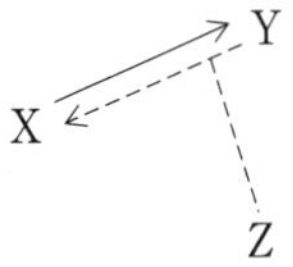

いうもの、正確には、そこで提起された問題およびこれにたいする解答それぞれの論理構造とその間の関係とを図示し、直接視覚に訴えて理解を正確にしようとはかったものである。いわゆるラテン・アメリカの危機とこれにたいするアメリカの対応処理とについては、すでに多くの解説が与えられているから、[2] ここではただちにこのきわめて単純化された図解から出発していくことにしよう。

まず、Ⅰは、もちろんＤＯ原案にもふくまれていたところの、国連本来の集団安全保障の統一された選択的形式であるが、そのなかの d_1、d_2 の現実性に問題があるとされた。国連安保理事会の veto によるいわゆる機能麻痺という評価である。つぎに、Ⅱは、この判断にもとづいて主張された修正的意見である。ところで、Ⅲは、以上の問題提起に対するいわば解答であり、アメリカ代表団が考案し、紛議を収拾するにいたったところの解決策である。憲章五一条の規範文章はこのようにして設定された。とすると――

第一に、そこで、問題の提起とその解答との間に、明らかに大きな位置転換のあることが注目されなくてはならない。d_1、d_2、d_3 を結ぶ直線を軸にして右から左へ一八〇度の移転がおこなわれている。したがって、地域的取極めと集団的自衛とは同じものでありえず、両者は「法理の系譜を異にする[3]」。

第二に、d_1、d_2、d_3 は、それぞれコンテクストにちがいはあるけれども、ひとしくｄとしての基本的メカニズムにおいては同一である。とすれば、d_2 の現実性についてのさきの評価は、同じく d_3 にもあてはまらなくてはならない。してみると、ｄの消極的評価を根拠にして提起された問題に対して、集団的自衛はｄの積極的評価を、その機能の適正性の、したがって、その制度としての合理性の、保障の根拠にして答えるということになっている。これは矛盾であって、d_2 の現実性が疑われるのであるかぎりは、Ⅲは戦争のチャンスの制度的な公認という現実的意義をもつことになろう。

〔Ⅱ〕　つぎに、集団的自衛の概念についてどのような理解が国際法の研究者のあいだで展開されてきているかを分析しておく必要がある。ところで、ふつう論議は、憲章五一条の解釈論という立場に自覚的にであれ無自覚的にであれ立ちながら、学説（ドクトリン）という形で展開されがちである。しかし、ここではそうしたさまざまな解釈学説のなかに見出されるところのいくつかの集団的自衛モデルを採り出して分析し、それぞれの論理構造、原理的性格、体系的整合性、現実への適合、実践的効果などの諸側面を明らかにしておくことが、心がけられるのである。なお、分析の手続上、まず分析は集団的自衛の権利のレヴェルからはじめられることになる。

第二図は、こうして採りあげられた四つの集団的自衛モデルの図解である。全部を通じて、X↓は武力攻撃を、YないしZ↓は反対攻撃を示しているが、集団的自衛としてはとくにZ↓が、しかもそれのTatdestandteileが問題とされるわけである。さて、まずAモデルは、縷説するまでもなく、個別的自衛の共働という構造をもっており、自衛の原理にきびしくもとづいて、Z↓にはX↓Zを要求しているのである。反面、五一条の規範文章の文脈への適合性が疑われ、そのため解釈論の立場では簡単に却けられるようなありさまである。もっとも、Aモデルを採ることを宣言しながら、実はX↓Zを無形化してしまっている場合には（「武力攻撃が自国になく、他国にあった…場合に…自国の方も…直接の危険を感」じ、この主観的な危険感に「相当の根拠があれば、」「集団的自衛権が発動しうる」(4)）、すでにCモデルへの転位がおこなわれている。にもかかわらず、Aモデルが固執されるとすれば、それはまさに「集団的自衛の本質を個別的自衛権の同時行使だと概念すれば、国連憲章上も、また日本国憲法上もともに疑義なく承認されることになる(5)」からなのである。

Bモデルは、国際法上の正当防衛の構造をもち、緊急救助の原理にもとづくものであるが、これについては森脇庸太「集団的自衛の法理」（国際法外交雑誌六二巻三、五号）によるまったくexhaustiveな分析がある。まず、緊急救助権として正当防衛は、国連の集団安全保障体系との体系的整合性について疑問が提起される（同（二）一四―一八頁）。しかし、第一図にみられるとおり、CSDcaは位置転換をうけていて、もはやRAcmからSCd_2を除くことはできないのであるから（同（二）一八―一九頁参照）、問題は、むしろ現実の国際秩序の構造的特質との適合性のほうにかかっていると考えられなくてはならない。すなわち、「国内社会にあっては、正・不正が比較的明白に識別される具体的条件の下で、格別の利害や打算に囚われることなく、正当利益の保護といった純粋に防衛の目的を以て、援助がなされるのが普通であろう。それに圧倒的な実力を擁した公権力の救正の活動を迅速に期待しうるし、事後の客観的な統制にも確実に服することになっている。ところで、国際社会の場合は……侵略者の判定は、法的にも、また、事実上も、困難とされる場合が多い。……それに、……第三国の戦略上および政策上の配慮が不可分に絡んでくる。かくて……救援は、かえって、戦闘を無統制に拡大化する危険を伴う。……これを防止し抑止すべき〔国連の〕集団保障の適用もいよいよ困難となる」（同（二）一九頁、〔　〕内は補入）。これは、まさに干渉戦争のチャンスの制度的公認というほかはない。

　ところで、とりわけ干渉戦争のチャンスの排除を期待して、Dモデルが考えられているとおもわれる。Bモデルとの構造上のちがいは、Yの判断にZが終始服しなくてはならないとする点である。しかし、Yの要請ないし同意は、強要または擬制せられるおそれがあるばかりでなく、現実にはCSDTの周知のフォーミュラ【本書一六三頁参照】によって先取りされてしまっているという事情もある。また支援行動のYによるコントロールの貫徹も疑わしい。とすれば、現実的効果において、モデルDはCに区別されがたく近づくことであろう。なお両者は、集団的自衛諸条約のフォーミュラによく照応しており、したがって、それら諸条約の軍事同盟的機能を暴露するという働きをもつことになっている。

　さて、Cモデルは、自己防衛の原理にもとづきながら集団的自衛の独自的存立を示しうるような論理構造を画こうとするものである。第二図CにおいてX↓は、もっぱらYに対するところの武力攻撃がそれだけで同時にZに対する脅威ないし侵害となるという関係（構成）を、＝Zは、YにかかわるZの死活的利益の存在をあらわす。ところで、ここまでもまた、前掲・森脇論文がもっとも克明な分析の積み重ねをおこなっているのであるが、自己防衛としての集団的自衛権の独自性の実体的基礎があるとされ、YにかかわるZの死活的利益の存在が特に法的要件とされるのは、そうすることによって、(イ)国連集団安全保障体系との整合性が得られると考えられているからであり、また、(ロ)集団的自衛権にあずかりうるものの範囲が限定されて、集団的自衛権の現実の国際秩序への適合性もすくわれると考えられているからである。この後の点については、したがって、つぎのように主張されることになる——集団的自衛条約に関連してであるが、「かような実体関係に基底をもたない『条約区域』を設定することは、単なる法的擬制にすぎない」[6]。また、日米安保条約に関連して、まずフォーミュラについて「〔極東というふうに〕漠然として広いのは、集団的自衛権の建前から問題になる。……六条でも自衛権に基づく共同関係を考える以上は、……もっと特定し限定されなくてはならない」[7]。そこで、つぎに適用の問題として、「日米の条約上の行動〔に〕は……法律上最少限の要件として……『極東において生じた武力攻撃〔X→Z〕で、アメリカ〔Z_1〕ならびに日本〔Z_2〕の安全と独立に死活的』であるものが前提に……なくてはならない」[8]。

　では、Cモデルにおいて、自己防衛としての集団的自衛権のいわゆる独自性の基礎、すなわち「他国にかかわる自国の死活的利益」とはいかなるものであり、また、それはなぜ、どのようにして「自衛法益」にまで高められるというのであろうか。つづまるところ、つぎのように説明されている——それは「自己の固有の法益」それ自体でもなく、「他国の固有法益」それ自体でもない。「しかるに……安全を一つにする『密接な関係』の存在が前提される以上、特定国の基本的法益の擁護と護持は、自国の『基本的法益の保全』に直結してくる」（森脇（二）二七—二八頁、傍点は附加）。すなわち、同じく諸国の基本的法益の擁護ということでありながら、Y_1のそれはZに直結せず、Y_2のそれは直結してくるというわけであるが、このように区別しつつ関係づけるものは「安全を一つにする密接な関係」というふうにいわれている。しかし、これこそ一方的ないし相互的な他国にかかわる軍事的利益であり、さらには経済的利益、階級的利益などであって、こうした利益一般が、その密度を高めたにしても、なぜ、どのようにして「自衛法益」にまで高められるのかはよくわからない。してみると、Cモデルにはつぎのような現実的効果が考えられることになろう。(イ)まず「自衛法益」の微妙な弛緩が生じる。(ロ)それを通じて、集団的自衛行動は政策的選択の問題から「法益」防衛の至上命令へと高められる。(ハ)また、集団的自衛には、国連憲章上の体系的整合性のほうが認められ、日本国憲法上も政府の自衛権解釈の線にそいながら合憲性を認知する途がひらかれることになる。㈡さきに指摘したとおり、集団的自衛諸条約のフォーミュラやその適用に対する批判を通じて、それら諸条約の軍事同盟的性格の矯正が意図される。しかし「自衛法益」の微妙な弛緩があるとすると、それは諸条約の現実的機能を覆うことになるであろう。

〔Ⅲ〕ところが、集団的自衛権は、それをRechtsgrundとして集団的自衛条約が締結されるに及んで、さらに概念内容のいわば「逆倒現象」を呈することになった。

憲章五一条の規範文章は集団自衛権をフォーミュレートするだけであって、集団的自衛条約についてはまったく触れるところがない。一九二二―四年に、国際連盟の場で、資本主義世界内部の集団安全保障体系の完成が企図されたとき、相互援助条約案やジュネーヴ議定書のうちには軍事的補助協定が条項化され、協定の開放制を義務づけることまで考えられたが、一九四五年のサンフランシスコ連合国会議では、問題状況も問題の取りあげ方も違っていた。集団的自衛のいわゆる「組織化」の問題は、会議で終始地域的協定を引き合いにだす発言が繰り返されることによっていわば免罪され、追及されることもほとんど無く済まされた。隠微な仕方で了解されたとでもいえるのであろうか。こうして、一方では、ひとびとの意識のなかで「地域的取極」観念の混乱が決定的となり、それにもとづいて地域的取極めの「自律化」などがいわれるようになるとともに、他方では、第二次大戦後の軍事技術の水準のもとでは平時から集団的自衛のための軍事的組織を準備しておくことが不可欠であるという軍事技術的理由が強調され、集団自衛条約網の展開という周知の現状が間もなくはじまるにいたっている。しかも、この軍事的組織は、戦後の諸国間の軍事力のいちじるしい不均等を理由として、指導的大国の海外前線基地・駐留軍をひろく展開させ、また統合軍隊を組織するというありさまである。

とすれば、集団的自衛権は集団的自衛条約のレヴェルでは、明らかに、概念内容のいわば逆倒現象を呈することになっている。すなわち、①急場の行動の権利は、平時の敵対同盟結成の権利にかわり、②不定・未必の敵は、特定・常時の敵にかわり、③侵略にたいして防衛する権利は、武力攻撃にたいして無差別に共同戦争する義務にかわる、というぐあいにである。

なお、権利のレヴェルでは海外基地・駐留軍が許容されるかは問題であったのに、いまはそれらの存在が自衛のobjectとされてもいるのである。

（1）法時・臨増、一二七頁。
（2）たとえば、森脇庸太「集団的自衛の法理」（一）、国際法外交雑誌六二巻三号、六一頁以下参照。
（3）同右、六九頁。
（4）大平善梧「集団的自衛権の法理」、安全保障研究会編・安全保障体制の研究（上）、一九六〇年、一九九頁以下。
（5）同右、二〇〇—二〇一頁。傍点は附加。
（6）森脇、前掲（二）、国際・六二巻五号三〇頁。
（7）高野雄一「日米安全保障条約の法的諸問題」、日本国際問題研究所・鹿島研究所編・日本の安全保障、一九六四年、一九四頁。〔　〕内は補入。
（8）高野雄一「『極東の平和』条項について」、前掲・安全保障体制の研究（上）、二八頁。〔　〕内は補入。

三

五一年日米安保条約は、その前文において、両当事国の政策目的の喰い違いをそのまま記録していた。すなわち、日本は「日本国に対する武力攻撃を阻止するため」アメリカ軍の駐留を希望し、アメリカは「平和と安全のために」駐留する意思がある、というのである。

両国は政策手順において一致しているようにみえながら、政策目的においてははっきりと対立する形となっていた。この事実は、条約締結の交渉経過に由来するものであり[1]、したがって条約前文のこのくだりはむしろ共同声明のような趣旨のものと理解しておくこともできるであろう。しかしそれにしても、条約の交渉過程で日本側の先制提案のねらいがはずれていったにもかかわらず、そのねらいを条約文章のうちに掲げておくのは「自衛の補充の論理」でもって、国民一般の条約内容に関する理解をうまく操作しようという意図があってのことと思われる。(2)

しかし、いずれにしても、条約にはアメリカの政策目的が貫徹しているのであって、アメリカ軍の使用目的を規定した第一条にはそのことが正確に示されている。すなわち、使用目的の第一はアメリカによる極東戦略上の前進基地の保持を、その第二はこの前進基地のアメリカによる対外防衛を、そうしてその第三はその基地のアメリカによる対内防衛を宣言しているのであった。

「自衛の補充」の論理は、一九五九年八月にもやはり自民党宣伝文書の基調をなしていた。それはそれとして、同年一二月一六日には、砂川事件上告審判決において、最高裁判所もこの論理を採用し、すくなくともこれをもとにして判決理由を組み立てたのである。しかし、判決は、全土基地化の状態とその上に組み上げられた従属的軍事協力システムという条約事実をまともに取り上げたのではなかったが、「自衛の補充」の論理でもって日米安保条約のフォーミュラを覆いつくすこともできなかった。砂川事件最高裁判決の論理過程はつぎのようなものである。

判決は、憲法上自衛権は否定されず、したがって自衛のための措置をとりうることは当然であるという解釈から出発している。

ところが、判決にとってこの自衛のための措置は、九条二項によってわが国の「防衛力の不足」が生じるので、結局は、この不足の補充を他国軍隊にもとめるということでもあるのである。まずここでは判決が、自衛の措置を、戦力禁止条項のもとでの人民的防衛の形態において考えず、体制に適合した国防の論理でもって考えいきなり「防衛力」の問題として提起していることに注意しなければならない。「自衛の補充」の論理を適用するためには、それが必要であったわけである。

ところで、かりに判決の説くように防衛力の不足を他国軍隊にもとめることが許されるとしよう。しかし、その場合、判決の出発点の論理が貫かれるかぎりは、それは、自衛のための、「同条に……いわゆる戦力」には該当しない限度の軍隊でなくてはならないはずである。ところが、判決はその点についてはなにごとも語ろうとせず、かえって「わが国の平和と安全を維持するため」にと述べているのである。すなわち、せっかくの自衛権もあの規模のアメリカ軍についてはたちまち姿を消し、代わって「わが国の平和と安全」という概念があらわれることになるのである。

ところが、さらに、条約のフォーミュラには、「極東の平和と安全の維持」という基地の戦略的機能ないしアメリカ軍の戦略的任務を明示した箇所が残っていた。この箇所について判決は、「その目的は、専らわが国およびわが国を含めた極東の平和と安全を維持し、再び戦争の惨禍が起こらないようにすることに存し」と述べている。すなわち、判決はすでにこの時期において、日米安保条約のためには平和不可分論や抑止戦略論を説かなくてはならず、こうして「平和と安全」概念のひとつの現実的機能を展開してみせてくれたのである【本書第Ⅳ部第一章第二節参照】。

（1）高野雄一「日米安全保障条約の法的諸問題」、前掲、一七〇―一七一頁参照。

（2）西村熊雄「安全保障条約論」、一九五九年、二六―三二頁、同、「日米安全保障条約の成立事情」、前掲、日本の安全保障、二〇七―二一一頁参照。

本稿は一九六九年五月の全国憲法研究会（仙台）での報告の主旨にそって書かれている。

第四章　日韓基本条約

＊「日韓基本条約」国際法外交雑誌第64巻第4・5号、一九六六年

一

一九六五年六月二二日、「基本関係に関する条約」をはじめ日韓諸協定の正式調印がおこなわれたが、それは、いわゆる基本関係事項をはじめ諸懸案について、日・韓両政府のあいだに、「ブロック内協調」がともかくも成立したことの文書的認証をいみすることがらであつた。

ところで、日韓「基本関係に関する」＝「条約」という、「標題づけ」と「格づけ」をもつて、一つの外交文書が作成されるまでには、韓国政府「白書」[1]によると、かなりのいきさつがあつた。すなわち、韓国政府としては、「基本関係合意文書は、……両国の過去関係を清算し、……新らしい将来関係を規律した基本文書であるから、比重上、当然条約になるべきだと主張した」のにたいし、日本政府は「共同宣言とするよう主張した」というのである。「その理由は、共同宣言にしても、両国を拘束する効力は同じ……というのであつた[2]」。しかし、この短い記述からもすぐ推察されるように、問題は、いわゆる基本関係諸事項としてどれだけのことを採りあげ、そうしてそれ

らをどうフォーミュレートするかの争いにかかっていたのであって、決してただの文書形式や名称の選択だけにとどまることではなかった。ここでは、こうした観点から、韓国政府「白書」の記述を主にして、(3) 交渉経過を辿ってみることにしよう。

韓国政府「白書」によると、「基本関係問題は、日韓両国の間で全会談期を通じて、主要な議題のひとつになってきた」。そうして事実、第二次会談のときから、そのための分科委員会も設けられていたのである。ところが、すでに「第一次会談時、条約案を相互交換したことがあったが、基本関係の性格そのものだとか、基本関係で扱うべき問題に関し、根本的な見解の相異があることが発見されたのであった」。すなわち、韓国政府は、「両国間の特殊な背景に照し、……基本関係合意文書は、過去の清算に伴なう新しい関係の樹立という精神に立脚しなくてはならないし、平和〔講和〕条約的性格のものでなければならないと主張した」のにたいし、日本政府は、「新らしい両国間の過去関係に関する規定は可能な限り避けて、軽く扱おうとする態度をみせた」。このような主張の基本的な対立はたちまち討議を膠着状態におとしいれたが、この膠着状態は、やがて、他の〔実質的な〕諸懸案についてのある程度の会談の成果がみられるまで討議を留保するという了解で、経過的に処理された。(4) ところで、この処理の仕方は、後にのべるところから明かになるとおり、重要な意味合いをもつものである。ひと口にいうなら、原則条項をめぐるイシューが、原則によってカヴァーされる具体的諸事項の処理に転移され、そうしてこの処理のフォーミュラに制約されて原則条項にかんするいわば formular concert が成立することになったとみられるからである。ともかくこうして、「第六次会談に至る〔を終わる〕まで、基本関係問題に関する実質的な論議はほとんどなかった」。ところが、六四年一二月、「会談の早急な妥結を期する」ということで、第七次会談が開かれると、基本関係委員会において、日・韓両政府は「基本関係文書に含める事項および立場に関する各自の要綱案を〔改めて〕交換し、同年末まで約一カ月間、相互の間の見解の差を縮めるべく討議を行ない、そのような討議を土台にして、今年〔六五年〕初めから双方の合意文書案を相互に提示して討議した」。その間、「相互の間に〔なおまだ〕深刻な見解の対立をみせた」重要問題点として韓国政府「白書」が列挙しているものは、いうところの文書の形式と名称問題を別にすれば、①旧条約無効確認条項問題、②唯一合法政府確認条項問題、③独島帰属問題である。なお、「以上の問題点のほかに、……外交領事関係の樹立に関する条項、通商航海条約および民間運輸航空協定の締結に関する条項、UN憲章の原則を利用〔援用〕する条項および前文〔句〕節……等において」は、「程度の差異はあつても見解の相反はないから、比較的解決が……容易であつた」[5]。主要な問題点のうち、《文書の格づけ》については韓国政府の要求（＝「条約」）がみとめられたほか、《領土問題》について韓国政府の要求（＝除外）がともかくもとおされた。「かくして去る〔六五年〕二月一七日椎名外相の訪韓時に行なわれた両国外相会談の直前まで〔に〕、大韓民国〔政府〕の唯一合法性確認条項と旧条約の無効確認条項における表現問題を除き、すべての問題点に関し、両国間にほとんど合意がみられた」というのである[6]。

以上の交渉経過にかんするきわめて輪郭的な記述を交渉の成果＝基本関係条約の内容とつきあわせながら、当面必要なまとめをしてみると、つぎのとおりである——（イ）国交ルートの調整は、国交正常化のシンボルのもとに、大使クラスの常駐代表の相互交換がもつぱら考えられてきており、この点についての選択肢の重要なくいちがいは交渉当事者間になかつたので、それは正式外交関係設定の率直なフォーミュラのもとに、基本関係事項の一つとされた。（ロ）韓国政府の支配範囲は、韓国政府のステータスの問題に結びつけられて、ひとつのフォーミュラのもとに、基本関係事項とされた。（ハ）領土問題は除外されたが、責任条項は除外されないで、あるフォーミュラのもとに、基本関係事項にいれられた。（ニ）明確なフォーミュラが適当でなくあるいは必要でない諸事項（独立、請求権、安全・軍事協力の問題、通商・漁業の協定）は、国連憲章の原則やサン・フランシスコ講和条約の関係規定の採用でカヴァーしたり、イントロデュースしたりするというフォーミュラで、基本関係事項に包括することについて、交渉当事者間に基本的な対立はなかつた。——とすれば、それだけの事項を、そのようなフォーミュラで一つの文書にまとめようとしていたのであるかぎり、この文書の標題づけと格づけとについて、韓国政府の要求が貫徹されたことに格別不思議はないわけである。ところで、日本外務省の公式[7]ならびに非公式[8]の解説書はこのいきさつにはまったく触れず、仕上つた条約の文言を、精粗の差はあるにしても、もつぱらパラフレーズするだけである。それでいて、どちらも、「一般に、二国が国交を開くためには基本関係条約のような特別の条約を結ぶ必要は必ずしもないが……」というふうに、とくに断り書きしておくことを忘れていない。

「基本関係に関する条約」は、こうして型どおり、前文、七カ条の本文、および末文からなる条約文書としてできあがつている。そのなかで、とくに重要な意味と問題とをかかえているものは、第一条以下の四カ条とこれらに関連するかぎりでの前文三つのパラグラフであろう。問題として並べてみるなら、①いわゆる国交正常化・正式外交関係設定ないし国交ルート調整の問題、②旧条約無効確認ないし責任条項の問題、③韓国政府の唯一合法性確認ないし国際的ステータス・支配範囲の問題、④国連憲章の原則援用ないし国連軍協力・日韓軍事協力の問題、ということになる。なお、当然のことながら、検討の材料は、問題の関連するかぎり、他の諸協定にまで拡がらないわけにはいかない。

二

韓国政府の在日代表部とよばれるものが設置されたのは、一九四九年二月一四日いらいのことである。しかし、それは、GHQ占領・管理外交下のことであり、GHQと韓国政府との間の合意にもとづくところのGHQ宛のものとしてであつた。それによつて代表されるところの韓国政府は、いわゆる「単選」による「単政[9]」として設立され、四八年一二月国連の authentication をうけた。アメリカ政府は四九年一月一日この政府にいわゆる承認を与えていた。四九年四月二三日、往復八、〇〇〇万ドルにのぼる日韓当年貿易のために、対韓通商協定が調印された。さらに、翌五〇年六月二日には、総額一億ドル、いわゆる振子勘定をふくむオープン・アカウント方式の（当年・

義務）貿易、支払協定や船舶運航協定がとり結ばれもした。これらの協定は、いうまでもなく、四九年いらい狭められはじめた世界市場状況のなかで占領下日本貿易のために輸出市場を確保させようという占領経済政策の動向の一つのあらわれであった。しかし、同時に、とりわけ中国革命の進行に対応するアメリカの対朝鮮政策のあらわれであったことも争えない。ところで、五〇年動乱の発生とその処理は、ひとくちにいって、状況と政策に集約と加速をもたらした。

周知のとおり、五一年九月の対日早期片面講和の調印ののち約四〇日、三八度線附近で戦局が膠着状態におちいっているときに、ブロック・リーダーの指導のもとに、日韓会談が開始された。会談は、翌五二年四月末の講和発効までにとうていまとまるような性質のものでなく、四月二五日頃には中絶された。しかし、四月二九日、在韓日本財産にかんするアメリカ国務省の駐米韓国大使宛書簡の出されたとおなじ日に、日韓両政府のあいだには一つの口上書(10)がとり交わされていた。日本政府は、在日韓国代表部が講和条約の発効の日から、「連合国最高司令官に対し派遣された代表部としての〔従来の〕地位を喪失するので、両国間に正常の外交領事関係が設定されるまで、臨時に同代表部に対し、政府機関としての地位を認め、且つ同代表部及びその構成員に対し、領事館及びその構成員に通例許与されると同じ特権を許与する」というものである。なお、口上書は、つづいて、「日本政府は、大韓民国政府が在韓日本政府代表部に対し相互主義により前記同代表部に与えられると同じ地位及び特権を認めるものと了解する」と述べていた。まず、（イ）これによって、在日韓国代表部は講和発効後もそのまま（一方的に）居残りつづけることができた。ところが、（ロ）在韓日本代表部の設置は韓国政府によって拒まれた。日本政府は、その後も会談中に再三設置を正式に通告または要求しているが、そのつど拒絶されてしまっている。もっとも、日本政府の要求の具体的理由づけは、流動性のはげしい韓国政治情勢を正確に把握して会談の早期妥結をはかるというていのものであったから、六一年八月下旬には「専門係官を随時訪韓させること」で代表部問題が決着したように伝えられた(11)。また、六二年三月には、日韓会談の全般にわたって日本の誠意が満足に表示されるようなときには、国交正常化以前にも、ソウルに日本代表部の設置を許容しうるという韓国政府外務部の非公式の言明があったといわれる。しかし、実際には、韓国国民の感情反応をはばかって、その後、「参事官級官吏たちのリレー式入国および長期滞留を許可する方法で」ようやく連絡事務所の開設にまでこぎつけた[12]。この連絡事務所が韓国政府によって公けに在外事務所として認められたのは、韓国変則国会の批准承認強行採決ののち、衛戍令発動下の六五年九月中旬にはいってのことである[13]。なお、（八）このような経過に照応して、さきの「口上書」は、韓国政府の要請により公表を差し控えられてきたといわれる。

しかし、だからといって、外交過程の技術的考慮からして、大使クラスの常駐使節の相互交換（大使館の相互設置）がおこなわれなければならぬというわけはない。いわゆる国交ルート（$g_1 \leftrightarrow g_2$チャネル）[14]の調整ならば、「代表部」の相互設置をはじめいくつもの段階的方式の選択が可能なはずであり、現に（一方的ないし不均等ながら）経過的にそのような方式が採用され、そのもとで情報ならびに交渉機能の遂行はなされてきたのである。ところが、不思議にも、これまでは、交渉の「前提条件ともいえる両国〔民〕間の相互理解を深める努力を払わず」、「両国民間の交流関係は……ほとんどみられなかった」[15]どころかむしろ極度に抑圧ないし阻害されてきておりながら（デシジョン・メーキングの political environment の重要なアスペクトの一つとなる $c_1 \leftrightarrow c_2$チャネルの閉塞）、しかも、未統一国民の分立政権の一つだけを相手に、$g_1 \leftrightarrow g_2$チャネルの制度化の最高格式が選択されるというのである。してみると、この選択は、ただの国交正常化の必要や漠然とした善隣友好の精神などで説明できるようなものでない。といって、もちろん相手方政権の分立性の軽視などにもとづくものでもない。反対に、それは、この分立性を充分に認識したうえでおこなわれ、そうしてはじめから決定されていたところの、human instruments の選択である[16]。ところで、正式外交関係の設定は、ふつうに国際法教科書で、政府の国際的フル・ステータスの黙示的承認の方式として第一にあげられている。とするならば、この選択は、微妙な唯一合法性確認条項の問題にも、いわばひとつの有力な状況証拠を提供していることになるわけである。

三

旧条約無効確認条項について、韓国政府「白書」はこう記している。韓国政府は、「過去において、大韓帝国と日本帝国間に締結された条約および協定等の無効確認条項を入れるべきであり、このような条項こそ、両国間の過去の関係を清算することをもつとも特徴的に表わすものであるから、韓国国民が何よりも強調しているものであると主張した」。これに反し、日本政府は、「そのような条約および協定などが現在では効力がないのは明白であるから、ことさら明文で規定する必要はないとした」。また、あとでは、「仮にそのような条項を挿入するとしても、当初から無効だという表現をすることはできないという立場をとつた。結局、当初から無効だとする韓国側の線に接近させるようにした」[17]。事実、明文はおかれ、そうして already (null and void) という「傑作の部類にはいる」[18]フォーミュレーションがくふうされた。そこで、日本外務省の公式ならびに非公式解説はつぎのようにのべるのである。「大韓帝国は日韓併合条約により……併合されて消滅したものであり、他方大韓民国は戦後わが国より分離独立したものであつて、大韓帝国と大韓民国との間には何らの法律的な継承関係もないが、両者のあいだの地理的あるいは歴史的な関連等を考慮して、日韓両国間の国交正常化に際し、大日本帝国と大韓帝国との間の旧条約・協定はすべてもはや無効となつているという客観的な事実を表現した」[19]。いいかえれば、「これらの条約及び協定がかつては効力を有していたという客観的事実を覆して初めから無効であるとすることはできないが、現在ではもはや効力がないという事実を確認することに異議はないので、……『もはや無効である』と規定することに同意した」[20]。したがつて、いきおい、こう強調されることになる。「これによつて日韓両国間の新たな法律関係を変動することを意図したものでない……。旧条約・協定が無効となつた時点は、併合条約についてはサン・フランシスコ条約の規定により朝鮮の独立を承認したことの効果として大韓民国の独立が行なわれたとき、すなわち、一九四八年八月一五日に失効し……、また、併合前の諸条約・協定は、……所定の条件の成就〔規定内容の実現〕又は併合条約の発効とともに〔終了ないし〕失効した」。さらに、「なお、いうまでもないことであるが、『無効』(null and void)という字句が当然に当初から無効となることを意味するものでないことは明らかであって、たとえば日本国と中華民国との間の平和条約第四条にも、『戦争の結果として無効(null and void)となったことが承認される』旨の規定がある[21]」。日台講和条約のフォーミュラが、このような場合にだけこのような仕方でしか引用されないということはともかくとして、しかし、韓国政府「白書」のこれとはまったく相反的な解説は、むしろ already という字句にかけられていた。すなわち、「無効の時期に関しては、『無効』の用語自体が特別の表現〔限定〕が附帯しない限り、原則的には『当初から』効力が発生しないものであり、〔ことに〕『もはや』と強調されている以上遡及して無効……である[22]」。

ところで、(イ)日本外務省スタッフ非公式解説が、もともと外交上のデシジョン・メーキングに補助的にせよかかわりながら、解説のコンテクストにおいて、法関係を担う政治的 entity(の continuity)を極力無視してかかろうとしていることは、渉外事件の決定という段階での裁判所の判決理由に示された解釈行動[23]と対比して、すこぶる興味ふかい現象である。それはともかく、(ロ)ここで、より直接的なことがらは、日・韓両政府とも、問題の核心がまるで旧条約の無効ないし失効の時期・時点にあるかのような法的フォーミュラに即して、たがいに議論しあっているという事実である。しかし、一般的にいって、条約は、それとして効力をもち、それなりにある行動や事態に肯定的な法的価値づけをしうるにしても、なお別に補償や法的責任の問題までひきだすこともあるような性質のものである。そうして、この場合にも、問題は本来、条約のそれとしての効力や失効の時点などにあったのでなく、戦争責任条項にも比べられるような、朝鮮植民地化の責任の原則的宣示条項を設けるということにあった。事実、韓国政府は、すでに五一年予備会談で早々に、日本の四〇年にわたる植民地支配から受けた損害の補償を強く要求したと伝えられ、また、五三年第二次(金―久保田)会談でも、日本の植民地搾取の結果の清算という立場を堅持し、講和条約第四条bの解釈を争つて、不法な朝鮮領有のうえに築かれた日本財産はすべて没収されるべきものであることを主張したといわれる。さらに第三次会談でも、韓国政府は、同じ主張からして、在朝鮮日本財産請求権の主張の撤回を強硬に要求し、ついには「久保田発言」*をひきだすという結果にまでなつている。しかし、ようやく五七年一二月、久保田発言は撤回され、また在日アメリカ大使の口上書にもとづいて、在韓日本財産にたいする請求権の主張も撤回された(24)。さらに、六二年一一月、対日請求権にかんするドンブリ勘定＝金・大平了解（メモ）(25)が成立した。そうして、最終的には、さらにあのフォーミュラをもつて「財産・請求権問題の解決ならびに経済協力に関する協定」が成立した。さて、こうみてくると、①植民地化責任の具体的主張の一つのあらわれ＝在韓日本財産の没収の主張は、南朝鮮アメリカ軍政令第三三号（日本財産所属変更）⇓四八・九・一一米韓財政・財産協定（移転）↓対日講和条約第四条b（処理の効力の承認）↓在日アメリカ大使口上書（請求権の否認）↓共同声明による撤回、という一連の法的経路を辿ることによつて、別のフォーミュラのもとに処理され、請求権・経済協力協定で改めて相互放棄をフォーミュレートされた(26)。②同じ主張のいま一つのあらわれ＝置籍・置水船舶の返還請求は、やはりアメリカ軍政令↓米韓協定↓SCAP指示という一連の法的経路を辿りながら、対象物自体の事情にもとづいて、終りには船舶協力資金（民間信用供与紳士協定）フォーミュラに切り替えられた。③八項目の対日請求権自体は別個の性格づけをされながら(27)、その請求額や金・大平メモ供与額（包み金）の面では賠償に連なる意味をひそませていたものの、請求権・経済協力協定により、請求権は放棄され、金額はそれとはかかわりない形で経済協力フォーミュラに切り替えられた。④いわゆる不法搬出文化財の返還請求は、国有文化財に限られたうえ、「引き渡す」というフォーミュラのもとに処理された。とすれば、（ハ）すでに植民地化責任問題が具体的内容に即してはこのようにしか処理されないのであつたかぎり、植民地化責任の原則的宣示条項が、それに適合的なフォーミュラではなく、ただの旧条約無効確認条項としてフォーミュレートされ、失効の時点がもつぱらイシューの核心であるかのように取り扱われても不思議はない。責任条項は、すでに実質を抜かれてしまつていたからである。してみると、already という曖昧な「対内政策的」表現のくふうはやはり「傑作の部類にはいる」ものであろう。なぜならそれでもつて、$g_2 \updownarrow c_2$ チャネルでは、必要なだけのメセージ――「過去関係の清算」がおこなわれ、日本政府および国民の対韓関係にたいする基本的な政治的メンタリティーのあかしが手に入つたようなメセージ――をおくることができ、$g_1 \updownarrow c_1$ チャネルでは、それを否定してかかるメセージをおくることができるからである。しかし、それだけに、ここに蛇足のきらいはあるにしても、つぎのような一連の事実を想起しておくことは無益なことでないであろう。

【＊　久保田代表が日本の韓国統治にはよい面もあったという趣旨の発言を行なって韓国側の反発を招き、会談は中断された。】

一八七五年江華島事件の処理や一八八四―五年日清戦争の収束にまではふれないとして、一九〇四―五年日露戦争の過程では、まず一九〇四年二月の「日韓議定書」および八月の「第一次日韓協約」でもつて、日本政府は大韓帝国における軍事的諸特権とその内政・外交にわたる干渉権を獲得し、朝鮮にたいする植民的支配の優位を築いた。この日本政府の優位は、第二次日英軍事同盟でイギリスにより、また日露戦争講和でアメリカにより公認され、ついで、韓国権力核にたいする武力的脅迫と買収により調印された一九〇五年一一月の「第二次日韓協約」(乙巳保護条約)でもつて、植民地支配の独占にまで高められた。以後、植民地支配体制の確立・完成は、統監府と忠順な李完用内閣・徒党を通じて進められた。一九〇七年ハーグ会議事件も、皇帝の退位・更迭と、「第三次日韓協約」および「司法及監獄事務委託に関する覚書」をひきだして、統監府の立法・司法・行政全般にわたる支配・管理権の確立をもたらすこととなり、また、つづく軍隊解散命令にたいする韓国軍隊の抵抗と「義兵運動」も、一進会などを通じての特務工作と日本軍隊による討伐行動とを結果することとなつた。テロと反日アヂテーションのたかまるなかで、朝鮮の完全な掌握＝直接支配のための併合政策(一九〇九年七月六日閣議決定・御裁決＝韓国併合に関する件および対韓施設大綱)は、まず、一九〇九年一二月、李容九らによる「合邦声明書」および「歎願書」の提出としてあらわされた。この工作は反日運動の激化を、これはこれで警察取締りと弾圧の強化・徹底を、そうしてついには、一九一〇年六月、「警察事務委託に関する覚書」でもつて、駐韓日本軍憲兵隊による警察権の掌握をもたらした。そのうえで、八月二二日「韓国併合に関する条約」が調印された。八月二九日、反日指導者らのおびただしい数の事前逮捕や陸・海にわたるものものしい武力警戒・示威のもとに公布されたといわれる併合条約は、その前文冒頭に、「両国間ノ特殊ニシテ親密ナル関係ヲ顧ヒ」「相互ノ幸福ヲ増進シ」「東洋ノ平和ヲ永久ニ確保セムコトヲ欲シ」、これらの目的を達成するために締結されると宣言している。

さて、併合ののち、朝鮮総督府による三五年間の植民地統治については、いちいちふれない。ただ数行でのべるなら、こうである。——植民地支配体制の土台＝社会的生産関係の基底部面においてはやくも一九〇八年八月、法令で特設された「東洋拓殖株式会社」の経営は、実は、地主・小作関係の巨大な集積でしかなかつた。そのような基盤のうえに、植民地住民の政治的無権利状態を媒介として、資本の植民地的収取が存分におこなわれた。これはまた、中国侵出への足場が固められるということでもあつたのである。

四

基本関係条約第三条をめぐつての日・韓両政府の説明の喰い違いを長々と再録することは止めにしよう。それはあまりにも知られ過ぎていることであるばかりでなく、事柄の理解にそれほど役立つともおもえないようなものであるからである。いわゆる説明の喰い違いは、たがいに関連しながらも分別されなければならない二つの問題点がそこに含まれているにもかかわらず、その分別を明確に示さないばかりかむしろ覆い隠すような法的フォーミュラがあえて採用されることによつて生じた。二つの問題点とは、第一には政府の現実の支配範囲のことであり、第二には政府の国際的ステータスのことである。

まず、（イ）分立政権の一つについてその現実の支配範囲を規定しようというのであれば、それに適合的なフォーミュラは、たとえば日台講和条約第三条や第一〇条のような、具体的事項に即したものであるはずである。ところが、日韓諸協定ではかえつて、ことさら、そうしたフォーミュラが回避されたとしか考えられない。事実、いわゆる対日請求権にかんして、韓国政府は「全朝鮮半島にわたる請求権に対する弁済を要求した[28]」というのであるが、「提示した請求権の八項目」のうちには、朝鮮銀行を通じて搬出された地金・地銀、日本政府の対朝鮮総督府債務など、南北の分別を超えるものが含まれているのであり、また「韓国の」「韓国から」「韓国に」という諸項目の字句も韓国次第ではたして限定の意味をもつのかどうか疑わしいようなものなのである。ところが、日本政府は、交渉の過程で、「韓国政府の現施政地域に限つた請求権中、法的根拠と証拠関係が確実な部分のみ弁済する……と主張した[29]」。しかし、このせつかくの主張は闇に葬られてしまつた。なぜなら、肝心の請求権（金額）の積み上げ方式がいうところの政治的解決方式にきりかえられたうえ、さらに経済協力フォーミュラが採用されることになつてしまつたからである。また、漁業協定でも、漁業（専管・独占）水域について、ただ「自国の沿岸の基線から……」と規定しているだけである。日本政府は、はじめ韓国漁業水域を三八度線附近でなんとなくとどめた図面を報道機関に流していた。ところが一〇月二七日衆院日韓特別委で要求されて、二八日水産庁が提出した水域図では、全半島沿岸にわたり漁業水域を線示した韓国国会議事録第八号の付図とあきらかに喰い違つて、やはり三八度線附近で点線の延長をとどめながら、「以北は低潮線より一二カイリ」と微妙な記入をするという始末であった。《水産庁の「備考」によれば、これは、「大韓民国の沿岸については、これより北になお低潮線から一二カイリまでを漁業（専管）水域として設定しうる意味である」と説明している[30]》。なお、（沿岸・地さき沖＝）共同規制水域帯にいたつては、逆に、（法理上の形式的弁明はどうつくにしても）はばかりなく協定本文で、「以北の東経百二十四度の経線」や「牛岩嶺高頂」を結ぶ線を明示しているようなありさまである[31]。ところで、このように、具体的事項に即しての支配範囲の規定が避けられたとなると、いきおい関心は第三条、とりわけ援用された国連総会決議一九五（Ⅲ）の解釈、ないし援用の意味理解に集中せざるをえない。そうして、すでに韓国政府自身が、「現在、北〔朝〕

鮮にかいらい集団が不法に占拠しているのは、ひとつの事実上の状態にすぎず、これは別個の問題である」という仕方で自己の局地的支配範囲を認めているにもかかわらず[32]、国会論議で、第三条のフォーミュラに即しながら、韓国政府の管轄権の限定という形式の質問が繰り返しおこなわれると、政府側も、具体的事項に即しての明確な処理をしていないだけに、《国連決議でのべている（韓国）政府の管轄権の及ぶ範囲（は）……休戦ライン以南である[33]》などとおおいに力説するありさまである。そのかぎりでは、まったく不毛の議論というほかはない。しかし、実は、質問は韓国政府の国際的ステータスの評価を質しているのであり、答弁はこれにまともに答えることを避けているのである。こうした議論の重なりは、第三条のフォーミュラに即してしか支配範囲の問題が議論されないよう仕組まれていたかぎり、自然なことでもあつたであろう。なお、この事情を韓国外務省次官は巧みに捉えて、つぎのようにのべている。《韓日〔協定〕と中国日本間の協定とは根本的にその内容が違う。日中平和条約での領土管轄権条項は、中華民国政府の管轄権が現在及んでいる範囲に止めた。ところが韓日〔協定〕の場合は、日本が大韓民国政府と基本条約〔第三条〕を結ぶことによつて、大韓民国政府の憲法が規定した領土の管轄権を承認し、その前提の下に条約を結んだ[34]》。

もともと、（ロ）第三条のフォーミュラの仕組にとりいれられている問題の国連総会決議一九五（Ⅲ）は、二重の意味合いを含んでいた。それは、朝鮮の統一がまだ達成されていないという事実をみとめながら、それゆえ大韓民国政権の局地的実効性を認めると同時に、それにもかかわらず「単選」による「単政」に国連多数派的正当性を合法性の標示のもとに authenticate しているのである。それは、ただ韓国政権の局地的支配とこの支配の正当性根拠とを認めるだけのもののようにも解されよう。しかし、この決議を特定の policy-contingency frame of reference のなかにおいてみるなら[35]、それは、局地的支配の現実にもかかわらず、統一問題における韓国政府の正統性の承認と統一へのプロセスにおける国際的フル・ステータスの許容とを、ひろく要請（勧告）しているものと理解されるのである。この意味では、第三条のフォーミュラに示された the only lawful government という集約的表現は、まさに秀作の部類にはいるものであろう。(36) ところで、特定の policy-contingency framework は国連多数派の政治的実践によつて以下にのべるとおり現実の政治的コンテクストになつているものであつた。すでに問題の決議一九五（Ⅲ）そのものが、国連臨時朝鮮委員会（UNTCOK）の任務活動とその成果とを改めて承認する意味をもつていた。なぜなら、前年の国連総会決議一一二（Ⅱ）よつて設立されたUNTCOKは、その設立根拠をめぐる論議（朝鮮統一＝独立問題を米ソ共同委員会から国連へ持ち込むことの妥当性をめぐる議論）を別にしても、その任務の遂行にあたり、国連総会中間委員会決議（一九四八・二・二六）にもとづいて、あえてアメリカ軍占領下南朝鮮だけの単独選挙を強行させ、単独政府を設立させていたからである。「全選」による「統一政府」樹立の決議一一二（Ⅱ）は、UNTCOKメンバーのなかからの反対をもうけながら、「その日（一一二（Ⅱ）決議の日）以後の朝鮮に関する事態の進展に照して」ということで、あつさりと「単選」による「単政」を結果するものに切り替えられた。「その日以後の事態の進展」はもちろん予測されていたことであり、結果はまさに政策目標であつたからである。しかも、それによつて北朝鮮に対抗的に政権の設立がひきだされ、南北分裂の固定＝統一の否定がもたらされたという事実は、当の政策視野のなかでは認めてかかろうとはされなかつた。問題の決議一九五（Ⅲ）は、UNTCOKの任務を引きつぎ遂行するために国連朝鮮委員会（UNCOK）を設置することで決議一一二（Ⅱ）に示された統一へのパースペクティヴを改変して維持しつつ、最後の第九項目では、「〔国連〕加盟国その他の国に対し、大韓民国と関係を設定するに当つて、本決議第二項に記述した事実〔国連多数派的正当性のオーセンティケーションまでも〕を考慮に入れるよう要請」しているのである。ところで、朝鮮動乱の発生とその処理とは、さきにものべたとおり、状況と政策に集約と加速をもたらした。状況が分裂から戦闘に様相を変じると、すぐさまアメリカ政府は六月二五日の安保理（第一）決議を自分なりに解釈して敵・味方の判別を明示し、軍事的介入行動にのりだした。この判別と行動とには、すぐあとの二七日安保理（第二）決議で追認がおこなわれ、七月七日安保理（第三）決議で眼にも見えるよう国連統一司令部の名と国連の旗とが与えられた。* そうして、一〇月七日国連総会決議三七六（V）は、「平和のための結集」決議三七七（V）の成立を先取りして、「全朝鮮にわたつて安定した状態を確保するためにすべての適当な措置をとること」という表現で、三八度線を突破して北朝鮮に進攻することを承認するかたわら、このコンテクストのなかでUNCOKに代えてあらたに国際連合朝鮮統一復興委員会（UNCURK）を設け、全朝鮮の統一と救済と復興にかんする責任を負わせた。また、一二月一日決議四一〇（V）は、この「委員会との密接な協力において、その責任を遂行する特別の機関」＝国際連合朝鮮再建局（UNKRA）を設置した。さらに、中国義勇軍の戦線参加は、中華人民共和国中央人民政府を侵略者と判定する総会議決四九八（V）をひきだした。もつとも、その反面で、往復戦争のくりかえしのあげく、戦局は膠着状態におちいり、一九五三年七月二七日朝鮮人民軍最高司令官、中国人民志願軍司令官と国連軍総司令官とのあいだに休戦協定が成立し、さらに、これにもとづいて高級政治会議がひらかれることとされた。朝鮮問題の主題はふたたび朝鮮統一問題にもどり、その解決の場も東西の国際会議にかえることになつた。しかし、一九五四年四月からのジュネーヴ政治会議では、全朝鮮自由総選挙による統一の原則について意見の一致がみられたにもかかわらず、選挙監視機関問題や外国軍隊撤退問題について意見の調整が長引いている機会に、六月、一六カ国宣言でもつて一方的に会議の打ち切りがおこなわれた。朝鮮問題はふたたび国連総会に持ち込まれ、それ以来「冷戦議題」、「アメリカ議題」と評されながら、毎回ほぼおなじ趣旨の諸「決議」をくりかえして現在に及んでいる。すなわち、①韓国政府代表を投票権なしに第一委員会の討議に参加させる（解説＝「南北両朝鮮代表を招請すべきであるとの共産圏諸国およびインド〔その他〕の主張が拒けられて、北朝鮮〔政府〕を……カイライ政権、ないしは侵略国と規定し、韓国政府を朝鮮における唯一の合法政府であるとする立場より、韓国代表を投票権なしに討議に参加させることを主張するアメリカの決議案が慣例的に採択され……た」）。[37] ②「北朝鮮当局」が「総会により再確認された統一のための基本原則」ないしは「これらの確固たる国際連合の諸目的」を受諾することを要請し、UNCURKがその任務を継続して遂行することを要請する（＝いわゆる「国連方式」による統一の主張と「単選」による「単政」の正統性の不断の確認）。③在韓国連軍部隊の無期限駐留を容認する（表現＝「すでに大部分撤退したこと、および……永久的解決のための諸条件が実現された時にその残余兵力を朝鮮から撤退させる用意のあることを了承し」）。なお、このようなアメリカ側提案にたいする積極的支持率は、第一五総会のときから、六〇％を割るようになつた。また、第一七総会第一委員会ではA・A諸国のうちから、統一問題のための特別関係国会議の召集や在韓国連軍＝アメリカ軍の非同盟中立諸国軍隊による置き替えおよびUNCURKの改組が主張されるというありさまになつている。**

【*　本文の順序に安保理事会決議八一（一九五〇）、八二（一九五〇）および八三（一九五〇）である。】

【**　朝鮮民主主義人民共和国と大韓民国は一九九一年九月一七日に国連に加盟した。】

ところで、日本政府はこれまで、韓国政府の朝鮮統一問題における正統性の承認と統一へのプロセスにおける国際的フル・ステータスの許容の要請に、一貫して応諾を示してきた。まず、国連では「冷戦議題」にかんするアメリカ提案を終始積極的に支持してきた。ことに一九六一年、第一五総会第二会期から第一六総会にかけて、第一委員会で南北朝鮮両代表の招請がA・A諸国によつて主張されると、条件つき招請の決議にたいしてすら、日本提案でそれを出し抜くようなことをして、確実に死産させるという働きまで示している。そうして、このような日本政府の国連活動は、国会答弁で、くりかえしいわゆる「国連方式」が強調されたことによつて、さらにその将来を保障された。また、唯一合法性論議の裏側＝北朝鮮政府との関係の問題をまともに質されると、政府側答弁は、六五年三月末の《この条約に関する限り、白紙の状態である》という未承認の説明から、《北とはケース・バイ・ケースで行く》を経て、ついに一〇月末の《わが国は平和条約で韓国〔実は朝鮮〕の独立を承認したときから、……韓国政府だけを唯一の相手とし、北は問題にしないことにしている。……基本的には対立国家の一方を認めて、他方を認めることはできないとの方針は確定している[38]》という不承認の宣言にまで落ち着くことになつた。いつたい、ある実効的な政府にたいする未承認は、もちろんその政府の out-law を意味するものでない。それは、ただその政府に国際的フル・ステータスを認めず、さしあたり二国間関係にかぎつていえば、そのすべての arena へは、当該政府の登場をみとめないというだけのことである。未承認ないし承認保留によつて、g_1は自己のコントロールのもとにあるg_2諸利益、すなわち、威信と安定の増大、在外国家資金・財産への資格、外国裁判所での訴訟能力とステート・イミュニティー、法令・処分の効力の尊重、政府借款さらには軍事援助へのチャンス、以上を能率的に確保し拡大する$g_1 \leftarrow g_2$チャネルの制度化、などを適宜に保留ないし授受する操作の可能性を自己の手にとどめるわけである。もちろん、外交政策上のこのようなデシジョン・メーカーの自由は、国内裁判所を当惑させ、バランス・オヴ・パワー・システムのもとでの承認ドクトリンと実践との適合関係（制度化）が喪われるにつれて(39)、司法的承認とよばれる自律的判断・行動を多かれ少なかれ諸国内において生ぜしめた。この傾向は、ルース・バイポーラー・システム(40)のもとで諸政府の「承認」行動が、未承認政府の対内ステータスの安定と国際的債務の連続性とではなく、もつぱらブロック・ステータスの連続性を基準にして決定されるにしたがい、ますます増大するであろう。しかし、それだけに行政府としてはまた及ぶかぎり対抗的行動にも出るわけである。現に、たとえば、政策決定の高級補助機関はつぎのような見解を国会答弁で公けにしている。「そこ〔日本政府が国際法上承認していない北朝鮮政権下〕の国民であると称する者に対しては、日本政府としてはその国籍を有するとして取り扱うことが法律上不可能である」(41)。この種の徹底的な否定政策とくろうと的弁術は、周知の在日朝鮮人の外国人登録証国籍欄記載事項の書き換え問題にかんする政府統一見解でもつて、大がかりに具体化され再現された。すなわち、一九五〇年当時、法務総裁談話は、《本人の希望によつて「韓国」の用語を使用してもさしつかえないこととするが、これは単なる用語の問題であつて、実質的な国籍や国家の承認問題とは関係がない。……いずれを用いるかによつて、その法律上の取扱いを異にすることはない》といい、そうして、法務省の解釈もそれ沿ってきた。しかし、そこで生活利益（肉親・縁者との往来や営業許可の容易さなど）だけを目あての韓国記載も多くおこなわれ、やがてその再書き換えが申請されるようになると、どちらも《他の外国人と区別する符号のようなものだから、行政上繁雑なのでやらない》として、それを拒んできた。ところが日韓諸協定調印後、批准承認前の「現時点」では、《韓国記載は、①本人の意思表示だけでなく、裏付け資料として韓国代表部発行の国民登録証の提示も求めてきたので、いまの時点からみれば実質的には国籍の表示と考えられる作用をもつようになつており、②また「朝鮮」とは旧日本領土の朝鮮半島から来日在留している朝鮮人〔の履歴〕を表示するにとどまり、なんらの国籍を表示するものでないから、再書き換え〔むしろ自覚的な国籍選択〕は単に希望しただけで〔韓国政府による国籍離脱の許可または証明なしに〕はおこなえない[42]》というのである。ところで、まつたく鳩小屋のトラップにも似たこのような行政的処理があえて行なわれたという事実は、日台講和条約第一〇条に準じるような具体的事項に即したフォーミュラが避けられたうえ、基本関係条約第三条のフォーミュラについては特定の政策的立場が固守されていることの実証である。

しかし、第三条のフォーミュラはこのような事態の真相を覆い、そのイメージを穏かなものにするために、以南唯一合法政府などという「説明」をまじめにやれる手がかりもつくつている。その意味では、これもまた「傑作の部類」に数えなくてはならないものであろう。

五

基本関係条約は米韓軍事同盟・軍事協力体制にたいする日本の協力・参加をとくにフォーミュレートしていない。日本の対韓軍事協力を特別にフォーミュレートすることが必要でなく、また適当でもないと考えられたからである。もちろん、これは、日本の対米＝韓軍事協力関係がすでに成立している事実を否定するものでなく、また、その関係が日韓条約・協定の実施過程において充実・強化されるという効果を否定するものでもない。日本の対韓軍事協力が特別にフォーミュレートされなかつたのは、日本の対韓軍事協力関係がすでにアメリカを二重の仕方で媒介として成立しており、そうして、この関係が条約・協定実施の行政過程を通じて充実・強化されることの確実な予測が成立しているからである。ところで、こうした事態の認識を、もちろん日本政府は表明したがらない。それによつてブロック内協調の基本目標が公然と露呈されることになるからであり、そうしてそのような露呈には広汎に反撥する$g_1 \leftarrow c_1$チャネルの現実の様相があるからである。とすれば、政府の公式ならびに非公式解説書が、韓国政府「白書」とは真反対に、この軍事協力問題にひと言も触れず、もつぱら友好協力関係を強調しているのは当然すぎることであろう。

ところが、基本関係条約は、前文第二文節で「並びに国際の平和及び安全の維持のために、……国際連合憲章の原則に適合して緊密に協力することが重要であることを認め」ると宣言し、また、第四条では、この宣言の趣旨を条項化しながらかえつて薄めるようなフォーミュレーションをおこなつた。そのため、国会での軍事協力質疑は、いきおいこの前文および第四条を足がかりにしておこなわれることとなつた。しかし、政府側は、それらのフォーミュラに即するかぎり、《〔国連〕加盟国の当然の義務を一般的に広い意味で書いたのであつて、それが直ちに日本と韓国との軍事的な協力に結びつくものとは考えない》(43)と答えることができている。すなわち、非公式解説が敷衍しているように、「ここにいう国連憲章の原則とは、憲章第二条に掲げる諸原則のことであり、主権平等の原則、紛争の平和的手段による解決……領土保全又は政治的独立に対する武力の不行使の約束、等がその主たるもの(44)」〔といい、第五項を明示しないところが手並というもの〕であつて、そこに憲章第五一条は含まれていず、まして、これをもとにした軍事協力の約束などは考えようがないという趣旨である。ところでこのような国会問答がなんど繰り返されようと、またその条約文解釈の当否がどう論議されようと、それとはかかわりなく、対韓軍事協力関係は、アメリカを二重の仕方で媒介としてすでに存在しているのである。

（イ）　アメリカの占領・管理下において、日本が対韓関係で軍事的にどのような地位におかれ、どのような役割を負わされていたかは、朝鮮戦争がはつきりと示してくれた。そこでは、補給、整備、輸送の任務ばかりでなく、直接発進基地としての役割までが果されたのである。占領権力によつて強制され義務づけられていたこの地位・役割は、五二年講和発効と同時に形のうえでは日米安保条約による義務として、そのまま引き継がれ、また、再軍備の進行とともに基地防衛、護送・哨戒という反撃ないし攻撃の役割まで加えられた。そうして、六〇年安保改定は、そのような地位・役割を明確に仕分けし、また合理化してフォーミュレートし、さらに、それに実質的にも条約による義務としての意味づけをするという事業としておこなわれた。もっとも、この地位・役割は、法的仕組みでは、対アメリカ関係においてのものであるようにみえる。しかし、機能的には、それによって保障されたアメリカの軍事行動を通じて、この地位・役割はそれ自身内在的に韓国にもつながっているものである。さらに、それは、五三／四年の米韓相互防衛条約によってこのつながりをそちら側でも法的に無期限に固められた。

ところで、(ロ) 朝鮮戦争によって、対韓関係における日本の軍事的地位・役割が実証されたとき、アメリカ軍はいちはやく国連軍としての資格づけを与えられていた。占領権力によって強制された地位・役割には、当面、国連による義認と権威づけが加えられたわけである。そうして、一九五一年講和調印のさい、日本政府は、安保条約附属の交換公文で、「本日署名された平和条約の効力発生と同時に、日本国は、『国際連合がこの憲章に従ってとるいかなる行動についてもあらゆる援助』を国際連合に与えることを要求する国際連合憲章第二条〔原則第五項〕に掲げる義務を引き受けることになります」と〔国連軍統一司令部として行動する〕アメリカ政府宛に誓い、さらに「われわれの知るとおり、武力侵略が朝鮮に起りました。……連合軍最高司令官の承認を得て〔命令を受けて〕、日本国は、……国際連合の〔軍隊〕行動に重要な援助を従来与えてきましたし、現に与えています。〔ところで〕将来は定まっておらず、不幸にして、国際連合の行動を支持するための日本国における施設及び役務の必要が継続し、又は再び生ずるかもしれませんので、……平和条約の効力の発生の後に……国際連合加盟国の軍隊が極東における国際連合の行動に従事する場合には」、日本政府がそれらの軍隊を日本国内及びその附近に置かせ、その用に施設及び役務を提供することを、許諾するよう〔日米安保条約第二条にもとづいて〕アメリカ政府に求めた。もちろん、誓約は了承され、許諾は確認された。この吉田・アチソン交換公文の趣旨は、一九五四年二月、在日国連軍地位協定によつて正確に細目化された。[45] この協定は実に朝鮮休戦協定の成立ののち、ジュネーヴ高級政治会議をさきにひかえながら、「国際連合の軍隊は、……総会決議（四九八（V））に従う行動に今なお引き続き従事している」ということで締結されたものである。さらに、この二つの文書は、一九六〇年安保改定のさい、躊うところもなく、附属の「吉田・アチソン交換公文等に関する（ハーター・岸）交換公文」でもってその効力を再確認された。ところで、この国連軍の設定が朝鮮で行動するアメリカ軍の権威づけにすぎなかつたことはすでに周知の事実である。それは単に国連軍の軍事力の比重が圧倒的にアメリカ軍にかかつていたからではない。設定の根拠＝安保理事会決議の特異な成立事情ももちろんであるが、より具体的にはその編成や指揮・行動の過程において、それが実証されたからである。[46] アメリカ軍は国連軍として自由に自ら編成し行動することができた。その結果、これも周知のとおり、在日アメリカ軍と在韓国連軍とは癒着し、アメリカ軍は日・韓にわたり二枚鑑札をもつこととなつて、今日に及んでいる。事実、在日アメリカ軍隊は、五七年戦闘部隊の移転・撤退ののち、補給関係の部隊（約六、〇〇〇人）を残すだけといわれるが、この陸軍部隊は韓国に司令部を置く第八軍の一部である。韓国では第八軍・二個師団（歩兵第七師団＝第一〇番目のペントミック師団と騎兵第一師団、合せて約五万人）が国連軍として駐留し、その司令官は国連軍司令官を兼ねている。また、在日アメリカ空軍は、日本・沖縄・韓国方面を担当区域とする第五空軍であり、府中に司令部を置いている。韓国には第五空軍所属部隊・航空基地があり、直接には国連軍司令官の指揮下におかれる。なお、在日アメリカ陸・海・空軍部隊はそれぞれ直接、在ハワイ太平洋陸軍・艦隊・空軍各司令官の指揮に服し、在韓アメリカ軍、第七艦隊、沖縄・フィリピン・ハワイ所在の部隊ともども太平洋軍司令部の掌握下におかれている、というぐあいである。[47] ところで、在日アメリカ軍の朝鮮むけ二枚鑑札のうち、手前免許（日米安保条約第六条）よりも国連免許（国連総会決議→吉田・アチソン交換公文）のほうが日本政府によつていかに尊重されているかは、同じ事前協議の適用（ハーター・岸交換公文→《日本政府解釈》→条約第六条の実施に関する交換公文）についてのつぎの外務省・法制局解釈によく示されている。《しかし、日本も国連の一員であり国連尊重のうえからも、この行動をことわるわけにはいくまい。その場合には事前協議も無意味になるといわれてもやむをえない》。もともと日本政府はこの場合事前協議の適用を主張しうるような立場には立つてはいなかつたはずである。[48]

以上のように、対韓軍事協力関係においてアメリカにより二重の仕方で媒介された日本の軍事的地位・役割が、さらに日韓基本関係条約および諸協定の実施過程において、どのように充実・強化されるかは、別に指摘したとおりである。[49]なお、それにつけ加えるならば、――まず、基本関係条約前文第二文節ないし第四条で、あらためて在韓国連軍協力義務が陰に確認されている。また、いうところの軍事行動協力についていえば、国会答弁で政府当局者は、くりかえし日本国憲法の順守を強調し、《憲法の許す範囲と許さざる範囲とを明確に区別して行動をとる……。すくなくとも軍事行動に協力するということは、憲法のたてまえ上、ありえない》[50]と力説した。《憲法の許す範囲》としてなにが了解されているのかがすでに問題であるが、ともかくこうして否定されているのは、例の海外派兵（それも地上戦闘部隊の他国領内進攻にかぎられて）のことであるらしい。しかし、政府の自衛権説から憲法上それがどのようにして禁止・制約されることになるのかは、これまで明かにされたことがない。その論理過程が明示されないかぎり、すでに日韓条約・協定に示されたpolicy-contingency frameのもとでは、自衛の名において直接的戦線参加のおこなわれる惧れも強まつている。

国交正常化のシンボルで覆われた基本関係協調の実体は以上のようなものである。さらに同じシンボルのもとでブロック内メンバー間「配分の問題」[51]の処理がどれほどの正常関係をもたらしえたかは、諸協定の検討に俟たなければならない。

（1）「韓国政府の『韓国会議白書』」一九六五・三・二〇、以下には「白書」として示し、訳文と頁数とは、別示しないかぎり、外務省アジア局北東アジア課資料一一による。なお「白書」の引用にかぎらず本文の引用文中、傍点は附け加えであり、〔　〕内は補正または釈註としての挿入である。

（2）以上、「白書」二二頁。

（3）日本政府は批准承認国会のまえまでには白書を出す由、伝えられたが、白書といえるほどの文書は出されていないので、こうするよりほかはない。
（4）以上、「白書」一八―二〇頁。
（5）以上、「白書」二一―二五頁、ただし、最後の引用部分は、「世界週報」訳、六五・四・二〇号四〇頁による。
（6）以上、「白書」二五頁。
（7）外務省、「日韓諸条約について」、六五・一一月。
（8）「解説・日韓条約」、法律時報六五・九月号六三頁以下。なお、以下には「解説」として示す。
（9）「統一朝鮮年鑑・一九六四」、一三二頁。
（10）広部和也・田中忠編、「資料・日韓会議一四年の軌跡」、法律時報六五・九月号四六―四七頁。なお以下には「法時・資料」として示す。
（11）「法時・資料」、五二頁。
（12）「統一朝鮮年鑑・一九六四」、三〇七頁。
（13）「朝日」、六五・九・一四（V）。しかし、アジア局長は衆院日韓特別委（一一・一）で、六五年六月二二日正式調印を機会に設置を認められた旨、のべている「朝日」、六五・一〇・二（V）。
（14）Sprout & sprout, Foundations of International Politics, 1963, p. 142. 以下の同じ種類の記号についても、同所を参照。
（15）「統一朝鮮年鑑・一九六四」、三〇三頁。
（16）Sprout & Sprout, op. cit., p. 143.
（17）「白書」、二三、三一頁。
（18）石本泰雄、「日韓条約への重大な疑問」、世界六五・一二月号三〇頁。
（19）「解説」、法律時報六五・九月号六四頁。
（20）外務省、前掲、三頁。
（21）「解説」、法律時報六五・九月号六四頁。なお、このような答弁もある――《「もはや無効である」というのは、とにかくかつては有効であったということにほかならない》（六五・三・一九衆外委での条約局長答弁）。「韓国国会議事録・対比資料」、中央公論六五・一二月号一六三頁。なお以下には「中公・対比資料」として示す。
（22）「白書」、二九頁。
（23）たとえば、最高裁（大）昭和三〇・一〇・一二判決（昭和二一年勅令第二七七号違反等被告事件、昭二四(レ)一一二八）、仙台高裁昭和三三・三・一三判決（偽造有印公文書行使並びに外国人登録法違反被告事件、昭和三二(ウ)五六六）など、例数は多い。祖川・小田「わが国の裁判所における国際法適用の諸先例」(四)、国際法外交雑誌六一巻五号参照。

(24)「共同発表」あるいは「共同声明」――「法時・資料」、法律時報六五・九月号四九頁。

(25) 同書、五四頁。なお、このメモではまだ請求権と経済協力との関連づけが残されたといわれる。

(26) 小稿「日韓諸協定の法的フォーミュレーションの検討」、法律時報六五・九月号、七頁上段の該当部分の記述は充分でない。

(27)「白書」、五四―五五頁。

(28) 同書六二頁。

(29) 同書六二―六三頁。

(30) 六五・一〇・三〇共同系紙。

(31) 以上に該当する前掲小稿、法律時報六五・九月号七頁下段の部分の記述は正確でない。

(32) 石本、前掲、世界六五・一二月号三四頁。

(33)「中公・対比資料」、中央公論六五・一二月号一六一頁。

(34) 同書一六二頁。

(35) Sprout & Sprout, op. cit., p. 164.

(36) 以上に示された観点は、前掲小稿、法律時報六五・九月号八頁中段の該当部分の記述にはまだ正確に出ていない。

(37) 田中直吉編、「南北朝鮮の国際的地位・解説篇」(国際問題シリーズ第三八号、一九六四年)、一三頁。

(38) 以上、「中公・対比資料」、中央公論六五・一二月号一六一―一六二頁。

(39) Kaplan & Katzenbach, The Political Foundations of International Law, 1961, pp. 118 ff.

(40) Kaplan, M. A., System and Process in International Politics, 1957, pp. 36 ff.

(41) 一九六五・三・一九衆外委での条約局長答弁。石本、前掲、三五頁による。

(42) 以上三つの《 》内は朝日、一九六五年・一〇・二四(V)による。なお、朝日ジャーナル・一九六五・一一・一四号二〇頁以下参照。

(43)「中公・対比資料」、中央公論六五・一二月号一五六頁。

(44)「解説」、法律時報六五・九月号六五頁。

(45) 高野雄一「『極東の平和』と日韓交渉の妥結」、世界六五・一一月号四六頁参照。なお、この論文は、集団自衛にかんする限定的な見解からして「極東の平和」条項を批判し、朝鮮国連軍の政治的性格を明らかにし、六〇年代の国連の平和維持機能の回復が朝鮮問題にまで及びえていない事実を適確に衝いて、「国連協力を約した基本条約が過去の国連になお取りまかれている日韓両国の間に妥結したことは、問題の打開に役立たないだけでなく極東の平和維持に対する危険につながること」を、警告している。

(46) 同書四八頁参照。
(47) 「防衛年鑑」昭和四〇年版および「統一朝鮮年鑑・一九六四」による。
(48) 毎日、一九五九・一二・一二。石本、前掲、三八頁による。
(49) 小稿、前掲、法律時報・六五・九月号一一頁参照。
(50) 「中公・対比資料」、中央公論六五・一二月号一五八頁。
(51) 石本、前掲、世界六五・一二月号四〇頁。

【資料】参考のために、著者により辞典項目として執筆された「日韓基本条約」の解説（国際法学会編「国際法辞典」鹿島出版会、一九七五年）を以下に掲載する。】

日韓基本条約〔英〕Treaty on Basic Relations between Japan and the Republic of Korea　約十四年に及ぶ日韓交渉のすえ一九六五年（昭和四〇）六月二二日東京で他の関係諸協定とともに正式調印された。日韓交渉は、一九五一年一〇月朝鮮戦争の継続中に対日講和の発効に備えて、日韓の間の諸懸案を解決し国交正常化を計るという目的で開始された。しかし多くの事項にわたって日韓の主張の対立が大きかったので、交渉はいくども中止・再開を繰り返して長引いた。諸懸案のうち財産・請求権・経済協力問題、漁業問題、在日韓国人の法的地位問題、文化財返還問題についてはそれぞれ別個の協定が同時に調印され、また紛争の解決に関する公文交換が行なわれた。基本関係条約は本文七カ条からなり、①正式の外交・領事関係の開設（一条）、②旧条約の無効確認（二条）、③韓国政府の唯一合法性の確認（三条）、④国連憲章の諸原則の遵守と協力（四条）、⑤通商航海条約および民間航空運送協定締結のための交渉の開始（五、六条）について規定している。

そのうち②については、一九〇五年保護条約や一九一〇年合併条約などはすべて初めから無効なものと主張し、そのような形で朝鮮植民地化の責任を明らかにしておこうとする韓国側の意図と、それらはすでに終了または失効したものとする日本側の見解とが対立した。結局 already null and void という表現が工夫された。③については、ともに一九四八年一二月の国連総会決議一九五を援用しながら、むしろ韓国政府の現実の管轄範囲の限定を読みとろうとする日本側の思惑と、もっぱら全朝鮮における唯一正統政府という国際的地位を日本に確認させようとする韓国側の意図とが対立した。結局国連の当該決議の文節のなかから the only lawful Government という字句を合成して掲げるという工夫がなされた。どちらの場合にもこのような曖昧な修文上の馴合い処理がなされたので、調印後両国政府おのおの国民向け説明はまったく相反するものとなった。しかし②については、肝心の財産・請求権問題が日本側の請求権放棄と包み金的経済援助の形式で解決されたので、韓国側の主張は名分論に終わっている。これに反して③との関連では、日本の現実的な朝鮮政策の展開がその後も制約され続けたことは否まれない。なお、竹島の帰属問題も交渉懸案の一つであったが、日韓の主張が根本的に対立したため、条約から除かれた。この処置の意味をめぐってまた両国政府の見解が対立している。さらに、日韓軍事協力の問題は条約には直接出ていない。駐留米軍を軸にして日本の対韓軍事協力関係の枠組はすでに出来上がっており、この関係の内実が日韓条約・協定の締結を通じていっそう充実強化されることが見込まれているからである。事実、国交正常化のもとで財産・請求権・経済協力協定による無償三億、有償二億ドルの政府援助に導かれて、対韓貿易および投資における日本資本の進出はまことに著しいものであったが、一九六九年一一月二三日の日米共同声明四項では、日本政府は「韓国の安全は日本自身の安全にとって essential である」ことを十分な経済的利害の裏付けをもって言明するにいたったのである。

［祖川武夫］

第Ⅴ部　日本国際法学の検討

一　横田喜三郎『国際裁判の本質』（昭和十六年）（紹介）

＊　国家学会雑誌第55巻第12号、一九四一年

一

国際裁判ははたして紛争の法的決定なのであるか。本書は、この国際裁判の本質に関する一つの問題を捉へて、これを体系的に論述した大著であり、さうして著者の二〇年にちかい研究の結果うまれ出たものである（はしがき一―五頁参照）。

国際裁判の本質にはさまざまな問題が属すであらう。例へば、国際裁判は紛争の法的決定であるかどうかといふことのほかに、決定の効力、裁判権の基礎、裁判機能の限界、裁判の国際性などについても、等しく問はれなければならないであらう。著者はまづ第一章「対象」において、右のうち最初の問題が国際裁判の本質にとつては中心的な最重要なものである所以を述べ、それを特に国際裁判の「本質」として、それに考察の対象を限定されるのである（三―八頁）。つづいて著者は考察の対象にさらに二重の限定を加へ、国際裁判の本質としては理想的な本来さうあるべき性質ではなく、現実の重要な基本的性質が考へられるべきこと、また、現実の国際裁判の本質といつても実際の事実としての国際裁判の本質ではなく、現行国際法上の制度としての国際裁判の本質が考へられるべきことを指摘されるのであるが、ここにはすでに著者の純粋法学の立場からの鋭い方法論的省察が働き出してゐるのである（九―一二頁）。そこで著者は第二章「方法」において、まづ考察の方法としては、現行の国際法について考

察が進められるべきことを明言される。しかし、著者の鋭い方法論的省察はどこまでも問題を追求してやまないのである。すなはち、右の考察方法によるとして、もし国際法の規定が一定しないことがあれば、どうなるであらうか。著者の実証的精神はかうした疑問を掘りおこし、それを率直に認めるのである。すなはちその場合には国際裁判の本質もおのづから一定しない。しかも実際に、国際裁判に関する国際条約の規定は決して一様なものでなく、大体に四つ五つの類型にまとめられるにすぎないのである。ところで著者はもとよりさうした結果では満足されない。もともと著者は本書において、国際裁判制度に実証的な記述ではなく、国際裁判の一つの本質要素の認識をめざされてゐるのである。ここにおいて著者はマックス・ウェーバーの理念型概念こそ歴史的な諸裁判の個性的性格を認識する適正な方法であるとされ、理念型の本質、構成の仕方ならびに機能について原理的な説明をされたのち（二八—五〇頁）、第三章「裁判理念型」においては、主題の考察に必要な裁判理念型の構成を試みられる。かうしてここに、近代文明国の刑事裁判、普通の民事裁判、仲裁裁判、国際裁判などについてそれらが法的決定であるかどうかが具体的に確められ、これに基いて司法裁判と仲裁裁判との二つの理念型が構成される。前者は厳格に法によるところの完全に法的な決定であり、後者はもつぱら衡平によるところの完全に非法的な決定である（五一—八一頁）。

ところで法により、衡平によるといつても、その法や衡平ははたしてなにを意味するのであらうか。著者はそれをいはば先決的な問題であるとして、つぎに考察されるのであるが、ここにも著者の論述の周到さはうかがはれるであらう。まづ第四章「国際裁判上の法」において詳細な法源論が展開され、国際条約、国際慣習法、一般国内法、法の一般原則、非実定的法のうち、国際条約と国際慣習法のみが国際裁判の当事者をその相互の関係においてはじめから法として拘束するものであり、従つて国際裁判上でいふ法であるとされる（八五—九八頁）。法の一般原則は、著者によれば、諸国家の国内法上で共通に認められた一般的規則のことであり、諸国家をその相互の関係においてはじめから拘束するものでない（一〇二—一一八頁）。非実定的法にいたつてはその基礎を実定法と全く異にしてをり、両者をともに法として取扱ふことは方法論上許されない（一一八―一二六頁）。つぎに著者は第五節「国際裁判上の衡平」において。衡平の意味を比較法的考察により確定されたのち、国際裁判上で衡平が法との関係においていかなる程度に適用されうるかを問題にされる。この問題は実に具体的正義としての衡平の本質に属することがらであらう。著者によれば、衡平の適用についてつぎの三つの場合が区別される。すなはち、衡平が法の解釈として適用される場合、法の補充として適用される場合、および法の修正として適用される場合である（一四一―一八四頁）。ではこのやうな衡平の適用可能性は現実の国際裁判においていかに興へられてゐるか。それはまさに国際裁判の本質を具体的に確定することであり、本書の中心問題として、つぎの二つの章に亘つて詳論されるのである。

二

一般に国際裁判は、裁判所の構成といふいはば形式的な観点から、司法裁判と仲裁裁判との二つに大きく分けられる。ところでこの区別ははたして法的または非法的決定といふいはば実質的な観点からの区別に照応するものであるか。これが著者のこれからの考察の課題である。まづ第六章「国際司法裁判」において、著者の考察の基礎となるものはいふまでもなく、常設国際司法裁判所における裁判の準則を定めたところの規程第三八条である。著者はこれに基いて、同条第一項による第一種の司法裁判と第二項による第二種の司法裁判とを区別され、それぞれについてその裁判の準則を綿密に考察されたのち、裁判の性質に関してつぎのやうに結論されるのであるが、その際の著者の論述はいよいよ精緻をきはめ、条約規定の綜合的解釈、条約の起草過程ならびに諸学説の検討において余すところがない（一九四――二六八頁）。さて著者に従へば、第一種の司法裁判は原則として国際法（国際条約、国際慣習法）により、補充的にそれに準じる法の一般原則によつて紛争を決定するのであり、従つて、それは原則として法的決定であるが極めて僅かに非法的決定である（三八六―三八九頁）。これに反して、第二種の司法裁判は当事者の特別の合意により衡平（衡平と善）に基いて紛争を決定するのであるが、普通はもつぱら衡平と善に基いて、まれには、部分的に衡平と善に基いてとされるのであり、従つて、それは原則として全く非法的決定であるが、例外的に法定決定に近づくこともあると考へられる（二六九―二七一、四〇三―四〇六頁）。

つぎに第七章「国際仲裁裁判」においては、はじめに一八九九年の国際紛争平和的処理条約（＝一九〇七年）の国際紛争平和的処理条約（第一五条、＝第三六条）による仲裁裁判、および一九二八年の国際紛争平和的処理一般議定書（一七、一八条と二一、二八条）による二つの仲裁裁判について右と同様な考察が加へられ（二七二―三六六頁）、つづいて個別裁判条約による仲裁がとりあげられる。ところで著者は、このきはめて多数の個別裁判条約の雑多な規定を洩れなく丹念に検討されたうへで、まづ【第一次】世界大戦前のものとその後のものとを分ち、ついで条約規定の式述の形式に即してそれぞれを若干の類型に頗る手際よくまとめられてをり、かうしてその一つ一つについてその法的または非法的決定の性質を容易に確められるのである（三〇七―三七九頁）。しかし、以上のやうな考察の結果においても、仲裁裁判の性質はもとより一様に規定されることになるのではない。さうしてそれを強ひて一様に規定しようとするところから現に学説上の誤や紛糾が生じてゐるのである（一八五―一九一、二七二、三八〇頁）。そこで著者は以上のさまざまな仲裁裁判をさらに少数の類型にまとめ、つぎのやうな一つの類型的系列をもつて示される。すなはち、紛争の「法的決定」の類型、「主として法的決定」の類型、「非法的決定」の類型がそれであり、さうして例へば、第一の類型には一般議定書の第一種の仲裁裁判（規程第三八条と同様）、および大戦後の若干の個別条約によるもの（同上）が、第二の類型には一般議定書の第二種の仲裁裁判（規程第三八条の実質的規則、補充的に衡平と善）、国際紛争平和的処理条約の仲裁裁判（法の尊重を基礎として）、大戦前の個別条約および若干の大戦後の個別条約によるもの（同上、または、法と衡平の原則によつて）が属し、さらに第三の類型には大戦後の若干の個別条約による仲裁裁判（衡平と善に基いて、または友誼的仲裁裁判者として）およびすでに右に挙げた仲裁裁判のうち、それにおいて特に当事者がもつぱら衡平と善によるべきことを合意した場合のものが属することとなるのである（三八〇―三八二頁）。

以上の実定法上の考察の結果をさらに明瞭に認識するために、著者は第八節「裁判理念型による考察」において、この理念型に照して国際裁判の本質をいはば客観的な尺度をもつて計り、またこれを通して他の裁判と客観的に比較することを試みられる（三八三―四二七頁）。ところでこの裁判理念型は司法裁判と仲裁裁判との理念型であり、さうしてこれらはそれぞれ厳格に法による完全な法的決定と、全く法によらない完全な非法的決定とを意味するのであつた。とすれば、この理念型による考察の結果をここに一つ一つ示す必要はもはやないであらう。最後に、著者に従へば国際裁判は、形式的意義で国際司法裁判とよばれまた国際仲裁裁判とよばれるにかかはることなく、実質的な意義では、完全な法的決定としての司法裁判から完全な非法的決定としての仲裁裁判に至るところの、つぎのやうな理念型的系列において理解されなくてはならない。すなはち、第一に司法裁判の理念型にほとんど一致し極く僅かに及ばぬもの、第二に大体に一致し僅かに及ばぬもの、第三に司法裁判と仲裁裁判との二つの理念型の中間にあつて不確定なもの、第四に、仲裁裁判の理念型に完全に一致するものが挙げられる（四二七―四二九頁）。そうして、これによつてみれば、形式的意義の国際仲裁裁判が非法的決定であり、少くとも原則として非法的決定であるといふ見解は根拠のないものであることが明かになるのである。

三

以上の考察を補ふ意味において著者はなほ以下に三節を設け、「学説」、「理想」、「事質」に関して考察を続けられる。まづ第九章「学説」においては、本書の主題に関するさまざまの学説の紹介と批評が試みられ、学説の分れる理由として考察の方法と対象とにおける相違が指摘されてゐるのであるが（四三〇―五一四頁）、その際に著者はきわめてすぐれた歴史的批判の方法を我々に示されるのである。それは、個々の学説をそれぞれの歴史的現実の地盤においてそこからみてゆくといふ方法である。もちろんそうした仕事が本書において充分になされてゐるわけではない。しかし、その点からみて、著者のつぎのやうな考察は充分に注意されなくてはならない。著者によれば、学者の見解は三つの時期に区別してみるのが適当と考へられる。時期によつて見解に差異があり、また重点のおかれるところも移るからである（四三〇頁）。ではこのやうな学説上の差異変遷はどこにあり、またなにに基くのであるか。第一の時期（一九世紀末すなはち第一回ハーグ平和会議のときまで）では形式的意義の仲裁裁判のみ現実に行はれ、司法裁判はその観念すらほとんどなく、さうしてその仲裁裁判も仲介や調停と完全に分化しないところがあつた。また仲裁裁判の「本質」に関して条約で一般的に規定することもなかつた。そこで学説は仲裁裁判と仲介ないし調停との区別に重点を置き、この区別から仲裁裁判の性質を決定することが多く、またその際に現実の裁判事例に基いて考察するといふ傾向が強かつたのである（四三一、四三九―四四〇頁）。ところが第二の時期（世界大戦の終了まで）では仲裁裁判と仲介ないし調停との分化はすでに確立し、また司法裁判の観念があらはれて、それを実現しようとする要求さへ生じた。仲裁裁判の「本質」については多くの裁判条約の規定が設けられた。そこで学説は仲裁裁判と司法裁判との区別を問題にし、また司法裁判との比較において仲裁裁判を考察したのであり、その際に条約の規定に基づいて考察する傾向が著しくなつたのである（四三一―四三二、四五〇頁）。さらにその後の第三の時期では形式的意義の司法裁判も現実に行はれ、裁判の「本質」に関する条約の規定もますます豊かになつた。そこで学説は仲裁裁判と司法裁判との区別を中心に、それぞれのまたは一般に国際裁判の「本質」を考察し、さうしてその際に条約の規定を根拠とするといふことが特に著しくなつたのである（四三二、四六五―四六六頁）。

つづいて著者は理想的な国際裁判の「本質」と事実的な国際裁判の「本質」とを問題にされる。ところでこのやうな問題は、さきに示した著者の理論的立場からは、本来の考察範囲外に置かれるべきことがらであつた。しかし著者は、実際生活上の立場に立てば、さうした問題の考察も同様に重要であるとされ、その意味でここに参考としてその考察を試みられるのである（五一五—五一九頁）。かうして第一〇章「理想」においては、理想的な国際裁判の「本質」に関して対立する二つの学説、すなはち法的決定を理想とする見解とその反対の見解とをまづ検討され、おのおのの主張の理由とする諸点を比較照合されたうへで、これに基いて著者自身はいはば理由の多い前者に味方される（五二〇—五五九頁）。

さらに第一一章「事実」においては、実際の事実として、国際裁判がはたして法による決定であるかどうかが検討される。著者はまづここでも対立する二つの見解を批判され、そこに実は法学者的法解釈学的立場と政治家的立法政策的立場との対立が潜んでゐることを指摘されるのであるが、右のうち前者が著者によつて適当とされることはいふまでもない（五六〇—五八一頁）。かうして著書自身一つ一つの国際裁判について実証的な考察を試み、実際に法による決定が行はれてゐるかどうかを確定されるのであるが、その際、考察の材料には比較的最近の代表的な国際判決として常設仲裁裁判所の判決（二〇件）と常設国際司法裁判所の判決（二四件）が選ばれてゐる（五八五—五八八、五九九—六八一頁）。考察の結果は、前者にあつてはその八九パーセント、後者にあつてはその全部が法的決定であることが確められ、これによつてもいはゆる仲裁裁判は法的決定でないとする見解の支持されえないことが明かとなるである（六八二—六八五頁）。

四

以上は本書の概略であるが、これによつても本書のすぐれた特色と高い価値はすでに充分うかがふことができたであらう。そこに明かなやうに、国際裁判の「本質」は著者の純粋法学の立場から豊富な材料の上に比類のない体系をもつて論究されてゐる。もちろん個々の論点に関する著者の見解に対しては全く異論の提出されないものではないであらう。例へば、法の一般原則の性質や内容に関しては最も異論の多いところであらう。しかしさうした異論は、著者との根本的な立場の相違から出てくるものであるかぎり、ここにいちいち引き出して論じる必要はない。問題はむしろ根本的な立場の相違にあるからである。では著者の考察の立場と目標のうちにあつて、なほ提出される疑問があるであらうか。ここで我々はただ一つ国際裁判条約における法的紛争と非法的（政治的）紛争との区別が本書において充分にとりあげられてゐないことを指摘しうるであらう。この紛争の区別は紛争決定手続としての国際裁判の性質を規定するものである。もつとも著者もこの区別を全く度外視されてゐるのではない。紛争の区別は一般議定書による二種の仲裁裁判の区別の基礎として指摘され（二八八―二九〇頁）、また個別裁判条約における裁判準則の規定の説明の際にも併せて述べられてゐる。しかし、それはそれだけに止まるのであり、それ以上に、国際裁判の法的また非法的決定といふ「本質」確定の根拠にこの区別を置き、そこからそれぞれの国際裁判の「本質」を解明するといふことはなされてゐない。さうしてこのことは、引いて本書の帰結そのものにも影響してくるとおもはれる。すなはち、著者は司法裁判から仲裁裁判に至る一つの理念型的系列において国際裁判の本質を理解しようとされるのであるが、その際そこに示されるものはむしろ形式的な分類のシェマとおもはれるものであり、従つてこれによつては、司法裁判ないし法的決定の裁判といはれ、また仲裁裁判ないし非法的決定の裁判といはれるもののそれぞれの固有の意義や存在根拠はつひに明かにされることがないのである。そのかぎり、例へば、仲裁裁判は司法裁判の缺如態、いひかへれば法的決定を本質とする裁判の本質缺如態としか考へられなくなつてくるのである。しかし、かうみてくると問題はもはや著者の考察の立場を超えてゐるやうである。我々はそこで著者の立場ないし方法そのものに眼をむけなくてはならない。

周知のやうに純粋法学の立場はこれまでの著者の一貫した法学的立場であり、我々は著者において我国における純粋法学の最もすぐれた代表者を見出してきたのである。この立場は、さきに示したとほり、本書においても徹底的に貫かれてゐる。主題の考察にあたつてまづ最初「法律上の問題」と「理想」または「事実の問題」との混同の鋭く拒まれてゐることが、純粋法学の方法論上の根本要請に応じるものであることは断るまでもない。著者に従へば、かうして、本書の考察の対象として最後に残るものは現行国際法上の国際裁判の「本質」であり（一九頁）、従つて考察は国際裁判の「本質」に関する現行の国際法規について行はれるべきこととなる（二八頁）。この点に関連して、さらに著者の「事実」（第一一章）の考察が注意されなくてはならない。ここで著者は、本来の法学的考察とは区別されつつ併せて、実際の事実として国際裁判が法による決定であるかどうかを究明されるのであるが、この考察は著者によればある判決が実際に法により決定してゐるかどうかの我々自身の判断において成立するのではない。それでは考察はどこまでも我々各自の主観的判断を超え得ないと考へられるのである。そこで著者は、客観的な確定に達するためには、国際判決そのものが法により決定したとしてゐるかどうかを確めるのでなければならないとされる（五八九―五九六頁）。ところが、これでは問題は明かに別なものになるであらう。この後の考察によつて確められるところは、さしあたり国際判決の「本質」に関する国際判決のそのものの主張にほかならない。それはいはば行為者の自己解釈であり、さうして法学的認識はそれの破壊にはじまるのである。しかしこの点はいま我々の問題でない。問題はむしろ著者がかうしてここに裁判事実の認識をめざされながら、実は判決の主張を確定することで終られてゐるといふことである。ところで、法的現実のうちから規範ないし法規のみを切り取り、具体的な法存在を抽象的な規範ないし法規のうちに解体することは、純粋法学に見られる主要傾向であり、この意味でそれは規範主義とも法学的形式主義ともよばれてゐる。とすれば、さきにみたやうに、理念型的考察が国際裁判の諸形態の存在根拠や歴史的意義の解明にまで展開されてゐず、「理想」の考察が形式的なものに傾いてゐることも、かうした立場そのものの根本的制約から出てゐることではないであらうか。またその反面に、著者は本書において、すでに理念型概念を通じて純粋法学的立場の新な発展の足掛りをつけられたとみることは不当であらうか。

我々は本書を通じて、国際裁判の本質に関する比類のない貴重な研究を与へられた。我々は更に国際裁判の他の本質要素に関する研究をあはせて、「国際裁判本質論」が著者の手に完成されることを待望してやまない。それは著者を措いてほかに求められないからである。

二　横田喜三郎『国際法の法的性質』（昭和十九年）（紹介）

＊　国際法外交雑誌第43巻第9号、一九四四年

横田教授の『国際法の法的性質』が『国際法論文叢書』（岩波書店）の第一巻として発行された。この叢書は大澤、田岡、横田三教授の共同編集のもとに新しく刊行されることになつたものである。「国際法の基本的な問題に関する」「真摯な学問的な」研究の論文を選んで、これを単行の冊子として刊行することが本叢書の刊行の趣旨とされてゐる。すなはち、「国際法の真の発達に貢献しうべき内容を有し、永続的な生命をもつ」やうな論文に「永続的な形態を与え」、これによつてさらに「学者の真摯な研究を促すとともに」、「一般人の教養に資すること」が意図されてゐるのである。ここでは別に、特殊な傾向や主張がおし立てられ、そのための組織が設けられてゐるわけではない。かへつて、もつぱら研究の客観性の要求が編集者の個性を媒介として自由に働くことになるであらう。ところで、このやうな叢書刊行の企画が、これまではもとより、今日においても、わが国の国際法学界のためにぜひ必要であることはほとんど論ずるまでもないであらう。それは勿論、単にこれまでの「わが国における国際法の研究」の発展事情（右題名の横田教授の論稿、東京帝国大学学術大観・法学部二三五頁以下参照）からみてさう考へられるといふにとどまらない。国際法理論におけるわが国の主体性の要求がこれほど強く主張される今日におい

ても、主体性の要求と客観性の要求とを結びつけ、組織と個性とを結びつけることは、ともに今日の現実が要求するところである。さきに『大東亜国際法叢書』を得たわが国の国際法学界に、ここに戦時下また、本叢書が最も権威ある三人の国際法学者の協力をもつておくりだされることについて、われわれは限りない喜びと力強さとを感じる。

横田喜三郎教授『国際法の法的性質』はこの叢書の第一巻としてわれわれにおくられたものである。本書はすでにその章別（序論、第一章法と強制、第二章国際法の法的性質）からも容易に知られるとほり、さきに発表された周知の二つの論文（牧野教授還暦祝賀法理論集一頁以下、および国家学会雑誌五五巻四、五号）を一つにまとめられたものである。さうして、もともとこの二つの論文は、その問題形式の上からも制作過程の上からも、このやうな連関に立つてゐた。

結論を先取していへば、本書に於ける教授の論究の対象は、法概念の徴標を確定し、これを国際法概念のうちに確証することにあり、さうしてその論究の意味は、これまでの学説の展開を方法論的に純粋化して根拠づけることにある、とみて間違ひないであらう。問題とその解決とは、そのやうに極度に切りつめられてゐる。しかもその論証のためには、おのおの特徴的な論拠をもつてそれぞれの立場を代表するやうな諸学説が適切に選びだされ、これらの適確な分析・批判を通して、幅の広い論究が貫かれてゆくのである。すなはち、本書においても、教授の本領とされる仕事の面目は遺憾なく示されてゐるのである。

いつたい国際法は法としての性質を有するであらうか。しかし、これには、先決問題として、法の法としての性質が明かにされてゐなければならない。法の本質的な要素でありかつ法の特殊的な徴標であるとみとめられるものは、なにであらうか。――ところで、このやうに問題を立ててくるならば、強制の要素が考察の中心にあらはれることは明かであらう。なぜなら、一般法学的問題状況においては、法の法的性質の有無などといふことではなくて、疑ひもなく現存する法についてこれをことに道徳から区別させるやうな概念的目じるしはなにかといふことが問題だからである。そこで当然に、「法と強制」との関係といふ問題形式のもとに、教授の考察が開かれてくることになる。

強制が法と本質的かつ特殊的な関係に立つかどうかについては、古くから学説は肯否両説（強制説と非強制説）に分れてゐる。ところで、そのおのおのの代表的な学説を検討してみるとその論拠はさまざまであるが、いづれにしても、またことに非強制説においてはすべて強制が実在的意義に解せられてゐるといふありさまである。さうして、強制の事実ないし強制の実現可能性をいふかぎり、強制は、非強制説の主張するやうに、法の本質的要素とはみとめられない。強制内容としてはいかなるものを考へるにしても（物理的強制や心理的強制、また法的義務の履行強制や法的制裁の実現）さうである。しかし、強制を当為的意義に解するならば、強制こそ法の本質的要素であり、法と道徳とを分つところの法の特殊的徴標であると考へられる。すなはち、強制は、強制してよいとか強制すべきであるとかいふ強制の許容・権能ないし当為として、つねに法規範の特徴的な内容をなしてゐる。強制説は、このやうな意味において承認されなければならない。――このやうにみてくれば、残された問題としては、以上のやうな認識の方法論的吟味があるのみであらう。そこで、教授は続いてつぎのやうに説かれる。

法は強制が行使されるべき諸要件を定める規範であり、このやうな強制規範が端的な義務規範に、これの違反に対する制裁として、結合されてゐるといふのが完結的な法の論理的構造形式である。強制の規範性は、強制の事実性の問題とはかかはりなしに、つねに法に存在する。さうして、もともと強制をこのやうな意義において捉へることが、実は規範としての法の認識の唯一の妥当な方法である。――では、以上の考察を前提として、「国際法の法的性質」はどのやうに理解されるであらうか。

国際法の法的性質について、また学説は強制の問題を中心として肯否両説に分かれてゐる。ところで、それぞれの代表的な学説を検討してみると、その論拠はいよいよさまざまであるが、ここでもやはり否定説はすべて強制を実在的意義に解して、その否定的な帰結にたちいたつてゐるのである。しかし、このやうな見解も、またこれに対抗して同じく強制を実在的意義に解してゐる多くの肯定説も、ともに問題の正当な解決を逸してゐることに変りはない。強制が実在的意義においては一般に法の本質的要素ではないことは、もはや明かだからである。強制は当為的意義においてはじめて法の本質的要素とみとめられる。ところが、強制の当為ならば、それには問題なく国際法につねに存在する。復仇、干渉、戦争等の方法による強制が国際法の義務の違反に対する制裁としてなされうべきことを、国際法は疑ひもなく定めてゐるのである。すなはち、国際法は法としての本質的要素を有するわけであり、その法的性質はたしかに肯定されなければならない。——このやうにして教授は、いはゆる「国際法の法的性質」否定論の批判を通して、肯定論を方法論的に純粋化し根拠づけられるのであるが、そのすぐれた論証の過程をここにいま少し詳細に再現するのでなければ、本書における（また本書に限らず）教授の論究の真価はとうてい伝へられないであらう。しかし、ここではその余裕は与へられてゐない。なほまた、本書についてその国際法の法的性質肯定論の現実的意味を追求するやうなことは、教授の本来の立場をあまりに離れたこととして、むしろ差控へられなければならないであらう。ただしかし、つぎのことを附言することは許されるであらう。それは「国際法の法的性質」といふ書題の問題状況の理解に関することがらである。すなはち教授に従へば、「国際法の法的性質」についていつも論争の中心になると考へられるのは強制問題であり、そこで、考察は実はやはり「国際法と強制」との関係といふ問題形式のもとに続けられてゆくことになるのである。さうして、それはさきに述べたやうな本書に於ける教授の論究の趣旨からは当然なことであらう。しかし、これはまたいひかへれば、最初の一般的法学的な問題形式がここまでもち込まれてゐるといふことである。ところが、本来、法の法的性質はなにかといふことと、国際法が法的性質をもつかといふこととは明かに同じ性質の問題ではない。といつても別に、両者を通じて強制が問題要素として含まれてゐることを否定しようといふのではない。強制への問題志向が両者においては全く相違するのであり、いひかへれば、両者はその問題状況において本質的に異なるのである。普通に国際法の法的性質について争はれる場合、一般に法概念の特徴的な目じるしと観念されるものが国際法にも見いだされるかどうかといふことよりも、国内法概念の諸徴標を基準として国際法の全存在をいかに肯認するかが問題とされてゐる。すなはち、問題は単に国際法の概念規定の問題であるよりも、国際法の妥当性、実効性、国際法と国内法との関係等、一口にいへば国際法の実定性にかかはる問題である（cf. Walz, Wesen des Völkerrechts Kritik der Völkerrechtsleugner, 1930）。現に本書においても、教授は国際法の法的性質否定論の論拠が強制の要素を超えていよいよさまざまであることを明かにされてをり、さうしてそれらについては、終りに補充的考察としてではあるが、特に論及されてゐる。ところで、このやうに問題視野が広がるときさきの法の二重構造の図式や強制の規範性をもつては国際法の妥当性や実効性の問題は解決されず、国際法の法的特殊性をもつひに明かにされないと考へられるであらう。しかし、これらはすべて、はじめから本書における教授の論究の外にあることをここに繰返し注意しておかなければならない。

三　一又正雄訳『アンチロッツチ・国際法の基礎理論』(紹介)

＊　国際法外交雑誌第41巻8号、一九四二年

本書はアンチロッツチ (Anzilotti) の『国際法講義』第一巻 (序論――一般理論) の翻訳である。イタリア語の原著 Corso di diritto internazionale 第三版 (一九二八年) は、すでに一九二九年にフランス語とドイツ語とに翻訳されてゐる。この著名な教科書がいままた訳者の努力によつて邦語の文献のうちに加へられたことは、われわれにとつて大きな収穫である。

本書は全三巻の講義のうちの第一巻であるが、まづ国際法の歴史と文献に関する註釈につゞいて、序論においては、国際法の観念、国際法と国内法との関係、国際法の法源、国際法規範の効力の限界、国際法規範の相互関係・解釈・適用の問題が論ぜられてをり、ついで一般理論においては、国際法の主体 (国際法人格・その開始・終了・主体の法的賦性)、機関 (個別的機関・集合的機関)、法的事実 (国家の意思表示・単独行為・双方行為・国際不法行為) の諸問題が取扱はれてゐる。ところで、すでにこのやうな国際法の体系的叙述の形式のうへからも明らかなやうに、アンチロッツチは本書において、国際法理論を法学の他の部門の理論的水準にまでひき上げようと努力してゐるのである。この努力は、また各章節の叙述には一般法学的考察を先だてて、その理論的視野のうちにおいて国際法の諸問題の特殊性を明かにするといふ試みとなつて現れてゐる (例へば二〇三頁以下、三五六頁以下)。さうして、さらにこれらの努力の根底をなすものは、アンチロッツチの実定法主義の立場である (二〇―二二頁)。かれはこの立場から、驚くばかりの鋭さと緻密さとをもつて、法的事実を分析し、個々の法問題の理論構成を試みてゐる。その著し

い例としては、一八七〇年のイタリア軍による法皇国家征服の事実の説明（一五八―一六一頁）や、国際法国内法二元論における、転形理論の展開（六五―七〇頁）、国家承認行為の原始契約としての把握（一七七頁以下）、個人行為による国家責任の成立の究明（五〇九―五一八頁）などを挙げることができるであらう。しかし実定法主義の立場は同時にアンチロッツチの理論の限界をも意味するのである。実定法をそれ以外のものから鋭く分離して、もつぱら実定法と観念されるものを厳格な理論的体系に仕上げることを心がける態度は、一方で、多くの異説異論を一括して自然法的、政治的―道徳的、または立法論的といふ名称のもとに斥けて、それらの歴史的根拠や意味を見逃す結果になつてゐる。それはまた他方で、その実定法と観念されるもの自体の歴史性や政治的意味も全く問はないということである。かうした事情は本書のいたるところに見出されるものであつて、さうして、このことと、アンチロッチが「歴史的事実や国家の実践に対する正当なる検討を忘れ」ず、「飽くまで現段階における国際法の究明から逸脱しないこと」（訳者はしがき）とははつきり区別されなければならないのである。実際に、かれは実定国際法の諸状態について判断を誤つてはゐないのであり、さらにいはゆる法的相対主義の傾向さへ見せてゐるのであるが（例えば一三二頁以下）、それでゐて、かれの国際法理論の根本諸概念、例へば国家、主権、合意、法人格、機関、個人、等々の概念内容の歴史性についてはなにも反省するところがない。しかし、この点に関連して注目されなければならないことは、かれが本書のはじめに、その実定法主義の立場そのものを、事実と理論との錯綜した国際法の歴史的発展にかんする考察の最後において、歴史的な要請として見出してゐるといふことである（特に一九頁）。さうみてくるならば、やはりかれの国際法理論は全体として、かれの直面した国際法的現実の一つのすぐれた理論的表現としての意味をもつてゐるのであり、さうして今日、本書においてその邦訳の与えられたことの意義も第一にそこにかかつてゐると考へられるのである。

翻訳は主に Gidel の仏訳（Cours de droit international）に拠つてなされてゐる。しかしそれを簡単に重訳と言つてしまふことはできない。訳者はもちろん必要に応じて原著、および C. Bruns と Schmid 共同の独訳（Lehrbuch des Völkerrechts）を参照されてゐるが、もともと仏訳も独訳も原著者がそれに手を加へあるひは眼を通したものであつて、その意味ではそれを仏語版または独語版とよぶことも不当ではないからである。本訳書には原註はもとより、豊富な参考文献も残らず収められてをり、また訳者による若干の補註も加へられてゐる。ところで、それにも拘らず、訳出の結果にはなほ訳者のさうした非常な努力と配慮とを裏切るものがあるやうである。原文を忠実に訳すといふ地味な方針がとられてゐるために、錯雑した原文の訳出には一そうの困難が加はつたでもあらうが、訳文はかなり読みとほしがたいものとなつてをり、また誤訳とおもはれるものも少なくない。しかしこれについては、われわれはむしろヨーロッパの言葉を邦語に移すといふ仕事がいかに困難であるかをおもひ起すべきであらう。この大著の翻訳といふ困難な仕事をなしとげられた訳者の努力は充分に評価されなくてはならないのである。

四　田畑茂二郎『国家平等観念の転換』（昭和二十一年）（紹介）

＊　国際法外交雑誌第46巻第3号、一九四七年

一

本書の著者がこれまでに、いはゆる「個人の国際法主体性」の検討にはじまつて、「国際法主体性」の問題に関するいくつかのすぐれた論究を発表され、つづいて「国家承認」問題の吟味をとほつて、国際法秩序の構造そのものの究明を志すきはめて価値多い研究をつぎつぎに公にされてきてゐることは、すでに周知の事柄に属するであらう。ところで、著者のそのやうな研究努力は比較的最近には国際法上の「国家平等」原則の問題に注がれてゐて、その成果はすでに論文やある種の調書の形において発表されてはゐたのであるが、ここに著者は、本書において、この研究の全体をのこりなく詳細にわれわれに示され、われわれの期待を充分にみたされたのである。

まづ、本書の書かれるにいたつた著者の問題意識といふものはかうである（第一章はしがき、および跋）。最近における国際社会の構造の変化ないし国際社会の組織化（＝統一化）に関連して、これまで近代国際法の基本原則の一つとして考へられてゐた国家平等の原則についても、根本的な疑問が提出されるやうになつた。この場合、なによりも重要なことは、『国家平等一般といつたやうな形で問題を抽象化して論じてはならないといふことである。』なぜなら実際に国家平等といふ概念が多義的な内容をもつてゐるばかりでなく、もともとも近代国際法における国家平等原則は特定の歴史的状況（＝『思想史的状況』）のもとに形成せられ、特定の歴史的性格をもつてゐるものなのであつて、従つてその点の究明なしには、およそ問題の学問的に正当な解決はえがたいからである。かうして、

問題の解決としては、国家平等一般を肯定しどこまでも固執することでもなく、また単純に否定し去ることでもなくて、『国家平等観念の転換』が考へられてくるのであるが、しかしすべては、『近代国際法における国家平等原則に対する徹底した分析』に基礎づけられてゐなければならない。

さて、著者のこのやうな問題意識はまつたく正しいのであつて、しかも決して誰もがしつかりと持ちえてゐるやうなものではないだけに、それは一そう注目されなくてはならないものである。しかし、いふまでもなく、われわれにとつて真に重要なことは、著者がさうした問題意識のもとに、いかに厳密な狂ひのない分析を展開していつてゐるかである。ところで、著者のこれまでの数多くの論稿は、いづれも国際法秩序の本質にふれる問題を捉へたものであり、従つてまた国際法の現実に深く繋がる意味をもつものであつたが、しかし著者の論究そのものは、むしろそれら諸問題に関する諸学説の理論構成の犀利な論理的分析とその書の問題史的連関の執拗な追求とに力点をおくものであつた。著者のこのやうな特色は本書においていよいよあますところなく発揮されてゐる。

本書は、右の「第一章・はしがき」につづいて、七つの章から構成されてゐるが、われわれはそれらを大きく三つの部分に分けて考へてゆくことができる。すなはち著者は第一に、国家平等原則のいはば論理構造の組織的な解明（分析――関連づけ）を提示する（「第二章・国家平等概念の多義性」）。しかし、そのやうな解明は、実は国家平等原則の成立過程に関する学説史的（＝思想史的）分析をまつてはじめて確実な論証をうるものなのである。従つて第二に、著者は国家平等観念の系譜をグロチュースから（正確には、グロチュースでなく）プフェンドルフへと追求するのであるが（「第三章・グロチュースと国家平等」「第四章・国家平等原則の成立過程」）、この部分の論述こそ（次章の基本的性格の究明とともに）本書の核心をなすものとみて誤りない。国家平等原則の思想的系譜の究明とともに、またその思想的性格も明かにされてくる（「第五章・国家平等原則の基本的性格」）。第三に、以上の分析を基礎にして、いよいよ国家平等原則に対する批判がくりひろげられるのであつて（「第六章・国家平等原則に対する諸家の批判」「第七章・国家平等原則の難点」）、その結果、著者は国家平等原則の単純な肯否にかへて、『国家平等観念の転換』を基礎づけつつこれを展望するのである（「第八章・国際社会の構造の変化と国家平等」）。以下、右の順を追つて、いますこしく詳細に、本書の論述の要点を辿つてみよう。

二　（1）　国際法の多数の文献についてみれば、そこにいふところの国家平等の概念の内容はかなり複雑な多義的なものであるが、これらは、つぎの三つのカテゴリーに整理することができる。まづ第一に、いはば「法の前における平等」（＝国際法の前における諸国家の平等）、すなはち国際法の適用〔そのこと〕の平等が唱へられてゐる。ところが、これは国際法の妥当一般から当然に導かれる規範〔論理〕的要求であつて、とくに近代国際法の規定内容をなすといふものではなく、従つて本来、本書の考察の対象には入らない。本書の考察の対象となりうるものは、いはば「法の内における平等」であつて、これは「実質的平等」すなはち「国家の有する権利義務の同一」を意味するものと、「形式的平等」すなはち「国家が自己の意に反して他に従属しないこと」を意味するものとに区別される。ところで、問題は実はここからはじまるのである。すなはち、これら二つの平等観念はあきらかに内容上たがひに矛盾する可能性（例へば、いはゆる不平等条約も平等である！）をもつてゐるが、それにもかかはらず、人々の多くは両者をともに認めて、決して矛盾するものとは考へず、さらに若干の人々は両者をむしろ調和的にさへ考へてゐる。この事態はどのやうに解釈されるべきであらうか（一一―二九頁）。

ところで、実にこの点の究明においてはほかならぬ本書の基本的な命題が提示されるのであり、さうして、これは、さきにも触れたやうに、次の二つの章における学説史的（＝思想史的）分析の過程を経てはじめて著者によつて明かにされてくるものなのであるが、やはり著者の論述に従つて、ここにとりまとめて述べておくことが適当であらう。

すなはち、本来、実質的平等の観念は、実定国際法の規定内容を示すものとしてではなしに、『近代国際法の形成原理を示すものとして、近代国際法に対し超越的に課せられた超実定法的な規範的要請として云はれてゐる』ものなのである。それは、自然法上の要請として、すべての国家が国家たるかぎり当然に同一の権利義務を認められるべき資格をもつこと（国家の『自然的平等』）を意味する。とすれば、実質的平等の観念と形式的平等の観念との間には妥当性の位置のちがひがあり、従つて互に矛盾するといふことはない。さらに、それればかりでない。後者は前者の超実定法的な実質的な要求を前提し、これを現実化（＝具体化）するための能力として調和的に考へられてゐるのである。本来、近代国際法における国家平等の観念はそのやうな調和〔的構造〕をもつて成立つてゐる。ところが、この観念的調和と現実の（実質的不平等）関係との矛盾は法実証主義の一般化するにつれてはつきりと清算されざるをえなくなり、その結果、国際法理論の上で、実質的平等の要請は棄て去られて、形式的平等の観念のみが主張されるにいたつたのである。しかし、これは平等観念の転換ではなくて、『自然的平等観念そのものの内容的な限定として見らるべきもの』である（三〇―四四頁）。

さて、以上のやうな『一連の事情は、近代国際法に於ける国家平等原則の成立過程を分析することによつて始めて具体的に明確なものとなるであらう。』

(2)　これまで一般に、近代国際法における国家平等観念はグロチュースに由来すると考へられてゐた。その場合、人々の理由とするところは雑多であるが、しかし、そのいづれもが著者のきはめて厳密な文献的考証には堪ええないのである。著者のこの点に関する優秀な行論の一々は、とうていここに述べつくされない。いまはその結論的な要約をかかげておくことで満足するほかはない。

まづ、人々の通念に反して、グロチュースにおいては、真に近代的な国家主権の観念（国家権力の最高絶対性）はまだ成立してゐない。『むしろ、さうした主権観念を否定するものとして彼の全体系が構成せられてゐる』のである。とすれば、主権観念に結びつけて国家平等観念の成立をグロチュースに認めようとすることは正しくない。（しかも、近代的な主権観念の成立過程をかへりみれば、ただちにそこから平等観念を引出すことも、正当でない。）ところで、また、グロチュースにおいては、自然的平等の観念そのものも認められない。かれは、国際社会を単なる自然状態とはみず、かへつて、一つの客観的な統一態として考へてゐるのであり、その基礎をなす人間に特有な性情＝

「社会的性向」も人間の生来的な社会的存在性（客観的な社会的制約）を意味する。さらに、また、グロチュースは自然法のみを国際社会に妥当する法と考へたり、ローマ法における万民法と自然法とを同視することから自然法上の自然的平等の原則を国際法の中に持込んでもゐない。いづれの点においても事実は反対である（四五―一二二頁）。

かうして、著者に従へば、国家平等原則はグロチュースに発端するものではない。それは、グロチュースの後における『国際法的思惟の重要な転換』を媒介として形成せられたものなのである。『国際法学はグロチュースによつて体系的に形成せられた以後に於て、啓蒙的な合理的自然法の洗礼を受けなければならなかつた。』この合理的自然法の思想を国際法学において徹底的に展開したのはプフェンドルフであり、さうしてその思想的系譜はグロチュースではなく、ホッブスへと遡る。すなはち、ホッブスの自然状態の観念や人間の自然的平等の観念がプフェンドルフによつて国際社会に持込まれ、国家相互の関係が明確に自然状態として把握された結果、ここに国家はすべて、個人の場合と同様に、自然的（自由の）平等を認められるにいたつたのである。この思想史的状況（＝前提）がなによりも重要である。かうして、プフェンドルフにおいてはじめて国家平等の観念が確立されて以来、国際法学者はいづれも結局のところ同じく自然的平等としての国家平等を説いて最近にまで及んでゐる（一二三―一四三頁）。

国家平等観念の思想的系譜が以上のやうに明かにされてはじめて、それの基本的な（思想的）性格を正しく把握することも可能となる。さうして、この性格の究明は、著者の場合、当然にプフェンドルフについて典型的に行はれるものであることはいふまでもない。

さて、プフェンドルフにおいてその国家平等観念を支えてゐるところの国家社会の観方（個人と国家との単純なアナロギー、自然状態と国家状態との端的な対立）の根底には、まぎれもなく啓蒙的自然法思想の特徴をなす『合理主義的原子論的な考へ方』といふものが存在してゐるのである。とすれば、（一般に言ひ慣はされてゐるところのこの〕やうな考へ方の「抽象性」を言ふことのほかに、とくに国家平等観念の前提〔原型〕をなす人間の「自然的平等」の観念について二つの特徴的な性格が指摘されなければならない。一つは、それが、なんらか超越的客観的な価値基準を必要とはしないところの、人間〔個人理性〕の絶対的な自己肯定から出発するものであり、従つて、価値的に無前提的な絶対的平等の観念〔として現れてくるやうなもの〕であるといふことである。いま一つは、それが、個人理性の働きに絶対的な信頼を置くVernunftoptimismusに立脚するものであり、従つて、個人の自然的自由〔の行使〕の中に人間の実質的平等の実現を認める予定調和的な考へ方を含んでゐるといふことである。さて、このやうな自然的平等観念を前提〔原型〕としてプフェンドルフにおいて成立したところの国家平等原則は、その後の国際法の現実の発展のうちにおいて、人々から『修正』ないし『変容』〔予定調和の破綻にもとづく原則内容の形式的平等への限定、ならびに原則の根拠に関する説明の法実証主義化〕を加へられながらも、その思想的系譜にまつはる基本的性格の本質〔＝自然的絶対的平等〕を変ずることなしに、維持されてきてゐるのである（一四五―二〇四頁）。

（3）ところで、このやうな国家平等原則に対してはすでに多くの人々からさまざまな批判が加へられるにいたつてゐることも争はれない事実である。以上に『国家平等原則に対する徹底した分析』をなし了へた著者は、つづいてこの「批判」の問題にとりかかる。著者ははじめに、必ずしも明確でない諸家の批判を適格に分析――再構成しつつその論点を明かにし（二〇五―二三八頁）、つづいて、いはばその根拠づけを「原則」に対する著者自身の批判といふ形で展開してゆくのである。

まづ、実質的意味における国家平等の原則が実定的な国際法原則として認められないことは疑ひないのであり、従つて、主に実質的平等をめざして加へられるところの、原則が非現実的であるといふ人々の批判も、そのかぎり、事実上問題を解消してしまふわけである。しかし、実質的平等の観念が、本来、近代国際法の形成に対する超実定法的な規範的要求として提出されたものであり、形式的平等の観念と〔構造的〕に結びつくものであつたかぎり、なほその内容の当否を論ずることはぜひ必要である。かうして、著者は、それが、自然的平等観念にもとづくものとして、『国家や社会の本質に対する極めて抽象的な理解』（個人と国家との単純なアナロギー、国家状態に端的に対立する自然状態としての国際社会の理解、抽象的な国家一般の把握）を前提とし、現実社会の『事実の認識に於て欠点のある』こと、さらに（より重大な難点であるが）、なんら客観的な価値基準によらないところの価値的に無前提的に肯定された絶対的な平等を意味し、統一ある客観的な『具体的な法秩序の中に妥当する法原則として極めて不適当のもの』（ひいては『客観的価値の何等妥当しない世界を予想』し『法秩序そのものの客観的な要請を無視するもの』、極言すれば『「法秩序の否定」を意味するもの』）であることを指摘する。著者に従へば、実質的意味における国家平等の原則が実際に行はれなかつた『根本的な原因』も、これら二つの点にあり、さうして、自然的平等の観念における予定調和の現実における破綻も『むしろ当然の現象』なのである（二三九―二八三頁）。

他方において、形式的意味における国家平等原則は疑ひもなく実定国際法上の原則として認められてゐる。若干の国際組織における多数決原則の採用や特定国家の決議力などは、著者にとつて『いまだ例外的な現象』であり、原則に対する「特定」の制限であるにすぎない。ところで、形式的平等の原則の当否に関しては、著者は、それが全面的に貫かれるならば、国際社会の一般的利益と調和しがたいとする人々の批判を肯定し、これもまた『法原則として必ずしも適正なものではない』と考へる。なぜなら、それは、もともと実質的平等の観念と〔構造的に〕結びついて成立してゐたものであるが、現実の実質的不平等のまへに、それのみが国家平等原則の内容（的限定）として残されたものであり、従つて〔著者によれば〕それに対しても、同じく自然的平等の観念を基礎にしたものとして、さきに実質的平等の観念に対して加へられた批判はそのままに及ぶことになるからである。かうして、形式的平等の観念は『むしろ国家の自然的自由が平等の名に於て呼ばれたもの』であつて、そのもとでは個別国家の立場における絶対的な自己主張が行はれることになり、『全体の統一は単に偶然的に期待せられる他はない』（二八四―二九四頁）。

それでは、『今後国際社会に於ける多くの国家が一体的な意識に基いて新なる統一秩序を形成しようとする場合』、もはやこれまでの（近代的）意味における国家平等原則が維持されえないとして、なほなんらかの意味の国家平等が認められうるであらうか。この問題について、著者は国家平等の単純な否定を斥け、『国家平等観念の転換』を力説する。なぜなら、これまでの国家平等観念の欠陥は、さきに明かにされたやうに、それが「抽象的」な国家の把握を前提し「なんら客観的価値に基かない」「絶対的」な性質のものであるといふ点に存するのであつて、このことからただちに平等一般の否定を論結するわけにはゆかないからである。それどころか、反対に、新しい国際秩序において――〔この点が重要である〕――その「現実に即応」しその「客観的価値の要請に応ずる」やうに考へられるならば、国家平等を認めることは可能であらう。では、その新しい国際秩序の構造や性格はどのやうなものであらうか。この点について、著者は、これは『新秩序の基礎理念にかゝはる問題』であるとして、論断することを慎重に保留しつつ、ただ一般論として、『真に秩序といふに値する客観的統一』をもつ国際秩序における国家平等原則の『転換』を展望するのである。この場合、ひとはおそらく古くからの平等観念の区別、すなはち（これまでの）絶対的平等の観念に対する相対的平等の観念を期待するであらう。しかし、この相対的平等の観念は著者によつて本書においては明確に拒まれてゐる。なぜなら、それは『事実上相等しきものを法律上相等しく取扱はんとするもの』であつて、諸国家の事実上の関係に即応するといふ点からは充分の理由のあるものではあるが、しかし『単に事実に相即するものとして平等をいふのである』かぎり、これもまた価値的に無前提的に認められたものであつて、さきに絶対的平等について指摘されたと同じ難点を免れないからである。（本書のこの前後の部分において、著者は、さきに発表した『国家平等理論の転換』――昭一九、日本外政協会調書――における「相対的平等」の提言にたいして安井教授の加へた周到な批評――国際法外交雑誌四三巻一二号五二―五三頁――にひとまづ応へてをり、また著者自身としてもその方法論的な徹底を計つてゐる。）ところが、それならば、逆に、法秩序の客観的価値的要請にもとづいてさへをれば、いはば絶対的平等を認めることも、（あるひはまた不平等を認めることも）充分に許されるはずであり、著者自身もそれを肯定するのである（三〇七―三一七頁）。

かうして著者の『転換』の展望はつぎのやうな一般論的な結論に導かれる。すなはち、実質的意味の国家平等は（一般原則の意味においては）、客観的統一をもつ新しい国際秩序の客観的要請によつて（＝『新しい国際秩序が国家の個性を真に生かすが如き調和ある秩序として形成される為め』）、認められないとされる。その結果は、やはり実質的平等が実際に実現されないといふ事態であるが、これは秩序そのものの要求にもとづくのであつて、これまでみられたやうな国家の自然的自由の結果としての現実の力関係の反映とはその意味を根本的に異にする。つぎに、形式的意味の国家平等も『真に統一ある秩序として組織化されるべき国際秩序においては、さきに指摘された難点のゆえに（そのままは）認められない。しかしまた、比例的〔複数〕票数制などは相対的平等の立場にたつものであり、斥けられなければならない。いつたい形式的平等の観念の不当とされる難点（適正な、統一ある国際法の制定のはなはだしい困難）の根拠は、この観念が本来、自然的平等の観念にもとづくものとして、その本質において国家の自然的自由を前提し、この自由の無拘束な行使を認める〔その意味での絶対的平等といふ〕点にあるのであつて、『必ずしもすべての国家に平等の発言権が認められたこと〔単なる形式的平等〕そのことによるものではない。』とすれば、その『権利の行使が国際社会の一般的利益に合致するが如く適当に調整さへせられるならば』すべての国家に平等の発言権を認めることは、それぞれの国家の自発的意思を通じて新しい国際法秩序の発展を期待しうるといふ意味からして、積極的に要求せられるべきものである。要はすべての国家が新しい国際秩序の理念に徹し、その一般的利益と調和するやうな仕方で平等（発言）権を行使するとの保障さへ確立されるならば、である。この平等権は、もはや自然的自由の平等にもとづく形式的意味の国家平等とは本質的に相異する。

三　以上は、本書の主題の解明に必要なかぎり、その論述の本筋を要約したものにすぎない。本書の精緻なディテールはもちろんのこと、本書にしばしば見出されるところの、近代国際法ならびに国際法理論の歴史的研究にとつて基礎的なすぐれた洞察の数々についても、触れてゐない。しかし、本書のそのやうな完全な紹介をまつまでもなく、われわれはここに、本書によつて、われわれの専攻部門の研究水準が一段と高いものに引上げられはじめたことを率直に認めなければならないであらう。このやうにすぐれた文献がわれわれの共同財産の中に加へられたことについて、われわれは著者に対してかぎりない感謝をささげなくてはならない。

さて、本書の主題、すなはち国家平等原則の問題についてはさきの第一次世界大戦の直後に、ディッキンソンの好著『国際法における国家平等』E. D. Dickinson, The Equality of States in International Law, 1920 が公にされた。この同じ主題についての優秀な二つの文献がそれぞれ二つの世界大戦のさなかに執筆され、戦後間もなく公にされたといふ事実は明かに主題そのものの内容に深く繋がる意味をもつであらう。両著はともに近代国際法における国家平等観念の起源の究明にはじまり戦後におけるこの原則の展開（制限または転換）の展望を試みるのであるが、しかし、いまここでこの両者を全面的に比較してその内容の異同をいちいち検討する必要はないであらう。まして、両者に結びつく二つの世界大戦をそれぞれ画期として、国際社会の構造的発展とその中での国家平等原則の展開とを考察することなどは、その場所ではない。ここではただ便宜上必要に応じてディッキンソンの著書を対照しつつ、本書に対する若干の疑問を提示して、なほ残された問題の諸点を考へてみることとしよう。

まづ「法の前における平等」について――それが「法の適用の平等」ないし「法の適用の公正」であり、従つてそれは法の妥当そのことから当然に導かれる規範〔論理〕的要求〔正確にいへば、多かれ少なかれ一般的な規範としての法規範の一般性の実現の要求〕であるとされるかぎりでは、別に異論はない。ただそのかぎりでは、それはすでに法の実現に関する問題であつて、法の内容に関する問題ではない。しかし、普通には、さうして著者自身もみとめるやうに「訴訟上の平等」ないし「権利保護の平等」としては、かへつてそれは法内容として歴史的に規定されるものと考へられるのであり、事実、国内的には、近代市民によつてはじめて、一般的に『宣言』されたやうなものである。もつとも、近代国際法としては、この点についてははじめから法的差別を知らないのであり、さうしてむしろその手続的（＝形式的）な側面、すなはち自力による救正の権利の平等によつて全部が覆はれてゐたにすぎない（その平等な権利の行使の現実的効果の不平等は、かなり最近にいたるまで法的に問題とされなかつた）。ところで、このやうな平等の事態を著者の提示する多義的な平等概念のどの区別にあてて論じるかは、それとして一つの問題なのであるが、より重要なことは、すでに右の事態のうちに国際法上の国家平等にとつて特質的な事情がうかがはれるといふことである。

「実質的平等」について——それの実定的な法原則としての妥当を否定させるやうな国際法上の不平等関係としては保護関係、従属関係、Capitulation などが挙げられるのであるが（このうち保護、従属関係は著者のいふ形式的平等の制限として考へられるべきであらう）、これらは一定の時期におけるヨーロッパ諸国家の植民的活動の対象について多く作り出されながら、ヨーロッパ社会の内部においては近代国民国家の一般的な成立の過程の中にかへつてその姿を消してゆくものなのである。とすれば、国家平等観念の社会的内実ならびに性格の究明がより決定的な問題として現れてくる。近代国際法における国家平等原則は単に抽象的・絶対的平等ではなくて、特定の歴史的社会的内容をもつものとして（その思想的形態は歴史的には近代国際社会の社会的基礎からメタモルフォシスを加へられつつ支へられて）展開されてきてゐるのではないであらうか。また普通には、権利の平等は、ディッキンソンもはつきりとみとめるやうに、equal capacity for rights のことであつて、現実に享受する権利義務の均等のことではない。とすれば、また、このかぎりでは、実質的平等原則の実定的妥当を簡単に否定することはできず（ディッキンソンは equality of legal capacity がさまざまの実定的な諸制限にもかかはらず国際法体系のうちに一つの ideal としてその場所を占めてゐるといふやうに考へる）、法原則としての国家平等の観念構造は両全されながらもなほ法的平等（formal-juristische Gleichheit）による事実関係の規制において難点があると考へられないであらうか。しかし、なほ、自然権の平等は自然法による平等への義務づけをその裏付けとして必要としたやうに、いはゆる権利平等は objektives Recht の立場における平等への義務づけを必要とするであらう。とすれば、国際法における問題は、そのやうな objektives Recht の立場の展開を不明瞭にしかへつてそれを subjektives Recht の立場に還元してしまふやうな国家独立権（＝対外主権）の構成にあると（学者の方法論の問題は別として）思はれる。これは著者においてほかならぬ形式的意味の国家平等の問題とされたところである。

「形式的平等」について――形式的意味における国家平等は、著者においても、いはゆる独立権の問題である。しかもそれがなほ平等と観念されて実質的意味の平等と調和的にさへ考へられたといふ点に著者は分析の緒口をとらへ、さうして結局のところ、平等観念の分析といふ問題形式のもとに、実質的平等観念との観念的制約関係を基軸として独立権観念の思想的根拠と性格とを明かにし、さらにこれを批判した――これが本書の眼目であるとみて不当でないであらう。ところで、形式的平等の観念は、本書の最後の部分において著者によつて巧みに、歴史的概念としてのいはば「範疇的転換」を加へられつつ維持されるのであるが、しかしその場合、著者がすでにそれをとくに国際法制定における諸国家の平等発言権（＝平等投票権）の範疇で論じてゐる（しかも表決数の問題にはまだ直接ふれない）点は、さらに著者がすべての国家に平等発言権を認める条件として、すべての国家が新秩序の理念に徹すること（これは諸国家の単なる政治観念の転換だけのことではなくて、おそらく社会的なHomogenitätの実現に関することであらう）を要求する点とともに、きはめて多くの問題を含んでをり、注意される事柄である。それについて詳論する余裕はここにない。ただ、ここには著者のそれとは一見対照的なディッキンソンの考察の結末を取り出しておくこととしよう。かれによれば――equality of capacity for rights は equality of legal capacity〔for rights and transactions〕と equality〔of political capacity〕in international organization とに区別して論じられなければならない。さうして、国際法において平等の法原則は、前者としては、多くの例外的・変則的な実定的制限にもかかはらず、ますます実現されるべき理想であるが、後者としてはその性質上、完全な形では適用されえないものである。――

以上、本書に対するまつたくの理解不足から、かへつて著者のせつかくの分析を歪め、あるひは後戻りさせることになつてゐなければ、まことに幸ひである。

五　概観と動向・国際法

＊　科学年鑑第2集・一九四七／四八年版、一九四八年

一

敗戦後第三年目のこの一年間における国際法研究の業績は、量的に不足はないにしても、質的にはそれほど目覚ましいものではなかつた。これについては普通にまず、占領下の日本がいまだに国際的政治・経済活動の自主的能力を回復しえていないという事情が考えられるであろう。およそ実践的な能力も課題も乏しいところに理論的研究の充実のみが期待されうるはずはない。それに加えてさらに、国際問題の研究・批判の自由が素材的にも（海外の重要な資料の入手はほとんど不可能といってよい）また政治的にも大きく制限されているという事情も挙げられるであろう。しかし根本的には、国際法研究の方法論的反省の一般的な欠如ということが指摘されなければならないとおもわれる。以下には、この視点からこの一年間のめぼしい業績の内容を検討することが試みられるのであるが、なお一般的にいえばつぎのような事態がみとめられる。

戦後国際法研究の諸対象は大づかみにいつて三つの問題系列にふりわけてみることができる。いうまでもなく根本的には、主権国家の独立を基礎にした従来の国際法が、戦後国際組織の高度な発達に直面して、その構造変換を

問われるにいたつているということであるが、そこからして一方には、国際連合をはじめそれら諸国際組織国際機関の構成・機能・とりわけ個別国家に対する権限が問題にされ、他方には国家に対抗して個人の国際法的地位の向上が問題としてとりあげられる。ところでさらに、このような全変換のいわば基軸に位しつつ変換の力関係を集中的にあらわすものとして、いわゆる戦犯裁判ならびに占領管理（ないし媾和）の問題がある。とすれば、これら最後の問題に比較的多くの研究者の関心が集注され、その業績をあげているという現状は、理論的にも充分肯けることであつて、あながちそれらの問題がわれわれの眼のまえでわれわれについて行われているという卑近な考慮にのみ由来するものではないであろう。ところが、一般的には国際法の構造変換が問題であるとして、それはすでに紛れもなく第一次世界大戦という帝国主義戦争以来の歴史的経過であつた。また、その中では国際法上もいわゆる広域秩序や共栄圏などの対抗的主張がなされたのであつた。それならば、それらの過程の正当な分析やそれらの主張の適確な批判をはたすことなしには、第二次大戦後の国際法の現実の正しい把握も望まれない。しかし、今日まで国際法学の分野ではまだそのような分析・批判は行われていず、したがつて戦後国際法の諸研究も一般的にはたんに現象的な理解を超えていない。すなわちここに、さきに指摘した方法論的反省の欠如の結果がおおいがたくあらわれており、そうしてそれはひとびとの戦後国際法の将来の展望にいたつてついにきわまるというありさまである。

二

さていわゆる戦犯裁判の問題に関しては、第一に横田喜三郎「戦争犯罪論」を挙げなければならない。これはこの問題に関するすぐれた最初の体系的研究であるが、考察の重点は、いうまでもなくいわゆるA級戦争犯罪人に対する（とりわけ平和に対する罪を理由とする）個人処罰の法的根拠づけにある。まず戦争の違法性については、一九

○七年の開戦に関する条約以来、国際連盟規約、九ケ国条約を経て、一九二八年の不戦条約にいたり紛争解決のための一切の戦争が禁止されたとし、そうして日本の満州事変以来の戦争行動はこれらの諸条約に違反した違法な戦争であつたとする（なお、「宣言なき戦争」行動＝事変は形式的には戦争といえず、戦争禁止にふれないともみられるが、実質的には戦争にほかならず、禁止違反の違法な戦争であったとみる）。ついで戦争の犯罪性が論証されなければならないが、これについては、実質的にいつて、違法な戦争（とりわけ侵略的戦争）が「国際社会の全体に重大な害悪を与える」点において犯罪としての実質を確実にもつとし、さらに形式的にみては、侵略戦争を国際犯罪とする明示的な宣言がすくなくとも国際連盟時代の諸条約案や諸会議決議においてはなされた点において、また犯罪に対する刑罰がすくなくとも共同的制裁（非交戦状態の主張も加えて）の形で連盟規約などにより規定され、ある程度実行もされてきた点において、侵略的戦争は（なお「法律的には、いくらか不完全なところがある」が）「だいたいに」国際犯罪とみとめられるとし、以上「実質的に見たところと形式的なそれとを総合していえば、ほとんど完全に国際犯罪だとでもいうべきであろうか」と結論する。では戦争の犯罪性は一おう論証されたとしても、そこから戦争責任者の個人処罰をひきだすことは、すべての文明諸国に共通な法の一般原則である罪刑法定主義に反しないか。この決定的な点に関する解答はつぎのようである。第一に、この「主義の歴史的意義から見て、これをぜひとも国際裁判において適用し、維持しなくてはならないという実質的な理由」はちいさい──なぜなら国際裁判では恣意的な裁判の行われてきたという歴史的事情がないからである。第二に、この主義には「単に部分的に反するにすぎない」──なぜなら「戦争責任者の処罰においては、罪は前もつて定められている」から。第三に、罰が前もつて定められていないことも、一般に違反に対する制裁が具体的に規定されることのまれな国際法の現状をかえりみれば、特別の欠陥というにあたらない。要するに、戦争責任者の個人処罰は「形式的には罪刑法定主義に反するように見えても、実質的にはかならずしもそうでないことになる。」それどころか「形式上でいくらかこの主義に反するところがあつても、実質的にはそれをおし切つて処罰を行うべき強い理由がある。それによつてはじめてこんどの戦争の世界史的な意義を活かし、比類のない惨害の代償として、新しい世界秩序を建設すべき地盤が確保されるのである」（一三七頁）。

さて、以上のように、あらゆる論点においてきわめて肯定的な横田の所論に対しては、すでに批判や異論があらわれている。もつとも、戦争責任者処罰を国際法的に全く不当とする見解はみられない。批判の余地は、横田の所論があらゆる論点において実に良心的な緻密な分析を明快に行いながら、しかもいわば形式・実質論の両刀をあわせ使いつつ論理的に背伸びしてめざす結論になだれ込むというところに生じてくる。しかし、そればかりでない。一口に条約違反の戦争とか戦争犯罪とかとして一様に観念されているものも正確に分析してみる必要がある。例えば大平善梧「横田喜三郎『戦争犯罪論』」は、従来の戦時重罪の観念から平和に対する罪のそれへと戦争犯罪観念が単純に拡大してきたものとは考えず、その間に国際法の自己解消的な革命（世界法化）が要請されなければならないとする。また国際法の革命をいう以上、従来の国際法についてはまさに戦争責任者処罰に関する法の欠陥をすなおに肯定すべきであり、したがつて、その処罰は罪刑法定主義の原則に反するものとみる。なおまた、戦争犯罪は現在の段階では、国際犯罪と称してもまだ世界犯罪（として当然に追訴されるというもの）でなく、その処罰は〔侵略戦争禁止の効果として〕国際法上は処罰する国の自由に任され〔るにいたつた〕処置であり、したがつて東京裁判も〔直接には〕ポツダム宣言第一〇項にもとづくところの〔日本もポツダム宣言受諾により全的に同意したところの〕連合国側の国法的処分とならざるをえない、と結論する。まことに法の形式的拘束力の論理のみをおしとおすならばそうみるほかはないであろう。ただしそのなかに東京裁判の構成に対する一つの批判はふくまれている。

つぎに団藤重光「刑法の近代的展開」中の「戦争犯罪の理論的解剖」（単独の論稿としては前年度に発表）は、戦争犯罪を世界市民法に対する違反でもあるとして、国際法のほかにこれとならべて世界市民的刑法の立場をもち出した。たしかに重要な問題要素の指摘であるが、それだけではまだ思いつきの程度をこえず、問題の提示である。

なお、そのような生成中の実定法によつて戦争犯罪を処罰することは罪刑法定主義の原則に触れるが、国際平和確立の要請の至大な時期にはその原則の排除もまたやむをえないと主張する。さすがに刑事法学者のあざやかな感覚のあらわれであるが、しかしいうところの国際平和の歴史的意味はフランソワ一世あたりの刑法が引合にだされるところをみると深くは考えられてもいないようである。

なお、戦争犯罪論としては人道に対する罪や通常の戦時犯罪についても究明を要する点が多く、またあわせて裁判所構成や裁判手続に関しても解明がなされなければならない。仕事はとうてい一人の手に負えず共同研究が必要であるが、この意味で、早大有志（極東国際軍事裁判研究会）の手によつてひきつづき「極東国際軍事裁判研究」第二巻が公刊され、網羅的な資料と多角的な研究とが提供されているのは注目にあたいする。そのなかの一又正雄「国際法における戦争犯罪」（一）は資料の周到な検討から出発しているが、いまのところ未完であり、田畑茂二郎の「横田喜三郎『戦争犯罪論』」の予告とあいまつて、次年度における論争の本格的な展開を期待させている。

要するに、戦争犯罪問題の現実的意味があやまりなく把握されるためには、戦争概念そのものとそれの差別的戦争概念への転換の過程とが正確に分析され、さらにそれを基礎づけるところの世界経済の発展過程が適確に把握されていなければならない。いままでのところ、こうした方向への研究は皆無といつてよく、ただわずかに小谷鶴次「戦争の性質に関する若干の考察」が戦争概念の転換を戦争の状態性と行為性の論理でもつて抽象的に論じているにすぎない。これはきわめてぢみな考究なので一般に看過されるうれいがあるが、問題を論理的に追いつめようとしており、ことにいわゆる戦争の禁止がただちに交戦法規の適用の排除をもたらさないという事実をどう法論理的に根拠づけるかに苦心のほどを示している。しかし、そこに戦争概念の転換にとつては本質的な契機である中立関係についての考察が全然おとされていることは大きな欠陥であり、また総じて抽象的な問題のとりあげ方のために論理のもつれも生じている。なお、横田喜三郎「戦争の放棄」は、新憲法第九条の解釈を中心に、新憲法の平和主義精神の闡明、諸国憲法との対比、さらに国際法上の戦争抛棄の諸保障の説明を試み、加えて日本の国家的安全の保障政策の検討にまで及んでいる。丹念な論議をつくした体系的な注釈書の典型であり、新憲法第九条論である。ただし戦争概念（とその転換）の分析・批判はふくまれていない。

三

戦後国際組織の中心にたつところの国際連合に関しては、すでにひととおりの解説が出たあとである。国際連合諸機関の活動やとりわけその当面する課題について研究はもとより解説さえ遅れることは仕方ない。そのなかで、田岡良一「国際連合憲章の法律的研究」（一―二）が、注釈家としての申分ない感覚と多年の練磨とにものをいわせて、資料的悪条件をのりこえつつ連続稿として出はじめたことは注目される。副題にも示されているとおりその考察の重点が国際連盟規約との詳細な比較におかれていることはきわめて賢明な処置である。

ところで、戦後国際組織の発達の特徴としては、世界平和の保障装置（国際連合）の法的強化のほかに、同じ基礎から生みだされたいわゆる世界経済機構のまつたく新しい成立が挙げられなければならない。これら両者の機能的関連を把握することは戦後国際法の研究にとつて不可欠であるが、これまでの国際法研究の水準ではまだそこまで手が及ばないどころか全く見落されている形である。ただわずかに東京商大の大平善梧（「国際貿易機関の法的性質」、「国際連合と世界経済」の二稿）によつてその先鞭がつけられはじめたのは、さすがである。しかし、すこぶる解説的であつて、これら諸組織を通じての法的には協議と勧告の、政治的には指導と協力の方式による世界自由経済のための世界経済法の生誕を説き、そこからまつすぐに世界法、世界国家を展望する。この点では、杉村広蔵「カント永久平和論について」もまたその最後の部分（カントの考えと今日の平和建設との距離についての若干の考察）において市民社会――世界連邦論を説きながら全くの同調を示しているありさまである。さらに、経済的側面の考察をぬきにしてではあるが、横田喜三郎「国際的民主主義」、「世界国家の問題」の二著がでた。前者は国際的民主主義の一般的解説を試みたものであり、後者は国際社会の構造変換にともなう多彩な論題を取扱つたものである。なお一又正雄「国際法における所謂『国内問題』に関する研究」はこの従来国際法によつて触れえないと観念された領域の本質がどのように規定され、またその領域の圧縮がどのように試みられてきたかを、豊富な資料と学説との蒐集を通じて、明かにしようとする。その場合、そこにも規範主義と現実主義との対立がみられることを指摘しているのは注目にあたいする。

四

個人の国際法的地位の向上の問題については、大平善梧「国際人権宣言」のほかに、田畑茂二郎の優秀な二つの論文がある。その第一、「外交的保護の機能変化」はいいかえれば「外交的保護観念の転換」の論である。こういえばただちに田畑の前年度の好著「国家平等観念の転換」が思いおこされるわけであるが、その前著からして当然に予想されていた方法論的前進がこの論文にはつきりと示されている。すなわち、在外国民保護制度の観念が集団的復仇の観念を原型とし、私的復仇の観念を経て、近代国際法のなかに国家の外交的保護の権利として成立したのち、さらに最近にいたつて（もつぱら個人の保護のための）国家の国際的職能としての外交的保護観念に転換しようとするその全過程を正確に分析してゆくのであるが、その場合、一歩を踏みこんで、国家的権利としての外交的保護観念の成立がその時期の絶対制国家の国民経済体制＝マーカンテイリズムに基礎づけられたものであることを指摘した。つづく第二の論文「国際法における国家と個人の関係の変化について」は同じ考えをさらに国際裁判所えの個人出訴権の発達に関する考察に及ぼしながらおし進め、最後に、こうして現在国際社会の組織化とともに国際法上の国家の絶対的地位にも変化がおこり（対内的には国家構造の変化――全体者として国家の国家機構への転化とともに個人の独立的立場が明確となり）、われわれは国家と個人との関係の変化について深い反省を迫られている、と結んでいる。以上に明かなように、田畑の注目すべき方法論的前進はまだわずかに考察の起点においてだけ実を結びえたにすぎないが、これによつて、わが国のアカデミー国際法研究は真の科学性への方向をようやくさぐりあてたというべきであろう。しかしその前途は遼遠である。

なお、そのことと関連して、いま一つの田畑の、しかも明かに右の前進努力の途上における収穫と思われる紹介稿「ミルキーヌ・ゲッツェヴィッチ『国際憲法』」〔一九三三年〕に触れておく必要がある。この著者のいわゆる公法統一の原則（国際憲法）の主張は、たしかに法の妥当性に関する立入つた分析・批判を欠いているが、ほぼつぎのように理解されるであろう。まず、かれは、国際法と国内法の関係に関する二元論の歴史性をみとめる。その現在における現実的妥当性は（全面的には）みとめない。といつて、国際法上位の一元論のそれをただちにみとめるのでもない。もともと法論理的な妥当根拠の択一的な問題として二つの法の関係を考えるところの二元論も一元論も適当でない。およそ法の発展は権力の合理化を意味し、したがってそれは民主主義の発展に基礎づけられる。諸国内における民主主義の歴史的発展にしたがい、諸国憲法を連ねて（ひとしく）、憲法上の条約締結権や宣戦権の国民（議会）への移行＝国民による国際関係の統制や、国際条約の国内的実現の国内法的保障などの装置ができあがるとともに、それに照応して一方には、〔法の根本目的＝〕法的平和の国際的実現（戦争抛棄）に協力する国内法的保障が成立し、他方には諸国憲法に対して（ひとしく）、〔法の今一つの根本目的＝〕人権保障（個人の自由）の国際的規模における実現に協力する国際法的保障が成立する。この全発展の総結果として諸国憲法の経験的統一、と同時に国際法と諸国内（憲）法との経験的統一が成立する。そこに公法統一の（歴史的経験的）原則（国際憲法の成立）がみとめられなければならない――もちろん現在はその発展の途上にあるにすぎないが――。以上は、その著者の所論についてわれわれの理解したところをわれわれの言葉で補いつつ明確な形に要約したものであるが、そこにはかれの法発展の歴史的認識の理論ばかりでなく、かれの法の本質観もあらわれており、したがつてかれのいわゆる歴史的経験主義の積極性と消極性（限界）とは説明の必要もないほどにはつきりと示されている。ところで、ここにあえて付言しておきたいことは、実はこの著書がすでにわが国の国際法研究の最近の傾向に対して完全な先廻りをしているということに関連してである。いつたい、近代国際法は近代諸国家の不均等発展にもとづく不断の闘争の妥協として発展してきたのであるが、そのために国際法学はその妥協の結果と立場との矛盾をそのつど調和するために本能的に法論理を操作する解釈法学として一般に働いてきた。これに対して一つの方法論的自覚に立ちつつ規範論理の限界をまもり一切のいわゆる解釈を断念することによつて、国家権力への奉仕を拒否しながら、その反面、実はみずからは民主主義的国際主義の政治的理念のために規範論理的可能性の広汎な範囲を開放してきたものが純粋法学であつた。ところが、戦後国際的民主主義勢力の圧倒的な勝利はもはや解釈法学の存立余地を完全におし潰すと同時に従来の純粋法学的態勢の現実的理由をもかき消してしまつたかにみえる。結果は一種の解説法学の空前の繁栄であるが、やがてこの解説法学はみずからの理論的基礎づけの強化を必要と感じるにいたるであろう。そうしてその場合、ミルキーヌ・ゲッツェヴィッチの右の著書はおそらくもつとも有力な支柱として役立たせられるであろう。しかし、それがこの著書の価値の真実の利用でないことはいうまでもない。

最後に、日本の占領管理については、すでに周知の「日本管理法令研究」がひきつづき東大法学部有志（日本管理法令研究会）によつて月刊され、資料的な基礎研究の業績を蓄積していること、またその研究の基本的部分をまとめたものとして横田喜三郎編著「連合国の日本管理」のあることを記しておかなければならない。

六　概観・国際法

＊科学年鑑第3集・一九四九年版、一九四九年

この年度の上半期における国際法学の諸研究は、ほぼ三つの課題に集中している。その第一は、きわめて当然のことながら前年度にひきつづいて、戦争犯罪（とりわけ平和にたいする罪）の法理である。東京裁判そのものの進捗するにつれて、この問題にかんする論究もいよいよ深まり、論争の本格的な展開さえみえはじめた。第二は、これも前年度にひきつづいて、戦後の新国際組織の研究であるが、とくに最近に成立したところの国際貿易機関の解明に努力が傾けられているのは自然なことであろう。第三は、世界平和ないし国際安全保障の諸問題である。これは、ことに、「国際法学会」創立五十周年記念の「国際法外交雑誌」特輯のかっこうなテーマとして、日本の立場に結びつけて論ぜられた。（なお、大平善梧「最近の国際法学界」の卒直な告白にしたがえば、戦時中は「とかく現実に流されすぎ」「戦争遂行に向つて、精神的に寄与したことも、また事実である」国際法学の五十年の全業績にたいする批判は、別の機会にゆずるほうが適当であろう。）

さて、諸研究を概観するにあたって、課題の範囲の広狭を論ずることは重要でない。問題は、分析の深さにあり、さらには、それぞれのよって立つ科学的立場の正しさにある。

一

まず戦争犯罪（とりわけ平和にたいする罪）の法理については、田畑茂二郎の紹介批評＝「横田喜三郎著『戦争犯罪論』」が、この著書の理論構成における二つのウイーク・ポイントをはっきりとおさえている。すなわち、一つは、侵略戦争の国際法的犯罪性の規定にかんしてであって、犯罪としての実質（国際社会全体におよぼす害悪や高度の反道徳性）がそなわる以上は、かりに犯罪としての法による形式的規定が確立していなくても、犯罪としての法的性格は充分にみとめられると説くことが、あきらかに法実証主義の立場を超えるものであることを鋭く指摘した。これにたいして、みずからは、国際社会の歴史的な発展にともなう一定の法意識（個別国家の立場をこえた国際社会全体としての一般的な立場＝法益があるとする意識）の形成という、歴史的な観点から問題をとりあげなければならないことを主張する。いま一つは、個人処罰の根拠にかんしてであって、このような処罰のために、ただ、国家行為が現実には国家機関の地位にある個人の判断・行動として行われるという事実を示すだけでは、まったく不充分であり、従来の国際（＝国家）責任の論理にたいするなにの批判にもならないことを手きびしく指摘した。そうして、みずからは、従来の国際責任理論の基本的前提としての国家にかんする団体人格観念を再検討しなければならないことを暗示する。さて、このように、田畑によって指摘されたところは、まったく適切な批判であるが、ただ、それに対応して、きわめて控え目に提示するにとどめられているところの田畑自身の問題解決のオリエンティーリングというものは、まだかなり観念論的な問題把握の仕方を示している。

ところで、横田喜三郎「東京裁判による国際的反省」では、もはやこの裁判の合国際法性はかくべつに問題とされていない。むしろ、あとわずかに判決の宣告を残すだけの東京裁判の完了をひかえてこの裁判の世界史的意義が強調されるのである。すなわち、裁判は極東国際軍事裁判所条例にもとづいて行われるのであって、この裁判の結果、法形式的にはこれまで「厳格にいえば侵略戦争が国際犯罪であるかどうかは、確定していなかった」のが、いまは決定的に確定されるということになり、さらにこの事実を有力な先例として、侵略戦争は国際犯罪として決定的に確立するにいたる、と説く。これとほぼ同じ主張の法理論的基礎づけを全面的に試みたものとして、同じ横田の好訳＝グリュック「戦争犯罪の法理——ニュールンベルグ裁判と侵略戦争——」がある。刑事法学者グリュックは前著においては、厳格な法解釈論の採用と戦争責任問題の歴史的深さの認識とのほかに、さらに裁判実施上の便宜的考慮も加わつて、いわゆる戦争責任者の訴追に反対したのであるが、問題をいっそうよく省察した結果（ことにナチ戦犯裁判にかんするロンドン協定の交渉のさいにアメリカ代表の法律顧問をつとめた）、侵略戦争の国際犯罪性を根拠づけるところの国際法の慣習的発達がすでにみとめられるという考に到達した。すなわち第一次大戦後の諸条約、文書、宣言を通じて侵略戦争を国際犯罪とする文明諸国民の法的共同意識というものがあきらかに成立していたのであり、本質的に慣習法的な国際法にとっては主権的なこの意識にもとづいて、国際慣習法の成長がすでにあったことをみとめなければならない、と考える。とすれば、現在、国際裁判（所による法の合理的解釈）を通じて、このような国際慣習法的発展の意味をあらゆる点にわたって明確化し、その帰結を現実にひき出そうとすることに、なにの不合法もないわけであり、それどころかまさにそのことがいま果されなければならない歴史的事態ですらある。こうした基本的見解の上に立って、かれはさらに国家にとどまらず、戦争責任者個人を処罰しうること、またこの処罰が事後法の禁止にふれないことを、丹念な法学的論議をつくして論証する。しかし、それらのあらゆる論議にもかかわらず、落着くところは、第一に、国家だけに賠償を課するということで、「多くの普通の国民」がその負債の重圧に苦しむか、支払不能となって戦勝国民の損失に転嫁されるかいずれかであるが、「政治家、軍閥、産業家」などの戦争責任者はうまくのがれてもう一度侵略行為をくりかえすというような結果しかもたらさないところの国際（＝国家）責任論は不公平・不合理であり、したがって、変更されなければならず、また事実、慣習法的に変更されるということ、第二に、事後法禁止の原則がめあてとするような不公正・不合理はこのたびの戦争裁判によってはいささかも生ぜず、また、本質的に慣習法的な性格をもつ国際法にとっては、罪刑法定主義の文字どおりの形式的な適用は正しくないということ、以上二つの主張にあるとみられる。なお、議論の出発点においてもともと戦勝国の意志として、たんに行政的な行為による戦争責任者の処刑も合国際法的であるかのように説いているのは、薬の利かせすぎ以上であり、またとりわけ国際慣習法概念のあいまいな使い方は問題である。

他方で、高柳賢三「極東裁判と国際法」――極東国際軍事裁判所における弁論〔の公刊〕――は、ただの被告人弁護以上に、国際法にかんする世界的論争にたいしてむけられた学問的労作を志してはいるものの、やはり弁護人として、およそ争いうるあらゆる論点について援用可能なあらゆる論議を展開している。そのうちで、降伏文書の条項の制限的な解釈にはじまり、国際法上戦争責任者の個人的刑事責任の問題が第一次大戦後の諸条約、宣言、文書によってさえまったく落されていたことを確認し、これにたいする国際慣習法概念の援用の誤を指摘し共同謀議の罪や〔一般に〕国際法、条約等を侵犯する戦争の罪などの概念を争い、事後法禁止の原則の適用を強調することなどは、その趣旨を理解できるとしても、侵略概念の法的規定の困難を論じることが、実は、日本の侵略戦争の自衛概念による弁護の俗論となり、結局「見解の〔相違の〕問題」として全問題の核心を骨ぬきにしようとしていることや、また国家責任の原則にたいする個人責任の例外規則の厳格な限定を強調しつつ、要するに国家〔団体〕責任制度の原則は「主権国家を完全に認めることによって、平和と秩序が維持せられている国際社会の現実の反映に他ならず」とし、さらにこれを補うために、世界国家論の先走りを引合に出すことなどは、論者のあまりに固定的な基本的見解と政策的意図とを露呈したものといわなければならない。

要するに、戦争犯罪の法問題は国際法の既成概念の援用や世界平和の一般概念の適用によっては、決してほんとうに把握されうるものではない。それの正しい理論的把握は、一九世紀末以来の世界資本主義の構造的な発展と矛盾との基礎過程ならびにとりわけ日本の近代化過程における構造的特質から、分析し出されてのみはじめて可能となるのであり、この点では、かえって国際法の専門家以外の人々によって、問題要素の徹底的な闡明が行われている。たとえば、井上清「法の論理と歴史の論理」は、日本による侵略戦争の侵略性をその国家機構と社会的基盤にまでつき入ってえぐり出しておりしかも、その社会的基盤の問題には国際裁判がむしろ触れえない所以をわれわれに考えさせる。ことに、戒能通孝「戦争裁判の法律理論」が同じく侵略を論証しつつ、さらに、日本の「前市民的諸要素の無制約的な行動」が「資本主義的合理性の尺度からみて」否認されるというところに、戦争責任者の国際裁判が行われながら国内裁判は未然に回避された所以をみつけ出しているのは、もっとも貴重な寄与である。

二

国際法外交雑誌特輯号の五つの論文のうち、まず尾高朝雄「平和の哲学」は、階級的革命の理論を「闘争の哲学」として（正当にも、「戦争の哲学」とはいわず、既存の世界秩序が崩壊するのをみすみす見のがしえない「平和の擁護者」が態度を硬化する危険を憂えて、理性的な解決の道をさがすのであるが）無造作におき去りにしながら「平和の哲学」をもつぱら説いている。そうして、世界平和の達成には実力の裏付けがなくてはならぬとし、そのためには、世界国家が理想にとどまる以上、国際連盟に強大な一国の圧倒的な武力を結びつけるべきであるとする。もちろん、この武力は世界警察力として機能することを期待されており、さらに、「正しい平和」の実現のために、諸国家の国際的スタトス・クオ（＝国際政治のタブウ）の基礎の上で国際流通関係の飛躍的に高度な発展を通じて個人間の配分の平等を実現するということが強調されている。現実的な、そうしてあまりに現実的な解説というほかはない。これとはおもしろい一つの対照をなすものとして、つづく横田喜三郎「世界平和と平和日本」は、日本憲法の戦争抛棄、軍備全廃の条項にもとづく日本の体制が現在の世界の目標といかに完全に一致し、またそれにむかつて前進をとげているかを確認し、さらに憲法の精神の忠実な履行と世界の他のすべての国家にたいする同じ目標への誘導・推進を要請している。このいわば絶対平和の主張につづいて、一又正雄「平和日本と安全保障」は、完全非武装国の国際的安全の確保のために、安全保障の諸方式をその実現の手順と効果にまでわたって綿密にあれこれ考察している。ことに、ある一国による単独保障の場合について、与えられる保障内容、保障国のもつ諸権限、被保障国の中立性、その他を細かに論じているのは、まことに誠実であり、また問題の容易ならぬ複雑さを一般に認識させる上で効果的である。つづく大平善梧「平和日本と新世界経済機構」は、日本の経済的安全保障という関心から、戦後の国際経済組織、とくに国際通貨基金および国際復興開発銀行について解説し、それへの加入の得失を常識的に論じている。

なお別に、祖川武夫「安全保障の歴史的形態」は、ひろくいって国家的安全の国際法保障の三つの法形態、すなわち永久中立国制度、同盟条約制度および国際安全保障制度をそれぞれ個性的な歴史的範疇としてとらえ、その特質をそれぞれの発生ないし支配した歴史的時期における世界経済の発展段階の構造から規定して、その法的な構造と意味とをあきらかにしようとする。まだ考察の一とおりの輪郭が与えられているにすぎないが、一つの問題分析の仕方を提示したものである。

三

国際連合については、芳賀四郎「国際連合と日本の将来」が公にされた。これは国際連合にかんする一般むきの解説書としてこれまでに出たもののうちでは優れたものである。資料的にも有利な著者の実際家的としての立場を要領よく活かしており、ことに実際家的観点からの評価・批判も織りこまれていて、国際法学者の解釈法学的憲章解説にはまさるところもある。ただ「日本によって唱えられた共栄的思想も、思想そのものとしては不合理なものではなく、やはり地域的取極の一種と称することができる」と説くような外務省的オプティミズムが、本書の限界となっていることは争えない。

いわゆる世界経済機関については、大平・前掲論文のほかに、横田喜三郎「国際貿易機構」、および大平善梧「国際連合と国際貿易機関」（大平・小島・板垣・赤松、「世界貿易憲章の諸問題」中）がそれぞれ国際貿易機関の解説を試みている。ところで、これらの国際経済組織のうちことに国際貿易機関は周知のように、世界通商の自由・公平の確保にとどまらず、完全雇用と復興開発による世界経済の拡張的均衡をめざしており、したがってそれは単に国際的商品交換の過程の規制ばかりでなく、世界経済の構造的矛盾の調整をも企てるものであるために、もはや法的規制の形式をとり扱うのみでは法学的認識もほんとうには不可能なものとなっているのである。

七　石本泰雄『条約と国民』他

＊　週刊読書人、一九六〇年四月一八日

「安保改定反対」運動はこれまで、運動の末端のどこででもテーマについておよそ一般の関心が高まらない、また難しくて一般の理解・納得がえられにくい、という訴えにぶっつかってきた。平和運動＝平和的共存政策のための運動は本来その原理的基礎を勤労大衆の戦争にたいする階級的態度にもつはずであるのに、組織労働者の職場の実情にしてからがすでにそのような有様であった。これには勿論、現在のわが国労組の政治意識の特殊状況やそれに関連してマス・コミの安保論調というものが問題にされなくてはならないであろう。しかし同時にまた、もっと一般的にみて、テーマ自体のもつ特殊性、すなわち安保問題が体制の問題であって、多面的であり、しかも個人の日常的利害に直ちに眼にみえる形で結びついては現われにくいといった事情にあることが考えられなくてはならないであろう。

確かに安保問題には、一般の国民にとってはいわば知識として観念的に理解しなければならぬという部面が多い。安保改定反対運動の推進には、不断の啓蒙・学習の努力が必要なわけであり、またそのためには信頼できる学問研究者の、できるなら多面的な協力による問題研究の成果がしかも判り易くまとまって提供されていることが必要なわけである。ところで、表題の二つの新著はこのような必要に充分応えてくれるものである。両書は組み合せ読まれるなら、これまで「青法協」資料シリーズとか「世界」の二度の共同討議レジュメなどにしか恵まれていなかったわれわれに、安保問題の組織的な理解とこれにもとづく透明な実践的決意とを獲得する機会を、いささか遅い憾みはあるにしても、確実に与えてくれるにちがいない。

まず石本氏の『条約と国民』は一見したところ、国際法入門書のような体裁をとり、「国際法を守ることの意味」から説きおこしている。しかしこれは決してありふれた易しい国際法概説なのではない。著者の国際法にたいする基本的関心は、国際法が法と認められるかどうかという一般の教科書流の論議にではなく、国際法の特殊性格をふまえたうえで、国際法はなぜ守られなければならないのか、またどうすれば守ることができるかを問い、答えることにかかっている。この著者の実践的態度は、つづいて国際法の現在の機能を、主権の相互尊重を保障された諸国民の平和的共存を確保することにあると規定すること（主権的諸国家の並存の秩序という古い基本原則の現代的性格の的確な把握）によって、まことにリアルな理論的内実をかちとっている。この基本テーゼのうえに、それに導かれて以下、主権、管轄、国際協力、条約、国際連合、集団安全保障、中立、軍縮などについて明哲・平易な叙述が非常な説得力をもって展開されているのであるが、すべては本書本来の課題＝「安保」批判へとみごとに積みあげられ、安保批判の論述・理解の前提となっている。とりわけ中立主義＝非同盟政策の現在の機能を体系的に分析している部分や条約の民主化の意義を解明している部分は、安保反対論にとっての二つの大きな支柱を提供することになっているのである。（岩波新書二〇二頁・一〇〇円）

第二の新著『新安保条約』は「研究者懇談会」の共同研究を背景にして、直接には九名のメンバーにより特に安保改定＝新安保条約に集中して分担執筆されたものである。この著書の値打はこのようなチーム・ワークの力に負うところもすくなくないであろう。当然のことながら安保・改定問題の主要な諸局面にわたって丹念にデータをとり、ぬかりなく論点をおさえて分析が進められている。展開されたそれぞれの論旨にも多数の討論を経過したとうかがえるふしがすくなくない。ところで、安保改定の政治過程の本腰をいれた分析からこんどの改定の現実的意味をつきとめるということは、安保改定問題の解明の、したがってまた評価のいわば鍵を与えるものである。にもかかわらず、この仕事はこれまでまともには遂行されていなかった。「Ⅰ改定交渉の経過と新安保体制の意味」（福島新吾）はこの穴を埋めてくれるものである。「Ⅱ経済面からみた新安保体制」（野口雄一郎・三潴信邦）は、安保改定への政府・支配層の経済的利益の思惑がどんなものであり、またそれがどのように裏切られたかを、さらに新条約が成立するならどのような効果を国民の財政・経済生活の諸部面にうみだすかを詳細に説明してくれている。このような新条約の批准承認を国会でとりつけるために、現にいま政府がどれくらい新条約の本質を口先でごまかし、黒を白といいぬけているかは、「Ⅲ新安保条約の内容」（渡辺洋三・星野安三郎）の説明によって充分に納得することができる。この章には新条約にたいするこれまでの法理的批判がほとんど残りなく採りいれられている。ところが、問題は国会の言論の闘いで決まるという性質のものでない。ほかならぬ安保改定反対の平和運動＝大衆的政治行動の過程の局面が顧みられなくてはならないわけであるが、「Ⅳ安保反対運動と平和運動の原理」（高根正昭）は当面わが国の四九年末いらい全面講和運動にはじまる平和運動の歴史をふりかえり、その検討を通じてとりわけ最近の安保反対運動に露呈された指導原理の混乱（というもの）を指摘している。この点はむしろ戦術の問題として運動自体の陣営内部でかなりの議論をよぶことであろう。（新書判七五頁・一七〇円・三一書房）

八　戦間期における国際法学

＊「戦間期における国際法学」（松田竹男と分担執筆）、法律時報臨時増刊50巻13号、一九七八年

はじめに

第一次大戦すなわち世界的規模での帝国主義戦争は、交戦諸国の当初の予想を裏切り、四年余におよぶ長期の生産・消耗戦となったが、単に未曽有の巨大な人的物的損害を世界に負わせただけではなかった。戦争はまず戦勝国イギリス、フランスにさえ国際的地位の低下をもたらした。また、戦争はひろく従属諸国や植民地において工業化を促進し、政治的には解放・独立への力強い運動を引き出すこととなった。さらに、戦争はヨーロッパ交戦諸国内の社会不安を激化させ、ついにロシアでは社会主義革命の成功となり、戦後の世界政治・経済に新たな基本的対立を生みだすこととなった。要するに戦争はもはや個々の資本主義国家に戦勝後の発展を約束するものでなくなったばかりか、資本主義世界そのものの構造的危機を促進する危険なものとさえなったのである。したがって、戦後の国際政治の主要な課題として、ヨーロッパの経済復興の推進とともに、戦後世界の政治的安定のための諸方策（国際連盟の創設、ソヴェト・ロシアへの対応、委任統治制度の採用、国際平和・安全保障システムの強化など）とそのためのイデオロギーへの取り組みがとりあげられ、その達成に懸命の努力がなされたことは言うまでもない。われわれ

は、それらに関連する諸問題にわが国の昭和戦前期の国際法研究がどのように対処していったかを、以下一および二に分けてまとめてみることにしよう。なお、一九三一年（昭和六年）以降の国際政治状況の激変するなかで、またどのような対応がなされたかは、三において概観することとしたい。

一

1　世界法秩序の要請――国際法上位一元論をめぐる論争

国際法上位一元論は、横田喜三郎「ケルゼン・主権の問題と国際法の理論（一九二〇）」（国家三七巻一二号（大一二））によってわが国に広く紹介され、大きな反響を巻き起こした。第一には、純粋法学の方法論によって、法の歴史的社会的実在性が因果的自然の世界と観念的規範意味の世界との峻別のもとで見失われるばかりか、法の純粋法学的認識は法規範の実質的意味内容よりもその規範論理的構造の追及におわるおそれがあると考えられたからであり、第二には、国際法上位の一元的構成のもとで国家法は国際法からその妥当性を与えられ、国際法にその最終的な妥当根拠をもつこと、したがって国家主権ももはや国際法的権限にすぎなくなることがとりわけ印象づけられたからである。ところで、純粋法学をめぐる方法論争において、横田は純粋法学についての啓蒙に努め、また自己の方法論の体系的理解を深めるために、矢つぎ早やにいくつもの論文を書いた。それらの論文のほとんどは最近「純粋法学論集・Ⅰ」（昭五一）にまとめられて復刻されており、またその中にそれぞれの論争の対手とその論文の標題および所在も示されていることなので、方法論争についてはこれ以上ここで触れる必要はないであろう。

横田は昭和五年に「国際法と国内法の論理的関係」（山田三良教授還暦祝賀論文集所収）を発表したが、貴重な手記「ケルゼンとわたくし」(鵜飼＝長尾編「ハンス・ケルゼン」〔昭四九〕所収)のなかで極めて率直なつぎの趣旨の回顧を綴っている——〈ケルゼンの著書〔Das Problem〕に魅せられたのは、論理の鋭さ・徹底さのほかに、内容上、国際法上位の理論に引きつけられたところもある。当時は、第一次大戦の終了直後であり、国際連盟が創設されて新しい世界的国際組織がはじめてでき、世界の平和と秩序にたいする強い願望が実現されそうに見えたときである。そのためには、国家主権の観念が根本的に批判されなければならず、新しい国際法の理論が展開されなければならない。右の著書はまさにそのような国家主権の批判を徹底的におこない、それと関連して、新しい国際法上位の統一的秩序理論を大胆ともいえるほどに展開していたのである。〉

さて、横田の右の論文は、①Kelsenとは異なって、VerdrossやKunzのように論理的に可能な二つの一元的構成のうちの一つ、すなわち国際法上位の構成を選択・肯認するのであるが、それは横田が、最初から問題に同時に「法律的関係」の側面もあることを認め、いくつかの論理的仮説のうちから所与の実定的な「国際法と国内法との法律的性質に制約されて〔法的構造内容に基いて〕、いずれか一つ……を肯定」しなければならないと考えていたからである。このことは実定国際法学者としての横田にとっては当然のことであった。②しかしそれでいて、わが国でも通説的な二元論(例えば、立作太郎「平時国際法論」〔昭五〕第一篇四章三節)すなわち「分立的構成」を、これでは法学的認識の統一が確保できず、二つの規範秩序は相互否定の関係にたたされてその間に正当な意味での矛盾・抵触も起りえなくなるとして、実は既に規範論理のレヴェルにおいて拒否してしまっている。しかし、これは、法学的「認識の統一」の要請を現実に妥当するあれこれの「統一的法秩序の認識」と等置・混同するものと思われる。その意味では、さきの「選択」も正しくは、二元的構成と国際法上位一元的構成との間でこそおこなわれるべきであった。③他面で、右の混同の結果は容易に、国際法上位の一元的構成の「最終の論理的帰結」となって現われる——「従って国際法は最高の法律秩序であり、すべての国内法を部分的秩序として包括するものとして、更に、宇宙的または世界的の法律秩序である」。

つづく横田「国際法・上巻」(昭八)では、右の論文の論旨が教科書ふうにまとめられて説かれている。(イ)国際法と国内法は統一的な法秩序を構成することによって初めて相互に他方を肯定し、その間の抵触とその調和(責任・救正)を問題にすることができる。(ロ)その統一のなかで国際法は上級秩序、国内法は下級秩序としての地位を占める。なぜなら、それぞれの国内法の地的・人的妥当範囲の限定は国際法によってなされており、このことは国内法の妥当性が国際法に基づくこと、国内法はその妥当性を国際法から抽出していることを意味するからである〔!&?〕。(ハ)また両者の間の抵触と調和の問題からも、同じことが言える。すなわち実際に国内法規が国際法に抵触・違反することは少なくないが、そうした国内法規は必ずしも当然に無効ではなく、諸国家の国内的慣行はかなりまちまちながら、国内的には原則上有効なものとされている。しかし、この抵触は経過的・相対的なものにすぎず、結局は国家の国際責任が生じ、その救正がなされなければならないことで、「法律的に調和」され解消されるのである。なお、同書改訂版(昭一三)においては、まず通説・二元論の内容が、抵触の場合の国際責任の成立や国際法の国内的効力に関するまさに通説本来の説明をも含めて、かなり詳しく紹介されているが、つづいてこれに対置された国際法上位一元論の論旨は、前のものと同じである。

これに対して、安井郁は早速昭和六年に「国際法優位理論の現代的意義──A. von Verdross の国際法理論の研究──」(国外三〇巻七、九号)を書いた。その理由は、久しく「問題」として争われてきた国際法優位一元論がようやく「立場」にまで確立され、みずからの当否に関する論争から脱却して他の諸問題を解決する前提となり、その前提のもとに派生的な諸理論の構成をみるようになったことにある。安井は、そのようなときにこそ、「理論」の安易な適用ないし不当な拡大に陥らないために、この理論を改めて検討し、その歴史的使命や現代における意義まで明らかにしておくことが必要であると考えた。また、そのために Verdross を選んだのは、かれがはじめ国内法優位一元論を提唱し、やがて国際法優位論へと転換していったからであって、安井は、このようなひとりの学者の思考の展開過程を追うことで、国際法優位論の成立の理論的契機やその構成の理論的基礎が一そう明らかに確かめられると考えたのである。さて、安井は、Verdross の十数篇にのぼる論文・著書を克明に辿りながら、その転換の理論的契機として、①国内機関による国際法規の直接適用の事例の理論的処理、②革命の場合における国家の国際的継続性の原則の理論的位置づけ、これに加えて、③国家主権概念の改訂の緊要化を探りだし、そうしてこれらの問題性の自覚がいずれも第一次大戦のもたらした影響とみとめられる点に、新しい国際法優位構成の歴史的使命なるものを見出している。ところが、安井によると、こうしてともかく国際法の国内法にたいする「優位」が認められるとしても、「国際法秩序の発展の現階程に於ては」、国際法と国内法との関係を国内法の法段階的区分と同視して「両者の区別を全然無視することは不可能」なのである。問題は、「この区別を単に相対化」することであり、それへの努力はまた現代的二元論〔例えば Anzilotti〕においても試みられている。この後者は、国際法による規定・拘束を国内法にたいする「限定」〔ないし保障〕と解し、両法秩序の間に残されている分立性と既に成立している統一性〔結び付き〕とをそのままに構成するが、前者は逆に、国内法の残された法域を「国際法上国家の自由裁量に委任された独立な活動区域」と解し、右の統一性を妥当性付与の観念のもとに全面化して論理的透徹をはかる。してみると、両者はその体系構成においてまさに対立するが、現階程の国際法の内実の理解においては一致するものと言えよう。したがって、両者の間の選択は、法的経験に基づいては行なわれえず、国際法の変動期における進歩主義と保守主義の政策論的選択という意義をもつこととなるであろう。――安井のいう国際法優位論の現代的意義である。

ところで、国際法上位の一元的構成に対する全面的批判とそれに代わる「関係」理論の構成・提示は、やはり Triepel 以来の大きな学説史的蓄積をもつドイツにおいてなされた。一九三三年〔昭和八年〕に公刊された G. A. Walz, Völkerrecht und staatliches Recht がそれである。安井郁は、この著書のなかに主題に関する自己の思考の基礎づけと展開への示唆を見出したとして、「国際法と国内法との再検討」〔国家四八巻八、九、一〇号〔昭九〕〕およびその〔四〕に当る「ヴァルツに依る国際法優位構成の修正」〔国家四九巻一二号〔昭一〇〕〕を書き、同書の第一部「国際法と国内法」の部分を忠実に要約・紹介してくれている。いまここでWalzの叙述の大筋を追う余裕はなく、その必要もないであろうが、できるだけ手短かにまとめておくなら、こうである――

Walzは、①国際法と国内法との関係について論理的に可能な理論構成のシェマを（三つではなく）五つ挙げ、特に多元的構成（いわゆる二元的ないし分立的構成）の第三のヴァリエーションとして、国際法と多数の国内法とが原則上それぞれ独立な法秩序として存在しながら、なお特定の部分規範層にかんしては、国際法によって結ばれた関係を示すような型式を、全く新しく提示している。ついで、②それぞれのシェマを代表する諸学者の「関係」理論にたいして順次、厳密な分析・批判を加え、そうして、③relevantな法的経験の豊富な素材分析（これの具体的な跡付けこそが肝心なのであるが）の成果、すなわち国際法の国内法による原則的な間接化、「形式的意味における国際法」にみられる妥当根拠の二重性、国際法違反の国内法の効力や国際判決によるそれの無効化の不存在、その他に基づいて、いうところの「理論経済」の観点から（白紙委任法規やFehlerkalkulの挿入の拒否）、前記の多元的構成の第三、すなわち「制限的な多元的構成」を選択するのである。

ところで安井は、Walzのこの理論を二元的構成の展開とみとめながら、なお国際法優位論の修正（の範囲にとどまるもの）と呼ぶのであるが、[(1)] 田畑茂二郎は後述「国際法受範者としての国家と個人」（国外三八巻）において、あくまで国際法の妥当性を追及する視角から、Walzに変型理論の最も洗練された最終的形態を看て取るのである。

このあと、田畑の的確な紹介・批評「ケルゼン・国際法の国内法への変型」（法叢三五巻五号〔昭一一〕）があり、そこでのKelsenにたいする批判は右の「国際法受範者としての国家と個人」においてさらに深められている。また安井郁「ケルゼンの国際法優位理論の検討」（法協五六巻七号〔昭一三〕）は、Kelsen, Reine Rechtslehre, 1934（横田喜三郎訳「純粋法学」〔昭一〇〕）その他に拠ってKelsenの国際法上位一元論をまとめたものである。なお、主題のWalz的理解とその実証とは、第二次大戦後のわが国で通説として定着し、日本国憲法九八条二項の解釈にも活かされている（包括的受容と国内的効力保障）。

（1）　安井郁「国際法講義要綱・Ⅰ」（昭一四）では、こうした呼称を避け、ただ両法秩序が「各種の形式に於て結合することも否定され得ない」としている。

なお田岡良一「改訂増補・国際法学大綱・上」（昭一八）によれば、〈二元論者と国際法上位論者が「考えている処は実質上同一である。……論争は言葉の争い・比喩の争い」であり、両者それぞれの表現の偏りに因る〉のである。こうした考え方の詳細は、田岡「国際法上位論と二元論との関係」（法学八巻一二号（昭和一四））参照。

2　国際法団体の強調（一）――国際法の組織的体系化の試論

国際法上位の一元論によって法的世界の統一像が得られるとなると、その基本的立場から国際法全体の体系化が、国内法体系をモデルにして徹底した形で試みられるのも自然なことであろう。横田喜三郎「国際組織法の理論」（法協四七巻七、八号（昭四））は、まさにその試みであるが、そこに画かれた論理的枠組には、間もなく、横田「国際法」上・下巻（昭八・九）により、国際法の素材のほぼ全部が配列・充填されて提示されることとなった。これによると、国際法の体系は、国際法団体の団体員に関する法（いわゆる国際法主体に関する法）と団体組織そのものに関する法（国際法の定立・適用に関する法）とに大別され、後者は結局のところ、国際立法に関する法と国際行政に関する法・国際司法に関する法に分けられる。その限りでは、国際法団体の強調や術語選択の問題は別として、一見格別の異論もありようなく見えるであろう。そうして、ここに至る思考の論理的プロセスについては、前記「ケルゼンとわたくし」のなかでこう述べられてもいるのである。「純粋法学は、……現象的外形にこだわらないで、本質的内容へ志向し、それを理論的に深く徹底的に追求する。この方法で国際法を研究すると、現在の国際法は、非常に未発達で、現象的外形は……国内法といちじるしく異なっているが、本質的内容としては、……ひとしい要素をもっていることがわかる。そこで本質的内容に着眼し、国内法と比較しながら国際法を研究……すると、国内法が高度に発達した法秩序であるだけに、みのりが多いであろう」。「みのりが多い」とは、もちろん横田の方法からして、国際法の技術的発達やさらには集権化が促進される、ということでなく、共通な法の本質は近代国内法という法の歴史的形態において見透されやすく顕われているものなので、それを基準にして考えていくなら、未分化な国際法の法的構造連関や法的機能が明確に把握できるようになる、ということであろう。しかし、事柄はただの未分化・分化や分権化・集権化の対比で済むことでなく、問題は国際社会の特殊構造とそれに基づく国際法現象の特質が歪められることなく正確に把握されうるかどうかである。

その意味で、まず国際法体系論のうち、国際行政に関する論述の具体的な展開（第三篇、ことに第二章）について特に注意しておく必要がある。横田によると、〈国際行政には（もちろん、国際司法を除いてのことであるが）、国際法の適用が国際機関によって行なわれるか国家によって行なわれるかに従って、直接国際行政と間接国際行政との二つの様式の区別がみとめられ、そうして現在のところ、前者は例外的で甚だ限られた範囲でしか行なわれていないが、後者は原則的の地位を占め、極めて広い範囲で行なわれている〉のである。しかし問題は、間接国際行政（国家による国際行政）というカテゴリーの設定そのことにあると思われる。間接的とは、第一に国際法の適用に当る国家機関が普通に「国内法によって設けられ、その構成・権限・手続も国内法において規定される」からであり、第二にその国際法の適用も「特に条約の適用において……同一の内容の国内法を制定し、この国内法を適用することによって、間接に国際法を適用することが少なくない」からであるが、それにしても「国家による国際法の適用」としては、どのような立場からどのような法的事態の理解がなされているのであろうか。「序論第二章国際法の体系」の末尾に補論の形でほかならぬ国際法上位一元論の立場が説かれていて、そのなかには実に次のようなパラグラフがあるのである――「国内法は国際法の下級秩序としてその適用の手続と見ることができる。国内法が国際法規の細目的規則である〔に当る〕場合は明白である。それは国際法が原則的規則を定めて、細目……を国内法に委任し、この委任に従って、国内法が細目的規則を定めた場合である。かような細目的規則としての国内法は……それみずから国際法の適用そのものでないとしても、少なくともその適用の手続である。〔ところが更にまた〕

国内法が国際法で定められた妥当範囲のうちで自由に定立された場合も、次の意味で同様に解される。この場合に、国際法は右の範囲で国内法が自由に定立され、適用されるべきことを定める〔いわば白紙委任する〕ものに外ならぬ。その範囲で国内法が定立されることは、そのことを定める国際法規範〔白紙委任法規〕を実際に適用するものであり、そこに定立された国内法はこの国際法規範の適用の手続であると見ることができる」（傍点と〔 〕内は附け加え）。

なお横田のこの国際法体系論については、右の国際法上位一元論のほか、①個人の国際法主体性に即して示されている国際法主体概念の広い構成や、②国際司法を厳格な意義のそれ（国際裁判）と広義のそれ（国際裁判に準じるものとしての国際調停その他）とに分類・整序することによる国際紛争平和的処理方法の単元的な体系構成、さらに、③最広義の国際司法（強力執行）のうちに戦争を位置づけ、またその四つの特殊的性質を挙げることに示されているような戦争概念の把握の仕方、などが問題視されるであろう。しかしこれらの問題は、以下の該当項目においてそれぞれ採りあげることとしたい。ついでながら前記「ケルゼンとわたくし」のなかでは、その項目の終りのほうで次のような趣旨の述懐がなされている――〈この体系による講義は第二次大戦の終わる頃まで続いたが、その後はだいたい普通の教科書が採用している章別に従って、教科書を書き講義もした。さきの体系は国際法の本質的内容に照らして正しいと思うが、現象的外形からみると、すこしかけ離れているからである。〉

3　国際法団体の強調（二）――国家承認論の展開

「国家の承認」に関する特別な研究は、大戦後の現実の承認問題に触発されてではなく、むしろ国際法団体の法秩序としての国際法の体系整備という観点から始められている。確かに、国際法上位の一元的構成がとられ、国際法から国内法が妥当性を付与されるとなると、国内法秩序の空間的な妥当範囲のほかに、その時間的妥当範囲すなわちその妥当性の開始と終了も国際法（のいわゆる実効的権力の原則）によって直接規定されていて、しかも国際法上の国家の成立と消滅はあたかも「国内法の範囲内における法人の設立と解散と全く同様」の法現象（Kelsen, Reine Rechtslehre, §50, g）として見えてくる。

事実、岡康哉「国際法上の国家の承認と未承認国家の法上の地位」（法叢二六巻一号〔昭六〕）は、国際法上位一元論の立場から、第一に国際法団体への「受納・加入」と国家の「承認」とを区別し、第二に国際法団体領域内の新国家と国際法団体領域外の既存または新生の国家とを区別する。そうして、「内」の新国家は〈「承認」をまつことなく、「成立と共に」「自ら国際法団体に加入」し、「一般国際法の妥当をうくるに至る」。〉まさに宣言的効果説の採用であるが、その法的過程の理解としては、Kelsen とりわけ Kunz に随って、〈「国際法的意味における国家」を、「法的事実要件」とし、これに法人格性の「法効果」を付与する一般国際法規〉によって、〔誤解され易い表現ではあるが〕「法規による一般的承認が ein für allemal におこなわれる」というふうに考えられる。したがって、その後に行なわれる承認は「全く宣言的〔確認的〕のもの」であり、加えて特定の法的関係の設定〔正規の外交関係の採用〕をもたらすにすぎない。ところで、岡によれば、「外」の国家の場合は、〔capitulation や不平等条約を考えてのことであるが〕いわゆる「承認」は特別国際法関係の設定をもたらすが、当該国家の国際法団体への「受納・加入」をもたらすことにはならない。加入は、当該国家の一般国際法遵守能力の達成のイメージが諸国家一般にゆきわたることによって始めて成立するのであり、具体的には主要諸国共同の条約・宣言や世界的な国際会議への招請において現われる、とされる。

これに対して、安井郁「国際法承認論」（国外三一巻一、二、三号〔昭七〕）は、従来の承認理論を広く概観し、それらの理論的系譜づけを試みたのち、ことに Kunz を批判して、国際法団体の範囲とは人的妥当範囲すなわち国際法主体の範囲と解すべきであるとし、「内・外」の区別に基づいて承認前の国家の地位を区別することを拒んでいる。結局、安井自身は創設的効果説の立場から承認制度の全般にわたって綿密な考察を行なっているのであり、さきの岡の宣言的効果説への折角のアプローチも、「内・外」の区別とともに流されてしまった形である。

そこで、注目されるのは横田喜三郎であるが、予期に反して「国際法・上巻」〔昭八〕ではわが国の通説＝創設的効果説の立場からすんなりと「承認」が説かれている。これは、国際法上位一元論が実際には必ずしも宣言的効果説と結びつかないことの例である。ただ、横田はいわゆる承認の要件が充足された場合には、既存の諸国家に承認の法的義務を負わせている。すなわち、〈「通説は消極的に解する。それは国家の〔法的〕承認と外交関係開始の前提としての〔政治的〕承認を混同したもの」であり、また、実際に要件充足の認定には広い裁量の余地があるので、「あたかも承認を行なうと否とが自由であるかのように見える」。〉もっとも、この折角の法的義務説も「改訂版」〔昭一三〕では「実際上では……いずれの説をとってもほとんどかわりがない」とぼかされてしまっており、Lauterpacht のいう〈さしあたりは unenforceable な不完全義務〉(Opp. -Laut, International Law, vol. I, 8th ed., 1955) にまで深められていない。

田畑茂二郎は「国家承認とその問題」〔法叢四二巻三、五号、四三巻一号〔昭一五〕〕、「国家承認と国家の『国際法団体への加入』」〔国外四〇巻二、三号〔昭一六〕〕を書いて承認問題に取り組み、さらに小谷鶴次「相互承認と国際法団体への加入」〔法学一〇巻四号〔昭一六〕〕に答えて、「国家承認再論」〔法叢四五巻一号〔昭一六〕〕を書いた。その分析の規模の大きさ、緻密さ、粘り強さはまさに後述・個人の国際法主体性の場合と同じである。さて田畑は第一の論文で「承認」に関する創設的効果説の立場に立ちながら、その内在的批判を試みる。すなわち、〈実定法的事実として、承認行為の個別性とその効果の相対性を疑うことができない限り、被承認国家の統一的〔一般的〕な国際法的地位への一般化〔統一化〕の契機をみつけることはできず、また、一般国際法に基づくところの承認制度を言うこともできない。とすれば、いわゆる創設的効果説はそのままの形態では肯定されえず、「国家は承認以前には単なる事実であり、承認によってのみ始めて国際法上の存在となるという創設的効果説の根本的な主張」が反省され、未承認国家が承認とは別に、承認以前に既に何等かの意味において〔一般〕国際法的地位をもち、国際法的な一般的連関の中にあることが考えられなくてはならない。〉といっても田畑は、ここで宣言的効果説に移行するわけではなく、Kelsen, Kunz その他を批判・否定したのち、なお未承認国家の国際法的地位の究明を追及する。そうして結局のところ、〈①国家承認が一般国際法上の制度として一般国際法に基づいて行なわれることそのことのうちに〔その前提として〕未承認国家の一般国際法受範者として地位が認められ〔さきの統一化の契機が与えられ〕ることになる。②しかし、その地位内容は国家承認能力にとどまるのであり、当の国家の具体的な権利・義務の享有〔その意味での国際法主体であること〕は国家承認によってのみ始めて可能となる。〉

つづく田畑の第二の論文は、承認を越えた・国家の一般的な国際法的地位の成立を、国家の「国際法団体への加入」として捉え、その視角から第一論文の後半部分の論証を一そう厳密に展開し直したものである。そうしてここでは、いわゆる「国際法的意味における国家」の概念は、「承認」の前提として田畑の言う〔未承認国家の〕〈一般的な国際法的地位を与えられる〔べき〕国家が何であるかを、国際法自らが示した法内容概念〔従ってまさに歴史的概念〕〉とされ、「国家はそうした意味に於ける国家たる〔と成る、あるいは、として在る〕ことそのことによって ipso jure に一般的な国際法的地位を与えられること、所謂『国際法団体への加入』は……かかる意味に於ける法上当然の過程として為されること」が認められている。しかし、それならば、いま一歩踏み込んで、例えば Kelsen（Reine Rechtslehre, §42）が「立法者の欠缺論」において見事にしてみせてくれたような一種のイデオロギー批判を「承認論」について行ない、宣言的効果説の再構成を、judicial recognition の再評価とあわせて試みることがなされていいようなものである。(1)

なお田畑の第三の論文は、小谷による批判、すなわち新国家を一方的承認行為の Tatbestand において据え、個別の承認行為の相対的効果に既に一般的法地位の「質」を看て取り、承認と「加入」の区別を否定する立場からの批判に対して書かれたところのまさに再論である。

ところが田畑は、後述のとおり、昭和一七・一八年にかけて「国際法秩序の多元的構成」（法叢四七、四八巻）を書き、その「加入と承認の理論」を大きく変えるに至った。そこでは、統一的な国際法秩序と国際法団体とは否定され、それとともに「加入」は消え、承認は、一般国際法に基づくこともできず、実に双方的な原初的合意として説かれている。

このようにして、国家承認については新しく定説を生むほどの論究にいたらないまま、第二次大戦後には、どちらかと言えば解釈論の立場から、さらに併用説（いわば縦割り折衷説）や修正創設的効果説（いわば横割り折衷説）が説かれるようになっている。

（1）田岡良一「国際法学大綱・上」（昭九）は、いわゆる司法的承認の事例（未承認国家の法令・処分の効力などを国内裁判所が認めてかかる事例）に早くも言及しているが、しかし当該国家の国内法上の問題と見るにとどまっている。

4　国際法の個人への浸透——個人の国際法主体性論争

国際法上の主体を国家または国家類似の団体に限るところの伝統的な通説的理解が、戦後の国際法の発展・変化になおよく照応しうるかどうかの検討は、まず岡康哉「個人の国際法上の地位について」（法叢二三巻六号〔昭五〕）によって始められた。これによると、岡は、まず国際法上位一元論の立場が「われわれの論証に対して常にその進路をさし示している」と言い、また「法主体は法制定者よりより広汎でありうる」ことを認めたうえ〔いわゆる受動的主体概念の予見〕、なお、「現代の国際法にあっては……個人はただ、国法に対する直接者たるの結果、国法の媒介によってのみ、国際法に関連をもちうるもの、即ち原則として国際法間接者……であるが、ただ例外的場合に於てのみ……国際法直接者たるの地位を与えられることなきやの点」が問題になりうる（Verdross, Die Verfassung を引用）として、個人を「本来の立場より国際法主体たりうるもの」とする Kelsen などの立場を簡単に却ける。ついで問題素材の分析にはいり、結局のところ、通例個人の国際法上の権利義務として主張されるものも、それら権利・義務の強制・実現の過程を追及していくなら、国内法による変型ないし包括的受容が行なわれていて、直接には国権発動の過程がみとめられるだけである、と結論する。ただし岡も、対独講和条約二九七条によって連合国の国民に混合仲裁裁判所への「出訴権」が認められたような場合には、「個人固有の実体権の為めの、個人固有の出訴権」（権利の国際的な強制・実現過程の始動および遂行参加の資格、簡単にいうなら国際裁判過程の当事者能力）が認められており、その限りにおいて個人の国際法主体性を肯認できるとしている。なお岡は、さらに国際河川行政委員会やザール施政委員会のもとでの個人の地位についても論じているが、これはただ附言しておくだけにとどめたい。

これに対して、同じ国際法上位一元論の立場から横田「国際法・上巻」（昭八）は、例外的と言いながら、個人の（受動的な）国際法主体性を極めて広範にみとめる見解を表明しているのである。〈一般に法律秩序は結局には個人に対するものであり、法律上の権利義務は最後には常に個人が荷担うものである。〉したがって〈国際法が直接には国家に対している通例の場合は、直接に個人に対する法規の定立を国内法に委任しているものと考えられなければならない。〉しかしまた、〈国際法はみずから直接に個人の権利義務について規定することもできるのであり、この場合には個人は直接国際法上の権利義務をもつものとして、国際法主体とみとめられる。〉こうして横田においては、そのような権利として外交特権、諸条約上の諸権利、国際裁判所への出訴権が、また義務としては海賊行為、封鎖侵破、戦時禁制品輸送、軍事的幇助、諸条約上の義務が、すべて数えられることとなり、個人がそれらの「権利・義務を外交上でみずから保護することを得ない」ことも、国内法上の無能力者の例に照らして格別問題とはされない。そこには、個人の権利義務の国際的過程における強制・実現について、国際法上位一元論の体系内で個人から国家へのいわば逆委任が造作なく考えられているわけであり、個人の出訴権も、岡の場合とは異なって、個人の権利の加重としての意味しかもたせられなくなっているのである。

さて、田畑茂二郎「個人の国際法主体性に関する論争について」（法叢三五巻四号、三六巻二号（昭一一、一二））

は、主題の国際的研究レヴェルに身を置いて、豊富で剰すところのない文献操作のうえに、厳密な分析を徹底的に押しすすめたまさに本格的な論究である。もっともその分析の論理的枠組が素朴な形で前出・岡の論稿においてすでに与えられていることは否めない。それはともかく、田畑はまず、問題設定の適正な仕方を確定し、これとの関連において改めて謂うところの「個人」概念の吟味を行ない、「それは国家との対立に於いて把握せられる個人」でなければならず、まさにそれは Krabbe における市民、Duguit における被支配者、Scelle における被代表者なのであって、要するに国家のほかに、私的個人がその資格において国際法のなかに主体的地位をもちうるかどうかが当面の問題であることを強調している。つづいて田畑は新しい理論のなかでの学説の対立〔わが国でいえば横田と岡の対立〕がそれぞれの前提する法主体概念の違いに因るものと考え、前述・岡とは逆に、それぞれの認める「実定法的事実」の検討を通じて、それぞれの前提する法主体概念を洗い出すという論法を試みている。その結果、新理論のなかで個人の法主体性に関して二つの主体性概念〔要約のためあえて名付けるなら、直接規定説と当事者能力説〕がとり出されてくるのであるが、田畑はなお、そのどちらを採る場合にも、個人が国家と同様の意味において国際法主体であると言いうるためには、国際法が国家に妥当するのと同じ意味において個人にも妥当することが前提されているはずであるとして、この前提問題の吟味を始めるのである。その吟味の過程で、田畑は旧理論〔国家にのみ国際法主体性を限定する従来の通説〕の成立を Guerry に拠りながら追及して、旧理論が一六・七世紀の絶対主義の実践的要請に応じるところの、主権概念と国際法主体概念との等置・結合において成り立っていたことを突きとめ、さらにこの旧理論の構造が、Koordinationsrecht（G. A. Walz）としての国際法において、国家のみがそれであるところの法の合意定立への参加資格者、すなわち国際法社会構成員の概念との等置にまで理論化されていると考える。そうして田畑は、この後のほうの両者の等置を方法論的混同としながら、なおその混同の根拠を追及していくなかで、なんらかの事実的契機に媒介された法の具体的現実的な妥当という問題を掘り起こし、「法の観念的な妥当は何等かの仕方で〔それが〕事実的に実効的たりうることの〔規範的〕保障をもつことによってのみ……実定法の妥当として語りうる」ことを認めるに至るのである。こうして田畑はようやく、直接規定説のとる法主体性概念は国内法の構造に適合したものにすぎないこと、国際法と個人との関係においては法主体概念にとって当事者能力が極めて重要な意義をもつことを断言するに至るのである。なお最後に田畑が、個人の国際裁判所への出訴権の付与によって国際社会の構造変化や国際法の世界法への過渡を語ること（Politis）を戒め、また Spiropoulos の相対主義をはっきりと批判しながらも、二〇世紀初頭以降の旧理論から新理論への「立場」の転移の歴史的意味に触れていることを附言しておく必要があろう。

つづく田畑の「所謂少数民族の国際法主体性に就て」（法叢三八巻三、四、六号〈昭一三〉）は、前記論文の理論的な分析枠組をいわゆる「少数民族保護」のための諸条約に適用して、当面、少数民族の国際法主体性の肯否を論定すると同時に、自己のこれまでの分析枠組の有効性の検証とあわせて枠組の充実を図っている。すなわち、少数民族保護の諸条項に厳密に即してみていくなら、歴史的特殊事情による極くわずかの例外の場合を別として一般には、①その保護が民族集団に対してでなく、いわばたまたまそのグループに属するところの個人に対して与えられていること、②その保護のため付与されたとされる権利も、その権利の内容もさることながら、それを根拠にして少数者所属個人の国際法主体性をいうこと（例えば、大沢章「少数民族保護の法律制度」外時五六一号〈昭三〉、「実定法秩序論」〈昭六〉）は、「少数民族条款の国内法的効力に関する現実の実定法的事実から……拒否せらるべき」ものであること、③さらに少数民族保護条項の実施に対する国際保障制度のなかに見出され、ふつう請願権といわれているものも事実上の通報能力にすぎず、また上シレジアに関するドイツ・ポーランド協定のもとですら「正当な意味に於ける権利と呼ぶことの出来ない性質のもの」であって、「当事者能力を法主体性の本質的契機とする第二の立場からも……法主体性を認める可能性は全然与えられていない」ことを論証する。

その過程で注目されることは、第一には、少数民族保護条項の国内実施にかんする〈根本法条項〉、すなわち「国内保障規定」の意味確定にあたって、Walz の「優れた国際判例の分析」に拠りながら、国際裁判所が関係国内法規の抵触・不一致を判示するにとどまり、無効・廃棄を宣言するに至らない限り、この「国内保障規定」もそれ自体として当然には国内法の効力をも決定しうるものでないとして、二元論の立場からの Scelle の権限配分論や周知の法段階的委任連関論を拒んでいる点である。第二には、より重要なことであるが、Verdross のいう国際法上位一元論の委任関連においてはすべてが国際法的根本規範への相対的近遠の度合においてしか考えられないにも拘らず、かれがなぜ個人の国際法主体性を「国家に対する国際法上の出訴権」の与えられた場合に限り、そうしてこの場合個人は「国際法直接的」であると称しえているかを追及している点である。田畑は Verdross がその場合、国際法主体性を法の強制契機との関連において捉え、遡っては権利の本質的契機として強制規範への直接の関連を、いいかえれば〔二重当為命題としての〕国際法規の強制規範による実現の規範的保障を要求していることを明らかにしている。

ところで田畑は、翌昭和一四年に「国際法受範者としての国家と個人」（国外三八巻四―七号）を書き、三たび個人の国際法主体性の問題に取り組むのであるが、これは特に実質的な論争対手が新しくあってのことではなく、これまでの自己の論文において主題に関する論争の焦点が「主として、その前提する法主体性概念の相異にあるとしてのみ理解せられ、従って、問題の把握が一面的でしかなかったことを自覚するに至ったからである」。どう一面的であったかは、すでに論文の標題において予示されているが、その論究の大筋はこうである――

〈個人の国際法主体性が問われるとき、その個人とは、国家以外にその存立を認められる交戦団体その他とは異なって、国家の中にある、国家の被支配者としての地位にある単一体であることに注意しなければならない。従って、「法主体性の一般的な概念〔さきに要約の便宜上、直接規定説と表示したもの〕がとられるか、あるいは「権利の本質、法主体性の本質についてのより深い洞察に基く」ところの「法理上適正な」〔国際法適合的な〕法主体性概念〔さきに当事者能力説と表示したもの〕がとられるかにかかわりなく、いずれの場合にも、個人の権利義務を規定した国際法規、あるいは個人の国際的出訴権を規定した国際法規が、いうならばおよそ国際法がどのようにして「国家法の妥当をうくる個人に尚妥当」するかが問題であり、そのことの解明がなされなければならない。この最後の問題は、Scelle または Kelsen の場合のように、国家の団体人格を否定することで解決されるものでなく、どちらかの場合にもなお先にそれぞれ問題が残されている。〉

してみると田畑はこの論文で、もはや個人の国際法主体性の問題をつき抜けて、「国際法の国内的妥当」の問題領域にはいり込んでしまっているわけであり、いいかえれば初手からの方法論または体系論としてでなく、個人の国際法主体性の問題を介してようやく前述1の国際法・国内法の関係構成の問題に取り組むに至っているのである。事実、つづいて変型理論の検討が始められる。そうして Laband, Triepel, Anzilotti を経て Walz に至る変型理論の発展・完成の過程を跡づけ、最も洗練された変型理論を構成した Walz が国際法の現実の妥当の様態を基準にして、実質的意味における国際法（本来的意味における国際法）のほかに、形式的意味における国際法（派生的意味における国際法）すなわち国際法規範の形態において一体的な Normbestand を示しながら、国家を突き通して個人や官庁にまで直接、拘束力を伸張しているような国際法規を認めていることに注目する。ところで Walz の明言するように、この後者の伸張された国内的妥当性は常に国内法的妥当根拠に「媒介」されているものであり、そうしてこのことを Walz は実定法的事実の、すでに公知の周到な分析をもって裏付けてもいるのである。

とすれば、初めに戻って、国際法の unmittelbar な国内的妥当性がいわれ、個人の国際法主体が充分な意味において主張されうるためには、この Walz の変型理論が批判・克服されなければならない、と田畑は考える。その検討の過程で田畑はまず、Walz が国際法の国内的妥当性を国際法の「国内的運命」において理解していることを手がかりに、Walz が国際法の妥当性を国際法の規範的実効性において見ていること（裏からいえば、国際法の妥当性の限界を国際法の実施の規範的可能性の限界において見ていること）を確定し、ついでこうした Walz の法の妥当性の理解が、対立者 Kelsen の場合にさえ否定されていないことを確かめたのち、個人の国際裁判所への出訴権が認められる場合にもその出訴によって得られた国際判決の効力（実施の規範的可能性）が果たして直接個人にまで及ぶかどうかが問題であり、その意味において「問題は国際法の国内的妥当性一般の問題に立ち戻」るのであって、しかもその問題にたいする肯定的な解答は「極めて困難」であることを告白するのである。なお、田畑は最後にScelle の権限配分論をとりあげ、かれの「国家による媒介」観念の解消の試みについて批判し、その理論の底には国際法による国内法の吸収・融合の関係（個人の国際法主体性の認められるべき最後の状況）が前提されていることを指摘している。

以上、いずれにしても、前述の当事者能力説による個人の国際法主体性の肯認は、昭和戦後期の通説として定着し、「原爆訴訟」判決の根底にも据えられているが、それとともに新たな疑問を投げかけられるようにもなっている。

二

1　社会主義国の登場——ソヴェト・ロシアに関する国際法学の対応

一九世紀末から今【二〇】世紀初頭にかけて体系的完成をみた近代国際法は、資本主義的社会経済構造をもった諸国からなる同質的な国際社会をその妥当基盤としていたのであるが、この同質性はソヴェト・ロシアの登場によって失われるに至った。それゆえ、第一次大戦後の国際法学においては、社会経済構造を異にしたソヴェト・ロシアと資本主義世界との間にどのような交際が可能なのか、またそれはいかなる法によって規律されるのかが、まずもって問われなければならなかった。

ところで、ソヴェト・ロシアと資本主義世界の最初の接触は、後者による対ソ干渉戦争であった。しかし、不思議なことに、国際法学からの対ソ干渉戦争の検討は、日本はもちろん欧米においてもほとんど見られない。こうした状況自体、興味ある検討課題であるが、いまは触れないことにしよう。社会主義国家の出現の国際法的意味に関する理論的考察が現われるのは、対ソ干渉戦争も終了し資本主義世界との平和的交際が始まった一九二〇年代半ばのことであり、しかも、それはまずソ連の側から出されたのである。コローヴィン「過渡期の国際法」（一九二四年、米村正一訳「過渡期国際法」（昭八））が、ソ連と資本主義世界の両者に妥当する一般国際法の存在を否定し、もっぱら両者の妥協に基づく過渡期の国際法を説いていたことは、周知のとおりである。このコローヴィンの理論は、間もなく、パシュカーニス「国際法概論」（一九三五年、山之内一郎訳「ソヴェート国際法概論」（昭一二））によって批判され、パシュカーニスもまたヴィシンスキーによって批判されるのであるが、これらの論者の著作が日を経ずして翻訳紹介されていることは、ソヴェト国際法学への関心の高さを示すものと見てよかろう。

さて、資本主義諸国がソ連との交際を始めようとするとき、まず問題になるのはソ連政府の承認であった。日本の国際法学界でソ連の登場に最も大きな関心を抱いていた安井郁は、「労農政府の承認に対する米国の態度」（国家四六巻八号（昭七））で、アメリカのソ連承認を妨げている理由が資本主義と社会主義の根本的対立に根ざすものであって、資本主義国家一般に共通の問題であること、それにも拘らず英仏伊日の諸国が早くにソ連を承認したのは、各々の政治的経済的思惑から妥協したからであって、アメリカの承認が遅れているのはあくまで原則に固執しているからだと説いている。資本主義諸国の対ソ承認をもっぱら「妥協」として理解する点に、コローヴィンの影響を見てとることができよう。

ソ連政府の承認を妨げていた法的問題の一つは、資本主義諸国の革命運動に対するソ連の支援であった。資本主義諸国はこれをソ連による内政干渉であるとして、その中止を対ソ承認の条件としたのである。この点は、国際法学においては、コミンテルンの活動に対するソ連の国家責任の有無という形で議論されることとなった。高柳賢三「党独裁制と国家責任」（国外三二巻二号（昭八））は、ソ連政府とソ連共産党の関係につき、①ソ連を代表するのはソ連政府であり、ソ連共産党は私的団体である、②ソ連の真の政府はソ連共産党であり、ソ連政府はその機関にすぎない、③ソ連共産党はソ連政府の機関である、という三つの説を紹介し、第二又は第三の説をとる場合には、ソ連は、ソ連共産党およびそれが指導的地位を占めるコミンテルンの活動につき、国家責任を負わなければならないとする。また、安井郁「世界革命運動と国際法」（国家五一巻一〇、一一号（昭一二））も、高柳と同様の三説を紹介・検討したのち、「ソヴェート連邦が一般国際法及び宣伝禁止協定に基き、コミンテルンの世界革命運動に就て一定の義務を負っていることは疑をいれぬ」と結論している。しかし、問題を資本主義と社会主義の根本的対立という視角から見るとすれば、そもそも従来の国家責任論そのものが、社会主義国家に妥当するものかどうかが検討されなければなるまい。高柳の議論にせよ安井の議論にせよ、それらはともに、既存の国家責任論がソ連にも適用あることを前提として、その適用の仕方を論じたものであった。

これに対して田畑茂二郎は、ソ連の一党独裁制やナチ独裁の登場によってもたらされた国家責任論の「危機」の意味内容を問題にする。国際法における個人の地位を追及してきた田畑は、「私人行為に依る国家の国際責任」（法叢三九巻五、六号（昭一三））において、従来の国家責任論が国家と個人の間のいかなる関係を前提としていたのかを問い直して、次のように言う。「私人行為と国際責任とを結ぶモメントは、所謂国際標準の国家――近代法治国家・文化国家としての国家の領域高権に基づく相当なる機能の中に求められるべき」である。つまり田畑は、外国人の保護に関する国際標準主義が一般国際法であるとしたうえで、ソ連の登場が「所謂国際標準国家の機能の変質、別言すれば国家の所謂国際標準そのものの崩壊を意味する」という内容で、国家責任論の危機を理解したのである。

田畑自身は、この危機がどのような形で克服されうるかを示してはいない。しかし、資本主義国と社会主義国の両者に妥当する国際法規を探求する場合、以上のような伝統的国際法の歴史的性格の解明は不可欠の前提作業であった。そして田畑の分析は、「近代法治国家・文化国家」という特定の歴史的国家像と結びついた国際標準主義が、第一次大戦後の国際社会においては、もはや一般国際法たりえないことを示唆していたのである。

2　植民地体制の動揺——委任統治制度

国際法の妥当基盤の変容という点では、委任統治制度にも触れておく必要があろう。もちろん、アジア・アフリカ地域の植民地が相ついで独立を達成し、国際社会の構造変化が叫ばれるようになるのは、第二次大戦後もかなりたってからの一九六〇年代のことではあるが、植民地独立付与宣言に代表されるような国連での反植民地主義の主張が、信託統治制度や非自治地域制度を手がかりとして展開されたこと、そして、これらの制度が国際連盟の委任統治制度を継承発展させたものであることは、いまさら言うまでもない。

さて、委任統治地域に関して特に議論が集中したのは、委任統治地域の主権（あるいは領有権）の所在の問題であった。とりわけ日本においては、日本自身が南洋諸島の受任国であり、しかも一九三五年（昭和一〇年）には国際連盟を脱退したこともあって、連盟脱退によって委任統治が終了するのか、その前提として委任統治地域の主権を誰が持っているのかが問題とされたのである。(1)もし、委任統治地域に対する主権を連盟自身が持っているとすれば、連盟は受任国の脱退に際して、あるいは脱退前においても、施政の委任を撤回することができることになろう。連盟主権説のわが国における代表的論者は横田喜三郎であったが、彼は、委任統治に関する条約上の規定が複雑に矛盾しているために、実定法上で決定的解決を得ることは不可能であるとして、次のように言う。「委任統治の制度の精神から見れば、明白に連盟に管轄権がある。(2)統治の実際から見ても主たる同盟連合国が現実の統治に何らの統制も及ぼさないに反して、連盟は年報の審査と委任条項の決定によって二重の統制を及ぼすから、連盟に管轄権があると見るのが適当である」（横田「国際法・上巻」〔昭八〕）。

しかし、連盟規約をもその一部とするヴェルサイユ条約の諸規定が相互に矛盾している以上、別の解釈も可能であった。立作太郎「委任統治制度論」（法協五〇巻八号〈昭七〉）は、ヴェルサイユ条約第一一九条の「独逸ハ其ノ海外属地ニ関シテ有スルスベテノ権利及ビ権原ヲ主タル同盟及ビ連合国ノ為ニ放棄ス」という規定に依拠して、委任統治地域の領有権は主たる同盟及び連合国が共同的に保持し、その統治権（立の用語法では主権）[3]だけが受任国に委任されたと解していたし、田岡良一「委任統治の本質」（昭一六）は、主たる同盟および連合国の共同領有権は受任国決定までの暫定的なものであったとして、受任国決定後は受任国が主権を有すると主張していた。そうして、横田が委任統治制度の精神と統治の実際を論拠にしたのに対して、立および田岡は委任統治制度の成立過程を論拠として、受任国の選定から受任地域の配分、委任状の作成という一連の手続が、すべて主たる同盟および連合国の手によって進められ、国際連盟はその委任状を確認し、提出された年報によってその履行を監督する権限しか持たないことを指摘したのである。

周知のように委任統治制度の設立は、直接的には、植民地獲得をめぐる英仏日などの諸国と合衆国との矛盾の結果であって、その実態においては旧来の植民地体制とほとんど変るところはなかった。そうした実態にてらしてみれば、連盟主権説は委任統治制度を不当に美化するものであり、逆に、田岡の受任国主権説やその論拠としての委任統治制度の成立過程の分析は、そうした連盟主権説に対するイデオロギー批判として機能するものであった。しかし、他方で、委任統治地域の植民地的実態の暴露が受任国主権説という解釈論の形で展開された場合には、それは植民地的実態をそのまま肯定する議論となる危険性を持っていた。委任による統治という理念と植民地という実態との矛盾は、結局のところ、植民地支配そのものの否定によって止揚されるほかはなかったと言えよう。もちろん、そのためには植民地解放闘争の一層の前進が必要であったのである。

（1）　したがって、議論の対象はもっぱらＢ式およびＣ式委任統治地域ということになる。本稿で紹介する諸説もＢ式・Ｃ式委任統治地域を対象としたものである。

（2）　横田は、国際法上位の一元論の立場で、委任統治を「直接国際行政」という範ちゅうでとらえるから、主権ではなく管轄権という用語を用いる。しかし、それが一般に言う主権と同じ内容のものであることは横田自身も明示している。
(3) 立は、領域そのものに対する処分・収益の権利と住民に対する支配権を区別し、前者を領土権、後者を主権と呼ぶ(立「国際法上の主権及領土権」国家四七巻四号〔昭八〕)。

3 国際平和・安全保障の制度化の要請(一)——戦争の違法化

第一次大戦後の国際法をその規定内容という点から見る場合には、検討されるべき現象は多い。しかし、とりわけ大きな変化は戦争違法化の動きであった。なるほど連盟規約自身は、一定の平和的紛争解決手続を踏まないで行なわれる戦争を禁止したのみで、必ずしもすべての戦争を禁止したわけではなかったが、しかし、戦争の違法化は、単に新しい不法行為類型の創出にとどまらず、国際法全体の規範論理構造に質的転換をもたらすはずの問題であったから、連盟規約の戦争禁止規定がいかに不十分なものであれ、それはやがて不戦条約による戦争の全面的禁止に、さらに、戦後の国連憲章による「武力による威嚇又は武力の行使」の禁止へと発展せざるをえなかった。また、それに伴って、中立制度や自衛権等の既存の国際法規も根底的批判にさらされることとなったのである。それでは、こうした戦争違法化の論理構造はどの程度理解されていたであろうか。

戦争違法化に関して、日本の国際法学界で主として議論されたのは、連盟規約および不戦条約によって禁止された戦争の範囲であった。とりわけ伝統的国際法において戦争という概念は、戦時国際法の適用される「状態」という特殊な意味内容を与えられていたから、単に戦争を禁止すると言った場合には、そうした伝統的国際法上の意味での「戦争」のみが禁止されたのか、それとも実質的意味での戦争(多少とも全面的な武力行使)が禁止されたのか、争われることとなったのである。そうして、松原一雄「不戦条約及連盟規約に於ける戦争の地位」(志林三五巻一号〔昭八〕)は、連盟規約・不戦条約ともに伝統的国際法上の意味での戦争のみを禁止したものと解していたし、立作太郎「満州事件と兵力の行使」〔国外三二巻一号（昭八）〕は、連盟規約は実質的意味で、不戦条約は伝統的国際法上の意味で理解しつつ、不戦条約第二条で一切の武力行使が禁止されたと解釈していた。しかし、伝統的国際法上の戦争概念はそもそも戦争違法化には真になじまないはずのものであるから、解釈によってそれらの両立を計ろうとする以上の主張は、現実的には、伝統的国際法上の戦争概念を維持することによって戦争違法化の意味内容を限定するという機能を果たしたのである。

戦争違法化を、解釈の次元ではなく、国際法の論理構造の次元でとらえようとしたのは横田喜三郎であった(1)。国際法学への純粋法学の導入に努めていた横田がこのような視角に立ちえたのは、決して偶然のことではない。横田喜三郎「戦争の絶対的禁止」〔外時六三二号（昭六）〕は、不戦条約による戦争の全面的禁止と連盟の制裁体制を結合しようという一九二九年以降の連盟の試みを、次のように評価している。〈規約改正案によって、戦争は単なる条約違反の行為ではなく国際犯罪となった。従来のように、戦争をしかけられた国が私の問題として単独に応戦するのではなく、国際団体が公の問題として団体的に制裁を科すことになる。〉

横田による戦争違法化の構造的理解は、中立制度に関する議論を見る時一層明らかになる。【第二次大戦後石本泰雄が鋭く指摘するように(2)、戦争の違法化と中立制度の崩壊ないし変質とは表裏するものだからである。ところで、連盟規約の成立による中立制度の動揺ということ自体は、すでに早くから指摘されており、たとえば、立作太郎「国際連盟と中立関係」〔国家三四巻七号（大九）〕は、連盟規約第一六条に定められた連盟国の地位（制裁者としての地位）が、中立国の義務と両立しえないことを明らかにしていた。しかし、ここでは、国際社会の大多数の国が交戦国となることによって生じる中立制度の事実上の動揺が問題とされているだけで、中立制度そのものの崩壊ないしその差別的適用という視角はまったく存在していない。

これに対して横田喜三郎は、「侵略的に戦争に訴えたものにも、全く防禦的にこれに応じるものにも、全く平等な公平な態度をとる中立は決して合理的なことではなく、組織された社会ではありえないことである」〔横田「アメリカ中立法の研究」中村進午博士追悼記念「国際法政論文集」〈昭一五〉という認識に立っている。横田が分析の対象としたのは主として合衆国の中立法であるが、彼は右のような認識に基づいて、合衆国の中立法が内容的には孤立主義的であるが、その実際の適用は戦争の防止又は侵略に対する制裁という方向に向かっていることを、肯定的評価をこめて指摘したのである。

総じて、横田による戦争違法化の研究は、当時において最も高い水準に達していたと言えよう。しかし、それにもかかわらず、横田が戦争違法化の意義を全面的に把握していたかどうかは疑問である。第一に、横田の議論はすべて、戦争または戦争の脅威は連盟全体の利害関係事項であると宣言した連盟規約第一一条に基礎をおくものであって、等しく戦争違法化の帰結とはいえ、「戦争概念」そのものの「転換」などにはまったく触れていない。このことは、横田における国際法の歴史的構造分析の欠如と無関係ではあるまい。第二に、横田喜三郎「非交戦状態の法理」〈法協六〇巻四号〈昭一七〉〉は、中立義務に違反する非交戦状態の違法性を、侵略の防止を理由として阻却できるかと設問して、次のように答えている。〈中立国が侵略の防止を理由として交戦国の一方に特別の援助を与えることは、理論的には相当な理由があるとしても、実定国際法上はまだ十分な根拠はない。不戦条約違反国に対して中立義務を守らなくてよいとか、被侵略国に特別の援助を与えてもよいということは、不戦条約自身に含まれている意味ではなく、そこから論理的にひき出される帰結でもなく、新たにつけ加えられたことである。〉この論法でいけば、不戦条約違反の戦争もそれに対する制裁も、ともに戦争という同一概念で把握されることになろう。つまり、戦争の違法化が単なる条約違反の行為に逆もどりしてしまったのである。戦争概念自体の「差別的戦争概念への転換」ということは、当時すでにCarl Schmittによって指摘されていたことであるが[3]、それが日本の国際法学界においても広く認められるようになるのは、戦後のことであった。

（1）　このことは、横田が不戦条約などの解釈をしていないことを意味するのではない。彼は伝統的国際法上の戦争の意味で不戦条約を解釈しているが、こうした解釈と戦争違法化の論理構造分析は、横田にとっては全く別次元の問題である。横田

「満州事件と国際法」（国外三一巻四号〔昭七〕）参照。
（2）石本泰雄「国際組織と中立」（国外五五巻一号〔昭三一〕）。
（3）Schmitt, C., Die Wendung zum diskriminierenden Kriegsbegriff, 1938, S. 42-43.

4　国際平和・安全保障の制度化の要請（二）——自衛権

戦争の違法化は自衛権概念にも大きな影響を与えるはずのものである。自衛権自体は伝統的国際法の時代から主張されているが、平時・戦時の二元的構造を持った伝統的国際法のもとでは、自衛権の行使が、目的において無制限な武力行使である戦争に転化するのを阻止する歯止めはまったく存在していなかった。戦争違法化は、自衛権を真に法的な制度とするための条件を与えたと言うことができよう。

「自衛権の行われる為には、自衛を行う者の挑発せざる、他よりの不法の攻撃に因る危険に基きて、法益防衛上の緊急の必要を存することを要し、且つ自衛の為めに行う所の防衛的措置が、法益防衛の必要の程度を逸せざることを要する」（立作太郎「自衛権概説」国外三一巻四号〔昭七〕）。この言葉は当時の日本の国際法学界における通説的な自衛権理解を示すものと言えよう。ここでは、私人に対する急迫した権利侵害に対しても国家の自衛権行使が許されるとされている点が問題であるが、一層注目されるべきことは、その実際の適用であった。

自衛権の適用が実際に問題になったのは、言うまでもなく満州事変に際してであった。国際法学者の多くは、日本政府の主張そのままに、それを自衛権の行使であると説明していたのである。満州事変が日本軍の陰謀であったことは今日では立証済みのことであるが、当時の条件のもとにおいても、鉄道爆破につづく満州一円の占領までもが自衛権によって説明しうるかは、問題となりうることであった。事実、横田喜三郎は、自衛権理解については立と見解を同じくしながらも、最初の衝突はともかくその後の行動までがすべて自衛権によって是認されうるか否か十分問題になり得る、と批判した[1]。しかし、たとえば米田実「満州事変と自衛権」（外時六四六号〔昭六〕）は、圧倒的少数の日本軍守備隊が二〇倍以上の中国軍に対抗する為には先制的武装解除が必要であったと主張していたし、立作太郎「満州事件と兵力の行使」（国外三二巻一号〔昭八〕）も、説明抜きで、日本軍の行動は自衛権行使であり、仮りに自衛権行使に当たらないとしても、国際紛争を解決する為の武力行使ではないから、連盟規約にも不戦条約にも違反しないと主張したのである。

要するに、この時点における通常の自衛権理解は、私人への権利侵害に対しても国家の自衛権行使を認める点で、なお伝統的国際法の影響を脱しきれておらず、かつ適用の仕方もきわめて恣意的であったと言えよう。概念内容とその適用に際しての姿勢はいちおう別の問題ではあるが、横田喜三郎のように厳格な適用の仕方をすることは、実際には例外的であった。

なお田岡良一は、自衛権をもっぱら戦争違法化の付随的概念としてとらえ、したがって、自衛権の行使はまた、武力攻撃に対してのみ許されることを、ロカルノ条約以降の用語例や不戦条約締結時の解釈公文を根拠にして指摘した（田岡「不戦条約の意義」法学一巻二号〔昭七〕）。もっとも田岡は、国際社会においては違法行為に対する救済が組織的に保障されていないことを理由として、そうした自衛権概念を批判するのであるが、しかし、国際社会における権利救済手続の不備が問題であるならば、ことは戦争違法化そのものの批判にまで行かざるをえない。「不戦条約は法の理想に合せざる悪法」（田岡「疑うべき不戦条約の実効」外時六五四号〔昭七〕）となるのである。自衛権が、規範のうえではあれ、戦争違法化および集団的安全保障体制との有機的連関のもとでいちおう明確な位置付けを与えられるのは、国連憲章においてである。

（1）　横田喜三郎「満州事変と国際連盟」（帝国大学新聞、昭六・一〇・五号）。ただし、江川英文「満州事件に関する主要論文要旨」（国外三一巻四号〔昭七〕）による。

5　国際平和・安全保障の制度化の要請（三）——国際裁判の研究

横田喜三郎の長篇の助手論文「国際裁判の歴史的研究」（国家三七巻二—八号〔大一二〕）の冒頭に記されているとおり、〈国際裁判制度の確立・拡充は、戦後の国際社会において国際法が法秩序としての機能を完うし、その法的性格を実証しうるためには不可欠の「エレメント」であると同時に、国際紛争を「平和と正義との要求する所に従って」解決し、国際平和を確保するうえで必須の「ポスチュラート」である〉と考えられた。そうして事実、国際連盟規約に基づいて、連盟の一自治的機関として常設国際司法裁判所が設立され、一九二二年からはその業務を開始していたのである。ところで、横田の右の論文は、かれの国際裁判研究の手はじめに、「過去に於ける国際裁判の発達の経路と原因とを討ね、現在の進境を検し、進んで将来に於ける発展の方向と可能とに付いて一面の考察」を試みるというアンビシアスな作品であって、国際裁判の発達の歴史を、それぞれに支配的な裁判所の構成を基準にして、①一八九九年に至るまでの対事〔個別〕仲裁裁判の時期、②一八九九年から一九二〇年に至るまでの常設仲裁裁判の時期、および③一九二〇年以降の常設司法裁判の時期の三期に区別しながら、極めてエキゾースティヴな考察を丹念に展開し、裁判所の常設性の達成と義務的裁判（裁判所の強制的管轄）の成立とを跡づけているのである。そうして驚くべきことには、そのなかで国際裁判制度の研究に必要なもろもろの概念規定のほとんど全部が提示されているばかりでなく、一一年後に公刊された「国際法・下巻」での国際裁判に関する体系的論述の原図が既に出来あがってもいるのである。

さて、この論文のあと、横田は「国際裁判と調停との有機的結合」に触れ（国外二八巻四、五号〔昭四〕）、ついで国際裁判の性質決定に重要な関係をもつ「国際裁判の準則」の分析を試みた（法協五二巻一〇、一二号〔昭九〕）うえで、国際裁判に関する諸条約の規定に基づいていわば内在的に「国際裁判の本質」を確定し（国家五〇巻三—六号〔昭一一〕）、さらにこの確定をより深めるために、他の法領域での裁判との比較においていわば外在的に考察する「裁判理念型と国際裁判」（法協五五巻四、五号〔昭和一二〕）を発表し、また「『衡平と善』による裁判」（法協五六巻五号〔昭一三〕）および「国際裁判と衡平」（法協五六巻七、一〇、一一号〔昭一三〕）において、衡平の意義と適用の程度（衡平の裁判上の三つの機能）を考察したのち、法による裁判かどうか学説上争われることの多い「仲裁裁判の法的本質」を仲裁判決の事例に即して確定している（国外三九巻九号〔昭一五〕）。このような一連の論究の積み重ねのうえに、それらを総括するところの大著「国際裁判の本質」が昭和一六年には公刊された。もっともこの大著は、国際裁判すなわち国際司法裁判と国際仲裁裁判のそれぞれがはたして紛争の法的決定なのかどうかという、裁判本質論の一つの問題にその焦点をしぼり、それについて体系的な論述を展開しているのである。なおその間に、横田は、国際裁判の対象を裁判義務範囲の限定ないし裁判管轄の配分の観点から種別するところの「法的紛争の概念」についての綿密な考察を行ない（国外三八巻一―六号〔昭一四〕）、国際裁判機能の実効性の制度的保障の度合測定をするための「義務的裁判の理念型」の構成を試みるという仕事もしている（国家五一巻七、八号〔昭一二〕）。

以上のように、この時期における国際裁判の理論的研究が、横田によってリードされ、その水準を高められていったことは疑えない。しかしまた同時に、多くの国際法研究者が恰好のテーマとして国際裁判をとりあげ、それぞれに寄与するところのあったことも確かなことであるが、それらの論稿をここにいちいち紹介する余裕はない。ただ最後に、この時期における国際裁判への研究関心が国際紛争平和的処理方法の体系構成に及ぼした副作用ともいうべきものについて指摘をしておくこととしたい。ひとびとは国際裁判を重視し、あるいはそれに期待を寄せた結果、国際紛争平和的処理の諸方法を、国際裁判を終極点とする単線的系列において捉えるという誤りに陥っている。このことは、国際裁判を「狭義の国際司法」とよび、これに「準じるものとして」その他の処理方法を国際調停に一括して「広義の国際司法」とよび、さらにこの国際調停を、調停者の地位と機能度合を基準にして、狭義の調停（国際調停委員会の調停）、広義の調停（連盟理事会の審査）および最広義の調停（事実審査委員会の審査、仲介、周旋）に分類する横田（国際法・下巻）の場合、顕著である。しかし、ある程度同じことは、昭和戦後期の現在もかなり広く採られているところの体系、すなわち国際裁判を国際紛争平和的処理の「実効的手段」と名付け、その他を一括して「補助手段」と呼ぶ田岡良一「国際調停の意義」（国外三八巻二号（昭一四））、「国際法学大綱・下」（昭一四）のそれにも言えるであろう。これらの平板な理解は、「紛争種別」の問題が確かにその発生の場を裁判条約のなかにもつとはいえ、それをそれだけの問題に矮小化してしまい、さらにこれを権利紛争（静的紛争）と利益紛争（動的紛争）との類別に一般化して（Morgenthau, La notion du “politique” et la théorie des différends internationaux, 1933. および田畑茂二郎「国際裁判に於ける政治的紛争の除外について」法叢三三巻五号（昭一〇））、そのうえそれを紛争平和的処理方法の体系の複線的系列構成の基礎に据えるまでに至らなかったことに因るものと思われる。その結果は、一方では組織的仲介とみられるはずの「連盟理事会の審査」の体系的位置づけを誤り、他方では、連盟理事会の普遍的な紛争処理介入権に対抗するものとして戦後に初めて創出されたはずの「国際調停委員会による調停」制度の屈折した性格の矛盾を捉ええず、またその歴史的系譜をも曲げるということになるであろう（祖川「国際調停の性格について」、京城大学法学会論集一五冊（昭一九））。

（1）　田岡良一「法律紛争と非法律紛争との区別」（法学七巻六、七号（昭一三））は、ロータパクトの学説批判の角度から、紛争種別の三つの構成について吟味を加えている。

三

1　いわゆる「時局」の発展

第一次大戦終了後から昭和初期にかけての日本の外交は基本的には、戦後恐慌につづく慢性的不況、農家経済の深刻な悪化、入超の激化・累積と為替危機、そうしてこれらに対処するための相次ぐ救済的インフレーション政策に規定されて、いわゆる幣原協調外交に象徴されるように、守勢的・協調的であるほかはなかった。宿願の金本位制への復帰も、最も遅れてようやく一九三〇年にはいっておこなわれた。なお、右の過程のなかで、銀行、重化学工業をはじめ産業諸部門において集積集中が一段と進み、独占形態が発展して、財閥支配が高い比重を示すようになったことは言うまでもない（揖西ほか「日本資本主義の没落・Ⅰ」〔昭三五〕参照）。

ところで、いわゆる戦間期の日本の外交は一九二七年（昭和二年）田中義一内閣によって積極外交に転じたといわれる。しかし、同年三月の金融恐慌は日本の植民政策の一つの破綻をも意味するものであったが、それはそれなりに収拾された。また、同年五月の山東出兵、翌三年四、五月の済南出兵および六月の張作霖爆殺は、中国国民革命軍の北上を阻止し、中国の国民的統一の努力に対抗して、日本の特殊勢力範囲の維持のため結託してきた地方軍閥に対する締め付けの強化をはかることを当面の狙いとするものであった。

日本が公然と植民地再分割・広域ブロック形成の軍事行動に乗り出すのは、一九二九年に始まる世界恐慌が一九三〇年春以降本格的な発展を示し、わが国では昭和六年、軍部ファシスト分子の桜会と右翼の共謀・三月事件、つづく満州での中村大尉事件や万宝山事件を露払いとして、九月柳条溝事件をきっかけに「満州事件」が開始されてからのことである（前掲書・Ⅱ〔昭三六〕参照）。さて、国際的にも、ブロック経済化の対立の激化するなかで、一九三七年（昭和一二年）には第二次日中戦争が始められ、その後も、一つの侵略・占領はつぎつぎに新たな侵略・占領を生み出し、ブロック・自給圏の拡大がはかられていったのであるが、一九四一年の太平洋戦争開始以後は、国際経済との残されていた関係も完全に断ち切られ、いよいよ大東亜共栄圏・東亜新秩序の建設とアジア諸民族解放の聖戦完遂とが宣言・声明されるに至った。しかし、このようなうるわしい宣言・声明に蔽われつつ、国内もさることながら、広大な占領地域全般においてどのような収奪・従属・荒廃が行なわれ、ついに「崩壊」の到来をみるに至ったかは、「前掲書・Ⅳ」(昭三九)、とりわけその四章四節について学ばれるべきであろう。

2　国際法学界の対応

さて、満州事件の勃発以後、「事変」や戦争法に関連した論文・時論が目にみえて増えていることは言うまでもない。ただ、それらを概観することはとうてい不可能であり、また必要とも思われない。ここではいわゆる「時局」にたいする「国際法学会」のいわば組織的な動きを軸にして、学界の側の対応をみていくことにしよう。

国際法学会は満州事件に際して国際法外交雑誌特輯号を二回(三一巻四号〈昭七〉、三二巻一号〈昭八〉)にわたって編集し、自衛権、連盟規約その他の諸条約との関係、スティムソン主義などに関する論稿を載せたほか、事件の経過、関連主要論文要旨、内外新聞論調、外交文書の収集まで行ない、関係資料の貴重な収録を残してくれている。そのなかで、横田喜三郎「満州事件と国際法」(国外三一巻四号〈昭七〉)が情報の不明確を理由にした仮定論法の形式を巧みに採りながら、日本の軍事行動が自衛行為と認め難いこと、新政権の樹立への関与は不法な干渉となる惧れのあること、事件処理のための国際連盟の介入は規約上当然であること、また事件は不戦条約(二条)にも九国条約(一—五条)にも触れる惧れのあることを、論証を積み重ねて明言していることは注目されなくてはならない。(1)なお、その後、第二次日中戦争の開始ののち程なく、南京空爆にさいしての防守都市をめぐる立・田岡の論争は記憶に残るものであり、田岡の多年の研究(「空襲と国際法」〈昭一二〉その他)をふまえての「防守」概念の闡明は第二次大戦後の「原爆訴訟」判決へとつながることとなるのである。しかし、第二次日中戦争の開始にあたっても、また防共協定や三国同盟の締結に際しても国際法研究者の側からの問題へのめぼしい取り組みが見られないのは、連盟脱退後のことであり、事柄はもはや政策論の分野へ押しやられていたからなのであろうか。

ところで、国際法外交雑誌四一巻三号(昭一七)会報欄の理事長山田三良の報告によると、国際法学会は、日米関係の悪化するなかで、一五年八月、カーネギー平和財団から補助金交付中止の通告を受け、学会としてもかねてからその辞退を考えてもいたので、これを機会に財団法人への改組を進め、昭和一六年一二月八日、設立許可申請書を提出、同月下旬にはその許可を得たという。そして、従来の月刊機関誌発行のほかに、「新たな事業として」時局にともない提起される諸種の問題に関して全国的な学者・実務家の共同調査・研究を組織し、「内は以て東亜新秩序の国際法的体制化を促進し、外は以て世界新秩序の確立竝に世界国際法の改善に貢献せんことを企図」して、①時局問題特別委員会、②戦時国際法特別委員会、③東亜国際法特別委員会、④東亜新秩序特別委員会を設置することとした。その発足後一年余りの期間の運営は、同誌四二巻五号（昭一八）の会報欄・事業報告に詳しく述べられている。それによると、右の①、②の委員会は合せて三十数回会合し、主に戦時法に関する実務上の諸問題を細かくとりあげて報告・討論しており、これにたいして、③、④の委員会および④の小委員会はそれぞれ十数回会合し、広域秩序の基礎理論をはじめ、東亜共栄圏建設に関連する諸問題を取り扱っている。もちろん関係者の取り組み方、問題の受けとめ方は各人各様であったはずであるが、ことにこれを機会に、やがて中国や南方地域についてのエリア・スタディともいうべき特殊研究ないし歴史的研究が現われてくることは、国際法外交雑誌（四一巻一号〔昭一七〕以降）時評欄に広範な事件や問題のコメントが極めて数多く残されていることとともに、注目に値いする。なお、国際法学会は大東亜国際法叢書の公刊を企画し、昭和一七年末にはまず安井郁「欧州広域国際法の基礎理念」、松下正寿「米洲広域国際法の基礎理念」が刊行された。これとは別に、Giese und Menzel, Vom deutschen Völkerrechtsdenken der Gegenwart, 1938 や Walz, Inflation im Völkerrecht der Nachkriegszeit, 1939 が安井郁によって紹介（それぞれ法協五九巻八、九号、同五九巻一号〔昭一六〕）されており、また Carl Schmitt の Völkerrechtliche Grossraumordnung, 1939 その他も読まれてその広域内での指導的地位を占める Reich の概念が、域外諸国の干渉禁止の原則とともに、ひとびとの関心の的となったことも確かである。こうして、新秩序論やその準備的な研究作品の数は決して少なくない(2)が、それらは、モンロー主義や米州国際法の研究にともかくはいるものは別として、昭和戦後期の国際法研究につながってもいないので、ここでそれらの内容にまで触れることは見合せたい。しかし、この時期に書かれた田畑茂二郎の次の二種類の論文は、やはりとりあげておく必要がある。

(1)　田畑茂二郎「国際法秩序の多元的構成」(法叢四七巻三号、四八巻二、六号〔昭一七、一八〕)は、国際法秩序がこれまで自覚的にあるいは漠然と一般にそう考えられていたように、それ自体統一的な構成をもつ完結した法秩序であるかどうかを改めて問い直し、むしろ多数の個別的な国際法秩序の集合より成る多元的な構成を有するものと見ることの検討を試みている。さて田畑によると、右の統一を基礎づけるものはいわゆる一般的国際法の存在であるが、なかでも、統一性の契機となりうると考えられるのは、①国家承認の要件を規定する規範と、②条約成立の基本形式を規定する規範である。ところで、まず前者①についていえば、〈国家承認は一般国際法の規定するものとして一般国際法を前提して行なわれる行為とはみとめられない。第一に、いわゆる承認の要件を欠く「違法な承認」は、本国に対する関係での責任問題は別にして、それとしては無意味であり、したがって謂うところの要件は「法的な……意味に於ける要件ではなく、単に事実的な論理的前提たるにすぎない」。〉第二に、〈承認行為の個別性と法的効果〔創設的効果〕の相対性は疑えないが、それならば国家承認は一般国際法に基づく法的行為であることができず、一般国際法を前提とする制度とはみられなくなる。〉

要するに、国際法の統一的秩序としての構造とそれに連れて国際法団体の統一的性格とが疑われ始めた以上、右の第二のディレンマを「国際法団体への加入」によって処理する途は、いまは以前のように取れないわけである。こうして田畑にとって、国家承認は「法を前提しない世界の中に於て行われる行為」であり、「第三国との関係をはなれ、承認国家・被承認国家相互間に於てのみ意味をもつ行為」であり、「夫々の国家の為す双方行為」、「それ自体実定法的な関係をもたらし乍ら、然も尚、その前提として実定法的なものを予想しえない究極的な合意」、すなわち〔かつては批判された〕Anzilotti などのいう「国家相互間の原初的合意」として見られるほかはなくなるのである。〈この合意によって国際法関係を形成していく能力は、一般国際法によって付与され限界づけられるものではなく、国家たる限り本来的に原初的に固有しているものと考えられなければならない。〉そうして、「その意味において、国際法秩序は、あらゆる国家が国家たるかぎり自由に国際法関係を形成しうるものとして、外に対して自由に開かれた、統一的な限界を知らない秩序」と考えられてくるのである。

では、後者②の一般国際法の規範、つまるところ pacta sunt servanda の原則についてみていくと、この原則は確かにあれこれの国際法関係形成の形式にともかく共通性のあることを表わしていると見られるが、しかしその共通性はそれら国際法関係全体の統一を必ずしも意味しない。「法の妥当を実在的に制約する客観的な規範」としての根本規範でもって右の統一をいいあらわすなら、右の共通性は根本規範の同一を必ずしも意味しない。この同一を、Kunz のように共通な条約遵守の現実の法経験に基づいていいわば下から逆に証明することは許されず、また Verdross のように上から自然法上の自明の公理として抽き出すことも許されない。pacta sunt servanda の原則も本来「それが適用せられる具体的な……生活関係をはなれては、全く無意味な原則」であるはずでありながら、しかもそれは、「ただ、条約の妥当を現実に制約しているそれぞれの〈歴史的社会的に限定された〉客観的価値乃至は理念のもつ特殊性を捨象し、条約遵守という共通面のみを抽象したもの」としてたてられており、したがって「すべてを一つの統一秩序の中に包摂」するようなものではありえないのである。

そこで田畑は、この抽象的な原則を越えて、ほかになお国際法を統一的秩序たらしめる法的価値ないし理念はないのかどうか、そうして近代国際法の全世界的な普遍化が普遍的な価値ないし理念に基づく統一的法秩序の普遍化を意味することにならないのかどうかをもう一度問うてみる。しかし田畑によると結局のところ、「近代国際法は現在に於てはヨーロッパ外の異質的な国家に対しても普遍的に妥当するもの」となり、そのもとでは条約が締結されて国際法が妥当していくために「必ずしも締約国相互の間に根本的な価値意識の共通性があることは必要とせられない。条約は条約なるが故に、ただその故のみを以て遵守せられねばならない〈と信じられている〉ものなのである。」このような原則意識は〈近代国際法の抽象的形式的な一般的性格を示すものであり、したがって、近代国際法が真に統一ある秩序を成すことなく、「それぞれ異った法的価値・法的理念を前提とするさまざまな特殊秩序の存在を、その中に容れうるが如き多元的な構成を有していることを示すもの」なのである。こうして最後に、当面必要な二つの具体的なテーゼが述べられる。第一に、〈わが国の開国は欧米諸国による「国際法団体への受容」と考えられるべきでない。わが国は本来国際法関係形成の能力を有していたと考えられるのであり、したがって近代国際法への接触にもわが国による主体的な摂取の過程が予想されるものである。〉第二に、〈広域国際法秩序の提唱は、近代国際法の抽象的な性格の（圏内での）止揚を目的としているものの、必ずしも国際法の全部的変革を意味しない。近代国際法は統一秩序ではなく、多元的構造を備えているものであり、したがって広域国際法秩序をいうために現在妥当しているすべての国際法規を否認することは必要でない。〉

しかし、その反面において、一方では広域秩序の内実は問われないままであり、他方では近代国際法の普遍化がやがて従属国や植民地民族の解放への展望をひらくことは蔽われたままである。

(2)　田畑茂二郎「近代国際法における国家平等原則について」（法叢五〇巻三、四号（昭一九））およびその（三）に当る「グロチュースと国家平等」（法叢五〇巻五・六号（昭一九））は、戦後間もなく力作「国家平等観念の転換」として完成される研究の前半の部分を順次発表していったものである。すでに周知のとおり、田畑は近代国際法における国家平等観念の思想的系譜を追及し、それがグロチュースでなくプーフェンドルフに遡るものであり、ホッブスに原点をもつ自然的平等の観念であって、絶対的平等を意味することを、厳密な論証をもって明らかにしていくのである。このようなすぐれた本格的な学説史研究が戦時下に進められていたことは、全く驚嘆に値いすることであり、また肯けることでもある。ところが、その研究の全貌の素描が日本外政協会調査局調書としてすでに同年に公けにされた[3]（田畑「国家平等理論の転換」）。そのなかで注目されるのは、最終節「絶対的平等より相対的平等へ――共栄圏における国家平等の意味」の部分である。それは国際組織の構成におけるいわゆる政治的代表権（正確には占席資格）にかかわるだけのものではないであろう。転換はまた、形式的平等から実質的平等の実現へでもなくて、「広域圏内部に於ても尚〔相対的平等という〕新しい意味の国家平等関係は可能なこと、否反って、広域圏に於てこそ真の意味の〔！〕国家平等が実現せられうる」という展望のなかでのことなのである。いずれにしても、戦争が田畑の飽くことを知らない不断の研究のいっそうの深化に機縁を与えたことは確かであるが、なおそこにすべてを押し流す巨大な地滑りのような戦争の圧力を見るのは軽率というものであろうか。

さて、その戦争は、真の意味の終戦政権の樹立もなされえないままおわり、長期占領→サン・フランシスコ体制の成立へとつながっていくのである。

（1）　安井郁「我が国際関係の崩壊と其の再建」〔国家四七巻四号（昭八）〕は、時論としてではあるが、満州事件と満州国の独立を中国における帝国主義諸国の勢力範囲の分割・維持をめぐる闘争の一環として捉え、「今後の努力は〔日本の〕国際関係の之以上の崩壊の防止と新な事態を基礎とする其の再建に向けられねばならぬ」として、そのためには、「北支不進出政策の確守」とソヴェトとの「不侵略条約の締結」が必須であることを力説している。

（2）　例えば、田村幸策「大東亜共栄圏の国際関係と『モンロー』主義との関係に就て」〔国外四二巻九号（昭一八）〕、松下正寿「米州国際法の基礎理念」〔国外四一巻五、六号（昭一七）〕、一又正雄「大東亜建設条約とその国際法史的意義」〔法時一六巻一号（昭一九）〕。

（3）　この調書は少数部数印刷されたためか直接手にすることができず、安井郁の紹介〔国外四三巻一二号（昭一九）〕に拠っている。なお、田畑「国家平等観念の転換」〔昭二一〕三二九頁註（2）は、右の調書の相対的平等も、「単に事実に相即するものとして平等を認める」という意味のものではないことを断っている。それにしても、「新しい国際秩序」および新しい「客観的価値」としてここでは、またさきの調書では、何が予想されているのであろうか。

［補　註］　本稿のテーマは事項的に限定して示されていなかったので、勢い取り扱いの間口は広いものとなった。そのうえ、祖川の担当したいくつかの項目は各論文に密着しすぎたきらいがあり、かなり詳しい要約となっているが、それは、それらの項目が体系論争や基本問題に関する理論についてのものであるため、また国際法専攻者以外の方が読む気になられた場合解って貰えるよう心がけたためである。

なお執筆の分担を記しておくと、「はじめに」、一、二の5、三は祖川が、二の1、2、3、4は松田が担当した。

文中、「　」は引用または強調を、〈　〉は対象文献の行文に沿った論旨のまとめを、〔　〕は執筆者による理解または補説の挿入を、それぞれ示している。また、雑誌名の略称はつぎのとおりである――国家＝国家学会雑誌、国外＝国際法外交雑誌、外時＝外交時報、志林＝法学志林、法協＝法学協会雑誌、法時＝法律時報、法叢＝法学論叢。

第Ⅵ部　祖川武夫先生の人と学問

一　松田竹男「祖川国際法学の課題と方法」

＊「祖川国際法学の課題と方法」法の科学第26号、一九九七年

一

故祖川武夫先生は、一九三六年、気鋭の国際法学者として京城帝国大学に赴任されたが、戦後奉職された東北大学では外交史を講じられ、国際法学会の研究大会にもほとんど顔を出されることはなかったから、戦後生まれの若い国際法学者にはなじみの薄い存在であったかもしれない。また、先生は、その「おそろしいほどの完璧主義」[1]ゆえに寡作であったことに加えて、その代表作のいくつかは入手困難であったり未完であったりしたから、お名前や評判を聞き知ってはいても、先生の著作に接したことのない者も少なくないであろう。実際、先生の最初の論文「国際調停の性格について（一）・（二・完）【本書第Ⅱ部】」は、第二次大戦末期に朝鮮で発行されたものであるため、とくに「二・完」の部分は入手がきわめて困難であったし、国際紛争の平和的処理方法を体系的に論述された「国際法Ⅳ」は、法政大学通信教育部の教材として発行された非売品であるため、これまた一般には入手困難であった。珠玉の名作「カール・シュミットにおける『戦争観念の転換』について（一）」【本書第Ⅲ部第一章第三節】も、ついに続編を公表されることはなかった。

しかし、たとえ未完の作品であれ、ひとたび先生の著作に接するならば、その緻密を極めた論理構造分析には誰しも衝撃を受けずにはいられないであろう。「集団的自衛—いわゆるUS Formulaの論理的構造と現実的機能—」【本書第Ⅲ部第二章】にも示されているように、問題状況とそれへの対処の仕方を克明に追求することによって、一つの法観念の論理的構造と現実的機能をあぶり出していくその分析の見事さ、美しさは、まことに芸術的ですらある。研究の水準に天地の開きがあるとはいえ、筆者が武力行使の違法化や安全保障、日米安保体制に関心をもったのは、こうした祖川先生の研究と、「いわゆる『事実上の戦争』について」を始めとする石本泰雄先生の研究に魅せられての

ことである。文献検索の方法を学んだのも、祖川論文の続編の検索を通じてのことであった。

本稿は、こうした祖川先生の学恩に報いるため、必ずしも広く知られているとは言えない祖川国際法学の特質と意義を一般に紹介しようとするものであるが、もとより、祖川先生の選びぬかれた用語や表現、厳密な概念規定、考えぬかれた論理の展開を完全に理解することは、とうてい筆者のなしうるところではない。その意味では、本稿はむしろ筆者による祖川国際法学研究の中間報告とでもいうべきものである。祖川国際法学の特質と意義は、各人が直接祖川先生の諸論文に当たって読み取っていただくほかはないのであって、祖川国際法学がそうした学説史的研究の対象とされるべき画期的な内容と方法をもっていたことさえ伝えられれば、本稿の目的は達せられたことになろう。なお、以下では、祖川国際法学を客観的な研究の対象とするという意味で、敬称は略させていただく。また、祖川論文の引用に際しては、旧かな遣いを現代かな遣いになおし、要旨を引用する場合には〈…〉を用いた。

二

祖川武夫が東京帝国大学法学部助手として国際法の研究生活に入ったのは一九三四年のことであるが、この時期、国際法は二重の意味で大きな転換期にあった。第一に、一九世紀後半に一応の体系的完成をみた近代国際法は、戦争の違法化を旋回基軸として歴史的な構造変化の過程にあった。近代国際法における国家の戦争の自由は、一九世紀末以来、戦争に訴える前に一定の平和的な紛争解決努力を義務づけるという形で制限される傾向にあったが、第一次大戦後創設された国際連盟は、こうした形での戦争の自由の制限とそれに対応した集団安全保障の体制を、国際社会の一般的な法制度として確立した。周知のように、国際連盟規約は、「連盟国間ニ国交断絶ニ至ルノ虞アル紛争発生スルトキハ、当該紛争ヲ仲裁裁判若ハ司法的解決又ハ連盟理事会ノ審査ニ付ス」ことを義務づけ、裁判判決や紛争当事国を除く全会一致で採択された理事会の報告書（紛争が総会に移された場合には、紛争当事国を除く理事国全部と残りの連盟加盟国の過半数の賛成を得た報告書）中の勧告に服する国に対して戦争に訴えることを禁止すると同時に、こうした手続きに反して戦争に訴えた国に対して、通商・金融関係の断絶などの制裁を科することを定めたのである。

もっとも、連盟規約では、連盟理事会で紛争当事国を除く全会一致が得られなかった場合など、まだ戦争に訴えることが許される場合がいくつか残されており、それゆえ一九二〇年代の国際連盟では、こうした抜け道をふさぐことに懸命の努力が続けられたのであるが、ともかく、こうした国際連盟の創設は、国際社会においても個別国家の立場をこえた一つの統一的な秩序ないし全体的な利益が存在するという意識、あるいは存在すべきであるという強い期待を生みだした。(2) そうして、国際法学の分野では、認識の対象を規範論理の世界に限定することによって、国際法を一つの統一的な法秩序として構成しようとする純粋法学が、まさにこうした期待に応える方法論として隆盛をきわめていたのである。

第二に、しかし、祖川が国際法の研究を始めた一九三〇年代は、こうした国際連盟体制＝ベルサイユ体制の「欺瞞的性格」がナチス国際法学によって鋭く告発されていたという意味でも、一つの転換期であった。戦争の違法化を基軸とした一般的平和システムの樹立努力は、一九二八年の不戦条約の締結と「国際紛争平和的処理に関する一般議定書」の採択によって一つの頂点に達するが、翌二九年の世界恐慌を契機として、英仏伊日の（第一次大戦の）戦勝帝国主義国は自己の権益・勢力圏の個別的な維持ないし拡大に傾き、ドイツでは、そうした対外進出による危機打開の道を封じていたベルサイユ体制への批判が台頭しつつあった。巨額の賠償金と軍備制限によって対外進出の道を封じられていたドイツから見れば、そうした秩序の内実を問題にすることなく戦争を禁止し、平和的紛争解決手続きの違反という形式的・手続的基準でもって侵略国を認定する連盟の平和維持体制は、一般（普遍的）平和の名の下に、英仏帝国主義による世界支配とドイツ封じ込めの体制を永続化するものに他ならなかった。しかし、そうした支配体制がベルサイユ条約という法形式で認証されているかぎり、実定法の枠内における解釈的操作でそれを打破することは不可能であった。かくしてドイツでは、条約の拘束力そのものを争い得るような、国際法の妥当根拠の見直しと再構成が進められていたのであるが、(3) そうしたナチス国際法学の中にあって、近代国際法の存立基盤にまでさかのぼることによって国際連盟＝ベルサイユ体制をもっとも鋭くかつ根源的に批判していたのは、言うまでもなくカール・シュミットであった。法的な概念や制度の論理的構造を解明し、それを生みだした問題状況やそれが妥当する政治経済状況と照らし合わせることによってその現実的機能を暴露するという祖川国際法学の方法は、一方では純粋法学の厳密な論理構造分析を、他方ではシュミットの歴史的構造分析を、ともに摂取しつつ克服しようとした格闘の産物ということができよう。

三

さて、こうした状況のなかにあって、祖川がまず取り上げたのは国際調停である。国際調停は第一次大戦後新たに設けられた紛争解決方法であるが、国際裁判になじまない非法的紛争の解決に適した方法と考えられ、一九二〇年代には、法的紛争は国際裁判に、非法的紛争は国際調停に付託することを義務づける裁判・調停条約が多数結ばれていたのである。当時一般には、こうした国際裁判と国際調停の有機的結合によって、すべての紛争を平和的に解決する体制の樹立が展望されていたのであるが、[4]その国際調停が実際にはほとんど働かされていないという奇妙な事実に着目した祖川は、国際紛争の構造を深く掘り下げることによって、国際調停の性格そのものの内に本質的な矛盾が存在することを見出すのである。

祖川はまず国際調停の特殊な位置づけを問題にする。すなわち、国際調停は、国際裁判義務が一定の種類の国際紛争（すなわち法的紛争）に限ってしか設けられないため、そこで取り残された紛争（非法的紛争または政治的紛争）に対処するためにとくに設けられた制度であり、そのかぎり、国際裁判を補充する地位にあるということができる。[5]とすれば、国際調停の性格を検討するためには、そもそもなぜ法的紛争と非法的紛争が区別され、後者が裁判義務から除外されなければならないのか、さらにさかのぼっては、なぜ国際裁判（への付託）が義務づけられなければならないのかという、「国際裁判の政策的意味を限定する国際法的状況の歴史的形態」が明らかにされなければならない。[6]この点に関して、普通には、国際裁判義務の設定・拡充は「国際紛争をすべて平和的に処理し得ることによって戦争の危険を事実上なくしようとするもの」と解されているが、祖川はそこに「安全保障制度の内在的な論理の必然的な連関の展開」、すなわち、形式的手続的な基準で侵略戦争と制裁（執行）戦争を区別しようとする連盟体制の下では、侵略概念の決定が一義的かつ徹底的になされるようにするために、「一切の国際紛争を包括し、なおそれとして紛争を終結させるような」国際紛争の平和的処理手続、すなわち包括的な国際裁判義務の確立が必要とされているという事情を見て取るのである。[7]

それでは、どのような紛争が国際裁判義務から除外され、国際調停によって解決されることを期待されているのか。言い換えれば、法的紛争と非法的紛争の区分とはどのような区分なのか。ここで祖川は、法的紛争と非法的紛争を紛争事項の政治的重要性の有無によって区分する見解と、裁判規準となる実定法規の有無（法による決定可能性の有無）によって区分する見解とが、いずれも論理的に支持しえないことを明らかにして、両者を紛争当事者の主張の根拠づけの仕方によって区分することが合理的であるとするのであるが、[8]その際、祖川が注目したのは、このような種別を成り立たせるような事情が国際社会の社会構造のうちにあること、したがって、この紛争種別が、個々の裁判・調停条約においてどのように記述されているかにかかわりなく、国際社会における紛争の性格区分として客観的に存在するということである。[9]つまり、国内社会では、法の変更の要求は公共的な政治闘争という形式の中で解決することが要求され、私人間の紛争はすべて権利または法律関係の存否に関する主張の対立と形態づけられるのに対して、国際社会では、このような公私の分化が認められないため、法の変更もひとしく個々の国家間の紛争という形態をとって現れざるをえないのである。[10]このように、法の創設・変更を求める紛争と法による決定を求める紛争の種別が、国際紛争の客観的な性格区分として存在することから、祖川は前者を動的紛争、後者を静的紛争と名づけている。

かくして問題は、国際調停がこうした動的紛争（あるいは政治的紛争、非法的紛争）を解決する能力、より正確に言えば紛争を動的に（法を動かして）解決する能力をもった手続・制度といえるかどうかということになるが、この問いに答えるためには、動的紛争を（法を動かすかどうかという）法に対する関係から形式的に規定するだけでは不十分であって、動的紛争それ自身の特徴的な構造を明らかにする必要がある。そこで祖川は、モーゲンソーによる政治的紛争の構造分析に依拠して、動的紛争の本質的特徴を、「実定法上に定められている諸国家の勢力範囲の変更を目的とするような国際的対立」との結びつきに求める。[11]いっそう整理された後の記述によれば、〈近代国際社会では、諸国家の不均等発展の結果、たえず既成の法的状態と現在の諸国家の勢力の発展との間に矛盾が生じ、この矛盾をどう解決してゆくかをめぐって、諸国家の間に基本的な国際的対立・緊張の関係がつねに伏在するが、この対立・緊張の関係はそれぞれの国家の将来の発展の全体的な可能性にかかわる事柄であるから、その関係がそのまま国際紛争に表面化して争われることなく、さまざまな国際紛争に結びつき、これらの国際紛争を通じてあらわれる。政治的紛争とは、この結びつきによって特別の意味づけを与えられた紛争のことなのである。[12]〉

祖川によれば、このような紛争の処理は、それぞれの国家の将来の発展の全体的な可能性という根本問題の処理を同時にともなうものであるから、政治的責任の地位にある者によって、関連のある他のあらゆる国際・国内諸問題をあわせて考慮しながら、一つの政治的決断としてはじめて行われるものである。[13]ところが調停は、沿革的には国際連盟の紛争処理手続の政治性に対抗して設けられた制度であって、紛争事項を審査し、解決案を作成・勧告するのが中立的な委員会である点に本質的な特徴を有するものである。[14]とすれば、「個人的資格において就任する委員をもって構成され、全く政治的責任の立場から遊離したところの中立的・独立的な調停委員会」に、そのような紛争の解決をゆだねることじしんが本質的に矛盾であって、[15]国際調停が実際にはほとんど働かされなかった根本原因はまさにこの点にあったのである。

四

ところで、しかし、国際調停の性格に関する祖川の研究は、それがほとんど働かされていないことの理由を解明することそれ自体に目的があったわけではない。祖川の目的は、国際調停が、右のような矛盾にもかかわらず、政治的紛争の解決手続きとして広く受け入れられてきたことの意味を明らかにすることにあった。そうして祖川によれば、国際調停は、調停委員会の構成においても機能においても「国際裁判と原理的に対立するものではなく、ことに衡平と善による仲裁裁判との関係ではその拘束的判決力の欠如態でしかない」[16]のであって、そのような国際調停を政治的な紛争処理手続として主張することは、根本的には、いっさいの政治的紛争を非政治化しようという要求と見られなければならないのである。[17]もとより、政治的紛争の非政治化とは紛争を法の平面に閉じこめ、形式的手続的規準による戦争の違法化とあいまって既成の法的状態の非法的変更を排除しようとするものであって、祖川が最初に国際調停の特殊な位置づけに触れたのは、このことを指し示すためだったのである。

以上の紹介からも明らかなように、祖川の国際調停研究の核心は国際紛争の構造分析にあったが、それはまた国際紛争平和的処理方法の複合的体系把握へと導くものでもあった。もろもろの国際紛争平和的処理方法は、一般には、対立する主張の検証手続の客観性の度合いに応じて、直接交渉から国際裁判へのひとすじの発展系列として体系把握されていたが[18]、祖川は、静的紛争と動的紛争の種別に対応して、中立的な委員会により客観的検証の度合いを高めていく国際審査、国際調停、仲裁裁判、司法的解決の系列と、国際連盟・国際連合という政治的機関による紛争処理の系列を区別し、直接交渉、周旋、仲介をそれら二系列の未分化の段階とする複合的体系として把握すべきことを提唱するのである。[19]

しかし、祖川の問題関心はこのような体系論にあったのではなく、むしろ動的紛争の解決方法、より根本的には、諸国家間の基本的な対立・緊張の関係が国際法の次元でどのように処理されるのかという問題にあったように思われる。そうして、この基本的な対立・緊張の関係がそのまま表面化し、強力という非合理な形式によってではあれ直接解決される場が戦争であったとすれば[20]、戦争の法的地位の変化こそ特別の注目に値する事柄であった。じっさい、戦争違法化の意味の十全な把握は、第二次大戦後日本が直面することになるいくつかの国際法問題、たとえば東京裁判の現実的意味を誤りなく把握するための理論的前提となるものであって[21]、戦争の違法化が戦争の非国家化＝個人責任の追及をもたらすことは、すでに第二次大戦以前にカール・シュミットが指摘していたことなのである。[22]

一九五三年の論文「カール・シュミットにおける『戦争観念の転換』について」[23]は、カール・シュミットの議論を素材として、まさにこの戦争違法化の意味を全面展開しようとしたものと思われる。しかし、この論文は、先にも述べたように、ケルゼンとH・ローターパクトの戦争観念理解および第一次大戦後の戦争禁止制度の解釈を比較対照した（一）の部分が公刊されただけで、シュミットにおける戦争観念の転換を扱うはずの続編はついに公表されることはなかった。もちろん、ケルゼンとローターパクトの議論の批判的検討はまことに精緻をきわめたものであって、それだけで珠玉の名作と呼ぶにふさわしいものであるが、戦争概念の差別的戦争概念への転換の意味がそれとして展開されなかったことは、かえすがえすも残念なことであったと言わざるをえない。

　祖川が本論文の続編を公表しなかった理由は今となっては知るよしもないが、ちょうどこの時期に石本泰雄による中立制度の研究が発表され始めたこと[24]もあるいは関係しているかもしれない。われわれとしては、ケルゼンやローターパクトに対する祖川の批判の仕方や、祖川の他の論文の中での断片的記述から、祖川の戦争観念把握およびその転換の意味理解の手がかりをつかむことができるのであるが、そこでは、戦争の違法化とはあれこれの戦争の性質づけの問題ではなく、一つの戦争における交戦者の法的地位が不法の側と制裁の側に区別されることであり、中立制度の崩壊がこうした差別化の本質的な契機となることが強調されているからである[25]。しかし、祖川の考えていた戦争観念転換の意味は、石本によってあますところなく記述されたのであろうか[26]。たとえそうだとしても、石本の歴史的研究方法に対して、祖川はどのような論理構造分析を展開しようとしていたのか、おおいに興味をひかれることではある。

五

　日米安保体制の分析もまた、右のような祖川の問題関心の延長線上に位置する問題であった[27]。祖川はすでに、『東北大学新聞』一九四九年（？）七月上旬に寄せた論考「安全保障の歴史的形態」において、「永久中立国制度、同盟条約制度および国際安全保障制度をそれぞれ個性的な歴史的範疇《ちゅう》としてとらえ、その特質をそれぞれの発生ないし支配した歴史的時期における世界経済の発展段階の構造から規定して、その法的な構造と意味とをあきらかにしようとする」視角を提示していた[28]が、日米安保体制を集団安全保障とは区別された意味で軍事同盟条約と規定するのであれば、この二つの法的形式がどのような点で範疇的に区別されるのかが明確に理解されていなければならないはずであった。ところが、この区別については（対立関係にある国家をともに包み込むか、外部に仮装敵国を設けるかという）両者の諸国家包摂形式の間の形状的な相違や、（国家間の対立関係を助長するかどうかという）両者の政治的機能の間の性格的な相違が指摘される程度で、それらの根底にある戦争の法的禁止とこれを支える国際政治体制の構造変化とはあまり問題にされていない[29]。祖川によれば、武力行為に対する反撃が、私的な対抗措置であるか公的な制裁措置であるかという違いこそが、決定的な相違であるべきなのである[30]。

それはともかく、祖川はまず、一九五七年の論文「日米安全保障条約体制の特質」【本書第Ⅳ部第一章第一節】において、旧安保体制を（基地貸与＝駐留協定というより）軍事的占領条約、（軍事同盟条約というより）不平等条約、ついでりっぱな干渉条約という三つのエレメントの特殊な複合として把握し、この複合が「この時期におけるアメリカの対ソ戦略にもとづく日本の前進基地としての規定から必然的にみちびかれる」こと、したがって、この基本的規定が失われないかぎりは、双務性あるいは相互性の強化という体制の内在的発展があったとしても、右の三つのエレメントの特殊な複合という体制の特質は改められないであろうことを指摘した[31]。

ついで祖川は、安保改訂交渉のさなかの一九五九年に改訂の方向と問題点をさぐったのち[32]、一九六〇年の論文「新・安保条約の検討」【本書第Ⅳ部第二章】では、新（＝現行）安保条約のメリットとして挙げられた諸点、すなわち片務性の是正や条約区域の限定、事前協議制度などが、右の三つのエレメントを解消していないばかりか、かえって従属的軍事協力体制の強化をもたらし、同時に合憲性・自主性の仮象を生み出すものであることを析出するので[33]あるが、こうした従属的軍事同盟体制の権利根拠が（日本政府の否定にもかかわらず論理的には）集団的自衛権にある以上、日米安保体制の分析は最終的には集団的自衛権そのものの分析にまでさかのぼらなければならなかった。そこで、七〇年安保を前にして書かれた論文「安保条約の法的構造」【本書第Ⅳ部第三章】では、日米安保体制の基本的性格を簡潔に紹介したのち、なかば以上のスペースを集団的自衛権の論理構造分析に当てているのであるが[34]、それをいっそう全面的に展開して、日米安保体制の研究をしめくくったのは一九七七年の話題作「集団的自衛――いわゆるUS Formlaの論理的構造と現実的機能――」であった。

この論文で祖川は、まず集団的自衛権概念の成立過程を克明に検証して、それが「ラテン・アメリカの危機」に対処するためという通説的理解とは異なって、むしろアメリカの初期冷戦政策を政策動機として導入されたことを明らかにする[35]。つづいて祖川は、集団的自衛観念の論理的構造に関する三つの解釈学説を検討して、各説の現実的機能を次のように取り出す[36]。①集団的自衛権を個別的自衛権の共同行使と考える説では、集団的自衛権を独自にフォーミュレートしたことの意義が否定され、集団的自衛条約の中心的条項の意図への適合が疑われるが、それにもかかわらずこの説が主張されるのは、すでに武力攻撃そのものが無形化ないし間接化され、第三説への移転が生じているからである。②集団的自衛権を他者の権利の防衛と考える説は、現実の国際社会構造との適合性が疑われ、とりわけ国連の集団安全保障体制が機能しない状況の下では、二つの異なる地域的組織や条約グループ間での経過的な打ち合いとなり、対立する同盟間の戦争に転化する蓋然性を免れなくなるが、集団的自衛諸条約の共同防衛条項フォーミュラとはよく照応しており、それら諸条約の軍事同盟的機能を暴露するという働きをもつ。③集団的自衛権を被攻撃国に関わる自国の死活的利益の侵害に対する反撃と考える説では、自衛法益のきわどい弛緩が生じ、そのことを通じて、集団的自衛行動が政策的選択のレヴェルから「重要な法益」防衛の至上命令のレヴェルへと高められるが、他方では、国連憲章との体系的整合性と「日本国憲法上は政府の自衛権解釈の線に沿いながら、個別的自衛としての合憲性を認知する途」がひらかれ、集団的自衛条約の条項テキストやその適用に対する「忠告」を通じて、それら諸条約の軍事同盟的性格の矯正が図られることになる。

さて、集団的自衛権を以上のように分析した祖川は、最後にそれを条約のレヴェルにおいて分析し、集団的自衛条約においては、①急場における支援行動の権利が平時における敵対同盟結成の権利となり、②不定・未必の敵が特定・常時の敵にかわり、③侵略に対して防衛援助する権利が武力攻撃に対して選別なく共同戦争をする義務となる、という概念内容の転倒をきたすことを示して、その同盟的機能をあますところなく暴露してみせるのである。[37]

六

本稿では、祖川の問題関心と思われるものに即してその研究内容と分析方法を紹介してきたが、その他の問題に関しても祖川は興味深い指摘をいくつか行っている。たとえば、主権国家の並存を基礎とするヨーロッパ国際法の体系が維持され発展さえしてきたことの国際政治的条件として、諸国家権力の国民的基礎の確立、国際的なバランス・オブ・パワーズの維持のほかに、「その地域の諸民族には主権を認めないことによって成立したところの自由な非ヨーロッパ世界の広大な存在（主権的諸国民の植民活動を通じてヨーロッパ諸国民間の矛盾が絶えずそちらへ持出されえた）があったこと」をあげているし、[38]人権の国際的保障に関しては、資本の海外進出にともなう投資環境の整備という観点からそれを位置づける視角を提示している。[39]

小田滋と共同で行った国際法に関係する国内法判例の膨大な編纂[40]も、それ自身学界の貴重な財産であることは言うまでもないが、祖川が司法的承認の重要性にこだわっていたことを思い起こすなら、[41]そこにも承認論や法源論、国際法と国内法の関係論を介して国際法の構造そのものにつながるような一つの問題が意識されていたと見るべきであろう。しかし、それらはすべてヒントとして与えられているだけであって、それを研究として展開することはわれわれの課題として残されているのである。

(1)　樋口陽一「故・祖川武夫先生への惜別」ジュリスト一〇九五号（一九九六年）二頁【本書三八七―三八八頁】。
(2)　こうした時代の雰囲気は田畑茂二郎「国際法と私(三)」『法学セミナー』二五八号（一九七六年九月号）九二頁も伝えており、その国際法学の理論動向への反映については、祖川武夫・松田竹男「戦間期における国際法学」『法律時報』五〇巻一三号（一九七八年、臨時増刊『昭和の法と法学』）五一～六六頁【本書三二〇―三五八頁】で紹介されている。
(3)　安井郁『欧州広域国際法の基礎理念』（有斐閣、一九四二年）はこのようなナチス国際法学の動向を紹介したものである。
(4)　横田喜三郎「国際裁判と調停の有機的結合」『国際法外交雑誌』二八巻四号一～五頁は、このような期待を率直に表明している。
(5)　祖川武夫「国際調停の性格について（一）」（以下、「祖川調停論文一」として引用する）『京城帝国大学法学会論集』一五冊一号（一九四四年）四六頁【本書五五頁】。
(6)　同前四八～五二頁【本書五七―六〇頁】。
(7)　同前五六頁【本書六三頁】。
(8)　同前六一～六八頁【本書六七―七三頁】。また祖川武夫『国際法Ⅳ』（以下、「祖川テキスト」として引用する）（法政大学通信教育部、一九五〇年）二二五～二二八頁も同旨。
(9)　祖川武夫「国際調停の性格について（二・完）」（以下、「祖川調停論文二」として引用する）『京城帝国大学法学会論集』一五冊三・四号（一九四四年）四五頁【本書八三頁】。
(10)　同前三六頁【本書七六頁】および祖川テキスト二二九頁。
(11)　祖川調停論文二・五〇～五一頁【本書八六―八七頁】。なお、このモーゲンソーの研究については田畑茂二郎も大いに注目し、詳しく紹介している（田畑茂二郎「国際裁判における政治的紛争の除外について―その現実的意味の考察―」『法学論叢』三三巻五号（一九三五年）八二八～八三七頁）。ちなみに田畑も「静的なる紛争」「動的なる紛争」という表現を使っている（八三五頁）。
(12)　祖川テキスト二三〇頁。田畑茂二郎は、祖川がすでに京城帝大時代にマルクスの資本論を勉強していたことを紹介している（田畑茂二郎「故国際法学会名誉会員祖川武夫君を悼んで」『国際法外交雑誌』九五巻四号（一九九六年）一〇三頁）【本書三七五頁】が、この記述からは、その時代または第二次大戦後の早い時期にレーニンの帝国主義論も修得していたことがうかがわれる。
(13)　祖川調停論文二・五一～五二、六三～六四頁【本書八七―八八、九七頁】および祖川テキスト二三一頁。
(14)　祖川は、もろもろの国際紛争平和的処理方法の現実の発展過程を、祖川調停論文二・五四～五九頁【本書八九一九四頁】で忠実に跡づけている。
(15)　祖川調停論文二・六三頁【本書九七頁】および祖川テキスト二五五～二五六頁。
(16)　祖川調停論文二・六五頁【本書九八頁】。
(17)　同前六五頁【本書九九頁】。
(18)　祖川調停論文一・四九～五一頁【本書五七～五九頁】および祖川テキスト二一八～二二〇頁。
(19)　祖川テキスト二三一～二三二頁。
(20)　同前二三〇頁。
(21)　祖川は、一九四八年の国際法学界の動向を紹介・検討した際、東京裁判および「戦争犯罪問題の現実的意味があやまりなく把握されるためには、戦争概念そのものとそれの差別的戦争概念への転換の過程とが正確に分析され、さらにそれを基礎づけるところの世界経済の発展過程が的確に把握されていなければならない。」と述べている（祖川「概観と動向・国際法」『科学年鑑』一九四七／四八年版、一二五頁）【本書三〇五頁】。
(22)　Carl Schmitt, Die wendung zum diskriminierenden Kriegsbegriff, 1938, pp. 45-47.
(23)　『法学』（東北大学）一七巻二号（一九五三年）七四～一〇一頁【本書一一四―一三七頁】。
(24)　石本泰雄「中立制度の成立過程（上）（下）」『国際法外交雑誌』五一巻五号（一九五二年）四七四～五〇五頁、五二巻三号（一九五三年）六三～八八頁、「中立制度の歴史」国際法学会『国際法講座』第三巻（有斐閣、一九五四年）二五七～二七三頁、「国際組織と中立」『国際法外交雑誌』五五巻一号（一九五六年）二七～五六頁。これらは、まとめられて『中立制度の史的研究』（有斐閣、一九五八年）となり、また、同じ一九五八年に「いわゆる『事実上の戦争』について」横田喜三郎先生還暦祝賀『現代国際法の課題』（有斐閣）二七九～三二五頁が出ている。
(25)　祖川武夫「カール・シュミットにおける『戦争観念の転換』について（一）」七五、八二（注三）、八四（注八）、八九、九三、九五頁【本書一一五、一二一頁（注三）、一二三頁（注八）、一二六―一二七頁、一三〇頁、一三一―一三二頁】。又は、祖川武夫「概観と動向・国際法」『科学年鑑』一九四七／四八年版一二五頁（小谷鶴次「戦争の性質に関する若干の考察」に対する批評）【本書三〇五頁】を参照。
(26)　祖川がカール・シュミットの議論をどのように理解し、評価していたかも興味ある問題である。祖川は、戦争観念およびそれの差別的戦争観念への転換（＝統一的法概念としての戦争概念の崩壊）の意味はシュミットにおいてもっとも深く把握されていると考えていたが、そのシュミットは、そうした戦争観念の転換を否定的に評価し、ライヒ（すなわち広域 Grossraum）を主体とした交戦権の確立＝非差別的戦争観念の回復を展望していた (E. R. Huber, Positionen und Begriffe, Eine Auseinandersetzung mit Carl Schmitt, Zeitschrift für die gesamte Staatwissenschaft (1940), pp. 32-34.)。いったい祖川は、シュミットの戦争観念（とその転換の意味）把握を高く評価しながら、どこでそれを転轍しようと考えていたのであろうか。

(27)　祖川は、一九六五年の日韓諸条約（日韓国交回復）についても綿密な検討を加えているが、それも日米安保体制分析の系譜に属する仕事である。祖川武夫「日韓諸協定の法的フォーミュレーションの検討」『法律時報』三七巻一〇号（一九六五年）四～一一頁、同「日韓基本条約」『国際法外交雑誌』六四巻四・五号（一九六六年）二八～五四頁【本書二四三―二六七頁】。

(28)　必死の捜索にもかかわらず『東北大学新聞』の該当号はついに見つけだすことができなかった。われわれとしてはただ、「概観・国際法」『科学年鑑』一九四九年一六頁【本書三一五頁】における祖川自身の紹介によってその所在と内容を推測できるだけである。【本稿はその後東北大学植木俊哉教授のご協力により発見され、本書第Ⅲ部第一章第二節に収録された。】

(29)　祖川武夫「日米安全保障条約体制の特質」『法律時報』別冊『日本の国際的地位』（一九五七年）五七頁【本書一九六頁】。

(30)　祖川はのちに、この観点から、集団的自衛権が、公的な制裁措置の確実性に対する不安にたいして私的な対抗措置のレヴェルで応えるものであったこと、したがって、そこでは、提起された問題と与えられた回答との間の局面の移転があることを指摘する。祖川武夫「安保条約の法的構造」『法律時報』四一巻九号（一九六九年）一一～一二頁【本書二三四頁】および同「集団的自衛―いわゆるUS Formulaの論理的構造と現実的機能―」祖川武夫編『国際政治思想と対外意識』（創文社、一九七七年）四三四頁【本書一四四頁】。

(31)　祖川武夫「日米安全保障条約体制の特質」五八～六四頁【本書一九七―二〇四頁】。

(32)　祖川武夫「安保条約改訂交渉の方向と問題点」『法律時報』三一巻一号（一九五九年）四～一〇頁。

(33)　祖川武夫「新・安保条約の検討」『法律時報』三二巻四号（一九六〇年）二六～三一頁【本書二一五―二二八頁】。

(34)　祖川武夫「安保条約の法的構造」『法律時報』四一巻九号（一九六九年）一〇～一五頁【本書二二九―二四一頁】。

(35)　祖川武夫「集団的自衛―いわゆるUS Formulaの論理的構造と現実的機能―」四二九～四四七頁【本書一三九―一五六頁】。

(36)　同前四四七～四五九頁【本書一五六―一六七頁】。なお、祖川武夫「安保条約の法的構造」一二～一四頁【本書二三四―二三九頁】をも参照。

(37)　祖川武夫「集団的自衛―いわゆるUS Formulaの論理的構造と現実的機能―」四七一【本書一七九―一八〇頁】頁および同「安保条約の法的構造」一四頁【本書二三八―二三九頁】。

(38)　祖川武夫「国際法と国家主権」『法学セミナー』二四号（法律学一五〇講）（一九五八年）五三頁【本書三二頁】。言うまでもなくこれは、カール・シュミットの友詭線の議論を受けたものである（Carl Schmitt, Der Nomos der Erde im Völkerrecht des Jus Publicum Europaeum, 1950, pp. 54-69. 邦訳、新田邦夫『大地のノモス（上）』（福村出版、一九七六年）七二〜九九頁）。

(39)　祖川武夫「人権の国際的保障と国際法の構造転換」昭和六一年度科学研究費研究成果報告書（研究代表者・松井芳郎）『国際法の構造転換』一〜一四頁【本書三五一四七頁】。

(40)　祖川武夫・小田滋編『わが国裁判所の国際法判例』（有斐閣、一九七八年）および祖川武夫・小田滋編『日本の裁判所による国際法判例』（三省堂、一九九一年）。

(41)　祖川武夫・松田竹男「戦間期における国際法学」五六頁【本書三三二頁】および祖川武夫・小田滋編『日本の裁判所による国際法判例』一頁（はしがき）。

（松田竹男　大阪市立大学教授）

二　惜　別

1　田畑茂二郎「故　国際法学会名誉会員祖川武夫君を悼んで」

＊国際法外交雑誌第95巻第4号、一九九六年

六月二十一日午後四時過ぎ、外出から帰ったところ、オランダのハーグの国際司法裁判所の小田滋君から長距離電話がかかり、祖川さんが歩道を歩いているところを自転車にぶっつけられて転倒し、病院に運ばれたが、脳内出血で三時間後なくなられたと伝えてきた。六月十一日の学士院の例会のあと、仙台で会った時には大変元気だったのにと、小田君自身も祖川君の急逝にショックを受けた様子であった。ぼくも、古くからの友人がこのような思いがけない事故で急死したのを聞き、頭をガンとなぐられたような衝撃を受けた。そのあと、つづいて、仙台にいる東北学院大学の富岡仁君、さらに、京都大学の杉原高嶺君と、あわただしく祖川君の急逝を伝える電話が次つぎにかかってきた。

祖川君とぼくは、一九二八年に京都の第三高等学校に入学した文科甲類二組のクラスメートである。名古屋大学の松井芳郎教授のお父さん松井清君も同じクラスであった。祖川君はクラスでは、「ギャルソン」という愛称でよばれ、五月一日の記念祭の仮装行列では、お姫さん役をやらされたこともあった。

一九三一年に三高を卒業し、かれは東大法学部に入学したが、ぼくは身辺の都合で京都に残り、京大法学部に入学し、東京と京都に別れることになった。そして、偶然の一致というのか、大学を卒業すると、それぞれ国際法の助手として研究室に残り、国際法研究という同じ道を歩むことになった。

かれは、東大の助手の時にも、また、一九三六年に京城帝大の助教授としてソウルに行った後にも、夏休みになると京都にやって来て、ぼくと国際法の問題などについて話し合ったが、いつも感心したのは、問題点を深く掘り下げ、ぼく自身の気がつかないところを指摘したことであった。当時の京城帝大には尾高朝雄先生や、清宮四郎先生、鵜飼信成先生といったわが国の法学界の新しい流れを代表される先生方を中心として、清新な雰囲気があり、そのな

かで祖川君は新しい知見を得たのではないかと思うが、とくに注目されるのは、法文学部ということで、経済学関係の人達と一緒に若手の間でマルクスの「資本論」の読書会がもたれ、祖川君もそれに参加しているということであった。それが祖川君の世界観にかなり大きな影響を与えたのではないかと思っている。

彼は日本の敗戦とともに九州帝大に移り、その後一九四九年に尾高朝雄先生の招きを受け東大の教養学部の教授になった。その年の五月三十日、ぼくは彼と、日本評論新社の依頼で、法律学体系法学理論篇の国際法関係の項目と執筆予定者の選定を行なったが、そのあと、翌日の三十一日には上野の学士院の元の建物で文部省の科学研究費の審査が行われ、それにぼくは出ることになっているので、午後それが終わったあと待っているから、また会おうといって別れた。ところが、三十一日昼食をとった直後ぼくは喀血して倒れ、かれが来た時には、ぼくは建物の入り口近くの部屋に寝かされていた。そのあと、かれは裁判所からかけつけてきてくれたぼくの少年時代からの友人大塚喜一郎君(かれも三高同期であるが、三年の時ストライキで除籍され、中央大学に行き弁護士になっていた)と一緒に、夜おそくまで東大病院のぼくのベッドのそばでいろいろと世話をしてくれた。

その後、かれは病気のため東大を辞め、しばらくして東北大学に移ったが、すでに小田滋君が国際法を担当していたため、外交史を講義することになった。しかし、もちろん国際法の研究はつづけていたわけで、小田君によると、論文を書くには必ずかれに相談したということで、かれについて、次のように語っている。「ものすごい知識の蓄積があって、議論すると、的確な指摘がある。法学だけでなく、哲学や政治学の裏づけもあった。」(河北新報、一九九六年七月四日)。【本書第Ⅵ部二11】

かれの論文は必ずしも多くはない。それは、かれがおろそかにものを書かないからであって、それだけにかれの書いたものは、いずれも十分な思考を重ねたもので、物事の深層に鋭く迫る緻密な分析が随処に見られた。それをもっとも特徴的に示したのが、祖川武夫編『国際政治思想と対外意識』(創文社、昭和五十二年)の中の論文「集団的自衛――いわゆるUS Formulaの論理的構造と現実的機能――」【本書第Ⅲ部第二章】である。

この論文でかれは、「集団的自衛」という観念の論理的構造と現実的機能を明らかにするためには、まず発生のときの問題状況とこれへの対処の仕方とを追究することが必要であるとして、ダンバートン・オークス提案の地域的取扱いに関する部分と安全保障理事会における大国の拒否権との間に生じた問題について、サンフランシスコ会議の第三委員会の第四分科委員会のなかに設けられた小委員会に提出された各国の修正案と、それに関する審議内容、さらにそれとの関連で出されたアメリカの国務長官声明などを詳細に検討し、「ふつうUSフォーミュラは、ラテン・アメリカ諸国によってもたらされたいわゆる会議の危機に対処して、その紛議を収拾するために考察された解決策であるといわれている」が、そのようにみるのはかならずしも実態を十分捉えたものではないとした。かれによれば、中南米諸国は会議の表舞台でアクティヴに発言したが、これらの諸国にとっては、彼らの地域システムが、一般機構の成立によっても損なわれることなく、存立し発展していけるということの原則的保障を得ることがその目的であった。それが、集団的自衛権というUSフォーミュラによる解決ということになったのは、アメリカ合衆国の「会議」外交における強大な指導性によるものであって、それによって、「中南米諸国の地域システム全体としての自律性の原則的な承認の要求から、……結局、地域的共同防衛行動の自由という形象が、しかもそれだけがまさにdevelopされた。そうして、その場合、アメリカ合衆国のその指導性を規定していた政策モティーフは、ほかならぬ初期冷戦政策のそれ、すなわち……戦時中の第二戦線形成のサボタージュと外辺的実施に示され、東欧解放地域問題を経て、やがて原爆投下作戦にはっきりと露呈されてくるところの一貫した対ソ政略であった」（四四〇頁）【本書一四九頁】というのである。

祖川君の問題へのアプローチの仕方について、とくに注目されるのは、現象をその根元において規定するものとして、その基礎的な「政治経済的」過程の展開を重視していることである。それをもっとも明確に示しているのは、松井芳郎教授などと行った「国際法の構造転換」【本書第一部第三章】をテーマとする科学研究費研究成果報告書（昭和六十二年）の中に収められた「人権の国際的保障と国際法の構造転換」と題する小論である。そのなかで例えば、かれは、第一次大戦後の少数者保護条約などについて、少数者に対する領土国の差別的な取扱いが、少数者母集団国からの介入を招き、ヨーロッパの平和を危うくするのを防ぐという政治的効果が一般に説かれているが、しかし、(i)この制度は、その対象国が東・中欧にだけ限られていること、(ii)少数者保護は、少数者保護を手がかりに、住民一般や国民全体についてまで基本的な人権保障を対象国に義務づけるものであること、「この両者を合せ考えるなら、第一次大戦の少数者保護制度の基本的機能は、ソヴィエト革命の結果、広大なロシア市場を喪失した資本主義諸国が、その代償を、市民的権利状況において立ち後れている東・中欧諸国の開発強化にもとめ、それに適合的な安定した投資環境の政治的条件整備を、少数者をいわば質駒とされた人権保障の義務づけをつうじて果たそうとする点にこそある解すべきであろう」（七頁）【本書四〇頁】とした。一般の理解とはかなり異なった、意表をついた主張であるが、興味のある問題提起ということができる。

遠く離れているため、このところ会う機会がなく、一度会いたいと思っていた矢先の今度の事故で、残念でたまらない。得難い惜しい人物だった。

祖川武夫君の冥福を祈り、この拙い文章を捧げたいと思う。

(田畑茂二郎　元京都大学名誉教授、元国際法学会理事長、元日本学士院会員［故人］)

2　小田滋「祖川武夫先生を悼む」

＊法律時報第68巻第10号、一九九六年

六月二一日朝ハーグの自宅で祖川先生の急逝の電話を受けた。その一週間前、たまたま所用で旬日にも満たない短期の帰国をした私は、ある国際法の問題の理論構成について先生の示唆を受けたく仙台に赴き、数年前まで勤務しておられた東北学院大学で国際法の議論に一時間半を過ごした。次の予定に向かう私を大学の正門まで送って頂いたのが最後のお別れになろうとはどうして信じられよう。私はその翌日にオランダに帰任していた。

国際法学界の戦後世代には祖川先生はある意味では神格化された存在であり、少なからぬ伝説がつきまとう。昭和九年、学部始まって以来の秀才として東京帝国大学法学部を首席で卒業されたと伝えられる先生は、すぐに戦前の日本国際法学界の大御所であった立作太郎教授の最後の助手として国際法の研究生活に入られた。翌年の立教授の定年退官によって同じく国際法講座担当の横田喜三郎教授の初代の助手になられた。旧制第三高等学校の同級生で京都帝国大学に進まれた田畑茂二郎教授がその母校で同じく国際法の助手をつとめておられたのとまったく同時期である。

先生は昭和一一年には京城帝国大学に助教授として赴任された。

学界が今日のように交流がある時代ではない。偶然にも田畑教授と同じテーマで助手論文を完成された祖川先生はこの論文を公刊されることはなかった。しかしこれが今日でも幻の名著とされる戦後間もなくの法政大学通信講座のテキスト「国際法Ⅳ—国際紛争の平和的処理」の礎石になったものである。この京城時代に先生はよき伴侶・瑞子夫人を得られた。そしてまた他学科の先生たちとの交流によってマルクス、ウエーバーなどの方法論を自家薬籠中の物とされたときく。

戦後朝鮮から引き上げられた先生は九州帝国大学に迎えられた。戦後の民主化運動の先頭にたって街頭に進出されることも多かったと伝えられる。しかし間もなく昭和二四年には新設の東京大学教養学部に移られた。その間ご家族は夫人の郷里である仙台に残されての単身のご生活であった。九州から上京されると、学生時代を過ごされた本郷の東大学生キリスト教青年会に投宿された。当時横田先生のもとで研究室生活をはじめていた私が先生をそこにお訪ねしたのは昭和二三年の頃のことであったろう。

世のなかが物資の窮乏に喘いでいた時代である。間もなく健康を害された先生は東京大学教授の地位を辞して、夫人の郷里でもある仙台に移り住まわれた。無職である昭和二五年春、当時の進駐軍政策に対する抵抗運動であるイールズ事件に沸く東北大学に赴任した私は、仙台郊外の広大なご自分の土地（後に今にみる閑静な住まいを建てられた）で畑仕事をしておられる先生をお訪ねした。

間もなくアメリカに留学していた私は東北大学法学部から一通の書簡を受け取った。「仙台に住む祖川氏をこのまま放置するには忍びない。しかし国際法にはすでに君をあてているので、講座もないが外交史担当の常勤講師という名目で採用したいと思うので了解をしてほしい」、ということであった。私は「自分は当分は助教授の身分に止まって祖川先生を国際法講座担当教授に迎えることにはまったく異議はない」と申し出たが、「君の将来の進路の妨げになるようなことは法学部としてしたくはない」、ということであった。祖川先生を東北大学に迎える推進役となったのは、本来ならば祖川先生についで京城帝大に就任を約束されていながら、敗戦のために実現せず、私より先に東北大学に着任していた西洋法制史の世良晃志郎助教授であり、また京城の同僚であって戦争中に東北大に移られた清宮四郎教授などであったときく。

昭和二八年アメリカ留学から戻った私は祖川先生が国際法という実定法学の分野ではなく、基礎的な外交史、国際政治学の分野で緻密な講義を展開しておられるのを知った。京城、九州、東京と三つの帝国大学の教授を歴任して来ておられる先生にして「講師」という身分に対するご不満は一言も聞くことはなかった。この講師の身分はその後もしばらく続くが、先生は学部行政に触れることを要求されることのまったくないその地位を心から喜ばれ研究に没頭しておられた。しかし昭和三三年には他講座の流用によって教授になられ、昭和四四年にはようやく国際政治学講座が増設された。翌昭和四五年からは法学部長をつとめられた。

アメリカにおいて海洋法研究の先鞭をつけ、学位も得ていわば意気揚々と東北大学に戻った私は幸にも研究室も隣であった祖川先生の教えを受けるにつれ、自分の研究がいかに浮薄なものであるかを思い知らされることになった。先生は決して師として物を教えるというような態度をとられることはなかった。私は帰国後アメリカでの成果を吐き出すように濫作に走るのであるが、そのひとつひとつについて徹底的に先生のご批判を得た。半日、一日、ときには深夜まで議論が続けられた。私には先生のような確固たる学問方法論のかけらもないままに、当時まだまったく新しい海洋法の研究にのめりこむのであるが、もし私の海洋法研究が法制度解釈にとどまらず、少しでも海洋法の本質に迫るものがあったとすれば、それは祖川先生との討議なしにはあり得なかった。とくにこの分野を研究されたわけではない先生がどうしてこのように透徹した理解力、判断力をもたれるのかが私には不思議であった。

私はひとつの論文を書くにも先生との徹底した討論を踏み台にした。そのことは先生が昭和五〇年に東北大学を定年退官して国際法教授として東北学院大学に移られ、またその翌年には私も国際司法裁判所に就任してオランダに移り住むようになっても変わることなく、先生ご逝去の一週間前まで続いたのである。

先生は透徹した社会科学者であったが、法解釈においてもその緻密さにおいて抜きんでておられた。自分の能力に顧み徹底的に法解釈学者に留まろうとした私に法解釈の手法を教え、しかも国際法の底流にあるものへ私の興味を導かれたのは先生であった。

先生は寡作であった。しかしその書かれたものは珠玉のもので、到底他の追随を許さないものがあった。昭和二五年、私が東京から仙台に赴任するにあたって共通の師である横田喜三郎先生は「祖川君のような完璧主義もよいが、それではなかなか学問は進まない。自分で七〇点だと思ったら、どしどし論文を発表するのがよい。それを補完しながら一〇〇点に近づければよいのだ」と言われた。私はその師の言を悪用して多作に走った。仙台にあってそれの手綱を引き締めて下さったのは先生であった。

先生は来るものは拒まず、誰にでも学問的に懇切丁寧であった。決して孤高を保つということではない。しかし積極的に学界活動に入って行こうとはされなかった。国際法学会の年二度の大会に出席されることは稀であった。そのかわり民科の法律部会の会合には常に出席されていたと聞く。民科の何ものであるかも知らず、およその方法論に無理解であった私にして、なお先生との交友が限りなく続いたことは意外であったとの評を聞く。いわゆる小田『海洋法』は実は祖川・小田『海洋法』であったのであり、また二〇年余りの歳月を重ねて『日本の裁判所による国際法判例』（三省堂）を祖川・小田の共著で残し得たのであった。偉大なる師を忽然として失ったのである。

（小田滋　国際司法裁判所裁判官［当時］、東北大学名誉教授、日本学士院会員）

3　石本泰雄「弔　辞」

＊　法律時報第68巻10号、一九九六年

祖川武夫先生。六月二一日、仙台の友人から、先生がみまかられたという電話の知らせがありましたとき、私はわが耳を疑いました。先生は、八四歳というお年ではありましたが、文字通り壮者をしのぐお元気さでありましたから、聞き直してやはり先生が天に召されたことを確かめたとき、一瞬私は一体先生はどこがお悪かったのだろう、先生の御身になにごとが起きたのだろうと、なお信じがたい思いでありました。きたる九月には名古屋で恒例の国際法の研究会が開かれますが、そこでお元気な先生にお目にかかれるものと楽しみにしておりました矢先のこの知らせでした。私にとりましてはいきなり鉄槌を頭に受けたような衝撃でありました。まことに痛恨のきわみであります。

先生は、長く国際法学界の先達として、われわれ後学の導きの星でありました。とりわけ私にとりましては、先生の学恩ははかりしることができません。私が国際法の研究生活をはじめたばかりだった若い頃、先生の不朽の名作「カール・シュミットにおける『戦争観念の転換』について（一）」【本書第Ⅲ部第一章第三節】が発表されました。

それを読んだときの衝撃は忘れることができません。その緻密な論証と、それにふさわしい推敲のかぎりをつくした文体とは、到底余人の追随を許さぬものでありました。私は、学問とは、このようなものか、学説を分析するのは、このようにするものかと感嘆これを久しくしたものであります。それ以来、何度、いな何十度この論文を読んだか知れません。私は、自分の文体がゆるんだときには、先生の論文を読んで、立ち直りをはかるのが常でありました。先生のこの論文は、私が拙いながら、その後「戦争の法的地位」に関する論文を執筆したときに、いわば下敷きにさせていただいたものであります。そういえば国際法外交雑誌に発表された「日韓基本条約」【本書第Ⅳ部第四章】に関する労作も、あるいは「集団的自衛――いわゆるUS Formulaの論理的構造と現実的機能――」【本書第Ⅲ部第二章】と題された論説も、その後私がそれらにかかわる論文を書く時には、必ず下敷きとさせていただいたものであります。いな、そればかりではありません。私はなにかものを書くときには、頭の中に先生をイメージし、イメージの中の先生と対話し、常に先生を意識しながら書いておりました。その習性は、これから先も生涯かわらぬものと思われます。

先生の学恩を受けた人々は、無数にあるにちがいありません。東北大学で先生の同僚の一人であり国際法の判例研究のパートナーであった、かの国際司法裁判所の小田滋判事は、海洋法に関する著書をあらわすとき、一再ならず「わたくしの海洋制度に対する考えにおいていくらかでも見るべきものがあるとすれば、その多くを祖川武夫先生の貴重な示唆におっている。」と書かれております。先生に直接接する機会のあった人々だけでなく、先生がお知りにならない若い学徒にいたるまで、先生の名は半ば伝説化し、皆々あい争って先生の論文をコピーして、そのご教示に与っているのであります。

先生は、豊富な学識と卓越した頭脳の持ち主であったばかりでなく、真摯な求道者のように研究に精進されました。先生の読まれた書物は、頁ごとにびっしり書き込みがなされておりました。先生のように綿密に読まれると、どの論文にせよ到底それに耐えられないであろうと思われる程でありました。我々が、外にでて紅燈緑酒の巷に遊ぶときも、先生はひとり宿にこもられ、なんと翌日の研究会の主題の「予習」をされておりました。我々が居眠りを誘われる研究会のときも、先生は猫背になって机にかじりつき、左手で眼鏡をあげながら熱心にメモをとっておられました。いったん発言の場面を迎えると、先生は、独特の口調でとめどなくその蘊蓄を傾けられました。それは一場の言葉として消えさせてしまうには、あまりに惜しいものばかりでありました。我々は、先生のお考えを後世に伝えるために記録に残すことを計画し、その機会をうかがっておりましたが、まさかその機会がないうちに先生が昇天されることは思いも寄らぬことでありました。まことに痛恨のきわみであります。

先生は、学問に対しては厳しい姿勢を崩すことはありませんでしたが、それ以外の場面では、我々後進には親しい兄か父のごとくふるまわれました。もう三十年以上も前になろうかと思いますが、先生と同室で合宿したとき、我々のいびきに悩まされる先生に「睡眠剤」の服用をおすすめしたこともありました。いつも先生は笑いながら、その思い出話をされておりました。先生は、以来しばしば睡眠剤を用いて、騒音から逃避されたようであります。また先生が、ご家族を思われ、ご家庭を大切になさっていることは、その会話と表情の中にしばしばにじみでておりました。こうして先生は、すべての人々に慕われながら、現世を去っていかれました。

先生は、つねに颯爽としておられました。年齢は老いたりとはいえ、いささかも衰えをみせず、肉体的健康を維持されたのみならず、あいかわらぬ天性の頭脳の回転をみせておられました。老いさらばえて、寝たきりになるなどは、先生にふさわしくないにちがいありません。最後まで颯爽の姿勢を維持し、そして颯爽のうちに逝かれました。残念きわまりないことではありますが、これも運命として、神のみ手にゆだねるほかはないのでありましょう。

ここに先生のこよなく愛された名古屋の国際法研究会に集まる諸君を代表して、万斛の思いをこめて先生に感謝をささげ、お別れの言葉を申し上げる次第であります。

先生、どうか静かにお休みください。とこしなえにやすらかにお眠りください。

（＊　本文は、一九九六年六月二四日、葬儀にて読まれたものである。）

（石本泰雄　国際法学会元理事長、大阪市立大学名誉教授、日本学士院会員）

4 外尾健一「弔　辞」

＊ 東北大学法学部同窓会会報24号、一九九六年六月三〇日

謹んで故祖川武夫先生の霊に捧げます。

あまりに突然のことで未だに呆然としています。つい二、三日前にもお会いしましたし、こんな形でお別れすることになろうとは、夢にも思わないことでした。人間も生物の一つですから、当然死から免れることはできません。理屈では分かっていることですが、残された者は、心の一部が失われたような言い様のないさびしさ、悲しさにおそわれるものです。

先生と初めてお会いしたのは、私が東北大学に赴任した昭和三十一年のことですから、もうかれこれ四十年前のことになります。長いようでもあり、あっという間のことであったようにも思えます。「大変な秀才だ」という神話は人伝に聞いていましたし、何よりも私の指導教官の親しい友人でしたから、むしろ私の方からは尊敬しつつも一定の距離をおいていたのではないかと思います。しかし、いつの間にか、自然に親しく、家族同士でお付き合いをさせて頂くようになりました。失礼を顧みずにいうならば、先生とは、先輩とか後輩とかの意識をもったこともなく、また年令差もほとんど意識することなく、何でも心から話し合い、相談し合うことができました。その意味では、先生は、私にとって数少ない「心を許し合った年上の友人」でした。

先生は、親切で大変面倒見のいい人でしたから、知人・友人は沢山お持ちでした。また学会も、ご自分の専門分野だけではなく、民科の法律部会の合宿などにも参加しておられましたから、誰がどういう研究をしているかということなども良くご存知でした。そういう点ではお付き合いの幅は広かったと思います。しかし、率直にいわせて頂くならば、先生は、秀才にありがちな「子供がそのまま大人になった」ようなところのある人でしたので、ご自分では一生懸命やっているつもりでも、誤解されたり、傷ついたりすることが皆無ではありませんでした。しかし、私のどこが気に入ってくれたのかは分かりませんが、私には感情的にならずに、私の話には耳を傾けてくれました。

先生からは電話もよく頂きました。「お忙しいでしょうから結論だけ簡単にいいます」と必ずおっしゃるのですが、主文は簡単でも、事実関係や理由がえんえんと続き、短くても三十分、まずは一時間は覚悟しなければなりませんでした。「祖川先生から電話」というと家内が黙っていても椅子をもってきたり、冬などは膝にかける毛布を持ってきたりしました。考えてみれば、暖房は炬燵しかない時

代でした。懐かしい思い出です。

先生には、特に私の子供が可愛がって頂きました。子供は先生のお宅に伺うのをとても楽しみにしていました。トランプを皆でよくしたのですが、一番真剣になるのは先生と子供で、どちらが子供だか分からなくなるときがありました。家庭菜園のつくり方などいろいろと教えてもらったこと、庭でバーベキューを楽しんだこと、二家族で二台の車をつらね、三陸から十和田を旅行したことなど楽しかった日のことが走馬灯のようにつぎつぎと浮かんできます。やはり楽しい想い出は沢山つくっておくべきだと思います。

私の父も、二十年ばかり前、先生と同じ年頃のとき、駅の階段を踏み外して転倒し、救急車で病院にかつぎ込まれたのですが、脳内出血でそのまま帰らぬ人になりました。普段元気であっただけに、今でも「ああしてあげればよかった。こうしてあげればよかった。」と悔やむ気持ちでいっぱいです。先生に対しても同じです。「もう少し暇になったら、ゆっくりとお話をして」と思っていましたが、チャンスを失してしまいました。本当にすみませんでした。

孝子さんからお電話で、「穏やかな死顔でした。」というお話を伺いました。先生は立派なお子さんやお孫さんに恵まれ、また一番可愛がっていらっしゃった孝子さんと文字通りスープのさめない所に住んでいたわけで、お幸せな人生であったと思います。それが自然と最後の表情に現れたのでしょう。

どうか安らかにお休み下さい。

一九九六年六月二四日

（外尾健一　東北大学名誉教授・東北学院大学法学部教授［当時］）

5 稲本洋之助「祖川武夫先生追悼」

＊ 東北大学法学部同窓会会報24号、一九九六年六月三〇日

祖川先生は、六月二十一日未明、忽然とこの世を去られました。先生から学問をする心を分かち与えられた何十、何百の学者・研究者が今表現のしようのない深い悲しみに囚われています。

ご専門の国際法・国際政治の分野において、言葉のあらゆる意味で偉大にして希有なる日本の学者を失った、私はそのように思います。

しかし、それとともに、いやそれ以上に、私は「肉親を失った悲しみ」、ほとんどそのように言ってよい悲しみに襲われています。東京大学社会科学研究所の助手として法律学の研究に従事するようになってからすでに三十八年が過ぎ、今年三月にはその研究室すらも年限によって去りましたが、その間のほとんどの時期、先生を私の学問の支柱として、先生に対する深い敬慕の気持ちのうちに生きてきました。

このように申しますと、仮に先生にはお分かりいただけたとしても、ご葬儀にご参列の皆様にはご理解いただけないかもしれません。先生のご専門の分野と私のそれ——土地と家族の法社会学——とはあまりにもかけ離れているため、なぜ私が先生のところに出入りをさせていただいているのか、これまでも説明を求められることがしばしばありました。この説明は理を立てて行うよりも、事の次第としてお分かりいただくほうがよいと思います。

二つの事柄を今鮮やかに思い起こします。一つは、助手になって程なく高橋幸八郎先生のお供をして仙台に参りましたが、五つ橋の「鳳月」に宿を定めて東北大学の先生方と楽しく過ごしているうちに資金が尽き、帰途、仙台駅で発車間際に祖川先生に金子を紫の袱紗に包んでご持参頂いた、その折りに高橋先生は先生に対して、私を「よろしく頼む」と言われました。高橋先生と祖川先生が旧京城帝国大学でご一緒だったときからの長いご交友であったからですが、祖川先生は「ああ、わかりましたよ」とおっしゃいました。その時から三十数年が過ぎました。

もう一つは、民主主義科学者協会法律部会という学会でのことです。私たちは、一九七〇年前後に、沖縄の返還問題や日米安保条約の延長などについて、法律学の全分野を挙げて共同して研究をしていました。この共同研究に同学会の古くからの会員である祖川先生のご参加とご指導をお願いしました。先生は、国際法学者であると否とを問わず、事実を踏まえた説得力のある文章、つまり明確な論理と現実判断を具えた論文を書けるかを問われ、日米間でや

り取りしようとしている文書の類いはその最悪の標本だと言われました。そして、本当に驚いたことに、先生はその時「法律時報」に自ら率先してモデルとなるような論文を書かれました。

私たちの学会はまた、作並温泉で百五十人を超える合宿研究会を行なったり、東北大学で学会や公開の研究集会、シンポジウムを何度も開催したりしましたが、それらはすべて祖川先生のご配慮のもとに実現したものです。私は当時からこの学会の責任者の一人であったために、このようなすばらしい経験をさせていただいたのです。

この学会は、来年、創立五十周年を迎えます。その記念式典の日の先生のご不在が惜しまれてなりません。

先に、私は「肉親を失った悲しみ」に近いものと申しました。先生は、先の二つの出来事を機縁として、私を相応に扱って下さるようになりました。学術研究活動の上で提案・指導・評価・総括などリーダーシップを求められることが多く、時に孤立し、時に誤りを犯すことが少なくなかった私は、本当にこの三十数年、先生にはそのすべてをお話ししてきたと思います。直ちにお答えにならなかった事柄を十年以上も経ってから的確にご指摘いただいて驚愕したこともしばしばでした。

最後に、先生にはとても変わった面白いところがありました。しばしば私を調理人として仕事をさせ、東北大学や東北学院大学の同僚および令夫人をご自宅に招かれるのです。そのため、連講の終了時間を繰り上げさせて、「丸光」や「藤崎デパート」や「明治屋」に、また「壽屋」や「佐藤鮮魚店」にも先生と材料の買い出しに行ったことがあります。先生に師事する身でありますので、このようなご指示に従わなかったことはなかったと思います。また、私の「味覚」を試されようとしたのでしょうか、いつも、いろいろな店に連れていっていただきましたが、想えば、昨年九月の「新富すし」が最後になりました。

先生、お別れでございます。私たちは、十二分に先生からお教えをいただいております。これからしばらく、その一つ一つを思い起こしながら、世界の平和、社会の福祉のための学問研究を続けていきたいと思います。どうか、安らかにお休み下さい。

一九九六年六月二四日

（稲本洋之助　東京大学名誉教授、元東北大学および東北学院大学非常勤講師）

6　樋口陽一「故・祖川武夫先生への惜別」

＊ジュリスト№一〇九五、一九九六年

およそ世の中にあってはならぬ出来事のしらせが、一万キロ離れた山中の会合の場にとどきました。もどかしく鉄路と空路を乗りついで来る間、何度か紙を出して文章を整えようとしましたが、あまりに多くの思いが去来して、とうとう、できませんでした。作法にかなわぬ仕方で最後のご挨拶を申し上げるのを、おゆるし下さい。

先生の東北大での外交史の講義に列席したのは、正確に数えて四一年前です。両手にかかえきれぬほどの書物や資料を教卓にもってこられて、静かな、明快な講義でした。ウェーバーとマルクスの方法論を縦横の軸とし、先生と親交のあられた故・高橋幸八郎先生の、いわゆる大塚・高橋史学をふまえた、そして、先生ならではの論理と歴史認識を展開される、重厚な講義でした。

私を含め不勉強な学部学生たちにとっても、先生が母校東大法学部はじまって以来といわれた秀才ということは、よく知られておりました。私の直接の恩師であり京城でも仙台でも先生にとっては先輩同僚であられた故・清宮四郎先生が、「祖川はブチなし（オール優）だから」とよく言っておられました。京城帝大への先生のご赴任を、当時の、尾高朝雄、鵜飼信成といったそうそうたるメンバーとともに緊張して迎えたものだよ、ともおっしゃっておられました。本当の超秀才であられたからこそ、先生は、研究発表に際しておそろしいほどの完璧主義でした。そのため、ある余るほどのご力量と、あふれでるほどの蓄積にくらべるなら、おどろくほど寡作でした。

しかし、あの高名な珠玉の作品「カール・シュミットにおける『戦争観念』の転換について（一）」（『法学』一七巻二号）【本書第Ⅲ部第一章第三節】は、いまも専攻分野をこえて読みつがれています。職場を同じくする同専門の同僚間の交友として羨ましいほどの範型をつくってこられた小田滋先生との、ながいご交流の成果の一端（共著『わが国裁判所の国際法判例』有斐閣、一九七八年、『日本の裁判所による国際法判例』三省堂、一九九一年）は、永く学界の共有財産となるでしょう。そして、安保条約改定から日韓条約へという、先生のご専門にかかわる戦後日本の大きな論争的主題についての一連のご論稿は、大きく堅固な知の土台のうえにはじめて、精緻で大胆な批判が説得力を発揮するのだということを、教えています。

何よりも先生は、専門のいかんを問わず、扉を叩くものには惜しみなくその豊かな学識を分け与えて下さいました。何より私自身が、そのようなご恩を限りなく頂戴してきました。特に、論争的な作品を書こうとするときは、その着想と議論の仕方を先生に聞いて頂き、そのうえで私なりのひそかな自信を得るというのが常でした。私が東京に住むようになってからも、電話でご都合を伺うと、議論にどのぐらい時間が要るかをお聞き下さり、「二時間ぐらい頂ければ」というと、「では午後四時にしましょう」ということになるのが一度ならずでした。六時ごろから、奥様お心づくしのお膳が待っているのです。

思い起こすことは限りありません。お孫さん達をつれた先生ご夫妻と私どもの家族が蔵王𥡴々温泉で年末を過す行事は、二〇年以上もつづきました。東北大の同僚たちと奥松島で海水浴と磯料理をたのしむ行事は、ことしも近づいていましたのに……。何十回、何百回とお目にかかっている間表立って話題にされることがなかったのに、キリスト者としてのご信仰のことと、植民地体験に関するお考えのことがいま強く思い起こされ、無言のうちにお教え頂いたことがどれほど大きかったかを、あらためてかみしめております。

何より、私自身にとって、研究生活の初期にテーマをつかみあぐねていた不安、一本立ちの研究者として職を得ることができるだろうかという迷いの時期に、大道を歩むことが心のやすらぎを得るのだということを、言外に教えて下さったのが、先生でした。しかし、そのようなことは、ご墓前に対座して、静かに御礼を申し上げるべきことでありましょう。ここでは、社会に対するするどい批判の視点と人間に対する温かいまなざし、学問にかかわる完璧主義と日常のこころのゆとり、広い歴史認識の視点と法解釈技術の緻密、そういったものを併せ持つ先生のそれぞれの部分を少しずつでも、あとを行く者たちがひきついでゆくことをお約束します。そして最後に、信仰を持たない私ですが、もし許されるなら、これからも天国からお声をかけて下さい。

（本稿は、路上での事故がもとで六月二一日急逝された祖川武夫先生の葬儀（同二四日）で話したことを文章化し、補筆したものである。）

（樋口陽一　東北大学法学部卒業生・同大学名誉教授、日本学士院会員）

7　樋口陽一「祖川先生への手紙」

＊　東北大学法学部同窓会会報24号、一九九七年六月三〇日

祖川武夫先生。スイス山中の友人の山荘での会合に参加していた私に、思いもかけぬ先生の訃報のファクスがとどいたのは、まさしく去年の今日でした。予定を一日くりあげて成田から仙台でのご葬儀にかけつけ、墨書する余裕もないままに弔辞をささげてお別れを申し上げたのでした(口頭での弔辞を文章化したものとして、『ジュリスト』一九九六年八月一～一五日号)。それから一年。先生の思考と論理から頂戴した学恩がどれだけ大きかったかを、あらためてかみしめています。その間にも、「この論点についての私の考えを先生ならどう批評して下さるだろうか」、と思い及ぶことがたびたびでした。

今日はしかし、頭を切りかえて、先生との楽しかった集いのいくつかを思い浮べることにします。

まず、「祖川家のワインに夏を越させない会」。六月三〇日夏越(なごし)の祭にひっかけて、いつとはなしについた名前でした。法学部のスタッフの数人で、常連は当時若手の望月・藤田・樋口でした。先生のお宅に常備されていたワインやブランデーが目当てで、そのころ珍品だったコニャックの香りが翌朝になってもオーデコロンみたいに身体から消えないほど、飲ませて頂いたものでした。

つぎに、奥松島の宮戸島にウニやアワビを食べにゆく会。梅雨あけごろに設定されるこの行事は、郷土史家の故・三原良吉さんが「とってもよい場所があるから」と案内してくれたときに先生ご一家をもお誘いしたのがきっかけでした。先生も私も気に入って、法学部の仲間たちとのエクスカーションとして定着したのです。藤田一家と私の家族が幹事役の常連で、入れかわりもありましたが多くの家族が加わって遊びました。いまは東北大にいない大嶽秀夫、佐藤慎一ファミリーのほか、国際色もゆたかでした。Jean-Pierre Lehmann, Michael Mosher, Gérard Martzel など、など。つい一昨年の夏まで、まっさおな夏空の下で巨体を浮かせながら悠然と背泳ぎなすっていた先生のおすがたが、まぶたを去来します。

数えてゆけばきりがないので、最後にひとつ。今度は冬で、蔵王山中の峩々《がが》温泉で年末を過す行事。先生ご夫妻がお孫さん方を連れ、私の家族がお供していました。何しろ合計八人のチビたちがヨチヨチ歩きの頃から大学を卒業するまで、入れかわりたちかわりメンバーとなって、十五年以上も続いたでしょうか。暖房がコタツで、朝目覚めると枕元の手拭が凍っていた時代からのことでしたから。そのお孫さん達が立派に成長されて、先生のご葬儀の際にそれ

ぞれに声をかけて下さったときは、見まちがうほどに大人になられたお顔立ちに、まぎれもない少年、少女のころのおもかげを見出すことができました。おじいさまたる先生とのほほえましいジョークのやりとりや掛け合いまでが、知らず知らずに成長の滋養となったのではないでしょうか。噫々。

8　松井芳郎「祖川武夫先生と安保体制研究」

＊ 赤旗、一九九六年八月六日

この六月二十一日の祖川武夫先生のご急逝は、私たちをどんなに驚かせたことだろう。悲しみも空白感もまだ実感とはならないいま、先生を悼む文章を綴（つづ）ることはいかにも空々しい。しかし巨星が墜（お）ちたことが現実である以上、私は本紙の読者とともに、自分の学問を通じて日本の独立と平和とを我がこととして追求され続けてきた祖川先生の足跡の一端を振り返らなければならない。

法理と現実を究め

祖川先生は寡作であり、若手の国際法研究者には先生のお名前を知らない人もあろう。しかし本紙の古い読者なら、一九六〇年前後に先生が主に『法律時報』誌上で、安保体制批判の論文を次々に発表されていたことをご記憶と思う。先生の安保体制論は、単なる時論ではなかった。安保体制論だけでなく、先生が書かれる論文はいつも、たとえ教科書や入門書の形を取るものであっても、国際法の論理構造と国際社会の現実の構造の精緻（せいち）を極める分析に基づいて、当該の国際法規が実際に果たす役割を析出して余すところがない。先生の安保体制論はその後日韓条約批判から七〇年安保体制の批判的検討へと連なるが、このようなわけで、それらは実践的に貴重な役割を果たしただけでなく、私たち国際法学の立場から安保体制を研究しようとする者にとって常に導きの星であった。

平和を望む人々へ

先生の学問の特徴が最も明確に現れた業績は、「カール・シュミットにおける『戦争観念の転換』について（一）」（『法学』第一七巻二号、一九五三年）【本書第Ⅲ部第一章第三節】であるが、未完に終わって現在では入手が困難なこの論文に代えて、「集団的自衛―いわゆるUS Formulaの論理的構造と現実的機能―」（祖川編『国際政治思想と対外意識』創文社、一九七七年、所収）【本書第Ⅲ部第二章】の一読を皆さんにはお勧めしたい。国連憲章第五一条における集団的自衛権規定の起草過程の克明な分析に基づいて、それが現実の国際社会で果たす危険な役割を浮き彫りにしたこの論文は、決して読みやすいものではないが、安保「再定義」が注目される現在、日本の平和を望む人にとって必読の文献であるといっても過言ではない。

私たちが先生から学ばなければならないことはあまりに多く残されているが、もはやそれを悔いても遅すぎる。それにしても、敬虔（けいけん）なクリスチャンであった先生は、未（いま）だに地上に平和を与えたまわない神と、天国でどのような対話を交わしておられるのだろうか。

（松井芳郎　名古屋大学教授［当時］、名古屋大学名誉教授、立命館大学教授、国際法学会前理事長）

9　松井芳郎「祖川武夫先生をしのんで」

＊ INTERJURIST No. 109, 1996. 8. 15

祖川武夫先生がこの六月二十一日に急逝された。祖川先生は国法協の顧問を務めておられたが、先生を知る会員は東北以外ではそれほど多くないかもしれない。しかし、古くからの会員なら、一九六〇年の安保改訂を前にした頃から先生が一貫して安保体制批判の論陣を張ってこられたことをご存じに違いない。先生の専門の国際法の分野でも、事情は余り変わらなかった。マルクス、ウェーバーといった社会科学の基礎をしっかりと踏まえると同時に、国際法規の論理構造の克明な分析を通じて展開される先生の鋭利なイデオロギー批判は、それを知る幸運に恵まれた比較的少数の研究者を魅了し、畏怖させてきた。このような先生を知る会員なら、密かに先生の弟子であることを自称してきた私たち民科法律部会の国際法分科会に属する者の驚きと空白感を理解していただけるだろう。

祖川先生のお名前を初めて耳にしたのは、学生の頃に田畑茂二郎先生か亡くなった父からだったと思う。この三人は三高の同期生で、「あいつは馬鹿や」というのが口癖でめったに他人をほめたことがない父が、「祖川はすごい」といっていたのを記憶している。だが、本当に「すごい」ことを実感するのはかなり後のことになる。大学院に入った頃に、「カール・シュミットにおける『戦争観念の転換』について」の（二）を捜して『法学』のバックナンバーをひっくり返した経験は何人かの友人や後輩と共有するが、先生が本当に「すごい」ことを実感するようになったのは、名古屋に赴任してきてから民科国際法分科会の合宿研究会や名古屋大学大学院の集中講義の枠を利用して行う研究会に、ほとんど常連として先生のご出席を得ることができるようになってからのことだった。

決して数が多くない先生の論文の一つ一つが千鈞の重みを持っているように、研究会での先生の一言一言があるときは私たちを震え上がらせ、またあるときは入り込んだ迷路から抜け出す道を指し示す光明となった。私を含めて何人かのメンバーは個人的にもご指導をいただいたが、民科国際法分科会全体が「祖川ゼミ」だったといってよく、同分科会が作成したＩＡＤＬのための数次の報告書も先生のご指導のたまものだったといえる。だが、先生も私たちのことを弟子と思っていただいていたのかどうか、このことを伺うことはついにできなかった。

10　富岡　仁「祖川先生のこと」

＊　INTERJURIST No. 109, 1996. 8. 15

祖川武夫先生が亡くなられてから一月余りになる。電話を含めれば先生には毎日のようにお会いしていた。先生の笑顔とやさしいお声に接することがあの日以来かなわなくなってしまったことに、言い様のない寂しさを覚える。

私は、当時先生がお勤めであった東北学院大学に、八年前助教授として赴任した。研究会などでご一緒し、それまで全く存じ上げていないわけではなかったけれども、厳しいと定評のある先生であったので、いささかの不安と緊張を持ちながらの来仙であった。

しかし先生はとてもやさしかった。不勉強な私の言うことに静かに耳をかたむけ、ていねいに答えて下さった。学会や研究会での報告に困っていることをお話すると、必ず貴重な示唆を下さった。ところが、不明な私が先生の学問的貴重さと近くにいる自分の幸運を真に理解するのは、最近のことである。そして、先生はわたしからの隔週の研究会のお願いを快く承諾して下さり、九月からのスケジュールはすでに出来ていた。その矢先のご逝去である。八年もいながらなぜもっと早くに教えていただかなかったのか、私は自らの不明により貴重な機会を永久に無くしてしまったことを、悔やんでも悔やみきれない。

先生はまた私の家族をとても気にかけて下さった。大阪から移って来たこともあって知人もいないだろうと、連休にはよく蔵王や松島などの東北各地を案内して下さった。先生は、自ら「助手席一万キロ」と言われていたように、実に地理に明るく、行く先々の「そば」や「ずんだ餅」などの名店で私たちはよくごちそうになった。そして、帰路お宅につくと「あがれ」と言われて、さらに両手いっぱいのお菓子や果物そして子供たちはおこづかいまで頂戴した。どうやってこのお返しをしたらよいのだろうと、妻といつも話したものだった。

いつのことになるか、私は天国の先生を訪ねてみようと思う。そして、先生が逝かれてからの、世の中のこと、学界や研究会のこと、友人や家族のことなどお話しようと思う。先生はきっと、微笑まれながら、私の言うことを楽しそうに聞いて下さるに違いない。

（富岡　仁　東北学院大学教授［当時］、名古屋経済大学教授）

11　惜しげなく研究披露

＊河北新報「残照」、一九九六年七月四日

賛美歌と聖書の朗読が途切れた仙台市の葬儀会場で、ハーグ（オランダ）から届いた弔電が読み上げられた。「仙台でお会いしたのがついこの間のことでした。信じられない思いです。四十年にわたるご指導を思い起こし、言うべき言葉も知りません」

驚きと悲しみの気持ちを参列者に伝えたのは、国際司法裁判所の小田滋判事（七一）。一時帰国した六月十三日、小田さんは祖川さんと会うために仙台を訪れたばかりだった。その八日後、祖川さんは交通事故で人生を終える。

国際法が専門の二人は、ともに故横田喜三郎・東大教授（第三代最高裁長官）の教え子。「祖川さんは東大法学部始まって以来のオール『優』の卒業生」（小田さん）だったという。

東北大法学部でも同僚教授の関係を超えて協力し合った。昭和三十七年から六十二年まで、学会誌に『わが国の裁判所における国際法適用の諸先例』を共同執筆、高い評価を受けた。

小田さんは論文を書く時、必ず祖川さんに相談したという。「ものすごい知識の蓄積があって、議論すると、的確な指摘がある。法学だけでなく、哲学や政治学の裏付けもあった」

祖川さんの学識は、多くの法学者から頼りにされた。憲法が専門で、上智大教授の樋口陽一さん（六一）＝東大、東北大名誉教授＝もその一人。「論争になりそうなテーマは、まず祖川さんに話を聞いてもらった」。何十本もの論文や評論が書けるほどの研究を「惜しげもなく同僚や若い人に与えてくれた人」と、樋口さんは感謝している。

国際法を厳しく追究し続けた祖川さんも、家庭では三人の娘の子煩悩な父親。キリスト教を信仰し、食前の祈りを欠かさなかった。

「最近、お祈りの時間が長くなっていたような気がします」。妻の瑞子さん（七八）は、ふと思い出したように夫をしのんだ。

三　広中俊雄「祖川先生の思い出」

＊　本稿は本書の刊行にあたって特に、お寄せ頂いた文章である【編者注】

　私がはじめて祖川先生にお会いしたのは一九四八年四月、東大法学部二年生になったばかりのころである。私は、一年前に上京してすぐ、当時「帝大新聞」の常務理事だった桜井恒次氏の勧誘で、東大前にあった〝学生による学生のための本屋〟学生書房の委員になり（ほかに文、経、理、工、農、医の各学部生がいた）、新刊の大塚久雄著『近代資本主義の系譜』の好評に乗って秋から小売部を縮小し出版に力を入れはじめた同書房で、本の企画・編集という仕事に打ち込むようになった。一九四八年の手帳で四月のページをめくってみると、川島武宜、辻清明、丸山真男、中村哲、遠山茂樹その他いろいろな名前が出てくるが、四月一七日の欄に「有泉氏（祖川氏）」という記載がある。その日に私は有泉亨先生を東大社研の研究室に訪ね、そこで祖川先生に出会ったのであった。初対面の祖川先生を有泉先生が紹介してくださり、文字は「祖先の祖に川」と教わる。《重箱読みだ》と妙に感心しながら、私は自己紹介のあと一瞬、何を言おうかと迷ったが、有泉先生が、話のきっかけを作ろうとなさってか、「祖川先生はイギリスの法思想を教えておられるんです」とおっしゃったので、編集者意識を刺激された私はほとんど反射的に「それを本にしていただくことはできないでしょうか」と言った。祖川先生はちょっと驚いたような表情を有泉先生に見せてから私に視線を移して「それは駄目ですよ」とおっしゃったように思う。その短い言葉に、私は《ああ、素っ気ない人なんだ》と納得しながら「そうですか」と引っ込んだが、考えてみれば未熟な学生編集者の性急な頼み方が失敗のもとだった。ベテラン編集者ならじっくり構えて先生に『イギリスの法思想』というような本を書いてもらうところだったかもしれない。

　それから七年のち、私は東北大学法学部に奉職し、祖川先生と同僚になった。

　私に東北大学への転任を勧めてくださった世良（晃志郎）さんについては亡くなられた年に追想を書いたが（法

律時報一九八九年七月号→広中『ある手紙のことなど』〔創文社刊〕九頁以下）、その世良さんから、私の仙台赴任までの間に祖川先生の名前が出たことを思い出す。私の初めての単行本『日本の警察』（法社会学研究ノートⅠ）が赴任直前の一九五五年三月末に東大出版会から出ることを世良さんに話した時、法学部には同僚の全員に自著を贈呈する慣行があると言われて、私が「贈呈することはいいんですが、民法担任として採用された者の最初の本が警察研究の本だということを問題になさる方はありませんか」と言ったところ、世良さんは祖川先生に相談をなさったのである。しばらくして世良さんから「面倒なことを言う人はいないだろう、問題はない、という結論になった」との連絡があった。私は七年前の祖川先生のことを思い出しながら不思議な縁だなと感じ、また同時に、どちらかといえば豪放にみえる世良さんが案外に慎重であること、そして祖川先生は世良さんの信頼する相談相手らしいことを教えられたわけである。

私が赴任した当時、祖川先生は講師で、教授会のメンバーになっておられなかったから、定期的にお会いするようなことはなかったが、意外な問題から祖川先生は私にとって身近な存在となり、私は先生の重要な一面を知ることとなった。

世良さんが私の仙台赴任までに知人に努力してもらうと言われた住居探しは、戦災の後遺症ともいうべき「難事中の難事」だったらしい。やっときまった住居は「仙台市原町小田原大梶南二五番地」の田畑に囲まれた平屋建て木造住宅で、日照は申し分なく空気もよい健康的な立地といえるものだったが、ただ水道はなく、代わりに井戸があるということだった。しかし、四月一日に赴任してみたら、井戸は改修するつもりというだけで肝腎の工事予定がはっきりせず、結局は、約一五〇メートル離れた農家まで井戸水をもらいにゆく毎日が始まる。一か月後の私法学会の大会をはさんで休養のため前後八日間にわたり家族連れで東京にゆき、英気を養って帰仙、家路で離仙時とは比較にならない蛙の大合唱に驚かされたが、そのうち雨の多い季節になり、雨が降ると一五〇メートルの道の大半はぬかるみになるという状態であった。

辺鄙な場所ゆえ訪問者もない状態の続く私たち一家の生活の実情を察知してくださったのが、祖川先生である。放ってはおけないと思われたらしいが、口に出してそうおっしゃったわけではない。夏の終わるころだったか、先生が私に、「いい住居はなかなかありませんが、長町の僕の親戚の処をいっぺん見に来ませんか」とおっしゃった。探すとおっしゃったことはなかったが先生は気にしていてくださったのである。びっくりする私に、「奥さんと相談して見に行こうということになったら日取りを打ち合わせましょう」と先生は言われる。長町諏訪地区にあるその住宅を実際に訪れたのは、その年の手帳をみると九月一八日で、大きな建物の南端の二部屋を仕切って貸してもいいとのお話を、私は即日きめさせていただいた。入居は私のほうの諸事情のために一〇月八日まで延びたものの、こうして私たちの〝水道のある生活〟が始まる。入居後に先生は風呂場と便所を新設するという心遣いまでしてくださった。住所は「仙台市郡山字町二二番地」に変わり、そこに二年あまり住んだのち現在の「仙台市青葉区大手町四―三二」に移ったが、以上が、七年前に《素っ気ない人》と思った祖川先生のやり方だったのである。

　祖川先生と私との間で社会の諸問題や大学内の問題が話題になることは初めの間あまりなかったようで、記憶には残っていない。先生が教授として教授会に出られるようになった一九五八年の警察官職務執行法改正問題の当時（一〇月）や、そのあと一九六〇年安保条約改定期の衆議院強行採決問題の当時（五月―七月）には、東北大学の教官の間にさまざまな意見交換の場が生まれ、先生に啓発される機会を持つようになったが、それぞれの機会はいわば一時的なものであった（一九六〇年の時期については、七月に発足した「東北大学時事問題懇談会」なるものの幹事会で、その会の性格や運営方針に関し、事務局を持つ〝しっかりした組織〟にするという原案に対して私が〝必要なときはさっと集まるが、それ以外では各自の持場つまり研究室での日常の仕事を大切にするゆるやかな会〟を考えたいと述べた際、祖川先生が、結論を急がないで継続的な検討課題にしたら、と巧みに意見対立を防止なさったことを思い出す）。以上と異なり、一九六五年から一九七二年にかけては、大学内の問題について私は先生と持続的に意見の交換や学内委員としての協力が必要となるような関係に立ち、先生の周到・緻密な議論や文章にしばしば感嘆した思い出がある。しかし、それらの回想はすべて割愛することとし、ここでは、上記数年間のうちの最初の一年については『昭和四〇年（一九六五年）における東北大学の問題に関する調査報告書』と題された大学の文書のなかに詳細な記述があり（右問題の展開過程で発生した刑事事件における先生と私のかかわりは『最高裁判所刑事判例集』二九巻一一号所収の同事件第一審・第二審判決で触れられている）、残りの期間における先生と私の持続的関係というのは上記『調査報告書』の作成に調査委員会委員および報告書起草委員としてかかわった関係にほかならず、それについては東北大学に資料が保存されている（東北大学法学部法政資料調査室所蔵『東北大学の管理運営に関する資料』Ⅰの12の諸資料）ことを述べるにとどめたい。ほかにまだ、述べたい研究上の接触に関する思い出が、残っているからである。

　先生と私とは専門分野を全く異にしていたが（先生の専攻は外交史、国際政治学、国際法学、私の専攻は民法学、法社会学）、専門的なことがあまりからまないかぎり、専門分野のちがいは、二人の間の研究上の議論にとって、ほとんど支障とならなかった。いくつか記憶にあるもののうち、とくに二つのものが、私にとっては忘れられない。

その一つは一九八一年の思い出である。一九五五年のいわゆるラッセル＝アインシュタイン宣言を受けて五七年から数次にわたり開かれたパグウォッシュ会議なるものの日本版といわれる科学者京都会議の第四回会議で、一九八一年六月に一つの声明が発表された際、私はその内容に疑問を抱いた。声明に盛られた提言のなかの、「核保有国は非核保有国に対し核兵器を使わない、あるいは使うといって威嚇するようなことはしないという取り決めを国連の場でおこなう」よう日本政府は提案すべきだという提言に対してである。私は、核兵器というものについての根本的見地があいまいになっていると感じ、京都会議は核保有国間での核兵器使用を許容するとみられる結果になってよいのかを問う論文を『社会科学の方法』に発表しようと考えた。そして、このときには原稿を書く前にではなく、原稿を書き上げたうえで、祖川先生にそれを読んでみてもらおうと考え、「科学者京都会議の政策的提言に対する疑問」と題した論文の原稿を先生に渡したのである。京都会議の威信やその提言のテーマから考えると私の批判は不遜なものと受け取られて反論を受ける可能性がありそうだったし、当時は日本への「核持ち込み」に関するライシャワー発言やエルズバーグ発言をめぐっていろいろ論議がなされていたという状況だったとはいえ日本を「核超大国に基地を提供して核兵器を配備させている国」とみることを否定していないくだりも問題にされる可能性がありそうだったので、祖川先生は懸念を表明されるかもしれないと考えつつ、しかしそうなっても私は自分の認識とその発表の持ちうる意味について先生に納得してもらえるような議論をしたいと思っていた。ところが、先生は読んでくださったあと、「問題はないと思いますよ」と言われたのである。大抵の場合に先生は何か内容上の感想をおっしゃるのにこの時にはそれもおっしゃらない。その点をやや意外に感じつつも、その論文の原稿を私はそのまま発表したのである（社会科学の方法一九八一年九月号→広中『国家への関心と人間への関心――ある法学研究者の歩み』〔日本評論社刊〕二四二頁以下）。なぜ先生は「問題はないと思いますよ」とだけおっしゃったのだろうかと、私はあとで考えた。想像にすぎないが、私の原稿に多少の手直しをする余地があるとはお感じになりながら、しかし、広島への原子爆弾攻撃を体験した被爆者である私の、核兵器に対する強い否定的態度、核兵器使用に対する絶対的不許容の立場（私はさまざまの機会にそれを書いたし、祖川先生はおそらくその幾つかを読んでおられた）が基調となっていることで、先生は全体を諒とされたのであろうと私は思う。

もう一つは一九九三年の思い出である。同年七月に先生が突然、電話をかけてこられた。「久しぶりですね」、「お変わりもなく……」などと挨拶を交わしたあと、先生が、実はあなたの考え方をききたいのでお宅に伺いたい、とおっしゃる。何でしょうと尋ねたが、「会ってから話しますよ」ということなので、お越しいただく日時をきめた。手帳で確かめると、七月一九日の欄に「三時、祖川さん来訪」と書いてある。その日は二階の書斎にご案内したが、先生は手すりを握って「これが必要なんですよね」などとつぶやきながら昇られ、書斎で椅子に腰かけてから「実はある原稿を頼まれて引き受けようかどうしようかと迷っているんです」とおっしゃった。しかし先生は自分の持っている問題を「法律学」とか「法律論文の書き方」とかいう言葉でしかおっしゃらない。私は具体的な問題点をつかめないままあれこれしゃべり、先生は頭のなかで何か考えながら言葉をついでおられたが、そういう感じの会話がかなり続いたころ、先生は「いやあ、すっかりお邪魔しました」と言いながら立ち上がられた。私が「え？　もうお帰りになるんですか」と言うのに対して先生は「勉強になりました」と言われる。私は狐につままれた感じになり、《せめて》と思いながら「何にお書きになる原稿なんですか」と尋ねたところ、先生は「たいしたものじゃない。辞典の項目ですよ」とおっしゃるだけなので、私は、そのうちにお聞きすることもあろうと思って詮索をやめた。ところが、私はその機会に恵まれないまま先生とお別れしたのである。三年後、先生が路上の事故で亡くなられたという報せを受けた時、私は、手すりを握りながら階段を昇られた先生の足どりがちょっと不安定だったかなと思った。

先生が亡くなられたあとも、私は時々、あの日に先生がおいでになった目的は何だったのだろう、私のしゃべったことはどんな意味をもったのだろうと考えたが、ある人の示唆で、先生があの時に抱えておられた問題は、一九七五年発行の国際法学会編『国際法辞典』に書かれた「日韓基本条約」という項目の解説を一九九五年発行予定の同学会編『国際関係法辞典』（はしがきによれば原稿依頼状は一九九三年七月に発送された）に加筆のうえふたたび寄稿するかどうかという問題だったと分かった。先生は一九九五年の辞典（新辞典）に寄稿しておられない。なぜ寄稿なさらなかったのだろうという新たな疑問に導かれた私は、一九七五年の辞典（旧辞典）に載った先生の「日韓基本条約」【本書二六七―二六八頁参照】を読んでみて、一つの推論に到った。旧辞典の「日韓基本条約」の解説は約一三〇〇字、別の人の執筆による新辞典の「日韓基本関係条約」の解説は約一二〇〇字で、ともに中項目（一〇〇〇字）の依頼だったと思われるが、前者には末尾に、この種の辞典には通常みられないつぎのような長い記述が置かれている。

「……日韓軍事協力の問題は条約には直接出ていない。駐留米軍を軸にして日本の対韓軍事協力関係の枠組はすでに出来上がっており、この関係の内実が日韓条約・協定の締結を通じていっそう充実強化されることが見込まれているからである。事実、国交正常化のもとで財産・請求権・経済協力協定による無償三億、有償二億ドルの政府援助に導かれて、対韓貿易および投資における日本資本の進出はまことに著しいものであったが、一九六九年一一月二三日の日米共同声明四項では、日本政府は『韓国の安全は日本自身の安全にとって essential である』ことを十分な経済的利害の裏付けをもって言明するにいたったのである。」

と。右の記述、とりわけその後半（「事実、」以下）は、祖川先生ならではの、そして先生は内心ひそかに得意な気分だろうと想像されるような文章である。先生は、この文章を書くのでなければ項目解説を自分が引き受けた意味がないと考えておられたにちがいないのであり、この文章で項目解説をしめくくった先生は満足感をもって「祖川武夫」と署名なさったのであろう。その署名によって〃名工の小品〃に銘が打たれたのだというふうに私は感じた。ところで、と私は思う。一九九三年七月に執筆依頼のあった新辞典の項目解説においても旧辞典に書いたあのような文章、特にその後半のような文章を書くべきかどうかに祖川先生は迷われたのではないか。もちろん、執筆を引き受けるとすれば、もとの文章に代えて、二〇年後の時期つまり一九九〇年代にふさわしい文章を考えなくてはならない。しかし、あの後半部分の内容を成すような、社会科学的認識ともいうべきものは、人によって何を重要と考えるかが異なるかもしれないし、また、重要と考える事項が人によって異ならない場合でもその事項をめぐる社会的・経済的・政治的な環境の変化によって将来その意味づけの修正が必要となる可能性もあるから、慎重な分析が執筆の前提となろうが、あの後半部分のような文章を今また苦労して書くのはそれほど簡単ではなさそうだし、そもそもそれは、八〇歳を超えた自分がそんなに苦労する価値のある仕事なのだろうか、旧辞典の解説はあれでよかったと思うし、あれはあのまま一九七五年当時の解説として残るという形にするほうがよいのではないか、などとお考えになって、要するにお迷いになった末、私に電話をかけてこられたのであろう。先生は執筆を結局おことわりになったらしいが、こうしてとにかく、旧辞典に載ったままの形で〃名工の小品〃が遺されることとなったのであり、先生の出された結論は、それなりに正解だったのではないかと私は思う。

長々と思い出を綴った。先生は私にさまざまの側面をお見せになったなと、あらためてあの時この時のことをなつかしく思い起こす。まだ書きたいことはあるが、このあたりでペンをおこう。

（二〇〇四年三月稿）

（広中俊雄　東北大学名誉教授）

あとがき

祖川武夫先生の筆になる珠玉の諸論稿が一書にまとめられるべきことを望む声は、先生の急逝後、折にふれ聞こえていた。そうした中で、専攻を同じくする門弟でもない私がこのたびの出版の世話役を買って出ることになったについて、弁明のひとことを許していただきたい。

東北大学法学部の講座制の形式のうえで、私は、祖川先生の担当する「国家学講座」所属の助教授として、研究教育歴をはじめた。学内で配布されていたそのような名簿上の配置からして、他学部の人たちの中には、先生と私を同じ専門の師弟の間柄と見る向きもあった。実際をいえば、専門ちがいとはいいながら、普通の意味でのそのような間柄をはるかに越えて、私を研究者として世に出して下さるために先生が払われた数々のご配慮を思うと、今なお身の置き所のない思いがするのである。先生の学問を次の世代にひきついでゆくためのささやかなお手伝いをしたい、という積年の思いを、本書の編集委員をおひきうけ下さった六人の方々にご相談することとなったのは、出すぎたこととはいいながら、私としてはあまりに自然なことだったのである。

いま国際法学界を代表する長老のお立場にある小田滋、石本泰雄両教授に、編集委員代表となって頂くことができた。お二人はそれぞれに、故人と長いあいだ最も深い間柄にあられた国際法学者にほかならない。晩年の祖川先生が特に力を傾けておられたのは、名古屋を中心とする、先生から見れば若手にあたる国際法研究者たちとの学問上の交流であった。そのリーダーが松井芳郎教授であり、重要メンバーが東北学院大学で先生の同僚でもあった富岡仁教授である。くわえて、先生が親子ほどの年齢のちがいを越えた友情をもって遇されていたのが、稲本洋之助 教授と青木正芳弁護士であった。

これらの方々には、本書のために「はしがき」を寄せられた石本教授をはじめ、それぞれに貴重なお力添えを頂いた。なかでも、論文の選択と校訂から校正までもの作業を周到に果たされることによって、松井・富岡両教授は、まさしく本書の誕生を可能にした sages-femmes となって下さった。お二人を含む名古屋グループの方々には、実は、早い時期から祖川論文集の刊行を構想され、目次の編成までをも考えておられたのである。故人との生前からの共同研究のつみ重ねがこうしたすがたで結実したことに、祖川先生もさぞやご満足のことであろう。

先生がおよそ筆をとられるにあたって全力を傾注されるその仕方については、伝説とすらなっている。私自身の経験についていえば、Wilhlem Karl Geck, *Die völkerrechtlichen Wirkungen verfassungswidriger Verträge : zugleich ein Beitrag zum Vertragsschluß im Verfassungsrecht der Staatenwelt*, Köln, Heymann, 1963（440 p.）の書評を国際法外交雑誌に出されるはずだったときのことがある。先生からのお誘いをよろこんでお受けして、数ヶ月にわたって何回も、密度の高い読みあわせをした。最後の回は温泉で労をいやす機会を作って下さったのも懐しい思い出であるが、その際の綿密なノートも、結局、筐底に置かれたままとなったのである。そのようなお仕事ぶりは、「寡作」とみずから言われるようなものとならざるをえなかったのであるが、それにしてもしかし、本書に、先生の論稿のすべてを収めたわけではない。何よりも、「幻の教科書」と呼ばれていたという『国際法Ⅳ』（法政大学通信教育部発行、非売品、一九五〇）は、その概説書としての性格上、あえて収録を断念した。

巻末には、先生逝去のあとに書かれた祖川国際法学についての論稿、および、弔辞、追悼文を収めた。本書に収録することに承諾を頂いた、故・田畑茂二郎教授のご遺族、およびそれぞれの執筆者の方々、そして、本書出版の機会に文章を寄せられた廣中俊雄教授に、あつく御礼を申しあげる。また、この出版の意義に理解を示され、万事にゆきとどいた厚意ある計らいをして下さった、信山社の村岡侖衛さんに、敬意と謝意を表する。

二〇〇四年早春

樋口 陽一

祖川武夫教授　略歴

一九一一（明治四四）年一〇月一五日　出　生
一九二八（昭和　三）年　三月　広島県立広島第一中学校四年修了
一九三一（〃　　六）年　三月　第三高等学校文科甲類卒業
（〃　　六）年　四月　東京帝国大学法学部政治学科入学
一九三三（〃　　八）年一〇月　高等試験行政科合格
一九三四（〃　　九）年　三月　東京帝国大学法学部政治学科卒業
（〃　　九）年　四月　東京帝国大学法学部助手
一九三六（〃　一一）年　三月　京城帝国大学法文学部助教授
一九四四（〃　一九）年一〇月　京城帝国大学法文学部教授
一九四六（〃　二一）年　五月　京城帝国大学法文学部退官
一九四七（〃　二二）年　三月　九州帝国大学法文学部講師
（〃　二二）年　六月　九州帝国大学法文学部教授
一九四九（〃　二四）年　六月　東京大学教養学部教授

一九五二（〃 二七）年 六月 東北大学法学部講師
一九五八（〃 三三）年 四月 東北大学法学部教授（国家学講座担任）
（〃 三三）年一二月 東北大学評議員（一九六〇年一一月まで）
一九六九（〃 四四）年 四月 国際政治学講座担任
一九七〇（〃 四五）年 四月 東北大学法学部長、同大学院法学研究科長、東北大学評議員
（一九七二年三月まで）
一九七五（〃 五〇）年 四月 東北大学法学部教授退官、東北大学名誉教授
（〃 五〇）年 四月 東北学院大学法学部教授
一九九二（平成 四）年 三月 東北学院大学法学部教授退職
（〃 四）年 四月 東北学院大学名誉教授
一九九六（〃 八）年 六月二一日 逝 去

祖川武夫教授 著作目録

一九四一年

横田喜三郎「国際裁判の本質」(紹介)、国家学会雑誌第五五巻第一二号 **[本書収録]**

一九四二年

一又正雄訳「アンチロッチ・国際法の基礎理論」(紹介)、国際法外交雑誌第四一巻第八号 **[本書収録]**

一九四四年

国際調停の性格について(一—二)、京城帝国大学法学会論集第一五冊第一号、第三・四号 **[本書収録]**

横田喜三郎「国際法の法的性質」(紹介)、国際法外交雑誌第四三巻第九号 **[本書収録]**

一九四七年

田畑茂二郎「国家平等観念の転換」(紹介)、国際法外交雑誌第四六巻第三号 **[本書収録]**

一九四八年

戦争の法化現象(要旨)、研究報告のための草稿 **[本書収録]**

概観と動向・国際法、科学年鑑第2集・一九四七/四八年版 **[本書収録]**

一九四九年

安全保障の歴史的形態、東北大学新聞一九四九年七月中旬号［本書収録］
概観・国際法、科学年鑑第3集・一九四九年版［本書収録］

一九五〇年

国際法Ⅳ——国際紛争の平和的処理方法——、法政大学通信教育部

一九五三年

カール・シュミットにおける「戦争観念の転換」について（一）、法学第一七巻第二号［本書収録］

一九五四年

国際社会の法、中川・木村編「法学概論」所収［一九六一年の増訂版より本書収録］

一九五七年

日米安全保障条約体制の特質、法律時報別冊［本書収録］

一九五八年

国際法と国家主権、法学セミナー二四号［本書収録］

一九五九年

安保条約改訂交渉の方向と問題点、法律時報第三一巻第一号

一九六〇年

砂川事件上告審判決の論理とその批判、判例評論第二四号［本書収録］
新・安保条約の検討、法律時報第三二巻第四号［本書収録］
石本泰雄「条約と国民」他、週刊読書人、一九六〇年四月一八日［本書収録］

一九六二年

国際平和の組織、高柳・柳瀬編「法学概論」所収［本書収録］

わが国の裁判所における国際法適用の諸先例（1）〜（4）（小田滋と共編）、国際法外交雑誌第六一巻第一〜五号

一九六三年

わが国の裁判所における国際法適用の諸先例（5）〜（9）（小田滋と共編）、国際法外交雑誌第六二巻第一〜五号

一九六四年

わが国の裁判所における国際法適用の諸先例（10）、（11）（小田滋と共編）、国際法外交雑誌第六二巻第六号、第六三巻第一号

一九六五年

日韓諸協定の法的フォーミュレーションの検討、法律時報第三七巻第一〇号

一九六六年

日韓基本条約、国際法外交雑誌第六四巻第四・五号 **［本書収録］**

わが国の裁判所における国際法適用の諸先例（12）（小田滋と共編）、国際法外交雑誌第六四巻第六号

一九六七年

わが国の裁判所における国際法適用の諸先例（13）（小田滋と共編）、国際法外交雑誌第六六巻第四号

一九六九年

安保条約の法的構造、法律時報第四一巻第九号 **［本書収録］**

一九七四年

わが国の裁判所における国際法適用の諸先例（14）、（15）（小田滋と共編）、国際法外交雑誌第七三巻第一号、第七三巻第三号

一九七五年
日韓基本条約、国際法学会編「国際法辞典」所収【本書収録】
一九七七年
集団的自衛——いわゆるUS Formulaの論理的構造と現実的機能——、祖川武夫編「国際政治思想と対外意識」所収【本書収録】
一九七八年
わが国裁判所の国際法判例（小田滋と共編）、有斐閣
戦間期における国際法学（松田竹男と共著・分担執筆）、法律時報臨時増刊第五〇巻一三号【本書収録】
一九八七年
人権の国際的保障と国際法の構造転換、昭和六一年度科学研究費補助金（総合研究A）研究成果報告書「国際法の構造転換」（研究代表者松井芳郎）所収【本書収録】
一九九一年
日本の裁判所による国際法判例（小田滋と共編）、三省堂

編集代表
小 田 滋・石本泰雄

祖川武夫論文集
国際法と戦争違法化
——その論理構造と歴史性——

2004年５月20日　初版第１刷発行

発行者
袖 山 貴＝村岡侖衛
発行所
信山社出版株式会社
113-0033　東京都文京区本郷6-2-9-102
TEL 03-3818-1019　FAX 03-3818-0344

印刷・亜細亜印刷　製本・渋谷文泉閣

ISBN 4-7972-5319-3 C 3032